Reaktionen – Neurosen
Abnorme Persönlichkeiten

Seelische Krankheiten im Grundriß

Walter Bräutigam

6., neubearbeitete Auflage

1994
Georg Thieme Verlag Stuttgart · New York

Prof. em. Dr. med Walter Bräutigam
Arzt für Psychiatrie und Neurologie
Psychotherapie, Psychoanalyse
Sprungschanzenweg 20D, 14169 Berlin

Die Deutsche Bibliothek – CIP-Einheitsaufnahme

Bräutigam, Walter:
Reaktionen – Neurosen, abnorme Persönlichkeiten : seelische
Krankheiten im Grundriß / Walter Bräutigam. – 6., neubearb.
Aufl. – Stuttgart ; New York : Thieme, 1994

1. Auflage 1968
2. Auflage 1969
3. Auflage 1972
4. Auflage 1978
1. spanische Auflage 1973
1. italienische Auflage 1974
5. Auflage 1985

Die 1.–3. Auflage erschien unter dem Titel: Reaktionen – Neurosen – Psychopathien

Wichtiger Hinweis:

Wie jede Wissenschaft ist die Medizin ständigen Entwicklungen unterworfen. Forschung und klinische Erfahrung erweitern unsere Erkenntnisse, insbesondere was Behandlung und medikamentöse Therapie anbelangt. Soweit in diesem Werk eine Dosierung oder eine Applikation erwähnt wird, darf der Leser zwar darauf vertrauen, daß Autoren, Herausgeber und Verlag große Sorgfalt darauf verwandt haben, daß diese Angabe dem Wissensstand bei Fertigstellung des Werkes entspricht.

Für Angaben über Dosierungsanweisungen und Applikationsformen kann vom Verlag jedoch keine Gewähr übernommen werden. Jeder Benutzer ist angehalten, durch sorgfältige Prüfung der Beipackzettel der verwendeten Präparate und gegebenenfalls nach Konsultation eines Spezialisten festzustellen, ob die dort gegebene Empfehlung für Dosierungen oder die Beachtung von Kontraindikationen gegenüber der Angabe in diesem Buch abweicht. Eine solche Prüfung ist besonders wichtig bei selten verwendeten Präparaten oder solchen, die neu auf den Markt gebracht worden sind. Jede Dosierung oder Applikation erfolgt auf eigene Gefahr des Benutzers. Autoren und Verlag appellieren an jeden Benutzer, ihm etwa auffallende Ungenauigkeiten dem Verlag mitzuteilen.

© 1968, 1994 Georg Thieme Verlag, Rüdigerstraße 14, D-70469 Stuttgart
Printed in Germany

Satz: Druckhaus Götz GmbH, Ludwigsburg
Gesetzt auf CCS Textline (Linotronic 630)

Druck: Druckhaus Götz GmbH, Ludwigsburg

ISBN 3-13-441906-8   1 2 3 4 5 6

Vorwort zur 6. Auflage

In dem Jahrzehnt seit der letzten Überarbeitung sind Beobachtungen und wissenschaftliche Ergebnisse vorgelegt worden, die es notwendig machen, nicht nur die Einzelformen, sondern auch die Grundlagen der hier dargestellten Varianten seelischen Erlebens und Verhaltens völlig neu zu bearbeiten.

Es wurden die speziellen Kapitel „Somatisierende Reaktionen", „Reaktionen älterer Menschen" sowie „Panikattacken bei Angstneurosen" neu eingefügt. Das Grundlagenkapitel wurde um einen Exkurs zum Stand der empirischen Entwicklungspsychologie erweitert. Zusammen mit erbgenetischen Befunden, die an vielen Stellen eingefügt wurden, werden Ergebnisse zu den Krankheitsursachen vorgelegt, deren Kenntnisnahme unverzichtbar ist. Psychologische Beobachtungen mit der biologischen Grundlagenforschung in Verbindung zu bringen, erscheint als fruchtbare Perspektive auf die vielen ungelösten Fragen unseres Gebietes. Damit vermittle ich den Lesern dieses Grundrisses eine Reihe neuer und mancherorts noch nicht akzeptierter Auffassungen aus wissenschaftlichen Ergebnissen, die über das hinausgehen, was sie für etwaige Prüfungen wissen müssen. Es sind aber Fragestellungen, denen sie in ihrem Beruf oder im Laufe ihres eigenen Lebens immer wieder begegnen werden.

Alle Teile wurden neu bearbeitet oder durchgesehen. Beibehalten wurde im ganzen die überkommene nosologische Einteilung und Deskription der Krankheitsformen. Die deskriptiv-phänomenologische Fassung von Krankheitsbildern entspricht der verstehenden Annäherung und einer diagnostischen und therapeutischen Kommunikation eher als die kriterielle, die bestimmte Merkmale zahlenmäßig auflistet und die Diagnose von der Zahl sehr unterschiedlicher Symptome abhängig macht. Die modernen Diagnosemanuale können für bestimmte wissenschaftliche, z. B. epidemiologische, Untersuchungen nützlich sein, sie sind es weniger für den verstehenden und kommunikativen Zugang zum Patienten. Es werden aber, soweit möglich und nützlich, Hinweise auf Querverbindungen zu den Manualen und Registern gegeben.

Wenn 25 Jahre nach der Erstauflage eine einführende Beschreibung der normalen Entwicklung und von krankheitswertigen Varianten seelischen Erlebens und Verhaltens immer wieder Interesse und neue Leser findet, so weist das auf einen bestehenden Bedarf hin. Während sonst meist die Interpretationen einer Schulrichtung bestimmend sind, stehen hier weiter die Deskription der Krankheitsformen und die neuen Beiträge von Grundlagenfächer bei den Ursachenfragen sowie die verschiedenen Behandlungsmethoden mit ihren Ergebnissen im Vordergrund.

Diese Schrift ist meinem verstorbenen Lehrer in der Neurologie, Professor Paul Vogel, in Dankbarkeit gewidmet. Er war für meine ärztlich-klinische und didaktische Einstellung ein Vorbild.

Berlin, im August 1994   Walter Bräutigam

Inhaltsverzeichnis

Grundlagen

Gegenstand dieses Buches

Die in diesem Buch als Reaktionen, Neurosen und abnorme Persönlichkeiten beschriebenen Lebensformen stellen *Varianten* des Erlebens und Verhaltens sowie *Akzentuierungen* von Persönlichkeiten vor. Eine Vielfalt und nicht die Gleichförmigkeit seelischer Wesensart entspricht der allgemeinen Erfahrung. Sie stellt einen Wert und eine Bereicherung menschlichen Lebens dar. Im Sinne der Evolution ist es zweckmäßig und notwendig, daß der Umwelt unterschiedliche körperliche wie seelische Formen angeboten werden. Varianten und Akzentuierungen des Erlebens und Verhaltens treten im Laufe der Lebensgeschichte bei einer großen Zahl von Menschen auf. Sie haben zunächst gemeinsam, daß sie verstehbaren Zusammenhängen folgen und so als normal zu bezeichnen sind. Es gehört aber auch zu dieser breiten seelischen Varianz und zu unserer Gesellschaft, daß bei nicht wenigen heute an Schwellen zu bestimmten Reifungsstufen und unter neuen äußeren Anforderungen *seelische Krisenzustände* auftreten, die mit subjektivem Leiden und Einengungen verbunden sind oder sich in selbstgefährdenden bzw. andere gefährdenden Verhaltensformen äußern. Damit gewinnen sie *Krankheitswert* und rufen zu psychologischem Verstehen, ärztlicher Diagnostik und therapeutischen Interventionen auf.

Aus ärztlich-psychiatrischer Erfahrung werden die hier behandelten Varianten *abgetrennt* von Krankheitsverläufen, bei denen *„organische"* Veränderungen wie Hirnschädigungen oder Stoffwechselstörungen geistige oder seelische Einschränkungen, z. B. Veränderungen der Orientierung, des Gedächtnisses etc., hervorrufen und grundlegend die Fähigkeit zur normalen Erlebnisverarbeitung einschränken. Sie werden aus klinischer Erfahrung auch von *Krankheitsprozessen* abgetrennt, die bei den *endogenen Psychosen* auftreten, der Schizophrenie und den phasischen Psychosen mit depressiven und manischen Zuständen. In den einzelnen Formen seelischer Veränderung, den Symptomen, sind diese Unterscheidungen zunächst nicht ohne weiteres möglich: Depressive Verstimmungen, Zwänge und Ängste können auch im Rahen von hirnorganischen und psychotischen Grundstörungen als Manifestation der Grundkrankheit auftreten. Sie folgen hier aber nicht wie bei den Reaktionen, Neurosen und abnormen Persönlichkeiten ihrem *situativen Auftreten und ihrem Verlauf verstehbaren Zusammenhängen.*

Die Frage nach den Ursachen dieser Akzentuierungen und krankheitswertigen Abweichungen setzt ein Wissen über die normale seelische Entwicklung des Menschen voraus. Welche Faktoren liegen in der Ausgangspersönlichkeit und welche Bedingungen der äußeren Umwelt werden wann gefordert? Es sind Grundlagenfragen, die im Laufe dieses Jahrhunderts intensiv erforscht wurden und noch kontrovers diskutiert werden. Entwicklungspsychologische Beobachtungen an Kindern und Verlaufsforschungen geben heute die Möglichkeit, die sehr unterschiedlichen Faktoren der reifenden körperlichen Anlage und der ausreichenden Umweltangebote in ihrem Zusammenkommen bei normalen und die krankhaften Entwicklungen besser zu beurteilen, als dies bisher möglich war.

Die verstehbarenebenen reaktiven und neurotischen Persönlichkeitsstörungen werden häufig auch als *psychogene Krankheiten* bezeichnet. Psychogen heißt in diesem Zusammenhang nicht, daß allein oder auch nur überwiegend äußere Einwirkungen, z. B. seelische Schädigungen durch Verlust oder Fehlverhalten der Eltern, ursächlich heranzuziehen sind. Diese Bezeichnung weist vielmehr auf die psychologischen inneren Zusammenhänge der Erlebnisverarbeitung, die Akte *subjektiver Sinnentnahme* (E. Straus) im Hinblick auf die jeweiligen äußeren Belastungs- oder inneren Konfliktsituationen darstellen. Die Verarbeitung einer äußeren Belastungssituation, die Reaktionen auf das faktische Verhalten eines Vaters oder einer Mutter stellen immer selektive und produktive Leistungen des erlebenden Subjekts dar, das durch die je eigene leibseelische Disposition bestimmt wird.

Die hier als erlebnisverarbeitende Störungen beschriebenen Reaktionen, Neurosen und abnormen Persönlichkeiten, ihre Diagnostik, die Krankheitslehre, die theoretische Systematik und die Behandlungslehre stehen heute im Mittelpunkt des Lehrfaches und Fachgebietes der Psychosomatischen Medizin und Psychotherapie. Von ihrer Praxis und traditionsgemäß sind sie aus der Psychiatrie und Neurologie nicht wegzudenken. Und ebenso können die hier beschriebenen Störungen und damit gegebenen Fragestellungen in allen medizinischen Fachgebieten auftauchen, beim Internisten wie bei Frauenarzt und in allen klinischen Fächern. Am häufigsten vertreten sind sie aber in der ersten Linie der klinischen Versorgung, beim niedergelassenen, beim praktischen Arzt.

Methodik: Das psychologische Verstehen seelischer Krankheiten

Medizinstudenten, die sich in ihrer Ausbildung dem Gebiet der Erlebnisreaktionen Neurosen, abnormen Persönlichkeiten und der Psychotherapie nähern, sehen sich hier mit besonderen Schwierigkeiten konfrontiert. Sie liegen nicht allein darin, daß sie ein neues Fachgebiet mit eigenen *Begriffen* und neuen *Perspektiven* vor sich haben, die sie sich aneignen müssen. In jedem Fach müssen sie sich ja besondere Sprach-und Denkweisen aneignen. Sie lernen neue Begriffe kennen, womit sie *Werkzeuge gewinnen* , mit deren Hilfe sie Unterscheidungen treffen können, sich orientieren und dann zu handeln vermögen. Die Bereiche der erlebnisverarbeitenden Krankheiten, sowie die der psychosomatischen Krankheiten und der Psychotherapie, bei denen es zunächst nicht um körperliche Symptome und naturgesetzliche Zusammenhänge geht, sondern um das gestörte Erleben und Verhalten des Patienten und um psychologisch verstehbare Krankheitsbedingungen, führen häufig zu einer stärkeren Verunsicherung und nicht selten auch inneren Distanzierung der Studenten. Die hier als Symptome bezeichneten seelischen Erscheinungen sind nicht präzise abgrenzbar und in ihrem Ausmaß nicht meßbar wie Stoffwechselwerte oder die Kurven eines Elektroenzephalogramms. Seelische Zusammenhänge und gegebene Interpretationen erscheinen häufig evident und zunächst einleuchtend. Psychologie ist aber ein Stock mit zwei Enden, wie Dostojewski einmal bemerkte. Aus einer anderen Perspektive ist häufig eine neue Interpretation oder gar das Gegenteil ebenso denkbar und einleuchtend. Die Mehrdeutigkeit seelischer Erscheinungen (in psychoanalytischer Sicht ihre Überdeterminiertheit) und eine häufig gegebene Widersprüchlichkeit (in psychoanalytischer Sprache ihre Ambivalenz) frustrieren die an andere wissenschaftichen Methoden gewöhnten Mediziner. Mehr oder weniger einfühlbar führen sie aber auch zu einer persönlichen Beteiligung und Gefühlsreaktion, deren Reflexion für den therapeutischen Umgang dann relevant wird.

Zur *Psychologie* als der *wissenschaftlichen Lehre* zur Erfassung menschlichen *Erlebens* und *Verhaltens in ihrer Konstanz und Veränderlichkeit* gibt es zunächst zwei Zugänge: 1. *Die Introspektion:* In eigener subjektiver Erfahrung erleben wir uns selbst und die uns tragende natürliche und menschliche Außenwelt im Innenraum des Bewußtseins. Wir versetzen uns dabei unwillkürlich in andere Menschen und ihre Erlebnisse hinein, kommen wahrnehmend und denkend zu einem psychologischen Verständnis des anderen Menschen. 2. Das *Verhalten* des anderen Menschen kann von außen *beobachtet, beschrieben* und auch *gemessen* werden, es ist dann objektivierbar. Das ist aber bei unserem eigenen Erleben und beim Erleben anderer nicht der Fall. Das Ausmaß der Angst oder der Scham, die ein Mensch erlebt, und deren innerer Zusammenhang sind nicht objektivierbar und meßbar.

Es gab in der Psychologie eine Schule, den *Behaviorismus*, die allein oder zumindest überwiegend das Verhalten des Menschen, das es in Messungen zu objektivieren galt, als ihren Gegenstand ansah. Diese objektive Psychologie suchte den Vorteil der präzisen Daten, war aber nicht nur beschränkt in ihren Aussagen, sie mußte auch immer wieder Anleihen bei der allgemeinen lebensweltlichen, introspektiven Vorerfahrungen machen. Ein totaler Verzicht auf die subjektive Erfahrung, Introspektion und Interpretation würde den Aussagebereich der Psychologie entscheidend einschränken.

Aber ebenso einseitig und verkürzend ist es, Aussagen über Auftreten und Ursachen seelischer Entwicklungsstörungen allein aus der inneren Erfahrung, aus der inneren Lebensgeschichte, ableiten zu wollen. Wie schlichte Beobachtungen anderer uns über uns selbst belehren können, kann jeder Mensch an sich erfahren. Daß von außen kommende Beobachtungen und Aussagen über die Geschichte und die Natur des Menschen die inneren Erfahrungen entscheidend erweitern und Erklärungen liefern, die aus der subjektiven Erfahrungswelt nicht erreichbar sind, wird zu zeigen sein (z. B. S. 19). Ergebnisse der Körpermedizin, der Biologie, der Genetik, der Verhaltensforschung bei Menschen und Tieren etc. sind zu integrieren, will man subjektiv–konstruktivistische Krankheitsdeutungen vermeiden, die letztlich zu Lasten der Patienten gehen.

Norm und Krankheitsbegriffe

Normbegriffe sind gesellschaftlich geformt, auch das, was als seelisch normal und was als krankhaft bezeichnet wird. Nicht nur was körperlich, sondern auch was seelisch normal gewertet ist, wird intuitiv und selbstverständlich vorausgesetzt. In der *ärztlichen Praxis* wird das, was krank, und das, was gesund ist, nicht grundsätzlich problematisiert. Bei dem einzelnen Kranken entstehen auch kaum Probleme, wenn man von Tendenzreaktionen bei Begutachtungen, Vorspiegelungen mit dem Ziele der Krankschreibung, Berentung usw. absieht. Der Appell des Kranken wegen Störungen des Befindens und / oder körperlicher Leistungsunfähigkeit und das Leiden unter sich selbst geben die Richtschnur. Die *pragmatischen Fragen* (s. S. 56) des Arztes lauten: Welche Veränderung des Befindens ist eingetreten? Wann ist das geschehen? Welcher Art ist diese Veränderung? Und weiter: Sind körperlichen Ursachen zu finden? Welches sind die äußeren und inneren Bedingungen, unter denen sich der Zustand des Patienten verändert hat?

Arzt und Patient orientieren sich bei krank und gesund nicht an einer statistischen überindividuellen Durchschnittsnorm, sondern an der *individuellen Werdensnorm* des Patienten. Sie ergibt sich aus der bisherigen Kontinuität seiner äußeren und inneren Lebensgeschichte. Die hier vor Augen beider stehende Normalität ist nicht als dünne Linie zu sehen, wie sie sich in psychologischen Testuntersuchungen darstellt, sondern als eine breite Straße, auf der sehr verschiedenartige Menschen ihren Weg finden. Gerade der erfahrene Psychiater betont die gesunde Spielbreite seelischer Eigenart. Es existieren in allen Gesellschaften Normen, öffentlich ausgesprochene und unausgesprochene, die mehr oder weniger entschieden ihre Macht entfalten. Normen bieten einerseits Halt, Schutz und Akzeptanz, Abweichungen werden u. U. mit offenen oder versteckten Sanktionen bedroht, was seelisch Kranke zu spüren bekommen.

Aus dem Beschwerdeangebot des Patienten und dem Krankheitskonzept des Arztes entsteht die Krankengeschichte des Patienten (v. Weizsäcker). Seelische wie körperliche Beschwerden oder Ausfälle erscheinen dabei zunächst als Abweichungen von der *Individualnorm*. In der subjektiven Erfahrung und in der ersten Annäherung erscheinen seelische Störungen, wie Angst auf die Straße zu gehen oder eine verlängerte Trauer, gewöhnlich als persönliche, individuelle Varianten und nicht ohne weiteres als überindividuell typische, u. U. als krankhaft zu bezeichnende Abweichungen von der Norm. Mit wachsender Erfahrung sieht der Arzt die sich wiederholenden Muster des Erlebens und Verhaltens und typisch ausgeprägten Symptomgruppierungen und Auslösesituationen. Er findet charakteristische Verlaufsformen und Behandlungsmöglichkeiten bei Konfliktreaktionen wie bei den Neurosen und den abnormen Persönlichkeiten. Der Patient ist ein Fall von ... In der ersten Annäherung an dieses Fachgebiet neigen Medizinstudenten dazu, die Bedeutung des Individuellen, je Einmaligen im Erleben des Menschen zu überschätzen. Sie fürchten, daß das Individuelle übersehen und entwertet wird. Demgegenüber ist zu betonen, daß die Diagnose einer Krankheit, auch einer seelischen wie abnorme Trauerreaktion, Zwangsneurose oder Alkoholkrankheit, immer zugleich die Frage nach dem einzelnen besonderen Kranken offenhält, ja für die Therapie notwendig macht. Es ist immer die Frage, welcher Mensch mit welcher äußeren und inneren Lebensgeschichte in diesen Fall von Konfliktreaktion, Neurose und abnormer Persönlichkeitsentwicklung einmündet und wie sich seine einmalige Persönlichkeit in diesen Zusammenhängen darstellt.

Es ist nicht zu übersehen, daß für viele Patienten die Diagnose einer seelischen Erkrankung unerwünscht ist und seelische Krankheitsbezeichnungen nicht selten mit herabsetzenden Bewertungen verbunden sind: hysterisch, neurotisch etc. Mit Recht wird auf die Gefahr der Medizinalisierung der von der sozialen Norm abweichenden Verhaltensweisen hingewiesen und eine damit verbundene Isolierung und Gefahr der Diskriminierung. Der Krankenstatus bedeutet nicht nur Anspruch auf Heilfürsorge, sondern u. U. auch soziale Aussonderung. Abnorm ist jedoch nicht krank und die entschiedene Zugehörigkeit zur Norm nicht Gesundheit. Es gibt eine *pathologische Normalität*. Die ist bei Menschen zu finden, die aus ihrer inneren Einstellung bei sich selbst wie bei anderen Abweichungen von der gesellschaftlichen Norm nicht tolerieren. Sie sind absolut ordentlich, genau und gewissenhaft, vertreten entschieden feste Werte bei sich und anderen, ertragen keine Ambivalenz. Als Typus melancholicus ist diese Einstellung beschrieben bei Menschen mit einer besonderen Vulnerabilität für endogene monopolare Depressionen (s. unten S. 256).

Im ganzen ist ein kritischer Umgang mit dem Normbegriff angemessen. Die kulturell, sozial und historisch geprägten Wertmaßstäbe in den verschiednen Lebensbereichen sind gerade im Medienzeitalter in ihrer Macht zu reflektieren. Es besteht ein mehr oder weniger großes Spannungsverhältnis bei jedem zwischen *seiner Individualnorm,* die von der Ausgangssituation und dem Lebensentwurf des einzelnen ausgeht, und gesellschaftlichen Maßstäben oder auch gegenüber den *statistischen Durchschnittswerten,* die u. a. in bei *Testuntersuchungen* als Normalität zu finden sind. Im zwischenmenschlichen Bereich, im Sexuellen etwa, ist schließlich eine *Dualnorm* zu beachten, d. h. die Verhaltensweisen und Erlebnisformen, zu denen zwei Partner im Laufe ihres Lebens zusammenfinden.

Krankheitsbegriffe in der Medizin und in der Gesellschaft

Es gibt auch heute noch Tendenzen in der Medizin, an einem organzentrierten Krankheitsbegriff festzuhalten. Krankheit soll es nur im Leiblichen geben, Seelisches soll nur dann als krankhaft bezeichnet werden, wenn es auf krankhafte Organprozesse zurückzuführen ist. Daß einer solchen Entscheidung nicht nur rein wissenschaftliche Bedeutung zukommt, sondern sie auch eine politische, speziell gesundheitspolitische Macht darstellt, wird daran deutlich, daß psychische Störungen ohne organische Grundlage bis vor einigen Jahrzehnten von der Leistungspflicht der Krankenkasse zunächst ganz ausgeschlossen waren. Es bedurfte langer Zeit, bis bei neurotischen Störungen durchgesetzt wurde, daß sie Krankheitswert besitzen können. Krankheit ist *kein wissenschaftlicher Begriff*, sondern ein *sozialer* und *politischer*. Die moderne *Rechtsprechung* benutzt heute einen weiten und dynamischen Krankheitsbegriff. Krankheit ist rechtlich jede regelwidrige körperliche oder seelische Normabweichung, die *Leiden oder Behinderung* bewirkt und durch Behandlung behoben bzw. gemildert oder durch Rehabilitation psychosozial positiv beeinflußt werden kann.

Das bedeutet aber auch, daß nicht jeder Kummer über eine Liebesenttäuschung, jede Verstimmung nach dem Auszug aus dem Elternhaus etc. Krankheit ist und eine Indikation und Anspruch auf Psychotherapie darstellt. Die *Weltgesundheitsorganisation* (WHO) definierte in den Jahren nach dem letzten Weltkrieg Gesundheit als einen Zustand *vollkommenen körperlichen, psychischen und sozialen Wohlbefindens*, also nicht nur durch die Abwesenheit von Krankheit oder Behinderung. Der seelische Zustand wird zwar ausdrücklich dabei einbezogen, allerdings taucht die Frage auf, ob *fehlendes Wohlbefinden* wirklich schon Krankheit ist. Epidemiologische Untersuchungen in New York (Midtown-Manhattan-Study) und in Berlin (E. Winter) ergaben, daß dann nur 20 bzw. 25% der Bevölkerung gesund, d. h. ganz frei von körperlichen und seelischen Beschwerden sind. Die statistische Durchschnittsnorm, wie sie sich auf Fragebogen oder bei Befragungen darstellt, gibt hier wenig Hilfe bei der Beantwortung der Frage, wo Krankheit anfängt und damit Behandlungsbedürftigkeit mit all den personellen und materiellen Folgen für die Patienten, für die Ärzte und für die Gesellschaft. Daß es sich bei den Begriffen von Gesundheit und Krankheit um Übereinkünfte handelt, die in den verschiedenen Kulturen und Geschichtsepochen unterschiedlich definiert wurden, lehrt ein Blick in die transkulturelle Medizin.

Theorien zu seelischen Krankheiten

Nicht nur bei den Begriffen Gesundheit und Krankheit handelt es sich um Übereinkünfte, die einem historischen Wandel unterzogen sind, auch der theoretische Bezugsrahmen, in dem Krankheit überhaupt beschrieben wird, war in den verschiedenen Geschichtsepochen und Kulturen unterschiedlich. Jede Krankheitslehre beschreibt Krankheiten und gewinnnt die Merkmale bzw. Symptome vor einem theoretischen Hintergrund, d. h. jeweils im Rahmen einer bestimmten, expliziten *Theorie von Krankheit*. Dieses Krankheitsmodell findet sich dann nicht nur in den verwendeten Begriffen, es entscheidet bereits über die Wahrnehmungen des Untersuchers und die Niederschrift seiner Beobachtungen. Während vor 100 Jahren psychologische Theorien bei seelischen Krankheiten kaum existierten, die Ursachen und Verlaufsgesetzlichkeiten seelischer Störungen allein in Schädigungen oder Funktionsstörungen des Nervensystems gesehen wurden, liegen jetzt mehrere ausgesprochen psychologische Theorien und damit mögliche Interpretationsebenen seelischer Krankheiten vor. Entscheidend für die *Bewertung* dieser theoretischen Entwürfe ist, ob sie die krankhaften Erscheinungen *ursächlich* klären, sie *psychologisch* verstehbar machen und ob sie einen *therapeutischen* Zugang eröffnen.

◀ Eine 35jährige Frau wird von einem Landarzt zu einer ambulanten Untersuchung überwiesen. Seit 4 Jahren besteht bei ihr die Angst, sie könne sich mit Tollwut infizieren, nachdem damals ein tollwütiger Fuchs über ihren Bauernhof gelaufen war. Seitdem kann sie den Gedanken nicht loswerden, sich anzustecken. Sie muß immer wieder ihre Hände und auch den ganzen Körper waschen, die Kleider wechseln, manchmal zweimal am Tage. Aus Angst, ihr Mann könne sich angesteckt haben, zieht sie sich immer mehr von ihm zurück. Auch ihr Vater, der im Walde arbeitet und im Hause wohnt, wird von ihr veranlaßt, sich jeden Abend nach der Rückkehr ins Haus vollständig umzuziehen. Wegen ihrer Ängste traut sie sich kaum noch unter die Menschen. Ihr Hausarzt hat sie lange mit Psychopharmaka behandelt, zuletzt mit Injektionen, ohne daß bisher eine Besserung eintrat. ◗

Erleben und Verhalten dieser Frau reichen in ihrer zeitlichen Dauer und in der Ausweitung *deskriptiv* über einer normale ängstliche Reaktionsweise hinaus und heben sich auch von der Kontinuität des bisherigen Lebensganges der Frau ab. Es handelt sich um Symptome von Krankheitswert. Dieser liegt nicht nur in dem subjektiven Leidensdruck, sondern auch darin, daß all ihre Lebensmöglichkeiten eingeengt sind.

Die psychologischen Krankheitsmodelle *1. der Psychoanalyse, 2. der Lerntheorien bzw. Verhaltenstherapie und 3. der Kommunikationstheorien und Famlientherapie* interpretieren nun dieses krankhafte Verhalten unter verschiedenen ursächlichen Konstrukten und mit verschiedenen Begriffssystemen.

Psychoanalytisches Verstehen

Die Psychoanalyse sucht bei seelischem Krankheiten nach auslösenden Erlebnissen, konflikthaften inneren, häufig unbewußten Bedingungen, die meist im zwischenmenschlichen Bereich gesehen und in der Lebensentwicklung ursächlich bis in die Kindheit zurückverfolgt werden.

◖ Gefragt, was sich 1972 in ihrem Leben ereignet habe, berichtet die Patientin, daß seit Beginn der Ehe vor 13 Jahren bei beiden Partnern Kinderwunsch bestehe, sie wurde aber nie schwanger. Ein Grund wurde bei mehreren ärztlichen Untersuchungen dafür nicht gefunden. Seit jetzt 6 Jahren versucht sie, ihren Mann dazu zu bewegen, ein Kind zu adoptieren. Er habe aber nicht mitgemacht und sich bald nicht mehr auf Gespräche zu diesem Thema eingelassen. Vor 4 Jahren habe sie es dann aufgegeben, darauf zu hoffen und habe versucht, sich damit abzufinden. Sie habe damals eine Arbeit begonnen, nach kurzer Zeit aber dann wegen der auftretenden Angst, sich mit Tollwut zu infizieren, aufgeben müssen. ◗

Das Auftreten der Symptome erscheint jetzt vor einem *situativen Konflikthintergrund* , der auf mehreren Ebenen zu interpretieren ist: einmal in dem Wunsch und in der Enttäuschung, sich als Frau verwirklichen zu können; dann auf der Ebene der Frustration durch ihren Mann und ihrer Unfähigkeit, sich ihm gegenüber durchzusetzen; schließlich auf der Ebene ihrer beruflichen Verselbständigungswünsche in dem Arbeitsversuch, der scheinbar aus krankheitsbedingten Gründen, vielleicht aber auch aus einer persönlichen Hemmung und Einengung, scheiterte. Psychoanalytisches Verstehen geschieht im Rahmen bestimmter *Konfliktthemen*, z. B. zwischen *sexuellen* Wünschen oder *aggressiv – expansiven* Bedürfnissen und ihrer Zurückweisung durch äußere Einflüsse bzw. Gewissensstimmen aus internalisierten äußeren Geboten (*dynamischer Gesichtspunkt*).

Ein weiter reichendes psychoanalytisches Verstehen versucht jedoch über diese gegenwärtige Situation hinauszugreifen. Warum die Konfliktsituation von der Patientin so erlebt und verarbeitet wurde, soll die *äußere* und *innere Lebensgeschichte* verstehbar machen.

◀ Die Patientin ist auf einem Dorf als einziges Kind eines Maurers aufgewachsen. Ihr Vater, im Nebenberuf in der Landwirtschaft und im Forstbau tätig, war ein äußerst verschlossener Mann, der die Patientin streng und religiös erzog. Es gab für ihn nur Arbeit, man war von früh bis spät auf den Beinen, nie gab es für jemand in der Familie Urlaub. Sie hat den Vater verehrt, aber nie eine Nähe zu ihm gefunden. „Er würde für mich durchs Feuer gehen, ich auch für ihn. Aber reden können wir miteinander überhaupt nicht." Die Mutter war Hausfrau, eine überaus ängstliche und vorsichtige Person, von der die Patientin viel übernommen hat, vor allem, daß man nichts machen könne und verzichten müsse. Die Patientin hat sich ähnlich wie die Mutter entwickelt, vor allem wollte sie es immer allen Menschen recht machen und keinen Streit mit ihnen haben.
Nach ihrer Volksschulzeit lernte die Patientin keinen Beruf, sie mußte auf dem elterlichen Hof mithelfen. Mit 18 Jahren kam sie für ein Jahr zu einer Tante in die Großstadt, um als Helferin in einem Kindergarten zu arbeiten. Wegen Heimweh ging sie aber nach einem knappen Jahr wieder nach Hause. Ein Jahr später lernte sie einen gleichaltrigen jungen Mann kennen, der ihr erster Freund wurde und den sie vier Jahre später heiratete. Wie deutlich wird, hat dieser Mann viel Ähnlichkeit mit ihrem Vater, er wird als absolut unzugänglich, sich nur für Sport interessierend, ohne jede Wärme beschrieben. Er gehe nicht auf ihre Bedürfnisse ein, weigere sich, über ihre Probleme mit ihr zu sprechen. Er sei ohne Zärtlichkeit, sie sei unaufgeklärt in die Ehe gegangen, und die Hochzeitsnacht sei auf eine halbe Vergewaltigung hinausgelaufen. Bis heute kann sie den sexuellen Verkehr nicht wirklich genießen. „Wenn er mich braucht, darf ich da sein, wenn er krank ist oder den Verkehr will. Wenn er nur einmal zärtlich zu mir wäre." Da sie selbst aber keinen Streit ertra-

ge und lieber Ruhe und Frieden haben wolle, gebe sie ihm lieber nach. ❯

Es würde hier vom Psychoanalytiker betont, daß die Patientin sich nie als eigene Person verselbständigt hat, nie Autonomie gewinnen konnte. Ihre infantilen Objektbeziehungen persistieren, sie konnte sich von den Eltern nicht lösen und wiederholte ihre Vaterbeziehung bei ihrem Mann. Sie hat scheinbar die duldsame und resignierte Rolle der Mutter übernommen, unterdrückt gewaltsam ihre Enttäuschung und ihre Wut, die aber gleichsam in der Luft liegen. Die zu Konflikten führende eheliche Partnerwahl hat sie deutlich nach dem schon enttäuschenden, aber zugleich verehrten Vorbild des Vaters getroffen. Eine *neurotische Fehlhaltung* und *Einengung der Persönlichkeitsentwicklung* wird schon in der *frühkindlichen Entwicklung* vermutet und später in allen Schwellensituationen der Ablösung und des Durchsetzens eigener Wünsche. Es würde vermutet, daß die eigenen Triebbedürfnisse und Motivationen, die sie in die pathogene Situationen hineinführen, ihr nicht bewußt seien, tendenziös vergessen, und es gehöre eine Aufdekkungsarbeit dazu, diese Abwehr zu überwinden.

Lerntheoretisches Verstehen

Als *Lernen* bezeichnet man jede relativ dauernde Verhaltensveränderung, die als Folge von Übung und Erfahrung auftritt. Bei der Betrachtung einer Störung unter lerntheoretischen Gesichtspunkten, wie sie die Verhaltenstherapie benutzt, wird weniger Wert auf die früheren lebensgeschichtlichen Ursachen der Störung gelegt. Untersucht wird vor allem, wodurch das *gegenwärtige* problematische Verhalten aufrechterhalten wird. Es entspricht nicht den lerntheoretischen Erfahrungen, daß ein Verhalten durch ein einziges Ereignis ausgelöst und aufrechterhalten wird. Deshalb würde dem Auftreten des Fuchses keine allzu große Bedeutung beigemessen, es wird vielmehr gefragt, welche Erfahrungen in der *damaligen Lebenssituation* ihre Ängste *verstärkt* haben, wie der Ehemann, ihr Vater, wie die Mutter und die anderen Menschen darauf reagiert haben. Wichtig ist zu erfragen, warum *heute* die Tollwutangst auftritt und welches die entscheidenden, sie heute unterhaltenden Momente sind. Es würde dann aber auch nach der *Lerngeschichte* und den expansiven und explorativen Einengungen bei ihr gefragt, nach den Einschränkungen ihrer Selbstsicherheit. Die Behandlung wäre ganz auf die Überwindung der Angst draußen, aber auch auf ihre Zwangshandlungen und Ängste vor

Verunreinigungen gerichtet, würde ihr Mut machen sich diesen gefürchteten Situationen auszusetzen. Ihre *Beziehungsgeschichte* zu ihrem Mann und auch zu ihrem Vater würde dabei beachtet werden.

Kommunikationstheoretisches Verstehen

Die Kommunikationstheorien haben vor allem als Systemtheorien der Familie Bedeutung gewonnen. Verbale und nonverbale Kommunikationsformen, die bewußt sein können, aber auch unbewußt ausgesendet und registriert werden, verursachen und unterhalten abweichendes Verhalten beim Partner.

Die Kommunikationstheorie würde vermuten, daß der Ehemann durch sein Verhalten die Abhängigkeit und die Ängste der Frau fördert. *Er würde u. U. als der Kränkere* angesehen und auf jeden Fall in die Behandlung einbezogen werden. Seine Wünsche, sie zur eigenen Verfügung zu haben, haben u. U. ihren Arbeitsversuch scheitern lassen. Die Kinderlosigkeit bzw. die Verweigerung der Adoption eines Kindes würde aus seinen eigenen kindlichen Bedürfnissen und möglicher Rivalität dem Kind gegenüber verstanden werden. Hier würde auch die Therapie ansetzen und beiden bestimmte neue Kommunikationsformen nahelegen. Entscheidend ist hier, daß die krankhaften Merkmale und Symptome unter dem *Beziehungsaspekt mehrerer Personen* gesehen werden und als Teil einer menschlichen *Interaktion*, die auch therapeutisch nur durch einen gemeinsamen Ansatz bei allen betroffenen Menschen verändert werden können. An die Stelle einer geradlinigen, von außen wirkenden Verursachung tritt die zirkuläre Ursachen – Wirkungskausalität, wie sie für lebende Systeme charakteristisch ist. Das Krankheitskonzept wird nicht mehr durch die einzelnen Menschen oder evolutionär verankerte und ontogenetisch sich wiederholende Gesetzmäßigkeit bestimmt. Subjektivität und psychobiologische Bedingtheiten haben in der modernen Systemtheorie kein Gewicht, die Wirklichkeit ist eine von der jeweiligen Gesellschaft geschaffene. Aufgabe der systemischen Familientherapie ist es, die alten, nicht mehr funktionalen Beziehungssysteme durch neue zu ersetzen.

Jede der erwähnten Schulen und Traditionen hat aus ihrer Perspektive und mit eigenen Begriffen ihre *Krankheitstheorie* entwickelt, in der die Erscheinungen und vor allem deren Verursachungen unterschiedlich interpretiert werden. Dies geschieht wiederum im Rahmen von umfassenden Theorien *der Persönlichkeit* und ihrer *normalen und krankhaften Entwicklung,* die in den verschiedenen Theorien mehr oder weniger Gewicht hat. Dieser Gesichtspunkt soll hier etwas ausführlicher verfolgt werden.

Krankheitstheorie der Psychoanalyse

Das Krankheitskonzept der Psychoanalyse ist in der psychotherapeutischen Behandlungssituation entstanden. Zu den Ursachen seelischer Störungen hat Sigmund Freud neue und umfassende Konstrukte zur normalen und krankhaften Entwicklung des Menschen entworfen. Dabei wurde das zunächst als sinnlos erscheinende Erleben und Verhalten aus einer neuen Interpretation der frühen Kindheit abgeleitet: in der üblichen sprachlichen Fassung ihr *genetischer Gesichtspunkt.* Seelische Störungen werden im Rahmen einer Entwicklungspsychologie der Persönlichkeit gefaßt, wobei die gegenwärtigen Symptome durch einen *Wiederholungszwang* mit bestimmten traumatischen Erlebnissen oder defizienten Beziehungserfahrungen der Kindheit verbunden werden. Thematisiert werden im Rahmen des emotionalen Entwicklungsmodells der Persönlichkeit im *dynamischen Gesichtspunkt* bestimmte Triebe, die als Sexualität und Aggression bezeichnet und deren Entfaltung und konflikthaftes Schicksal im Lebensgang beschrieben werden. Eine historisch wichtige Auffassung der Psychoanalyse war, daß sie die wirksamen Konflikte und unbewältigten Belastungen der Vergangenheit als verdrängt und *unbewußt* bezeichnete. Dieser *topische Gesichtspunkt* der Psychoanalyse besagt, daß der Mensch nicht Herr im Haus des eigenen Seelenlebens sei, wie eine Feststellung von Sigmund Freud lautet, sie seien verdrängt und nicht ohne weiteres bewußtseinsfähig.

Zentral für die psychoanalytischen Krankheitstheorien und auch für das therapeutische Selbstverständnis ist demnach der entwicklungspsychologische Aspekt, deutsch mißverständlich als *genetischer Gesichtspunkt* bezeichnet. Die seelische Entwicklung des Menschen basiert auf der körperlichen Reifung und damit auf seiner jeweiligen Anlage. Diese manifestiert und formt sich aus im Austausch mit der Umwelt, auf die er *stammesgeschichtlich* in seinem ganzen Körperbau und Funktionen ausgerichtet ist. Damit tauchen eine ganze Reihe von Fragen auf: Welche seelischen Leistungen des Kindes und späteren Erwachsenen sind *reifende, spontan sich manifestierende* Fähigkeiten und welche sind wann und auf welche Umweltbedingungen angewiesen? Durch welche Voraussetzungen wird die Entwicklung ermöglicht, gefördert oder beeinträchtigt. Welche Mängel wirken sich momentan auf die Entwicklung aus und welche dauerhaft? Sind

Menschen alle in der gleichen Weise durch Umweltbedingungen zu beeinträchtigen, oder gibt es dabei erblich eine *individuelle Varianz* in ihrer *Vulnerabilität*? Welche umweltbedingten Defizite der kindlichen oder frühkindlichen Entwicklung sind durch spätere Einflüsse auszugleichen und welche nicht?

Die Beantwortung solcher Fragen setzt ein Wissen um die spontane seelische Entwicklung des Kindes in einer durchschnittlichen Umwelt voraus, eine allgemeine Entwicklungspsychologie.

Ein Exkurs in die Entwicklungspsychologie

Die seit Anfang dieses Jahrhundert aufgekommenen entwicklungspsychologischen Konzepte versuchen interkulturell allgemeine und überindividuell typische Stufenfolgen leiblicher, seelischer und geistiger Leistungen beim Kind herauszuarbeiten. Anstöße von pädagogischer Seite sind mit dem Namen William Stern, von psychologischer mit Jean Piaget und von ärztlich-therapeutischer mit Sigmund Freud verbunden. Systematische, zunächst nicht praxisbezogene empirische Grundlagenforschungen gingen seit den zwanziger Jahren von Jean Piaget aus, der die intellektuelle, sprachliche und ethische Entwicklung des Kindes beobachtete und in einem differenzierten Begriffssystem beschrieb. Während bei Stern und Freud die praktische Anwendung im Vordergrund stand, wurde in der Psychologie mit und nach Piaget eine breite empirische und theoretisch reflektierte Grundlagenforschung initiiert. Entwicklungspsychologie wurde in der zweiten Hälfte dieses Jahrhunderts zu einem Hauptfach der akademischen Psychologie, wobei die Altersgruppe zwischen zwei und zwölf Jahren bis weit in die zweite Hälfte dieses Jahrhunderts mit zwei Drittel der Publikationen dominierte. In den letzten Jahrzehnten hat sich in der Psychologie und in der Psychoanalyse unabhängig voneinander eine Tendenz herausgebildet, noch früheren Lebensstufen, den ersten beiden Jahren, besondere Aufmerksamkeit zu schenken und die Frage nach *Kontinuität und Diskontinuität* zu stellen (Kagan 1987).

a) Empirische Entwicklungspsychologie – das reifende, aktive Kind

Die im Laufe der ersten beiden Jahrzehnte beim Kind und Jugendlichen sich entfaltenden Themen menschlicher Motivationen sind sicher vielfältig, weit und gegensätzlich gespannt: Neugier und Sicherheit, Bindung und Exploration, Besitz und Neid, Empathie und eigenes Schutzbedürfnis, Territorialansprüche und

Angst, Nahrungserwerb und Sexualität, Wertanspruch und Scham, Kampf- und Fluchttendenzen, Rangansprüche und Geborgenheit etc. tauchen dabei auf. Eine Konvergenz zeichnet sich dabei im Hinblick auf bestimmte basale Entwicklungsvorgänge beim Säugling und beim Kinde ab.

Das erste Jahr: Wahrnehmen und Neugierde; Bindung und erste Ängste.

Der Neugeborene ist in Reifung seiner Sinnesorgane und vor allem seines Gehirns noch unfertig. Bestimmte Nervenbahnen wachsen noch aus und stellen neue Verbindungen her, andere bilden sich zurück. Die Sehleistungen der ersten Monate sind schwach, die Hirnareale, an die die Gedächtnisleistung geknüpft sind, werden erst in der zweiten Hälfte des ersten Jahres funktionsfähig. Dabei ist der Säugling sofort *ein aktiv sich bewegendes und wahrnehmendes Lebewesen,* auf verschiedene Reize unterschiedlich reagierend. Er ist weder von der Umwelt getrennt noch nur passiv aufnehmend. Mit seinen eigenen Signalen – Blicken, Schreien – *motiviert er* seine Umwelt. Auf offenbar angeborene Schemata zurückgreifend, induziert er bei den Pflegepersonen beim Füttern und beim Augenkontakt bestimmte Reaktionen: Sie öffnen den Mund, wenn sie den Säugling füttern, halten ihren Kopf senkrecht genau in der Blickentfernung, die dem Konvergenzabstand des Säuglings entspricht. Sie antworten in einer Babysprache die, wie Stimmfühlungslaute bei Tieren, in Tonhöhe und in den Lauten von dem Säugling aufgenommen werden können (Kindchen-Schema, K. Lorenz). Schon in den ersten Wochen vermag der Säugling taktil und optisch zwischen dem eigenen Körper und Testobjekten der Umwelt zu differenzieren und sie in sein eigenes Verhalten zu integrieren. Bevorzugtes Interesse gilt bewegten Formen, also Menschen oder Tieren, ist jedoch nicht auf sie beschränkt. *Leblosen Gegenständen* gilt das gleiche Interesse, besonders wenn sich eine *Kontingenz mit eigenen Aktivitäten* herstellen läßt: Das über dem Bett aufgehängte und mit den Händen erreichbare Holzmobile kann den drei Monate alten Säugling beinahe eine halbe Stunde lang beschäftigen, indem er es bewegt, Geräusche hervorruft. Ein nur optisch sichtbares Mobile erweckt nur einige Minuten Interesse (Papousek 1983). Der Säugling ist also weder isoliert noch mit seiner Pflegeperson verschmolzen. Es gibt Hinweise, daß er im Laufe der ersten Monate betimmte olfaktorische Reize wie den Geruch der mütterlichen Brust und optische Reize in seinen Bewegungen bevorzugt, also ansatzweise Gedächtnis entwickelt. Während in den ersten 6 Monaten aber die Eindrücke schnell verblassen, alles gleich neu scheint, setzen in der zweiten Hälfte des ersten Jahres Gedächtnisleistungen ein (Kagan 1987).

Was sind die *basalen Motivationen* des Säuglings? Wenn er mit 8 Monaten Gegenstände fixiert, im Experiment Figuren oder Schemata von Gesichtern, so habituiert er, d. h., nach einigen Sekunden erlöscht sein Interesse, und sein Blick wendet sich weg. Taucht ein etwas verändertes Gesichtsschema auf und nicht das gleiche wieder, so fixiert er das neue deutlich länger. Entwicklungspsychologen sagen, „Säuglinge sind an Abweichungen interessiert" (Kagan), und „das Suchen und Wahrnehmen von Lernchancen gehört zu den Fähigkeiten, mit denen er auf die Welt kommt" (D. Stern). Die primäre Motivation ist offenbar Neugierde, sicher im Hinblick auf Anpassung evolutionär eine durchaus zweckmäßige. Seine Entwicklung ist in dieser Zeit auf seiner Sensorik *angemessene äußere Stimuli durch optische und akustische Signale und Antworten* angewiesen. Unterstimulierte Kinder im Säuglingsheimen und Kibbuz zeigen einen durchschnittlichen Entwicklungsrückstand, den sie aber im Laufe der nächsten Jahre aufholen (Spiro, Rabin). Dabei zeigen sich hier wie in der familiären Umgebung bereits deutliche *individuelle Varianten im motorischen und sensorischen Temperament.* – Besonders lernfähig zeigt sich der Säugling in der Kommunikation mit Pflegepersonen, wobei eine artspezifisch angeborene Vorliebe für Schemata des menschlichen Gesichtes diskutiert wird: Vom dritten Monat an lächelt er zunehmend wiederkehrende Gesichter an, vom sechsten Monat an allerdings *bevorzugt er die mütterliche oder väterliche Pflegeperson (smiling response, R. Spitz).* In individuell und kulturell unterschiedlichem Ausmaß entwickelt sich in den folgenden Monaten eine Tendenz, fremden Gesichtern gegenüber eher ängstlich zu sein, zu „fremdeln", die charakteristische „Achtmonats-Angst" zu zeigen. Die visuelle, akustische und taktile Erfahrungen machen ihm die Umwelt vertraut, beruhigen und geben Sicherheit für die eigene Aktivität. Das Kind sucht offenbar bevorzugt auch im körperlichen Kontakt Schutz und Geborgenheit, die meisten fühlen sich in Situationen, die fremd sind, und bei Trennungen von der Mutter mit einem Jahr geängstigt. Eine bestimmte individuell auf die am häufigsten anwesende Pflegepersonen gerichtete, erste Form von *Bindung* ist im Laufe des ersten Jahres gestiftet.

Das zweite Jahr: Stehen und Sprechen; visuelles Selbstverhältnis und Empathie.

Das zweite Jahr bringt dem Menschen zwei große Entwicklungsschritte und Differenzierungen, in denen er sich von seinen nächsten Abstammungsvorfahren abhebt: 1. aufrechtes Stehen und Gehen; 2. die ersten Spracherfahrungen. Die Fähigkeit, sich zunächst kriechend, dann watschelnd, schließlich gehend aufrecht zu bewegen, bringt die Möglichkeit, sich frei auf andere Lebewesen und von den Artgenossen wegzubewegen und seine Neugierde zu befriedigen. Er kann nun die Umwelt selbst explorieren und sich dabei von den Personen, an die er individuell gebunden ist und die ihm vertraut sind, entfernen. Die ersten freien Schritte des Kindes sind begleitet von Triumphgeschrei, wenn es sich zu weit wegwagt und fremden Eindrücken ausgesetzt wird, von allerdings individuell unterschiedlich ausgeprägter Angst oder Unruhe. Die schon im ersten Jahr angebahnten Bindungen an bestimmte Personen sind die Basis, von denen aus die Umwelt exploriert wird und die wieder Ruhe und Sicherheit geben können.

Ist das Kind in dieser *sensomotorischen Phase* (Piaget) noch ganz egozentrisch, zur Einfühlung in fremde Personen und zur Reflexion auf sich selbst nicht fähig? Sicher sieht es bis zum 18. Monat, wenn es mit sich im Spiegel konfrontiert ist, nicht sich, sondern es reagiert, wie wenn es einen Spielgefährten, einen Kumpan, *antrifft*. Von eineinhalb Jahren an ändert sich das: wird im Rougetest auf seiner Nase unbemerkt ein Farbfleck angebracht und wird der dann im Spiegel bemerkt, so wird er zunehmend häufig nicht dort verfolgt und abzuwischen versucht, sondern die meisten greifen auf ihre eigene Nase. Sie können sich als Kind *selbst erkennen und vergegenwärtigen*. Das manifestiert sich individuell offenbar etwas verschieden früh und deutlich zwischen dem 18. und 24. Monaten. In dieser bemerkenswerten Untersuchung zeigte Frau Köhler-Bischof in diesem Alter noch eine weitere neue Reaktionsweise, wenn sie gleichaltrige Kinder beobachten. Geht denen beim Spielen ein Spielzeug kaputt und sind sie offensichtlich traurig und weinen, entwickeln die *Selbsterkenner* deutliche Betroffenheit oder ausgeprägte Helferhaltungen. Das war individuell wieder unterschiedlich deutlich, bei Mädchen etwas früher ausgeprägt. Damit manifestiert sich nach Auffasung dieser Psychologin *Empathie* in andere Menschen und eine *prosoziale Einstellung*. Es zeigt sich Einfühlung in die Gefühle der anderen, gleichaltrigen Kinder: „Der andere, dem das passiert ist, ist ja ein Kind wie ich, und ich möchte ihm helfen." Das ist jedenfalls das Ergebnis dieser und ähnlicher Beobachtungen (Zahn-Wachsler 1979) über die sich manifestierende neue kognitive Stufe der Selbstwahrnehmung und gefühlsmäßigen Einstimmung und Teilnahme an anderen Menschen als spontane moralische Kategorie. Offenbar besteht ein Zusammenhang zwischen Empathie und einer Stufe neuer Selbstkonzeptbildung oder eines neuen *Selbst*verhältnisses, womit der heute inflationär gebrauchte Selbstbegriff einmal empirisch beinhaltet wird. – Im übrigen ist das Spiegelerkennen und sind Formen *prosozialer Empathie* auch bei *Schimpansen* zu beobachten (Goodall), bei allen anderen Affenarten bisher nicht. Auch diese neuen Fähigkeiten manifestieren sich aber nicht bei allen Kindern in der gleichen Form und zur gleichen Zeit, es besteht in der Zeit und Deutlichkeit der Ausprägung wie im ersten Jahr schon eine große interindividuelle Varianz.

Die *Bindung* an bestimmte Personen hat im 2. Jahr offenbar ein großes Gewicht für das Lernen und die affektive Lage, ist allerdings von den Kindern schon unterschiedlich intensiv besetzt. Sie gibt eine Ruhe und Sicherheit gebende Basis ab und *Vorbilder*, die nachgeahmt werden. Auch in dieser Zeit öffnen die Anstöße und Ausrichtungen der *Reifung des Gehirns* immer mehr *Fenster zur Welt* und bieten immer differenziertere Kompetenzen an. Die bilden sich im Austausch mit der Umwelt und deren angemessenen Reizangebot in bestimmten Altersphasen, wobei der Mensch sich jetzt von den andern Lebewesen abhebt, was sich an der Sprachentwicklung beispielhaft zeigt: zwischen dem 2. und 8. Jahr saugt das Kind in einer *Implosion* nachahmend das ein, was an Sprachinhalten und Bedeutungen in seiner Umwelt auftaucht, später ist das nicht mehr nachzuholen. Mit der jetzt reifungsbedingt gegebenen *Intentionalität* kann es die erziehenden Vorbilder und andere Kinder nachahmen. Es lernt zugleich sprachlich das „Ja" und das „Nein", gewinnt damit Normen, lernt eigenes Verhalten, Impulse und Gedanken als *gut und böse* kennen (Kagan 1981). Nachahmung und Identifikation mit anderen spielen dabei offenbar bei den meisten eine positive Rolle.

Vom 3. bis ins 6. Jahr: Exploration, Gut und Böse, Bindung und Exogamie .

Die von Piaget für die ersten 18 Monate beschriebenen, situativ ausgerichten Reaktionen der sensomotorischen Intelligenz entwickeln sich nun zu Operationen, bei denen Vorstellungen und sprachliche Handlungsmuster auf der Stufe des *symbolischen Denkens* auftauchen. Der neue Wahrnehmungshorizont mit seinen gedanklichen Verbindungen und denkerischen Operationen und die damit verbundene Urteilsfähigkeit über die Welt und sich selbst erweitern das Weltbild. Verbunden ist mit dem anwachsenden *Spracherwerb* ein Bedeutungsreichtum der personalen und materiellen Welt und auch neuer ethischer Wertungen. Das Kind nimmt verschiedene Rollen, Kategorien und Generalisierungen wahr – eine unmittelbare bei sich und bei anderen gegebene ist die des *Geschlechtsunterschiedes*, die sich in der Anschauung und sprachlich in den „Geschlechtsworten", den „der und die", schon abzeichnen. Es ist eine Epoche, wo das Kind zunächst sinnlich wahrnehmend, explorierend und dabei schon affektiv reagierend die Welt erfährt und dann auch gedanklich und sprachlich bei sich und anderen zwischen Gut und Böse zu differenzieren lernt. Entwicklungspsychologen wie Kagan finden im

Rollenspiel und in der Sprache ein neues Bewußtsein des Kindes seiner selbst und die Einsicht in richtig und falsch als entscheidend an. Es kann Gedankenwege operativ in die eine oder andere Richtung schicken, vollbrachte und auch nur geplante Handlungen in der Vorstellung rückgängig machen. Eine von mehreren Erfahrungen ist die der *Identifikation* mit anderen Mitgliedern des *eigenen biologischen Geschlechts*, die etwa zwischen dem vierten und siebten Lebensjahr graduell eintritt. Zugleich können die Kinder zwischen Altersgenossen und sich selbst aber auch ihre Eltern mit anderen Personen vergleichen, was dazu beiträgt, daß ambivalente Bewertungen von gut und böse, ähnlich und fremd, vertraut/langweilig und neu/anziehend aber auch bedrohlich etc. sich abzeichnen. Die mit den Ablösungen von der familiären Primärgruppe verbundenen neuen Rollenübernahmen, von denen die, ein Mädchen oder ein Junge zu sein, nur eine unter mehreren ist, lösen neue Vorstellungen und Handlungsmöglichkeiten aus. Explorative und ambivalente, progressive und regressive Tendenzen brechen auf, die mit einer weiten Skala von Affekten besetzt sein können: Freude, Schuldgefühle, Neid, Bewunderung, Angst etc. Die *Neugierde in Hinsicht auf Geschlechtsunterschiede* und Phantasien um die eigene Rolle und die der Eltern gehören sicher zu dieser Phase. Sie betrifft selbstverständlich auch die körperlichen Merkmale des eigenen und des anderen Geschlechts und schließt wie schon bei kleinen Kindern die anale, urethrale und auch genitale Sphäre und Funktionen mit ein. Diese wachsende Neugierde, die zu Annäherungen und Spielen führen, die von keiner sexuellen Gestimmtheit getragen ist, erschließt im Laufe der nächsten Jahre ein wachsendes Wissen um die genitalen Funktionen und die Fortpflanzung.

Die Entwicklungsschritte zwischen dem dritten und sechsten Jahr wurden von der Psychoanalyse mit dem „Kernkomplex der Neurose" verbunden, bei Freud noch eine „Blütezeit der Sexualität", bei der affektive Strebungen dem andersgeschlechtlichen Elternteil gelten sollen, die danach verdrängt werden. Bei allen Völkern und Kulturen, von frühesten Zeitaltern bis in die Gegenwart, schließen die primären persönlichen Bindungen an Mutter und Vater und an die Geschwister sexuelle Kontakte mit diesen aus. Befunde an Tieren zeigen nun, daß auch hier die primäre Bindung aus der Aufzuchtgemeinschaft bei vielen freilebenden Vögeln und Säugetieren die später einsetzenden sexuellen Interessen ausschließen (N. Bischof 1985). Eine mit dem Reifealter einsetzende *exogame Tendenz*, evolutionär begründet und sinnvoll, manifestiert sich bei Tieren wie bei den Menschen, sie taucht spontan auf, geht nicht auf Verbote oder ausgesprochene Anweisungen zurück. Das hat mit den Beobachtungen an Tieren stets an eine phylogenetische Verankerung dieses exogamen Verhaltens und der Inzestschranke denken lassen. *Der unterschiedliche Charakter der Bindungsmotivation*, die auf Vertrautheit und Sicherheit im Rahmen der Aufzuchtgemeinschaft zielt und der auf Artgenossen des anderen Geschlechts gerichteten *sexuellen Anziehung* wurde von Bowlby beschrieben, jedoch in seiner Bedeutung für die Exogamie noch nicht erkannt. Im Rahmen psychobiologischer Beobachtungen wurde von N. Bischof *Bindung* und andererseits die *sexuelle Appetenz* der späteren Phasen, die vom *neu auftretenden, fremden Artgenossen* ausgelöst wird, in ihre unterschiedlichen Qualitäten, zeitliche Genese und Zielrichtung differenziert. Auf die angeborene Grundlage hatte schon Westermarck hingewiesen, sie wurde von Bischof dann umfassend biologisch, ethnologisch und entwicklungspsychologisch begründet.

Formen der Bindung und der Exploration

Bindung erscheint als eine für die Kindheit basale Motivation, die sich in ihrem Gewicht und in der Ausrichtung aber verändert und nicht in der gleichen Form wiederholt wie in der Kindheit. Sie beinhaltet in den ersten Lebensjahren Nähe und Vertrautheit bei einem individuell bekannten Menschen, vermittelt Ruhe und Entspannung, hat damit in medizinischer Sicht eine parasympathische Tönung. Das ist in der schutzbedürftigen, unfertigen Natur des Menschen in den ersten Jahren begründet. In den weiteren Lebensaltern, schon mit 6–7 Jahren, in der Adoleszenz und in den weiteren Altersstufen verdünnen sich die ursprünglichen Bindungen mit der wachsenden Selbständigkeit. Es gibt Beziehungen in den verschiedenen Lebensaltern zu neu auftretenden Menschen, die eine neue individuelle Vertrautheit stiften, Freundschaften vor allem. Ein Netz von i*ndividuellen Bindungen als „vertrauensvolle Beziehung"* scheint bis ins Alter lebenswichtig. Daneben werden Beziehungen geknüpft, bei denen das nicht der Fall ist, so im beruflichen und gesellschaftlichen Leben, wo der andere in seiner Rolle, Kompetenz und in anderen Eigenschaften wichtig wird. Die sexuelle Anziehung liegt zunächst in der neuen explorativen Beziehung, sucht im Gattungswesen Frau oder Mann den neuen und ergänzenden Anderen im Geschlechtlichen. Die Verbindung von Sexualität und Bindung in einer dauernden und individuellen Beziehung ist eine kulturelle Aufgabe und eine personale Leistung beider Partner. Die Inkongruenz beider Strebungen ist sicher für viele Konflikte und Wechselfälle im Laufe des Lebens verantwortlich zu machen. Im Sexuellen spielen Fragen des Ranges und der Macht, der Geltung etc. eine große Rolle, die in Beziehungen wie in der Freundschaft, die durch persönliche Bindung bestimmt ist, kein Gewicht haben. *Bindung* ist als Motivationssystem auch bei Tieren ein *„Instinkt ohne Endhandlung"* (Bischof). Sie zielt nicht auf Abfuhr, auf Konsumation einer aufgestauten Energie beim immer wieder neu erlebten anderen. Sie folgt, wie John Bowlby schon zeigte, dem System des Regelkreises: Bindung zielt auf Geborgenheit, Vertrautheit, Ruhe, vegetative Entspannung in einem Ruhezustand. Bindungsobjekte sind, wie Norbert Bischof gezeigt hat, „Individuen mit Heimcharakter". – Und es leuchtet unmittelbar ein, daß die vom sexuellen Interesse so verschiedene *gegenseitige Bindung*, die Geborgenheit des Kindes bei schützenden Eltern und deren altruistische, eigene Bedürfnisse zurückstellende Hingabe biologisch eine andere sinnvolle, ja notwendige Motivation darstellt.

Der Mensch wäre jedoch nicht lebensfähig, wenn der mächtigen Bindungsmotivation nicht andere gegenüberständen, die ihn hinaustreiben und er die Umwelt exploriert, sich ihrer bemächtigt und seinen Lebensunterhalt sichert. Unverkennbar ist, daß schon das Kind an der *Sachwelt* ebenso Interesse hat und beginnt tote und lebendige Gegenstände, Spielzeuge, Tiere, Pflanzen zu beobachten, *zu explorieren* und sie spielend zu untersuchen. So wichtig individuelle Bindungen an die Pflegepersonen zunächst sind und auch später ein tragendes Netz zwischenmenschlicher persönlicher Beziehungen für die Sicherheit und Gesundheit des Menschen, weder die Interessen des Kindes noch die des Erwachsenen sind auf sie zu beschränken. Die Umwelt und die dort gegebenen und immer neu auftauchenden Objekte üben schon im Krabbelalter und noch mehr im zweiten Jahr bei dem nun gehenden Kind eine große Anziehungskraft aus, auf die eine elementare Neugier des heranwachsenden Menschen gerichtet ist. Offenbar können Spielzeuge, die von bestimmten Personen geschenkt werden, sich mit diesen verbinden und auch bestimmte sinnlich wahrgenommene Objekte, wie die langen Haare der Mutter, ein Schnuller oder eine Windel, die dem Kind ins Bett gegeben wurden. Der Weltbezug des Kindes und des Erwachsenen ist aber unabhängig davon mit einer *elementaren Neugier* auf alles gerichtet, was sich neben und hinter den Personen an faszinierenden Physiognomien und Gegenständen bietet. Die Explorationen dieser neuen unbekannten Welt, die Möglichkeit, neue Gegenstände und Territorien in Besitz zu nehmen und dabei neue Fertigkeiten zu entwickeln, übt eine Faszination aus, gibt eigene *Befriedigung und Selbstvertrauen*. Das hilft dem Kind sich aus primären Bindungen im Lernen, im Beruf und in der Arbeit zu lösen und Sicherheit zu gewinnen. Es ist angemessen und heute nicht selbstverständlich, auf diese Ausrichtungen des Menschen zu verweisen und „Beziehung" nicht zum einzigen psychologischen Thema zu machen.

Zu der sich entfaltenden Umwelt gehören die anderen Menschen, mit denen das Kind spielt und Berührungen austauschend sich selbst wiederfindet. Es entwickelt das für sein weiteres Leben wichtige Artgenossenschema, wobei in der zweiten Hälfte des zweiten Lebensjahres ein wichtiger *Schritt der Selbsterkenntnis und Selbstrelativierung* in der kognitiven Leistung sichtbar wird, wenn es sich im Spiegel selbst erkennt.

Aus der simultanen Identifikation innerhalb der eigenen Art entwickeln sich auch phylogenetisch zu verfolgende, altruistische Einstellungen und Handlungen, in denen eigene Befriedigungen geteilt oder eigene in Besitz genommene Objekte wie Süßigkeiten oder Spielzeuge Kindern geschenkt werden. Sicher ist dabei auch ein Lernprozeß und das Beispiel der anderen richtunggebend, die Beobachtungen an anderen Kindern und den Eltern wirken als positives Beispiel – nicht die drohenden Einschränkungen. Ein notwendiger Gegensatz zwischen den Bedürfnissen des einzelnen Lebewesens und einer einschränkenden Gesellschaft ist nicht erkennbar. Vorbilder werden vom Kind gesucht, die Nachahmung geschieht spontan, vor allem dann in der Sprache – ebenso spontan aber später dann die Neigung, spielerisch eigene Varianten einzuführen. Diese neuen entwicklungspsychologischen Beobachtungen stellen nun für Theorie und Praxis der Psychoanalyse und am Rande auch für Lernpsychologie / Verhaltenstherapie sowie die systemische Famlientherapie jeweils eine bestimmte Herausforderung dar.

b) Entwicklungslehre der Psychoanalyse und neue Empirie

Die mit den Ursachentheorien eng verbundene Entwicklungslehre war bei S. Freud zunächst körperlich zentriert. Die Stärke der oralen, analen und genitalen Partialtriebe und deren „relativ autonome" Triebschicksale (Rapaport) hatte jedenfalls ein Übergewicht gegenüber den „akzidentellen" Umweltfaktoren. Im Laufe des Jahrhunderts verlagerte sich in den verschiedenen psychoanalytischen Schulen die Ursachentheorien, dem Zeitgeist folgend und ihn verstärkend, immer mehr auf eine „prägende" Umwelt und hier auf die Objektbeziehungen und deren emotionale Zufuhr, so etwa die Annahme eines von der Mutter im ersten Jahr zu spendenden oder fehlenden basalen Urvertrauens.

Die Entwicklung des Kindes wurde hier im ganzen aus den Störungen des erwachsenen Patienten rekonstruiert, ist wie der Psychoanalytiker Peterfreund kritisch feststellt *„adultomorph und pathomorph"*. Sprachlich zeigte sich diese Rekonstruktion u. a. in der Annahme einer *autistischen* Phase in den ersten Lebensmonaten (Freud; M. Mahler) und der anschließenden *symbiotischen* Phase mit totaler Verschmelzung und Einssein des Kindes mit der Mutter (Winicott: „Das Kind gibt es nicht!"). Der Vorstellung eines passiv ausgelieferten Säuglings folgend werden bereits in diesen frühen Phasen entsprechende „prägende" Störungsmöglichkeiten angenommen (M. Mahler) mit einer depressiven und eine paranoid-schizoiden Position im ersten Lebensjahr (Melanie Klein). – Eine klassische psychoanalytische Position lag andererseits in der Annahme einer endogen körperlichen Dynamik mit einer *autoerotischen* Phase mit isoliert agierenden Partialtrieben sowie einer anschließenden *narzißtischen*, bei der auf das eigene Selbst gerichtete Triebe beim Säugling beschrieben werden. Der Narzißmus als „libidinöse Besetzung des Selbst" (Kohut) hat sich zu einer eigenen Entwicklungsthematik entfaltet, wobei die bewußte oder unbewußte Zuneigung oder Ablehnung durch die Eltern, „der fehlende Glanz im Auge der Mutter" als von der übrigen Libidotheorie getrennte Entwicklungslinie beschrieben wird. Mangel an Empathie wird als Zeitmine der Kindheit aufgefaßt, aus Beobachtungen allerdings nicht am Säugling und in Verläufen, sondern vom erwachsenen Patienten aus konstruiert.

Weitere Triebphasen werden mit der Prävalenz bestimmter Körperzonen und entsprechenden Entwicklungen verbunden: in der *oralen* Phase soll das Stillen zu einer Triebabfuhr führen, wobei hier die Mundzone und die Beziehung zur Mutter bewertet werden. In dieser oralen Pase werden der sexuellen Befriedigung im Stillakt, dem Lustcharakter des Saugens und dieser Befriedigung ein größeres Gewicht gegenüber der Nahrungsaufnahme gegeben. Das Mißlingen dieser frühen Phase soll zu Spaltungen führen, die im ersten Jahr als „gute Mutter oder schlechte Mutter" oder auch als „gute Brust oder schlechte Brust" erlebt und verarbeitet werden (Melanie Klein). Es werden von dieser Schule auch im ersten Lebensjahr zwischen depressiven Zweier- und ödipalen Dreierkonstellationen liegende Weichenstellungen angenommen, mit Grundstörungen und Psychose verbunden.

Von empirischer Seite wird dem entgegengehalten, daß es für all diese retrospektiv entwickelten, zeitlich und pathogen in die Kindheit verlegten Triebphasen und erogenen Zonen keinen Anhalt gibt, z. B. zwischen gestillten und Flaschenkindern in der weiteren Lebensentwicklung nie Unterschiede zu finden waren. Ethologen verweisen hier auf Beobachtungen von Harlow, daß Affenkinder, die zwischen Puppen mit Flaschen in einem Drahtgestell und solchen in einem mit Pelz ausgefüllten Muttersurrogat wählen konnten, sich vorwiegend bei letzterem aufhielten, visuelle und sensorische Hauteindrücke offenbar wichtiger sind. In der weiteren Entwicklung wird einerseits die Sauberkeitserziehung im Rahmen der *analen* Phase betont, die bei Freud noch mit der Vorstellung einer lustvollen Befriedigung verbunden war, später stehen mehr die Auseinandersetzung von elterlichen Geboten und Widerstand um die Sauberkeitserziehung im Mittelpunkt der Ursachentheorien. Bemerkenswert sind Versuche der Empiriker, das zu verifizieren (Kline): Er konnte bestätigen, daß der „anale Charakter" (Eigenschaften wie Ordnungsliebe, Eigensinn und Sparsamkeit) mit Müttern korreliert, die im Ganzen eher streng und rigide sind. Nicht geklärt ist, wie die sich im einzelnen bei der Sauberkeitserziehung verhalten haben und ob hier nicht bestimmte Haltungen und Charakterzüge einfach vererbt und außerdem durch die gesamte Erziehungsform tradiert werden (s. dazu unten kasuistisch S. 229). Ein Zusammenhang zwischen langer Stillzeit bzw. frühem Abstillen und „oralem Charakter" fand sich nach Kline nicht. – Die *ödipale* Phase des 4. bis 6. Lebensjahres wird als die entscheidende Drehscheibe der sexuellen Entwicklung mit dem Triebverzicht des Knaben auf die Mutter (des Mädchens auf den Vater) sowie der Über-Ich-Entwicklung angesehen. Gefördert werde diese durch die Kastrationsangst, nach Freud auch durch vererbte Exogamiegebote, urzeitliche Geschehnisse in der Urhorde, die den Urvater tötete, verspeiste und auf die Frauen der Gruppe verzichtete.

Empirische Untersuchungen zeigen, daß Kinder *beiderlei* Geschlechts bis zum zweiten Lebensjahr die Mutter eindeutig vorziehen, danach Mädchen sich mehr zur Mutter, Jungen zum Vater hingezogen fühlen. Strenge Väter werden von Jungen und Mädchen nicht bevorzugt (Kagan). Wenn Jungen *und* Mädchen im frühen Alter sehr der Mutter zuneigen, so geschieht das häufig, wenn der Vater nicht verfügbar ist. Immerhin wird schon ein Viertel im 2. Lebensjahr als ambivalent an die Mutter gebunden bezeichnet. Empirische Untersuchungen zur Identifikation und zur jeweiligen Zuneigung in dieser Altersphase liegen erstaunlich wenige vor. Untersuchungen im israelischen Kibbuz im Vergleich mit Familien zeigten, daß hier die Identifikation mit den Eltern und die „ödipale Ausrichtung" weniger intensiv war (Spiro), ohne daß sich das auf die spätere Entwicklung bestimmend auswirkte. Mit dem „Untergang des Ödipuskomplexes", d. h. mit der Übernahme des elterlichen bzw. gesellschaftlichen Gebotes des Verzichtes der sexuellen Wünsche auf sie, war bei Freud noch die Bildung des Gewissens und das Bewußtsein von „Gut und Böse" verbunden. Die empirische Entwicklungspsychologie (Kagan, Piaget) sieht die Reifung des Wahrnehmens und Denkens zwischen dem 2. und 5. Jahr dagegen als entscheidend für die Übernahme von Normen und das frühe Wertbewußtsein an (s. oben S. 17). Das dynamisch-energetische Prinzip einer sexuellen Triebhaftigkeit wurde nicht nur von Bowlby, sondern auch anderen Psychoanalytikern in Frage gestellt (Sandler 1961), der Wahrnehmungen in Verbindung mit dem Prinzip Sicherheit reflektiert. Eine kognitive Wende ist in der Psychoanalyse allerdings noch nicht abzusehen.

c) Kontinuität und Diskontinuität

Was stellen nun empirische Entwicklungspsychologie und Psychoanalyse fest zur Frage der Bedeutung der frühen Entwicklungsstufen? Gibt es eine Kontinuität sich manifestierender Eigenschaften des Kindes? Oder eine der äußeren Einwirkungen, der Traumen oder der Defizite in der Beziehung als Ursachen von Neurosen? Bowlby war davon überzeugt, daß eine in der sensiblen Phase zwischen 2 und 4 Jahren erfolgte dauernde *Trennung von der Mutter* nicht nur zu Neurosen, sondern vor allem zu asozialen Entwicklungen führe (s. unten S. 254). Das hat sich so nicht halten lassen (s. S. 42), aber Anlaß gegeben, Bindungen einmal experimentell zu untersuchen und über eine Zeitstrecke zu verfolgen. In einer differenzierten Versuchsanordnung hat Mary Ainsworth (1969) spielende Kinder, zwischen 9 und 24 Monaten alt, für 3 Minuten von der Mutter getrennt und beobachtet. Aus dem jeweiligen Verhalten beurteilte sie etwa dreiviertel „gut gebunden", d. h., sie protestierten und suchten nach der Rückkehr der Mutter ihre Nähe, um sich zu trösten, ein knappes Viertel weniger sicher und „vermeidend" eingestuft, d. h., sie protestierten nicht und suchten bei der Rückkehr nicht ihre Nähe, etwa 10% protestierten heftig und waren dann untröstlich, sie wurden als unsicher gebunden und „ambivalent" beurteilt. Nach einem Zeitraum von 7 Monaten wurde aber etwa *die Hälfte der gleichen Kinder schon in eine andere Gruppe eingestuft*, die Bindungsform war also nicht sehr konstant. Es zeigte sich weiter, daß die Mütter der Kinder, die man als „weniger sicher gebunden" eingestuft hatte, meist berufstätig waren und auf die Bedürfnisse nicht so eingingen, den Kindern zutrauten selbstständig und auch ohne Angst mit anderen oder allein zu bleiben. Ist das eine positiv oder negativ zu bewertende Lernerfahrung? Und in welchem Ausmaß ist die Einstellung beider, der Kinder und der Mütter, erblich bedingt und / oder von außen vermittelt?

Im ganzen wird die mit dem Konstrukt des Wiederholungszwangs verbundene Auffassung, daß traumatische Einwirkungen oder bestimmte defiziente Beziehungsformen in der Kindheit notwendig die spätere Entwicklung prägen, von Entwicklungspsychologen und auch von manchen Psychoanalytikern, die klinische Beobachtungen und empirische Untersuchungen verbinden, immer mehr in Frage gestellt. Übereinstimmung besteht bei ihnen, daß schon Säuglinge und Kleinkinder in ihrem *Temperament* verschieden sind, unterschiedlich lebhaft, stimmungslabil, reizbar, ängstlich, wie alle Eltern wissen, die mehrere Kinder aufziehen. Untersuchungen von Entwicklungspsychologen, die sich mit der Stabilität bestimmter Haltungen beschäftigen (Aggression gegenüber Gleichaltrigen, Schüchternheit gegenüber Fremden, Abhängigkeit von den Eltern etc.) fanden zwischen den ersten drei und dem 6. Lebensjahr sowie später in der Adoleszenz „im allgemeinen" ein Konstanz. Äußerst schüchterne 3–8jährige waren „überwiegend" nach 20 Jahren noch ähnlich (Kagan). Es gibt aber auch Längsschnittuntersuchungen, die in Einzelfallbeobachtung bei adoptierten und Familienkindern die frühkindliche Temperamentslage sowie das Umweltangebot durch die Erziehenden über die ganze Entwicklungszeit verfolgen (Colorado Adoption Project).

Die introspektive Rekonstruktion der frühen Kindheit aus Erinnerungen in der Behandlung reicht jedenfalls nicht aus. Erinnerungen unterliegen zu vielen Selbsttäuschungen, um differenzieren zu können, was Erzählungen anderer, was die Familienlegenden und was dem folgende eigene Produktionen sind. Jean Piaget (1976), der Entwicklungspsychologe, der sich auch selbst einer Psychoanalyse unterzogen hatte, berichtet: „So erinnere ich mich selbst äußerst genau und lebendig, als Säugling in meinem Wagen angebunden Opfer eines Entführungsversuchs gewesen zu sein: ich sehe eine Reihe genauer Einzelheiten (Ort des Abenteuers, Kampf zwischen dem Kindermädchen und dem Kinderdieb, Heraneilen der Passanten und der Polizisten usw.) vor mir. In Wirklichkeit hat unser Kindermädchen, als ich 15 Jahre alt war, meinen Eltern mitgeteilt, daß die ganze Geschichte von ihr erfunden worden war und sie selbst u. a. die Kratzer auf meiner Stirn verursacht hatte. Ich muß also mit 5 oder 6 Jahren von diesem Entführungsversuch gehört haben, an den meine Eltern zu der Zeit noch glaubten, und aufgrund dieser Schilderung habe ich eine visuelle Erinnerung fabriziert, die noch heute andauert..." All dies, so betont Piaget, lasse uns überhaupt gegenüber den Kindheitserinnerungen Erwachsener skeptisch werden, wenn es um den kognitiven Bereich und noch mehr wenn es um affektive Vorgänge gehe. Erinnerungen um die Vergangenheit bilden und verändern sich offenbar im Laufe des Lebens, werden aktiv gestaltet und ständig umgestaltet.

Eigene empirische Untersuchungen vorgelegt und mit Langzeitwirkungen auseinandergesetzt hat sich als Psychoanalytiker Daniel Stern. Er hält weder die Annahme einer oralen Triebbefriedigung noch die autistische oder symbiotische Phase für „nützliche Konstrukte". Von ihm selbst beschriebene früheste *Selbststu-*

fen des Säuglings und die mehr oder weniger angemessene mütterliche Affektabstimmung hat er mit späteren Beobachtungen bei seinen Patienten verbunden. Stern benutzt den Selbstbegriff der Neurosenpsychologie, um an bestimmten Antworten des Säuglings auf Gesichts-, Geruchs- und Berührungsreize zwischen Geburt und 15. Monat vier Entwicklungsstadien des Selbst in einer spontanen, aber störbaren Entwicklung durch die Mutter differenziert beim Säugling zu beschreiben: auftauchendes Selbst, Kernselbst, subjektives Selbst, verbales Selbst. Diese Phasen werden als subjektive Wirklichkeit des Säuglings aus dessen Antworten und „seinem subjektiven Erleben" erschlossen, jeweils als ein bestimmtes Körperempfinden oder als Handlungs-, Gefühls- und Sprachinstanzen. Mangelnde affektive Empathie der Mütter, als Fallbeispiel beobachtet bei ihm aus dem Verhalten einer schizophrenen Mutter, werden (bei anderen, erwachsenen Fällen) mit deren späteren *falschen Selbst* in Verbindung gebracht, wobei allerdings eine unterschiedliche Sensibiltät bei den selbstorganisierenden Prozessen aber auch bleibende Defizite aus dem Pflegeverhalen diskutiert werden. Es werden Szenen der Fehlabstimmung mit „falschen Botschaften" von Müttern an ihre Säuglinge von Stern dabei beschrieben und mit „Botschaften" von erwachsenen Patienten in der psychoanalytischen Stunde in Beziehung gesetzt. Vergleicht man diese Beschreibungen der „Selbstfindung" des Säuglings etwa mit denen der Spiegelversuche und Empathiebeobachtung von Frau Bischof-Köhler (s. oben S. 17), so wird der Unterschied zwischen empirischer Außenbeobachtung und einfühlend-konstruktivistischer Hermeneutik bei D. Stern deutlich. Letztere bedürfen sicher noch der systematischen Außenbeobachtung und Längsschnittuntersuchungen, um überzeugen zu können.

Die klassischen frühen Triebphasen der Psychoanalyse sind durch die Selbst- und Narzißmuspsychologie in den Hintergrund gedrängt worden, die ödipale Konstellation wird in ihrer Bedeutung für die sexuelle Entwicklung und Perversion allerdings weiter als relevant angesehen, dabei in immer frühere Zeiten verlegt. So vertritt Lichtenberg (1990) noch die Auffassung, daß *sexuelle Schuldgefühle* und Störungen mit *Schlüsselerfahrungen* verbunden seien, wenn die Eltern ihren 18 Monate alten Kindern, die „exhibieren" und dabei an ihren Genitalien spielen, mißbilligende Blicke zuwerfen. Einer frühen archaisch ödipalen Matrix im ersten Lebensjahr wird nicht nur von Melanie Klein, sondern auch von anderen Psychoanalytikern als narzißtische Grundlage sexueller Perversion Bedeutung zugesprochen. – Psychiater, die mit sexuellen Perversionen beruflich oder forensisch konfrontiert sind und ihre Entwicklung nachvollziehen, finden eher in den

Reifungsphasen vor der Pubertät die entscheidenden Weichenstellungen, wenn Vorgestalten der Phantasie mit sexueller Dynamik erfüllt wird. Es sind Beobachtungen, die die psychoanalytische Stadienlehre nicht bestätigen (Janzarik1982).

Eine eher ganzheitlich zu verstehende Entwicklungspsychologie hat der psychoanalytische Pädagoge und Ethnologe Erikson entworfen. Er verbindet leibliche Reifungsphasen mit Stufen
der Welterfahrung des Kindes, aber auch des Jünglings, Erwachsener und alter Menschen. Dabei wird die äußere Realität nicht
als Konstante genommen, sondern ist in den unterschiedlichen
kulturellen und ethnischen Anforderungen und Werten auf die
Entwicklung hinorientiert. Wenn Erikson von Urvertrauen als
früher Stufe spricht, so sieht er es zugleich als lebenslanges Thema. Es ist nicht durch bestimmte frühkindliche Erfahrungen de-
terminiert und gesichert, sondern auf den verschiedenen Altersstufen immer wieder riskiert und in Frage gestellt. „Die Persönlichkeit ist ununterbrochen mit den Zufällen und Gefahren des
Daseins befaßt" (1971).

Eine besondere Kontinuität wird dagegen noch in der Schule
des französischen Analytikers Lacan seit 1937 angenommen. Er
fand im ersten Blick des 6 bis 18 Monate alten Säuglings in den
Spiegel. dem *„stade du miroir"*, ein notwendiges Ereignis für die
seelische Entwicklung, wobei in dieser Selbstwahrnehmung des
Säuglings ein konstitutiver, aber auch störbarer Akt gesehen
wird. Der Säugling erfährt im Spiegel-Ich sein entfremdet Ich,
nicht das Artgenossenschema, wie andere Beobachter feststellen
(Literatur s. Koehler-Bischof). Eine narzißtische Identifikation
und zugleich Entfremdung trete ein und damit entstehe ein
„Riß", der zu einer grundlegenden *Selbstentfremdung* des Menschen führe, der für eine spätere paranoiden Entwicklung bestimmend sei. Es sind seit dieser Entdeckung mehr als 5o Jahre vergan-
gen, und die Theorie wird trotz der fehlenden Bestätigung und ihrer Widerlegung (s. oben) in der Schule Lacans von den Schülern
treu tradiert. Sie ist repräsentativ für eine Denkweise, bei der das
einmalige *„akzidentelle Geschehen als erklärendes Prinzip und Entstehung überhaupt genommen wird"* und eine *Gleichsetzung von Manifestation und Verursachung* geschieht, was E. Straus (1930) als eine
der entscheidenden gedanklichen Schwächen der psychoanalytischen Entwicklungslehre bezeichnet hat.

Der Zeit zwischen dem 3. und 6. Lebensjahr wurde von
Freud als sexuelle Drehscheibe für die spätere neurotische Entwicklung entscheidende Bedeutung zugesprochen. Intensive,
auf den gegengeschlechtlichen Elternteil gerichtete sexuelle Wünsche, Rivalität mit dem anderen Elternteil und entsprechende
Ängste und Schuldgefühle, die um die Angst, kastriert zu wer-

den oder kastriert zu sein, kreisen, stehen bis heute im Mittelpunkt. – Sicher sind die aus Freuds eigener Lebenserfahrung und seiner Epoche kommenden Konstrukte keine notwendigen und allgemeinen Entwicklungsgegebenheiten. Der Vater spielt heute für viele Kinder im ersten und zweiten Lebensjahr eine ganz andere Rolle als früher, und es werden positive und negative Einstellungen und Gefühle gegenüber *beiden* Elternteilen gefördert (Papousek 1987). Es gehört heute zur allgemeinen Entwicklung, früh mit männlich – weiblich vertraut zu werden und sich im Rollenspiel und sprachlich einzuordnen, dabei in dem gleichgeschlechtlichen Elternteil mehr oder weniger sein Vorbild suchend. Psychoanalytikerinnen sind den Thesen Freuds zur weiblichen Entwicklung in der ödipalen Phase mit Kastration und Penisneid entgegengetreten, ohne daß im ganzen die empirischen Ergebnisse zur Kenntnis genommen werden.

All das weist auf die Notwendigkeit von *Außenbeobachtungen* mit Verlaufsuntersuchungen, die Kontinuitäten und Diskontinuitäten beim einzelnen Menschen oder bei Gruppen verfolgen und die überhaupt Anlagefaktoren von Umwelteinflüssen abzugrenzen versuchen. *Beobachtungen an adoptierten Kleinkindern* und den späteren Adoleszenten zeigen u. a. folgendes: im Kleinkindesalter findet man vereinzelt ängstliche, unsichere und emotional labile, andererseits etwas häufiger ausgesprochen gesellige, lebhafte und spontane Jungen und Mädchen. Sie sind es auch in der Adoleszenz noch, ganz gleich ob sie bei ihren leiblichen Eltern oder in einer Adoptivfamilie aufwachsen. Es sind die Eigenschaften, die dem von Eysenck beschriebenen *Neurotizismus* bzw. der *Extraversion* nahestehen und die er schon als Anlagefaktoren beschrieben hatte. *Beobachtungen an getrennt aufgewachsenen erbgleichen, eineiigen Zwillingen (EZ)* aus dem Minnesota Zwillingsprojekt (Bouchard) und an in fremde Familien adoptierten Kindern mit diesen Zeichen des Neurotizismus weisen nicht nur auf die Konstanz und eine erbliche Gewichtung hin. In den Adoptivfamilien zeigt sich, wie das Colorado Adoptions Projekt von Plomin ergeben hat, daß die ängstlichen, emotional labilen oder lebhaften und spontanen Kinder diese neurotische Tendenz *nicht aus der Adoptivfamilie aufgenommen* haben. Sie zeigen in den ersten 2–4 Jahren noch die gewisse Gemeinsamkeiten mit den Stiefgeschwistern der Adoptivfamilie, entwickeln dannn aber im Laufe ihrers Lebens ihre eigene Tendenz immer ausgeprochener. Die Gemeinsamkeiten mit den Stiefgeschwistern, die in den kognitiven Fähigkeiten, Intelligenz etc. liegen und zunächst bis zu 30% ausmachen, sinken im Jugend- und Erwachsenenalter im Gesamt der seelischen Eigenschaft immer mehr ab. Der Einfluß des Kindheitsmilieus tritt unter den sich ausweitenden Wahlmöglichkeiten der

Schule, des Berufs und der ehelichen Partnerschaften immer mehr zurück, ist im Erwachsenenalter bei Null! (Plomin, Scarr). Verlaufsuntersuchungen zeigen ebenso, daß sich die erbgleichen Zwillingen bei vielen Gemeinsamkeiten *im Laufe des Lebens* langsam doch etwas voneinander unterschieden. Der Einfluß der peer-group, später der Schule und der Berufswahl „prägen" mehr als die in den ersten Lebensjahren noch am deutlichsten gegebenen Gemeinsamkeiten. Daß in den ersten beiden Jahren eine besondere Sensibilität für frühe Störungen vorliegt, ist aus den Adoptions- und Zwillingstudien weder empirisch zu begründen, noch biologisch sinnvoll. Es wäre dann ja die Zeit der größten Schutzlosigkeit auch die der größten Sensibilität. Entwicklungspsychologen nehmen für die verschiedenen körperlichen und seelischen Eigenschaften der menschlichen Art im Hinblick auf ein Gewicht der Erblichkeit sehr unterschiedliche Werte an (Scarr 1991). Für die Körpergröße und die Musikalität ist sie sicher hoch, für die Intelligenz schon etwas geringer und für andere seelische Eigenschaften, wie Temperament, Extraversion und Neurotizismus wieder etwas geringer, für die politische konservative oder wandlungsfreudige Einstellung noch geringer aber auch noch nachweisbar (Bouchard). Für die hier interessierenden Eigenschaften des Neurotizismus wird eine Kontinuität bei sich steigernder Ausprägung im Laufe der ersten beiden Lebensjahzehnte bei einer erblichen Gewichtung von 50–60% angenommen (Scarr 1991). Diese Feststellungen der Entwicklungspsychologen werden ergänzt durch Untersuchungen von kollektiven Gruppen (s. unten S. 40, 41).

Krankheit in der Familientherapie und Systemtheorie

Eine enge Beziehung zwischen Familientherapie und Systemtheorien mit der empirischen Entwicklungspsychologie besteht nicht. Bei den in den letzten 50 Jahren zunächst im Mittelpunkt stehenden Psychosen und dann bei Neurosen hat sich ein eigenes Krankheitskonzept herausgebildet, von der Psychoanalyse mehr oder weniger (Ciompi 1982) abgesetzt. Nicht eine sich in Wechselwirkung mit der Umwelt manifestierende Anlage wurde zunächst angenommen, eher die Kontinuität von Zweiersystemen etwa in der „schizophrenogenen Mutter". Jetzt erscheinen in einer Mehrpersoneninteraktion *gestörte familiäre und gesellschaftliche Systeme* als Ursache von seelischen Fixierungen und Störungen. Die wich-

tigsten Konfliktthemen werden zwischen gebundenen Familien-
systemen und Ablösungstendenzen einzelner Mitglieder gesehen. Familienstile wie *Konfliktvermeidung, Einengung, verschmel-
zende Bindung im Inneren und Isolation nach außen* tauchen als die
Merkmale krankheitsanfälliger Familien auf. – So stand auch zunächst die Bearbeitung der Ursprungsfamilie als Selbsterfahrung
und in der Familientherapie die in der Übertragung neu zu bear-
beitende innere Konflikthematik im Vordergrund, da sie als Ursache der Störungen angesehen wurde. – Im neueren systemischen
Ansatz (Stierlin) wird wohl die Interdependenz der Beziehungen
in der Ursprungsfamilie weiter betont, wie sie die Gründergene-
ration vertrat, andererseits konstruktivistisch deren Faktizität in
Frage gestellt. Sie erscheint jetzt nicht als gewachsenes, sondern
als später geschaffenes gesellschaftliches oder familiäres Konstrukt, das in der Therapie durch ein anderes ersetzt werden kann
und wird. Phylogenetische Ausrichtungen des Menschen etwa in
Richtung auf Bindung, Explorationsverhalten, Exogamie etc. finden keine Aufmerksamkeit. Der einzelne Mensch und das in ihm
bereit liegende und auszuformende an Interessen, Begabungen
und Möglichkeiten tritt ganz hinter der von der Gesellschaft ge-
schaffenen Wirklichkeit zurück. Er und seine Symptomatik sind
ein gesellschaftliches Produkt, psychische *Krankheit eine Erfin-
dung der Psychiater,* wie Szasz es pointiert darstellten. Dem entspricht heute ein therapeutisches Vorgehen, das sich noch entschiedener auf die Schaffung einer neuen Realität im Hier und
Jetzt richtet (S. 76).

Krankheit in der Verhaltenstherapie und der Lerntheorie

Der an der Reflexlehre Pawlows und am Reiz-Reaktions-Modell
orientierte klassischen Behaviorismus hat der Ausgangspersönlichkeit und seiner Entwicklung keine Aufmerksamkeit geschenkt. Man war ganz auf die gegenwärtige *äußere Lage des Menschen* zentriert, auf *die bedingenden Umweltvariablen* und deren
Ausschaltung und Überwindung ausgerichtet. Ein physiologi-
sches Reflexmodell mit einfachen und bedingten Reflextheorien
überwog noch. In den späteren Lerntheorien der Verhaltenstherapie werden die Lerngeschichte und die Beziehungsvariable des
Patienten zunehmend verfolgt. Der „Organismusvariable" als
physiologische Ausgangslage wird Gewicht gegeben. Eysenck
hat bei Neurosen immer eine *anlagemäßige Disposition* sowohl für

Neurotizismus wie für Introversion beschrieben und sie mit einer besonderen Sensibilität des Nervensystems für Stress verbunden. Das Krankheitsmodell wurde mit „kortikalen Erregungsprozessen" bei den Neurotikern, einer starken Konditionierbarkeit etc verbunden.

Vor allem in der seit 30 Jahren in den Vordergrund getretenen „kognitiven Wende" wird einerseits der *Motivationslage und Persönlichkeit des Patienten* zunehmend Aufmerksamkeit geschenkt, Selbstwertprobleme und „Selbst-Verfahren" finden jetzt Interesse. Vor allem bei praxisnahen Untersuchungen etwa von Zwängen wird individuell und taxonomisch differenziert, bevor zu einer experimentellen Gruppe zugeordnet wird (Kallinke 1979). Zur weiteren Therapieplanung gehört dann eine funktionale Analyse, bei der die soziale und familiäre Lage mit den zurückreichenden Defiziten und Gehemmtheiten gehören. Andererseits werden die früheren Daten in der Krankheitstheorie nur als Vorläufer des Erlebens und Verhaltens des Patienten gewertet und *nicht etwa als Ursachen* wie in der Psychoanalyse. Ausgangspunkt auch der kognitiven Verfahren bleibt dabei der entschiedene Anspruch wissenschaftlicher Empirie und Objektivität und eine entschiedene Neigung, sich von den Konstrukten unbewußter, weit zurückreichender seelischer Krankheitsursachen zu distanzieren. Es tauchen aber in den Krankheitstheorien der hier überwiegenden Psychologen kaum Hinweise auf bestimmte entwicklungspsychologische oder erbbiologische Daten auf. Gegenüber den Vorschlägen einer „Integration von Psychoanalyse und Verhaltenstherapie" wird Zurückhaltung und Abwarten empfohlen. Bei notwendiger Präzisierung der Krankheitstheorien und weiteren Evaluationsstudien wird eher auf eine „neuen Einfachheit" in Therapieplanung und -auswertung gesetzt (Hand 1986).

Einige organische Krankheitstheorien

Noch Charcot und mit ihm Freud waren davon überzeugt, daß der Hysterie eine neuropathische Degeneration bestimmter Hirnabschnitte und eine funktionelle Schwäche der Nervenbahnen entspricht. Die russische neurophysiologische Schule von Pawlow und nach ihm der Behaviorismus sahen bei Neurosen einen ursächlichen Zusammenhang mit der gestörten Tätigkeit bestimmter Hirnabschnitte, die letztlich auf die Vorstellung *der Stärke* oder *der Schwäche* des Zentralnervensystems zurückgingen. Gegenwärtig stehen die Formatio reticularis und das limbische System im Mittelpunkt der Aufmerksamkeit, denen für die psychische *Aktivation* und die *Habituation* eine Bedeutung zugesprochen wird, d. h. für das Wiederauftreten einer Reaktion. Gegenüber diesen neurophysiologischen Interpretationen abnormen Verhaltens ist zu bedenken: 1. Sicher gibt der Körper, speziell der zentralnervöse Gehirnzustand in seinen physikalischen und chemischen Abläufen, auch die *Rahmenbedingungen* für das Bewußtsein und auch für neurotisches Erleben. Es ist bis heute jedoch *kein neurophysiologisches Substrat der Neurose* gefunden worden. Wir sind gegenwärtig weit davon entfernt, normales oder gestörtes seelisches Erleben und Verhalten in einem materiellen oder neurophysiologischen Substrat *hinreichend* beschreiben zu können. Die *Ausweitung des Reflexbegriffes* auf normale und so komplexe Verhaltensvarianten, wie sie bei Reaktionen und Neurosen vor

liegen, hat zwar entschieden auf ihre Umweltkohärenz hingewiesen, war aber kein erklärendes Krankheitskonstrukt. Normales wie neurotisches seelisches Erleben und Verhalten hat intakte Hirnfunktionen als Bedingung (s. u. a. dazu S. 257). 2. Seelische und geistige Leistungen lokalisierende neurophysiologische Forschungen stehen immer in Gefahr, zur Gehirnmythologie zu werden, wenn sie nicht gewisse methodische Voraussetzungen beachten. Die körperlichen, seelischen und geistigen Leistungen sind im Gehirn *repräsentiert*, d. h. an die Intaktheit bestimmter Kerngebiete gebunden. Sie sind von dort her störbar, ohne daß die Störung seelischer oder geistiger Funktionen dort ihre Ursache, ein spezifisches Zentrum haben muß. 3. Die Aufbauordnung des Zentralnervensystems entspricht nicht der Hierarchie geistiger oder sozialer Wertordnungen, die das Erleben und Handeln des Menschen bestimmen. Die Verheißung des Neuroanatomen Paul Flechsig (1896): „Im Aufbau unseres Geistes, in den großen, beharrenden Zügen seiner Gliederung spiegelt sich klar und deutlich die Architektur unseres Gehirns wieder", ist bis heute nicht eingelöst und wird nach dem jetzigen Erkenntnisstand auch kaum erfüllt werden. 4. Es ist methodisch fragwürdig, das organische Substrat mit Störungen der Erlebnisverarbeitung gleichzusetzen. Eine Gewohnheit ist nicht dasselbe wie eine neurophysiologische Erregungskette. Sicher ist jede seelische Tätigkeit an ein körperliches Substrat gebunden, es besteht aber keine Identität beider. Die seelische Motivation ist an Abläufe und das Erregungsniveau des Zentralnervensystems gebunden, steht unter dem Einfluß endokriner Bedingungen usw. Der Weg über die Introspektion und den Erlebniszusammenhang bleibt aber die Via regia des Verstehens und der sprachlichen Kommunikation. *Der Mensch denkt mit seinem Gehirn, nicht das Gehirn denkt* (Erwin Straus 1963).

Charakterologische Krankheitstheorien

Der Charakter wird hier als dynamische Organisation aufgefaßt, die das Erleben und Verhalten in verschiedenen Lebensaltern und Situationen bestimmt. Er erscheint dabei als durchgehender und stabiler *Mittelpunkt*, der die heterogenen Elemente der inneren Motivation in einen Zusammenhang stellt. Letztlich geht es bei charakterologischen Beschreibungen der Persönlichkeit um *Ganzheiten*, wobei die Charaktertypen als konstante Haltungen der Persönlichkeit unter verschiedenen Bedingungen gefaßt werden. Der charakterologische Bezugsrahmen soll in der Lage sein, das menschliche Erleben und Verhalten in den verschiedenen Lebenssituationen auf *bestimmte Grundformen* zurückzuführen. Diese Grundformen werden jeweils unter triebhaften, affektiven, körperlichen und geistigen Aspekten beschrieben. Für die Ärzte liegen Charakterologien nahe, die von *psychosomatischen und psychiatrischen Gesichtspunkten* ausgehen. Sie stellen eine Verbindung zwischen Varianten des Erlebens (bzw. Verhaltens) und bestimmten Krankheiten her. Dabei wird dem Temperament, d. h. dem dynamischen Antrieb und dem von ihm getragenen sich strukturierenden Ausrichtungen und Motivationen, besondere Aufmerksamkeit geschenkt. Mit dem einseitigen Vorherrschen eines Temperaments (oder einer grundlegend motivierenden Charaktereigenschaft) sind besondere Begabungen, aber auch Konfkiktmöglichkeiten mit der Umwelt gegeben.

Die *Temperamentenlehre* des Hippokrates mit dem Habitus phthisicus und dem Habitus apoplecticus, d. h. mit dem schwächlichen Schwindsüchtigen und dem starken, zum Schlaganfall neigenden Typus, gibt eine Richtung an, die bis heute nicht wieder ganz aufgegeben ist. Noch bekannter wurde die Lehre von Galen von den Temperamenten: er unterschied *Sanguiniker und Phlegmatiker, Choleriker* und *Melancholiker*. Die Konstitutionslehre des deutschen Psychiaters Enst Kretschmer verband bestimmte *Körperbautypen* mit den *Temperamentseigenschaften* und mit *psychiatrischen Krankheitsformen*, die *Schizophrenie* mit dem *leptosomen Körperbau*, die den *affektiven Psychosen* nahestehende Reihe mit dem *pyknischen Körperbau* . Schließlich wurde das *visköse* (= zähflüssige) Temperament mit dem athletischen Körperbau und der Krankheit *Epilepsie* verknüpft. In diese althergebrachten Charakterologien sind sicher wertvolle Beobachtungen und Erfahrungen im Umgang mit Varianten menschlicher Lebensformen eingegangen. Es liegen aber bestimmte *Gefahren in solchen Typologien:*
1. Indem *ein Wesenszug, eine Verhaltenseigenschaft* mit der Totalität des Menschen gleichgesetzt wird, kommt es zu gefährlichen *Verallgemeinerungen* , die die Vielfalt und die Widersprüche der Men-

schen nivellieren. Charakterologien liefern nur Aspekte des Verhaltens und Erlebens, die den Menschen als Person nicht erschöpfen. 2. Bei den Einteilungen von Kretschmer ergaben Nachprüfungen, daß diese drei Körperbautypen durch *verschiedene Altersstufen* und die damit meist zu findende Gewichtszunahme geformt werden. Als leptosom werden immer die Jugendlichen, als athletisch die Menschen mittleren Alters, als pyknisch die Menschen höheren Lebensalters beschrieben. Neuere Untersuchungen zeigen dagegen, daß sich im Körperbau und im Temperament wahrscheinlich nur ein Richtungsfaktor (asthenisch ← → athletisch-dynamisch) sichern läßt (v. Zerssen).

Bedeutung gewinnen die charakterologischen Kennzeichnungen vor allem bei den *abnormen Persönlichkeiten*. Abnormes Verhalten bietet sich hier zu einer Charakterologie deswegen an, weil dabei relativ andauernd, unflexibel und starr bestimmt charakteristische Einstellungen des Verhaltens vorherrschen. Sie können dann unbeirrt von allen äußeren Erfahrungen und Korrekturen durchgehalten werden, was zu Konflikten mit der Umwelt führen muß. Neue Aktualität hat die Persönlichkeitstypologie neuerdings in den prämorbiden und postmorbiden Persönlichkeitslehren bei Psychosen, speziell bei der Melancholie und auch bei der Schizophrenie, im Zusammenhang mit der *Vulnerablitätslehre* gewonnen (s. unten S. 256).

Ursachen und Verbreitung

Anlage und Umwelt

Ein häufiges Mißverständnis psychologischer Theorien liegt darin, daß ihnen in einseitiger Weise die Verursachung seelischer und körperlicher Krankheiten durch Umwelteinflüsse unterschoben wird. Psychologische Theorien wie die psychoanalytische und die lerntheoretische sind für erbgenetische Bedingungen, die z. B. schon die selektive Wahrnehmung und die Reaktionsweise mitbestimmen, wie für Umwelteinflüsse in gleicher Weise offen. Verstehend ist allerdings beim einzelnen Patienten leichter die jeweilige innere Lebensgeschichte oder die Lerngeschichte des in seiner Weise sinnentnehmenden Subjektes in seiner erlebten Umwelt nachzuvollziehen, als das Gewicht der erblichen Anlagen abzuschätzen. Die Psychoanalyse ist am Anfang dieses Jahrhunderts gegen eine Medizin angetreten, die einseitig körperlichen Bedingungen sowie Erbeinflüssen bei seelischen Krankheiten Aufmerksamkeit schenkte und verantwortlich machte. Sie vertritt aber richtig verstanden keine ausschließliche und unbegrenzte Formbarkeit des Menschen durch Umwelteinflüsse und die harmonistische Behauptung, daß richtige Erziehung eine konfliktfreie, unneurotische Entwicklung verbürge.

Ein Naturexperiment stellen die erbgleichen eineiigen Zwillingspaare dar, an denen bemerkenswerte Untersuchungen gemacht wurden, die sowohl dem Gewicht wie der Wirkungweise von Erbfaktoren wie von Umweltfaktoren nachgehen. Wissenschaftliche Untersuchungen mit dieser Methode waren in Deutschland vor dem letzten Krieg gut vertreten, waren danach durch ihre Beteiligung an Menschenversuchen belastet und diskreditiert. Erbuntersuchungen sind auch in unserem Land auf die Dauer nicht damit zu verbinden, Evolutionstheorien nicht als „Sozialdarwinismus" zu entwerten.

Zwillingsmethodik

Die 1924 von H. W. Siemens inaugurierte Methode des Verglei-
ches von eineiigen und zweieiigen Zwillingspaaren und daraus
gezogene Schlußfolgerungen basieren auf bestimmten empirischen Voraussetzungen: Eineiige Zwillinge sind als erbgleich zu
betrachten. Zweieiige Zwillinge sind erbverschieden und sind
sich so ähnlich und unähnlich wie Geschwister. Bei einem Vergleich genügend großer Gruppen von Zwillingen kann davon
ausgegangen werden, daß eineiige und zweieiige Zwillinge, ob
sie im einzelnen Fall getrennt waren oder zusammen aufwuchsen, günstige Bedingungen oder ungünstige hatten, *die gleichen
äußeren Entwicklungseinflüsse antrafen.* Es muß als unwahrscheinlich angesehen werden, daß eine Häufung von bestimmten seelischen Störungen bei erbgleichen eineiigen Zwillingen ungünstigen Umwelteinflüssen zugeschrieben werden kann, dem gerade
diese Zwillingspaare im Vergleich mit zweieiigen ausgesetzt waren. Es läßt sich im übrigen weder aus der Situation der erbgleichen eineiigen noch der erbungleichen zweieiigen Zwillinge ableiten, daß bestimmte seelische oder körperliche Krankheiten bei
ihnen häufiger oder seltener auftreten, weil sie etwa aus der Zwillingssituation selbst resultieren. Zwar lassen sich bei zusammen
aufgewachsenen eineiigen und zweieiigen Zwillingspaaren
mehr oder weniger intensive persönliche Bindungen feststellen,
die sich aber durchweg nicht als pathogen und krankheitswertig
auswirken.

Konkordanz-Diskordanz-Analyse bei Neurosen
und Anlagefaktoren

Bestimmte Merkmale wie neurotische Symptome, die eine Abgrenzung erlauben, machen Vergleiche der Krankheitshäufigkeit
bei eineiigen und bei zweieiigen Zwillingen möglich. Man vergleicht dabei die Konkordanz- bzw. Diskordanzraten bei beiden
Gruppen und prüft, ob die Unterschiede statistisch signifikant
sind, was meist mit Hilfe der Vierfeldertabelle und dem Chi^2-Test
geschieht. Ist die Konkordanz bei eineiigen Zwillingen signifikant höher als bei zweieiigen, spricht das unbedingt *für* einen mit-
wirkenden *Erbfaktor.* Sein *Gewicht* bzw. seine *Durchschlagskraft*
wird an dem *Abstand der Konkordanzraten* gemessen.

Im Institut für Psychogene Erkrankungen der AOK Berlin
wurden von H. Schepank unter nahezu 27 000 Patienten, 20 000
Erwachsene und 7000 Kinder und Jugendliche 50 Zwillingspaare, d. h. 100 Probanden gefunden. Er hat diese und die entspre-

chenden Zwillingsgeschwister von 1960 bis 1973 genau untersucht, getestet, zum Teil über Jahre verfolgt und 1974 ausgewertet.
Es waren unter den Untersuchten 21 eineiige, erbgleiche
Zwillingspaare und 29 zweieiige. Bei den Untersuchungen fand
sich bei insgesamt 657 neurotischen Symptomen eine deutlich *höhere Konkordanzrate* bei den eineiigen *erbgleichen* Zwillingen als
bei den zweieiigen, bei einer Signifikanz, die weit unter dem 1-
Prozent-Niveau lag. D.h., wenn bei ihnen der eine Zwilling ein bestimmtes neurotisches Symptom hatte wie Bettnässen, Eßstörungen, Herzängste, Zwangssymptome, depressive Reaktionen, so
bestand eine deutlich größere Wahrscheinlichkeit, daß der erbgleiche eineiige Paarling es auch hatte als der Paarling bei dem
nur erbähnlichen zweieiigen Zwilling (Tab. **1**).
Das bedeutet, daß es *eine anlagemäßige Bereitschaft gibt, neurotisch zu erkranken* und dabei *die gleiche Form bestimmter* neurotischer Symptome zu entwickeln. Die Untersuchung der *Konkordanz der Leitsymptome*, also *Beschwerden* und *Symptome,* die zur Untersuchung führten, ergab eine ebenso deutliche Aussage: sie lag
bei den EZ bei 42,4% und bei 18,3% in den Fällen der ZZ. Was die
verschiedenen *Neuroseformen* und Symptombilder betrifft, so war
seit langem eine familiäre Häufung aufgefallen, wobei diese sowohl Erbeinflüssen wie auch Umwelteinflüssen (Familientradi-
tionen) zugesprochen werden konnte. Die Untersuchungen an
diesen Zwillingen zeigen nun trotz der relativ geringen Zahl von
Probanden bei einigen neurotischen Symptombildern eindeutige
Hinweise auf Erbzusammenhänge. Das ist z. B. bei *neurotisch-de-
pressiven Symptombilder* der Fall, auch hier weisten die deutlich
differente Konkordanzrate mit statistischer Wahrscheinlichkeit
auf erbliche Belastungen hin (Tab. **2**). Bei anderen neurotischen
Symptomgruppen ergaben sich noch deutliche *Tendenzen*, die für
einen Erbfaktor sprachen. Bemerkenswert ist noch, daß die Konkordanz bei den Kindern und Jugendlichen am höchsten war
und mit dem Alter *signifikant abfiel*, es liegt im ganzen weiteren Lebenslauf eine diversifizierende Tendenz. Das für die neurotische

Tabelle **1**   657 neurotische Symptome bei 50 Zwillingspaaren
(nach *H. Schepank* [1974]; konkordante Symptome nur einmal gezählt)

	konk.	dis.	Konkordanzrate
21 EZ-Paare	76	156	32,76%
29 ZZ-Paare	50	249	16,72%
			$p < 0,00025$

Tabelle **2**   Depressiv-neurotische Symptome
(nach *H. Schepank* [1974]; konkordante Symptome nur einmal gezählt)

	konk.	dis.	Konkordanzrate
21 EZ-Paare	5	3	62,5%
EZ	1	11	8,3%
			p < 0,05

und psychosomatische Symptomatk formgebende Prinzip scheint entschieden anlagemäßig verankert, zu welchen Störungen es kommen kann, ist offenbar weitgehend genetisch vorbestimmt. Die Frage dagegen, ob es überhaupt zu dieser Manifestation kommt, entscheidet sich unter den wachsenden Anforderungen und Krisen des kindlichen, jugendlichen und erwachsenen Lebens (Bräutigam1990).

Die moderne Zwillingsforschung versucht nicht nur Aussagen über das Gewicht des Erbfaktors, sondern auch über *Umwelteinflüsse* zu machen. *Eine Methode* dabei ist, *getrennt aufgewachsene erbgleiche Zwillinge* und bei Unterschieden die Auswirkungen der verschiedenen Umweltbedingungen zu erfassen. In einem großen Forschungsvorhaben in den USA in Minneapolis wird seit Jahren versucht, an erwachsenen, aber getrennt aufgewachsenen EZ dieser Frage nach den diversifizierenden Bedingungen der Umwelt nachzugehen (Bouchard). Sicher liegt ein unausweichlich verändernder Faktor in der offenen Lebenssituation, der jeder Mensch lebenslang gegenübersteht. Wer in der Schule auf der gleichen Bank sitzt, wer zum Freunde und zum Partner in welchem Beruf gewählt wird oder, wie sich in Biographien zeigt, wen er später als Ehepartner wählt, hat offenbar großes Gewicht. Die Meinung, daß schon im Verhalten der Mutter gegenüber dem Säugling die Weichen gestellt werden, wie manche Psychoanalytiker annahmen, ist unbewiesen, Entwicklungspsychologen weisen eher auf die Bedingungen der folgenden Jahre.

Eine andere Methode ist eine Diskordanzanalyse, wenn nur ein Paarling eine neurotische Symptomatik oder zumindest die schwerere hat und zu versuchen, die *Umweltbedingungen* beider *retrospektiv* zu erfassen. Bei gemeinsam aufwachsenden Zwillingen ist etwa bei der Hälfte zu beobachten, daß sich ZZ und auch EZ schon von den ersten Lebensjahren an im *Temperament* immer deutlicher etwas differenzieren, wobei der eine sich dominant, der andere eher submissiv und passiver darstellt. Der *submissive Zwilling ist dann häufiger der Erkrankte* oder stärker Betroffene, in hoher Signifikanz aber nicht der dominante. Erstgeburtsrangfolge und Geburtsgewicht haben auf diese unterschiedliche Rollenstruktur zwischen beiden keinen Einfluß. Liegt in der Zwillingssituation gemeinsam aufwachsender Zwillinge eine Aufforderung zur Polarisierung? Gemeinsam aufgewachsene Zwillinge zeigen in ihrer Persönlichkeit oft geringere Gemeinsamkeiten als getrennt aufgewachsene! Es ist ja überhaupt bemerkenswert, daß es auch bei den EZ bei aller Ähnlichkeit keine psychiatrische, neurotische oder psychosomatische Erkrankung mit 100% Konkordanz gibt.

Allgemein findet Schepank noch bei retrospektiver Bewertung der Umweltbedingungen seiner Zwillinge, daß Neurosenschwere, Symptomzahl etc. *mit ungünstigen frühkindlichen Bedingungen* korrelieren, nämlich Ablehnung durch die Mutter oder durch beide Elternteile, unvollständige Familie bzw. Wechsel der Beziehungsperson, Benachteiligung durch die Pflegeperson. Was die so beurteilte Akzeptanz durch die Mütter betrifft, so geht die unterschiedliche Sinnentnahme und Reaktionsweise der (meist submissiven und sich so „benachteiligt" erlebenden?) Zwillinge in diese Bewertung ein (Scarr 1983). Fragt man EZ und ZZ als Jugendliche oder als Erwachsene, wie sie ihre Eltern erlebt haben, so werden in über 80% bei EZ übereinstimmendere Urteile in Hinsicht auf ihre Eltern in den verschiedenen Dimensionen, z. B. akzeptierend – abweisend etc. abgegeben, sie unterschieden sich damit signifikant von den weiter voneinander abweichenden retrospektiven Urteilen der ZZ (Rowe).

Wie bei den epidemiologischen Untersuchungen bleibt außerdem die Frage, ob ein gestörtes Elternverhalten nicht Hinweis auf deren Persönlichkeit ist, die sie zumindest *auch* erblich an den einen der ZZ weitergegeben haben können (s. z. B. unten S. 45).

Verlaufsuntersuchungen und Umwelteinflüsse

Da im einzelnen Fall und retrospektiv verstehend aus der Konsequenz der inneren Lebensgeschichte das Gewicht der Umweltbedingungen schwer abzuschätzen ist und dabei gerade über die ersten beiden Jahre wenig präzise Aussagen möglich sind, ist es notwendig, größere Gruppen zu suchen, die in den *ersten Lebensjahren* unter *kollektiven Lebensbedingungen standen.* So wie im Naturexperiment der erbgleichen eineiigen Zwillinge die Anlage, ist hier der andere Einfluß relativ konstant einzusetzen. Die gemein-

samen Umwelteinflüsse und den frühkindlicher Entwicklungs-
stand systematisch zu erfassen und ihn über die nächsten Lebensjahrzehnt zu verfolgen, wurde zu einem neuen Forschungs-
schwerpunkt.

Die ersten eindeutigen Aussagen kommen aus der Beobachtung von Heimkindern oder aus sonstigen kollektiven frühen Lebensbedingungen. Übereinstimmend fanden alle Untersucher
bei Kindern, die in den ersten beiden Lebensjahren in einem Kollektiv aufwuchsen, einen mehr oder weniger stark ausgeprägten
Entwicklungsrückstand. Das gilt beispielsweise auch für die bemerkenswerte *Lebensform der Kibbuz*, die aus sozialistischen und
jugendbewegten Wurzeln ein Programm mit einer nicht patriar-
chalischen und Frauen die gleichen Arbeits- und Lebenschancen
gebenden Philosophie vertraten (Literaturübersicht Rabin 1971),
Dazu gehörte ein kollektives Erziehungsprogramm, das die Kinder gleich nach der Geburt in einem Heim versorgte, zu dem die
Mütter wohl in den ersten drei Monaten zum Stillen kamen, dann
aber wieder zur Arbeit gingen und tagsüber die Versorgung Kinderschwestern überließen. Die Eltern sahen die Kinder abends
und an Feiertagen, überließen das Erziehungsprogramm in den
ersten beiden Jahren Kinderschwestern, dann Kindergärtnerin-
nen und Erziehern bis in etwa in zehnte oder zwölfte Jahr. Das
Zahlenverhältnis von Säuglingen und Kinderschwester war in
den ersten Jahren etwa 11:1, dann 6:1. Sie hatten damit relativ wenig Zeit für das einzelne Kind, diese hatten in ihren Bettchen wenig Anregung, waren nach dem Urteil psychologischer Beobachter *unterstimuliert.* Es gab aber andererseits später keine Einzelkin
der, sie wuchsen vom zweiten Jahr an als Geschwister in einer
Großfamilie auf. Nach Meinung der Eltern und wie Testfragen
bei den Kindern später ergaben, hatten die Kinderschwestern größeren Einfluß auf die Kinder als die Eltern selbst (Spiro 1958). –
Rabin (1958) fand bei 13 Monate alten Säuglingen einen deutlichen, in mehreren Bereichen auch *signifikanten Entwicklungsrückstand* bei den damals üblichen Testuntersuchungen. Er brachte
ihn mit der intermittierenden Bemutterung, d. h. mit dem Zahlenverhältnis in der alltäglichen Versorgung in Verbindung. – Bei einer Untersuchung einer Gruppe von Zehnjährigen im Kibbuz er-
zogenen Kindern, die jetzt in einem Haus mit ihren Erziehern lebten, zeigte sich jedoch *kein Entwicklungsrückstand mehr* gegenüber
Kontrollgruppen mit Familienerziehung, sie zeigten in manchen
sozialen Bereichen und in Ich-Funktionen einige signifikante
Überlegenheiten. – Das Kibbuzexperiment hat seit Jahren an Verbreitung und Interesse verloren, z. B. die strenge Trennung zwischen Familie und Säuglings- und Kinderpflege, indem auch dort
Familienerziehung zum großen Teil wieder eingeführt wurde.

Das geschah aber nicht wegen eines negativen Entwicklungseffektes im ganzen, sondern aus dem Bedürfnis der Eltern und auch der Kinder selbst nach Aufwertung der familiären Bindungen in einem täglichen Zusammenleben vor allem in den Jahren nach der Frühkindheit (Literaturzusammenfassung Rabin 1971).

Weitere Untersuchungen ergeben ebenfalls Entwicklungsrückstände im ersten Jahr bei fehlenden Stimuli und fehlenden Lernmöglichkeiten. Der Entwicklungspsychologe Kagan hat auf der Insel San Marcos Kinder gefunden, die in dunklen Hütten auf einer Hängematte lebten, kaum nach außen kamen, von den Müttern gestillt und teilweise am Körper getragen, aber im ganzen wenig Aufmerksamkeit und Anregungen hatte. Sie hatten mit 13 Monaten einen *Entwicklungsrückstand* gegenüber amerikanischen Kindern von drei Monaten, vor allem im Sprach- und Sozialverhalten und in der Motorik. Mit 10 Jahren war *kein kognitiv oder affektiver Defizit* mehr feststellbar, obwohl sie in der Zwischenzeit nur sehr wenig Schulunterricht und nur im alltäglichen landwirtschaftlichen Leben mit den Eltern Lernmöglichkeiten hatten. Sie waren auf die sozialen Anforderungen ihrer Gesellschaft in einer normalen Weise vorbereitet.

Bei einer Untersuchung *von Säuglingen und Kleinkindern in Heimen des Kantons Zürich* zwischen 1958 und 1961 wurden Entwicklungsdaten von etwa 300 Kindern erfaßt, die Heimsituation und die Angaben der Eltern ausgewertet, in der Mehrzahl Kinder schweizerischer oder italienischer Nationalität, meist aus unvollständigen Familien stammend oder von Gastarbeitern (C. Ernst et al. 1985). Sie waren vor dem vierten Monat in das Heim eingetreten, zwei Drittel in den ersten Lebenswochen. Der Entwicklungsquotient im ersten Jahr und alle weiteren Testuntersuchungen ergaben einen *Rückstand von hoher Signifikanz* mit 80 bis 90 Punkten gegenüber dem Durchschnitt von 100. Die Kinder waren passiv oder motorisch mit Stereotypien unruhig, zeigten Fremdenangst, waren im Spiel unkonzentriert. – Von den damals erfaßten Kindern konnte ein großer Teil, nämlich 137, im Alter von 14 Jahren nachuntersucht und mit einer Kontrollgruppe verglichen werden. Der mittlere Intelligenzquotient war normal, eine intellektuelle Schädigung nicht nachweisbar, auch die Schulbildung und das Soziogramm unterschieden sie nicht von der Kontrollgruppe. Im Durchschnitt der Heimkinder fanden sich aber gehäuft depressive Symptome mit Ängstlichkeit, Überempfindlichkeit, fehlender Spontaneität, Aggressionshemmung und Überanpassung. Das war jedoch nicht in allen Fällen so, es gab eine offenbar absolut resistente Gruppe, die kaum Symptome bot, und eine mit vielen und schweren Störungen. Bei der resistenten Gruppe ergab sich *ein deutlicher Zusammenhang mit dem Milieu*, in dem die Kinder *nach dem Heimaufenthalt* gelebt hatten. Vor allem die Anzahl der späteren Milieuwechsel, der Verhältnissen in der jeweiligen Familie, bei der sie dauernd Aufnahme gefunden hatten, oder weitere vorübergehende Aufenthalte in Heimen oder Pflegefamilien und überhaupt häufiger Milieuwechsel mit unstabilen Verhältnissen wirkten sich offensichtlich aus. 21% der Kinder waren gleich nach Verlassen des Säuglingsheimes in stabile Verhältnisse gekommen, 49% hatten höchstens zwei Wechsel, ein Viertel aber vier bis zu 12 Wechsel. – Schon mit 12 und mit 24 Monaten hatte sich ein deutlicher Zusammenhang in der kognitiven Entwicklung mit der Psychopathologie der leiblichen Eltern und der kognitiven Fähigkeiten ergeben, auch bei den Nachuntersuchungen wurden 15% der Entwicklungsunterschiede erbgenetisch erklärt (C. Ernst und N. v. Luckner 1985). Offenbar liegt im ersten Lebensjahr keine Zeitmine mit Dauerwirkung. Es ist immer die Frage, welche Kinder in ein Heim gegeben werden, wieviel Pathologie, Bindungsfähigkeit und Gefährdungen diesen Kindern im Vergleich mit einer Normalpopulation schon mitgegeben werden, inwieweit sie mit mehr als andere auf stabile Verhältnisse in ihrer Entwicklung angewiesen sind. In der Entwicklungszeit scheint aber das erste Lebensjahr eher durch Resistenz und Autonomie auch unter negativen Bedingungen ausgezeichnet zu sein, die Entwicklungsrückstände verdauen können, wenn vom zweiten oder dritten Lebensjahr an günstige kognitive oder affektive Möglichkeiten geboten werden, in denen das Kind *Bindungsfiguren adoptieren* kann und einen ausreichend stabilen Rahmen findet. Hat es ein solches Angebot nicht oder gelingt es ihm nicht, einen solchen in den nächsten zehn Jahren zu stiften, so ist eine weitere pathologische Entwicklung wahrscheinlich. Jedenfalls sprechen diese Ergebnisse *gegen eine besondere Sensibilität im ersten Lebensjahr mit bleibenden Einbußen* und für die Bedeutung der mit der kognitiven Ausweitung vom zweiten Lebensjahr an sich ergebenden Entwicklungsstadien mit den dann weiter auftauchenden konstanten Beziehungsformen und sozialen Erfahrungen. Wenn eine erbgenetische Disposition gegeben ist, kann sie sich dann langsam in Interaktion mit der Umwelt zu deutlichen Störungen des Verhaltens und affektiven Persönlichkeitsbildes entwickeln, zu einer Psychopathologie führen. Die Untersuchungen sprechen auch gegen eine Monotropie der Bindung, d. h. eine einmal gegebene und nicht mehr wandelbare Beziehung zu einer Person, und für das Gewicht der Kontinuität bei einer oder mehreren haltgebenden Personen.

Im Rahmen der epidemiologischen Untersuchung von H. Schepank (1987), die 600 Personen umfaßte, wurde bei den neuro-

tischen und psychosomatischen Fällen nach einem Zusammenhang mit frühkindlichen Belastungen und mit solchen der Latenz-
zeit, also bis zum 13. Lebensjahr, geforscht. Die als Fälle mit krankheitswertigen Symptomen eines bestimmten Schweregrades eingestuften Frauen und Männer zeigten häufiger neurotische und
psychosomatische Symptome bei *unehelicher Geburt, höherem Alter des Vaters,* sie ergaben jedoch *keinen Zusammenhang mit langer
Abwesenheit der Mutter in den ersten 6 Lebensjahren* und keinen Zusammenhang mit Pflege durch Ersatzmütter, Pflege in Krippen
und Kinderhort oder durch weitere Betreuer an. Bei den chronischen Fällen, insgesamt 110 Untersuchten, zeigten diese dagegen
im Vergleich mit Nichtfällen im Alter von 0 bis 6 Jahren gehäuft
eine Ersatzmutter, andere Betreuungspersonen neben der Mutter
und auch eine belastete spätere Kindheit. *Vor allem fanden sich bei
der Gruppe mit krankheitswertigen Symptomen wie den chronischen
Fällen hochsignifikant häufige psychische Störungen bei der Mutter,
beim Vater, in der Elternbeziehung und in der Geschwisterschaft.* Das
sind Daten, die eher auf Erblichkeit als auf eine Umweltgenese
hinweisen.

Die Ergebnisse von 10 internationalen, epidemiologischen
Untersuchungen zum Zusammenhang von frühen Lebensbedingungen und späteren psychischen Störungen zusammenfassend,
kommt Cécile Ernst (1993) zur Auffassung, daß heute zwei Modelle der frühen Kindheit diskutiert werden: ein *Reifungsmodell,*
das weitgehend Resistenz gegenüber bleibenden psychischen Folgen von Umwelteinflüssen bis in das Alter von zwei Jahren an-
nimmt, und das *Umweltmodell,* das einen entscheidenden prägen-
den Einfluß des mütterlichen Verhaltens und vor allem der Trennung von der Mutter bis in das Alter von drei bis vier Jahren an-
nahm. Die epidemiologischen Studien unterstützen das Reifungsmodell, wobei eben Trennungen von der Mutter eher Indikatior
schlechter familiärer Bedingungen sind. Adoptivkinder, die gewöhnlich besonders motivierte Adoptiveltern haben, zeigen in ihrer psychischen Entwicklung unabhängig vom Alter der Adoption und damit vom Trennungsalter eine Entwicklung, die sich
orientiert an der Stabilität des Angebots und der Fähigkeit des
Kindes, dieses Angebot anzunehmen. Die Ergebnisse *widerspre-
chen einem Prägungsmodell* und unterstreichen die kindliche, aber
lebenslang bestehende Lernbereitschaft und Lernfähigkeit, in der
sie die Umwelt selektiv wahrnehmen und verarbeiten, auf bestimmte elementare Bedingungen wie die eines kontinuierlichen
Bindungsangebotes aber angewiesen sind. Es ist ein Umweltangebot, das eben der artspezifischen Entwicklung des Menschen entsprechen muß.

Kann diese Kontroverse über das Gewicht der Anlage oder der Umwelt dem Psychotherapeuten nicht gleichgültig sein, kommt es nicht allein auf die innere Lebensgeschichte und seelische Wirklichkeit an, die in der Behandlung zu bearbeiten ist? Es ist sicher weder für Therapeuten noch für den Patienten gleichbedeutend, ob sie die individuelle Problematik in weit zurückliegenden *äußeren Einwirkungen* suchen müssen *oder in den Themen der bis in die Gegenwart reichende subjektiven Sinnentnahme* und Verarbeitung des Patienten selbst. Auch ist es für die erziehenden Mütter oder Väter der herangewachsenen Kinder bedeutsam, welche Verantwortung sie sich zuschreiben dürfen und welche nicht. Entscheidend aber ist es eben in der Behandlung, welches Gewicht die Subjektivität des Betroffenen selbst und welches die Umwelt hat, der der Mensch als Opfer im Sinne einer Zeitmine der Kindheit ausgeliefert ist. Wenn es der Mensch jeweils vor allem selbst ist, der seine innere und äußere Wirklichkeit schafft, und zwar nicht nur in der Kindheit, sondern lebenslang, so gibt das jedenfalls der späteren Behandlung als einer neuen Sinnentnahme in der Gegenwart einen ganz anderen Stellenwert (s. S. 64).

Rückblick auf Ursachenfragen:
individuelle Anlage schafft Umwelt!

Anlage und Umwelt, nature and nurture, werden gewöhnlich wie zwei gleichartige Faktoren behandelt, prozentual gewichtet und addiert. Das ist auf einer allgemeinen Ebene möglich, wird aber dem strukturellen Verständnis seelischer Entwicklung nicht gerecht. Die sich entfaltende leibliche und seelische Natur des Menschen und das Angebot der Umwelt sind Begriffe, die verschiedene Wirklichkeiten bezeichnen, die sich beide nicht ineinanderfügen wie zwei Teile eines Puzzles. Sie führen als Ergänzungsreihen zu einer falschen Parallelität und als Ergänzungsverhältnis zu einer falschen Kausalität, da es sich nicht um unlebendige addier- und subtrahierbare Substanzen handelt (Scarr et al. 1983). Ihre Gleichsetzung sind dem aktiven Säugling, Kind und Heranwachsenden nicht angemessen, der ja keiner fremden Umwelt passiv ausgeliefert ist, sondern ihr subjektiv in je eigener Weise wahrnehmend begegnet. Entscheidend ist schon, daß das aktiv wahrnehmende Kind, wie sich an EZ im Vergleich mit ZZ oder anderen Geschwistern zeigen läßt(Rowe), die eigenen Eltern und die Umwelt in der frühen und noch mehr in der späteren Kindheit in erbgenetisch bestimmter Weise, d. h. die EZ sehr viel ähnlicher erleben. Ebenso weisen Studien an adoptierten Kindern und die im Laufe des Lebens immer ausgeprägter werdenden Unterschiede zu den Stiefgeschwistern, die sich im Colorado Adoption Projekt von Plomin ergaben, auf die erbgenetischen Einflüsse, die sich gegen das Milieu der Adoptivfamilien durchsetzen. „Der aktive Genotyp-Umwelt-Effekt ist nach unserer Meinung die mächtigste Verbindung zwischen den Menschen und ihrer Umwelt", stellte die Präsidentin der amerikanischen „Society for Research in Child Development" von 1991, Sandra Scarr, fest. Sie formuliert pointiert, „die Menschen machen ihre Umwelt". Offenbar liegen schon im Sehen, in den Wahrnehmungen und den Bedeutungserteilungen aktive Verarbeitungen und subjektive Sinnentnahmen, die im Laufe des Lebens immer ausgeprägter werden, keinem fremdbestimmten Wiederholungszwang unterliegend, sondern ihr besonderes eigenes Thema in der Umwelt immer neu variierend.

Dem lebendens System „Säugling", das subjektiv-selektiv auf eine jeeinmalige Umwelt ausgerichtet ist, öffnen sich in der *körperlichen Reifung* in phylogenetisch verankerter Zweckhaftigkeit die Fenster und Türen zur Welt. Es geht aktiv und gestaltend mit den „Reizen" der Umwelt um, nutzt die Antworten der erziehenden Personen, von Partnern und Vorbildern in je eigener Weise.

Es leuchtet ein, daß diese Formen selbstbewegter Wirklichkeiten nicht in einfacher Kausalität und deterministischer Gesetzmäßigkeit von Anlage oder Umwelt zu fassen sind, wie sie in der Mechanik der Physik herrschen. Im Hinblick auf das Thema der neurotischen Störungen hier läßt sich aber aus psychobiologischen, erbgenetischen, entwicklungspsychologischen Forschungen und aus Verlaufsbeobachtungen feststellen: 1. die phylogenetisch programmierten Reifungen und die menschlichen Erbanlagen legen einen Schwerpunkt gegenüber der Umwelt, was zur Frage zwingt, was hier jeweils strukturierende *Manifestation* und was *Frustration*, d. h. von außen gegebene Einengung, sein kann; 2. die sinnliche und die kognitive Erfahrung bildet nicht die äußere Realität photographisch ab. Schon Sehen ist „ein Vergegenwärtigen von Dingen der Umwelt durch ein Subjekt" (v. Weizsäcker) und die Geschehnisse werden zu Erlebnissen in jeweils subjektiver *Sinnentnahme, zum jeweiligen Lebensthema in indivueller Varianz*; 3. eine *geradlinige Kausalität* von den erbgenetischen Gewichtungen oder von den äußeren Umweltgegebenheiten zu den Störungsbildern wird dem lebenslangen und in Grenzen immer offenen Entwicklungsprozeß *im Einzelfall* nicht gerecht und ist der Pathogenese als Lebensgeschehen nicht angemessen; 4. Wenn „durchschnittlich normale Eltern" (H. Hartman) auf normale Kinder offenbar verhätnismäßig wenig Einfluß auf deren Entwicklungswege haben, so sind gerade bei besonderen, differenzierteren und gefährdeten Kindern „*ausreichend gute Eltern* gefordert" (Scarr), die deren *Vulnerabilität* zur Kenntnis nehmen und auszugleichen versuchen, d. h. ihre Kinder nicht nach eigenen Maßstäben und gegen deren Möglichkeiten zu erziehen versuchen. 5. Wenn allgemein etwa bei Neurosen heute von einer erbgenetischen Gewichtung von 40–60% (Schepank 1994) gesprochen wird, so ist dabei zwischen dem erbgenetisch gegebenen „formgebenden Prinzip" und dessen „Durchsetzungstendenz" zu differenzieren, wie sie sich im Laufe des jeweils wechselvollen Lebensganges manifestieren (Bräutigam 1990). 6. Wenn seelische Entwicklung so als offene *Situation* und nicht retrospektiv als kausaldeterministisches System zu denken ist, liegt immer in der *gegenwärtigen Situation* und *Latenz leibseelischer Möglichkeiten* auch Offenheit, in der die vergangenen Erlebnisse und Einstellungen neu geformt und umgewertet werden können. Das gibt der *psychotherapeutischen Zielsetzungen* in der Überwindung von seelischer Krankheit in der Gegenwart, der Bewertung der Vergangenheit und der neuen Einstellung in die Zukunft ihre Ausrichtung.

Epidemiologie psychischer Erkrankungen

Die im 19. Jahrhundert aufgekommene Epidemiologie befaßte sich mit dem Auftreten von Infektionskrankheiten wie Typhus, Cholera, Tuberkulose usw. und untersuchte Zusammenhänge von Häufigkeit mit sozialen und hygienischen Bedingungen. Sie war die Grundlage von präventiven und therapeutischen medizinischen Planungen. In diesem Jahrhundert haben sich epidemiologische Untersuchungen auf alle Krankheitsformen ausgeweitet. Die Epidemiologie beschäftigt sich allgemein mit der zahlenmäßigen Verbreitung von Krankheiten in Zeit und Raum und erfaßt nach Möglichkeit alle Einflußfaktoren, die auf die Verbreitung Einfluß besitzen. Sie ist in der internationalen Anwendung im Vergleich zu einer großen Hilfe für die Ursachenforschung und über den Verlauf von Krankheiten geworden. Es hat sich gerade die Epidemiologie psychischer Erkrankungen in vielen Ländern zu einem bevorzugten Forschungsgebiet entwickelt. Das anwachsende Wissen um die Häufigkeit psychischer Erkrankungen in der Bevölkerung und ihre Bedeutung für die gesundheitliche Versorgung, die durch Fehlbehandlungen verursachten Kosten, haben epidemiologische Untersuchungen über psychische Erkrankungen gegenüber Infektionskrankheiten in den Vordergrund treten lassen. Ausreichende epidemiologische Kenntnisse sind auch hier Voraussetzung für die angemessene Ermittlung von Bedürfnissen und für die Organisation der ärztlichen Versorgung.

Die Epidemiologie bezeichnet als *Inzidenz* die Zahl der Erster-krankungen, die in einer bestimmten Zeiteinheit, etwa einem Jahr, in einer fest umrissenen Bevölkerungsgruppe auftreten. Die *Prävalenz* bezeichnet die bestehende Häufigkeitsverteilung einer Erkrankung in einem bestimmten Zeitraum, lebenslang oder in den letzten 7 Tagen (Punktprävalenz) bei der untersuchten Stich-probe, also den Bestand an Kranken. Psychische Erkrankungen haben als meist chronische Erkrankungen gewöhnlich hohe Prä-valenzraten.

Es hat in den letzten Jahrzehnten international eine Reihe Un-tersuchungen gegeben, die eine ausreichende Information auch über die Häufigkeit bestehender neurotischer (und psychosoma-tischer) Erkrankungen in der Bevölkerung zulassen. Gerade bei psychischen Störungen, wo es breite Übergänge zu Allgemeinbe-schwerden gibt, die nicht unbedingt Krankheitswert besitzen (Kopfschmerzen, Schwäche, Schlafstörungen usw.), ist es notwen-dig, zwischen Störungen zu differenzieren, die schwer genug sind, um Behandlungsbedürftigkeit nahezulegen (z. B. stärkere depressive Verstimmungen) und leichteren Störungen, bei denen das nicht der Fall ist. Außerdem ist die Frage der Sicherheit (Relia-bilität) in der psychiatrischen Diagnosenstellung bei epidemiolo-gischen Vergleichen ein Problem.

In einer bayerischen ländlichen und zwei kleinstädtischen Bevölkerungen haben Dilling u. Mitarb. 1975 bis 1978 in einer Felduntersuchung an 1536 Probanden die Prävalenz psychischer Erkrankungen nach ICD 8 erfaßt. Erhoben wurde zunächst die Punktprävalenz, d. h. das Bestehen von Symptomen in den letz-ten 7 Tagen vor der Untersuchung. *Sie fanden* (s. Abb. **1**) *bei 11,3% der Bevölkerung neurotische oder psychosomatische Erkrankungen mit einem behandlungsbedürftigen Schweregrad*, dabei eine noch um 5,5% höhere Jahresprävalenz. Mit weitem Abstand folgten die übrigen pychiatrischen Diagnosegruppen, die jeweils unter 2% la-gen, allerdings mit psychiatrischen Erkrankungen höherer Schweregrade. Insgesamt fanden sich bei 18,6% der Bevölkerung psychische Störungen behandlungsbedürftigen Schweregrades, bei 22,3% leichtere psychische Störungen, wobei auch hier die neurotischen und psychosomatischen Erkrankungen mit 15,1% an der Spitze standen.

Dabei ließen sich demographisch und im Hinblick auf ande-re Einflußfaktoren Unterschiede feststellen. Die Prävalenz neuro-tischer und psychosomatischer Erkrankungen war in einer neu gegründeten, vor allem von *Flüchtlingen und Fremdarbeitern* be-wohnten Industriekleinstadt mit 13,5% am höchsten, in dem länd-lichen Palling mit 4,7% am niedrigsten. Hier bestand aber eine *stärkere Tendenz zu Alkoholismus*. Die Zahl leichter, nicht behand-

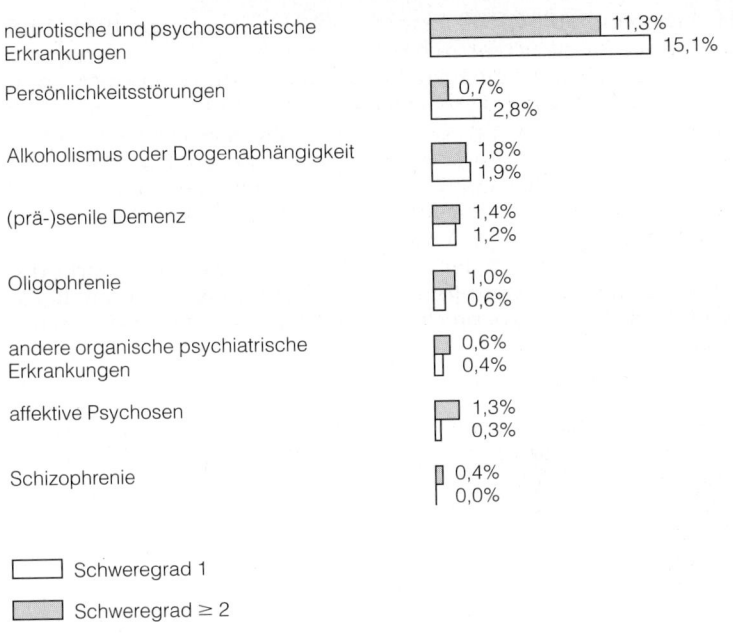

neurotische und psychosomatische
Erkrankungen — 11,3% / 15,1%

Persönlichkeitsstörungen — 0,7% / 2,8%

Alkoholismus oder Drogenabhängigkeit — 1,8% / 1,9%

(prä-)senile Demenz — 1,4% / 1,2%

Oligophrenie — 1,0% / 0,6%

andere organische psychiatrische
Erkrankungen — 0,6% / 0,4%

affektive Psychosen — 1,3% / 0,3%

Schizophrenie — 0,4% / 0,0%

Schweregrad 1

Schweregrad ≥ 2

Abb. 1 Diagnosehäufigkeit bei Felduntersuchungen in der süddeutschen
Bevölkerung (n = 1536) (nach Dilling 1972 u. 1984).

lungsbedürftiger Störungen war aber in allen drei Gebieten etwa
gleich. Im übrigen fanden sich *bei Frauen* beinahe *doppelt* so viele
behandlungsbedürftige *neurotische Störungen* wie bei Männern,
während leichtere Störungen auch hier kaum differierten. Bemerkenswert auch die offenbar hohe Morbidität in den verschiedenen Lebensaltern, wobei von schwereren neurotischen und psychosomatischen Störungen die Altersgruppen zwischen 15 und
44 Jahren mit 8,9%, die von 45 und 64 mit 17,0% betroffen waren,
aber auch die Altersgruppe der über 65jährigen noch mit 8,8%.
Bei letzteren wurden jetzt häufiger abnorme seelische Verarbeitungen von körperlichen Grundkrankheiten beobachtet (s. S.
109). Mehr als die Hälfte der behandlungsbedürftigen neurotischen und psychosomatischen Erkrankungen bestanden schon
über 5 Jahre.
    In einer umfassenden epidemiologischen Untersuchung
in der Großstadt Mannheim in den Jahren 1979 bis 1982 hat

H. Schepank (1987) 600 Erwachsene der Jahrgänge 1935, 1945 und 1955 mit psychiatrischen und psychoanalytischen Ärzten und Psychologen untersucht. Es ist eine Feldstudie an einer repräsentativen Auswahl der „gesunden" Gesamtpopulation, auch hier also keine Auswahl von Menschen, die eine ärztliche oder institutionelle Hilfe in Anspruch genommen haben. Hier ergab sich im Hinblick auf die Diagnosestellung bei Neurosen, die nach ICD 8 eingeordnet wurden, die folgende Häufigkeitsverteilung (s. Tab. 3), wobei in der Gruppe A Menschen mit neurotischen Beschwerden aufgeführt sind, in der Gruppe B die, welche in der Stärke der Ausprägung ihrer Symptome und Einschränkungen krankheitswertig als „Fall" anzusprechen sind. Es zeigt sich hier, daß in der

Tabelle **3** Häufigkeitsverteilung der vergebenen Diagnose (Bevölkerung von Mannheim). *A* alle Diagnoseträger, *B* davon Fälle ICD 8 Diagnosen (nach *H. Schepank* [1984])

Diagnose	A		B	
	n	[%] des Samples	n	[%] des Samples
Psychoneurosen	64	(10,66)	43	(7,16)
Angstneurosen	16	(2,67)	11	(1,84)
Hysterische Neurose	3	(0,50)	1	(0,12)
Phobie	11	(1,83)	2	(0,34)
Zwangsneurose	4	(0,67)	2	(0,34)
Depressive Neurose	25	(4,16)	23	(3,84)
Neurasthenie	2	(0,33)	1	(0,17)
Hypochondrische Neurose	1	(0,17)	1	(0,17)
Sonstige Neurosen	2	(0,33)	2	(0,34)
Alle Persönlichkeitsstörungen	54	(9,00)	34	(5,67)
Paranoide Neurose	5	(0,83)	2	(0,33)
Zyklothyme Persönlichkeit	8	(1,33)	6	(1,00)
Schizoide Persönlichkeit	9	(1,50)	7	(1,17)
Erregbare Persönlichkeit	2	(0,33)	1	(0,17)
Anankastische Persönlichkeit	10	(1,68)	4	(0,66)
Hysterische Persönlichkeit	4	(0,67)	3	(0,50)
Antisoziale Persönlichkeit	2	(0,33)	1	(0,17)
Andere Persönlichkeitsstörungen	8	(1,33)	7	(1,17)
Sonstige Persönlichkeitsstörungen	6	(1,00)	3	(0,50)
Alkoholismus	17	(2,82)	8	(1,33)
Episodischer Alkoholmißbrauch	2	(0,33)	1	(0,17)
Gewohnheitsmäßiger Alkoholmißbrauch	7	(1,16)	2	(0,33)
Chronische Alkoholmißbrauch	6	(1,00)	5	(0,83)
Sonstiger Alkoholismus	2	(0,33)	–	
Medikamentenabusus	1	(0,17)	1	(0,17)

großen Gruppe der Neurosen die Depressiven und angstneurotischen Störungen am häufigsten anzutreffen sind, sowohl unter Beschwerden wie bei krankheitswertigen Störungen. Das trifft bei Phobien nicht zu, wo Beschwerden noch ohne Krankheitswertigkeit viel häufiger waren. Frauen waren bei den neurotischen Fällen, Männer bei Persönlichkeitsstörungen und beim Alkoholismus häufiger anzutreffen. Es werden insgesamt also 7,16% der Population als Fälle von Psychoneurosen zugeordnet, 5,67% den Persönlichkeitsstörungen und 1,33% dem Alkoholismus. Medikamentenabusus machte nur 0,17% der Bevölkerung aus. Anzumerken ist aber, daß sich in der Gruppe der in Tabelle 3 hier nicht aufgeführten psychosomatischer Störungen noch einmal 11,68% Fälle fanden, wobei es sich meist um funktionelle Störungen handelte. Die anderern Zahlen gegenüber den Untersuchungen von Dilling sind wohl daraus zu erklären, daß es sich dort um eine doch überwiegend ländliche Bevölkerung handelte. –

Bei einer Nachuntersuchung derselben Probanden drei Jahre später fand Schepank (1990) im wesentlichen die gleiche Verteilung bei den Fällen von Neurosen und von Persönlichkeitsstörungen. Immerhin *wechselten beinahe ein Drittel der Wiederuntersuchten*, indem sie zu Fällen oder von Fällen zu Nichtfällen wurden! Dabei waren es mehr die Frauen, die zu Fällen geworden waren, vor allem zu Persönlichkeitsstörungen. Es überwogen aber im ganzen die konstant Gesunden und die konstanten Fälle. Offenbar hatte auch keine wesentliche Beeinflußung durch Behandlungsmaßnahmen nach der Erstuntersuchung und den diagnostischen Interviews stattgefunden. Das weist u. a. auf eine auch hier bestehende geringe Tendenz einer Inanspruchnahme der gegenwärtig bereitgestellten therapeutischen Angebote!

Bemerkenswert an der von Dilling untersuchten Population ist, daß von den Experten bei 18,6% insgesamt behandlungsbedürftigen psychischen Erkrankungen bei 15,2% eine *ambulante Behandlung* für erforderlich gehalten wurde. Dabei war in zwei Drittel der Fälle eine allgemeinärztliche, in einem Drittel eine psychiatrische Behandlung indiziert, eine stationäre psychiatrische Behandlung nur bei 0,3%. Demgegenüber bestand aber ein erhebliches *Behandlungsdefizit* in bezug auf die tatsächlich erfolgenden, angemessenen Behandlungen. Sie ist nicht nur den Ärzten anzulasten, die fehlende Krankheitseinsicht und Motivation der Mehrzahl der Patienten bei seelischenStörungen führt zu dem negativen Inanspruchnahmeverhalten. Allerdings wurde auch nur bei einem Drittel der Fälle, wo nach Urteil der Experten eine psychiatrisch-psychotherapeutische Überweisung und Behandlungsbedürftigkeit bestand, auch eine solche von den Allgemeinärzten angenommen. Kennen sie ihre Patienten schlechter oder besser?

Nachzutragen ist noch, daß bei Schepank (1987) die psycho-analytisch orientierten Untersucher ihre Probanden retrograd nach den bisherigen Lebensbedingungen fragten, um den Zusammenhang zwischen Kindheitsentwicklung und jetziger Symptomatik einzuschätzen. Bei den als Fällen eingestuften Probanden fand sich signifikant häufiger eine Angabe über psychopathologische Züge bei der Mutter, beim Vater und in der Elternbeziehung sowie Belastungen durch die Geschwisterschaft und einen gehäuften Wohnortwechsel zwischen dem 7. und 15. Lebensjahr. Diese Befragten gaben auch gehäuft schon Ängste, Schlafstörungen und andere kindliche Symptome an. In einem Gesamtrating wurde bei Fällen gegenüber Nichtfällen die Kindheit zwischen dem 1. und 6. sowie dem 7. und 12. Lebensjahr als belastet beurteilt. Diese retrospektive Einschätzung der *ersten 12 Lebensjahre* kann jedenfalls, wie unter Ursachenfragen erwähnt, nicht für eine erhöhte Sensibilität der Frühkindheit sprechen. Die *höhere Korrelation mit Psychopathologie der leiblichen Eltern* wie auch die Befunde in den Adoptionsstudien weisen eher auf die Erbgenese.

Ein psychiatrisches Team fand in 13 *Allgemeinpraxen* in Mannheim bei 35% psychische Erkrankungen, unter denen Neurosen 30%, vorübergehende kurzfristige psychische Auffälligkeiten, also Konfliktreaktionen 15% und psychosomatische Diagnosen 11% ausmachten (Zintl – Wiegand). In der Beurteilung der Hausärzte wurde die *Diagnose Neurose zu häufig* gestellt und die *psychosomatischen Erkrankungen zu selten* erkannt. Das weist auf die Unschärfe des Neurosebegriffes im allgemeinärztlichen Gebrauch und die Notwendigkeit somato-psycho-somatische Zusammenhänge mehr zu beachten.

Das Ergebnis solcher epidemiologischen Untersuchungen zwingt in der Planung nach Dilling zu einer *Verbesserung der ambulanten Versorgung bei psychischen Erkrankungen.* Vor allem aber sei die *Kompetenz der Hausärzte* im Hinblick auf psychische Störungen in der Aus-, Weiter- und Fortbildung zu verbessern. Niemand ist geneigt, Diagnosen in einem Krankheitsbereich zu stellen, den man nicht beherrscht und hier Behandlungsversuche zu unternehmen (s. S. 84 Weiter- und Fortbildung). Die offenbar auf hohem Stand bleibende Zahl psychischer Störungen und die allgemeine therapeutische Ratlosigkeit spiegeln sich in der noch immer zu hohen Dauermedikation von Psychopharmaka.

Diagnostik und Therapie

Das diagnostische Gespräch

Bei Reaktionen, Neurosen und abnormen Persönlichkeiten zielt das diagnostische Gespräch darauf ab, zu klären, welche Zusammenhänge zwischen der jetzigen *Lebenssituation, der Persönlichkeit,* sowie der Lebensgeschichte und den *Beschwerden* bestehen. Um das zu erkennen, wird nach *zeitlichen* und *verstehbaren* Verbindungen zwischen Beschwerden bzw. Krankheitssymptomen und konflikthaften Krisenpunkten der Lebensgeschichte gesucht.

Das diagnostische Gespräch bei erlebnisreaktiven Störungen läßt sich von Gesprächsformen anderer Disziplinen abgrenzen:

Die *Exploration* in der Psychiatrie ist eine gezielte Befragung, die auf bestimmte Symptome abzielt, die dem Arzt als Krankheitszeichen bekannt sind: Wahnwahrnehmungen, Stimmenhören, Zwangsimpulse usw. Der Arzt bringt gewisse Fragestellungen ein und hat ein Wissen, das der Patient nicht mit ihm teilen kann. Die Exploration dient dazu, bestimmte Symptome abzugrenzen, z. B. psychotische von nichtpsychotischen, Krankheitsbilder nosologisch zu differenzieren und sich über den Verlaufsstand einer Erkrankung zu orientieren. Die Exploration hat ihre Domäne bei den endogenen Psychosen und hirnorganischen Krankheiten.

Die *Anamnese* in der Inneren Medizin zielt auf für die jeweiligen Krankheiten typischen Krankheitszeichen und den innerorganismischen Ablauf. Wenn soziale und biographische Daten einbezogen werden, so geschieht dies etwa im Hinblick auf die Lebensführung, daraus ableitbare Schädigungen und ihre ursächliche Bedeutung für die organismischen Störungen.

Die *biographische Anamnese* versucht das Auftreten von Krankheiten mit Daten der äußeren und inneren Lebensgeschichte in einen Zusammenhang zu bringen. Stehen die seelischen oder körperlichen Störungen mit Knotenpunkten der Lebensgeschichte in Verbindung? Die Parallelität oder auch Inkongruenz von Krankheits- und Lebensgeschichte soll geklärt werden. Die biographische Anamnese will möglichst viele, vor allem aber die emotional relevanten konflikthaften Fakten systematisch erfassen, die in einem bewußten oder unbewußten Zusammenhang mit der Krankheit stehen können. Der in der biographischen Anamnese gewonnene zeitliche und inhaltliche Zusammenhang erlaubt dem Erfahrenen jedenfalls Hinweise, die durch weitere körperliche Untersuchungen etc. zu erhärten sind. Die Domäne der biographischen Anamnese ist die Psychosomatische Medizin.

Das *Interview*, wie es in der Psychoanalyse entwickelt wurde, ist aus der assoziativen Anamnese hervorgegangen und stellt die locker assoziierende Selbstdarstellung des Patienten in den Mittelpunkt der Untersuchung. Neben den auftauchenden biographischen Daten und Fakten der Lebensgeschichte wird das Verhalten des Patienten in der Untersuchungssituation selbst zum Gegenstand der Beobachtung. Seine emotionale Beteiligung bei der Erzählung und auch sein Verhalten gegenüber dem Arzt werden in der Untersuchungssituation beobachtet und reflektiert. Ebenso registriert der Interviewer seine eigene gefühlsmäßige Reaktion auf den Patienten. Der Patient erhält kaum Anweisungen und wird wenig gefragt. Durch eine wenig strukturierende und entspannte Atmosphäre soll den Einfällen des Patienten freier Raum gelassen werden. Das Interview ist vor allem bei Menschen anwendbar, die für diese Form des psychologischen Gesprächs und der Introspektion motiviert und vorbereitet sind, was bei Ausbildungsbewerbern der Fall ist. Das Interview zielt auf die Erfassung tiefenpsychologischer Zusammenhänge und soll auch über die Eignung zur psychoanaytischen Behandlung Auskunft geben.

Bei den hier vorgestellten seelischen Störungen vereinigt das diagnostische Gespräch gewöhnlich Momente der biographischen Anamnese mit dem psychoanalytischen Interview.

Ziele des diagnostischen Gesprächs

Bei den erlebnisverarbeitenden Störungen lassen sich folgende Ziele unterscheiden:

1. Es muß eine *diagnostische Orientierung* geben, welche *Beschwerden*, welche *Störungen* und welche *Symptome* hier vorliegen und in welche *Krankheitsgruppe* der Patient gehört. „Hat der Patient eine Herzphobie oder eine endogene Depression?"
2. Es soll die Frage des Zusammenhanges der *Symptomatik* mit den Bedingungen der *Lebensgeschichte* beantwortet werden, vor allem aber mit seiner *gegenwärtigen äußeren und inneren Situation*. „Ist eine greifbare Belastung in der Auslösesituation zu finden, eine relevante lebensgeschichtliche Veränderung?

In welcher Phase der Lebensgeschichte trat das Symptom zum ersten Mal auf? Welches Persönlichkeitsthema taucht hier auf? Welchen Stellenwert hat es in der Lebensentwicklung?

3. Dazu muß ein *biographischer Überblick* in einer lebensgeschichtlichen Rückblende gewonnen werden. „Wie stehen die Beschwerden und die Erkrankungssituation im Laufe der Lebensgeschichte? Wie ist das Verhältnis des Patienten zu seiner Ursprungsfamilie? Wie hat sich dieser Patient in dieser Familie entwickelt, welches waren die entscheidenden eigenen Erlebnisse und die Schritte, die er gemacht hat? Welchen äußeren Bedingungens war er ausgesetzt und was hat er daraus für sich gemacht? Haben seine Geschwister sich ganz anders entwickelt?"

4. Es soll schließlich in neurosenpsychologischer Sicht ein Bild der *Persönlichkeitsstruktur* gewonnen werden. „Handelt es sich um eine depressive, die Nähe anderer suchende oder eher um eine schizoide Neurosenstruktur? Stehen zwanghafte oder hysterische Persönlichkeitszüge im Vordergrund?"

5. Es stellt sich die *individuell diagnostische Frage* nach diesem besonderen Menschen. „Was ist das für eine Person, die diese Herzphobie oder jene Neurosestruktur hat? Benutzt er die Symptomatik regressiv oder stellt sie einen Versuch der Loslösung von den Bindungen an die Eltern dar?"

6. Es soll eine Vorstellung über die *Prognose* der Störung und über die Aussichten einer Therapie gewonnen werden. Wird der Patient fähig sein, in einer aufdeckenden Therapie zusammenzuarbeiten? Hat er zuviel sekundären oder primären Krankheitsgewinn durch seine Störung?

7. Jedes ärztliche diagnostische Gespräch, auch das kürzeste, wirkt auf den Patienten und auf den weiteren Verlauf ein. Günstigenfalls hat es schon *therapeutischen Charakter*, es motiviert für weitere Gespräche und Introspektion, gibt Hoffnung, eröffnet neue Perspektiven. Ungünstigstenfalls setzt es neue iatrogene Schädigungen, entmutigt, kränkt, macht ratlos. Eine bestimmte Haltung und Leistung des Untersuchers ist gefordert.

Allgemeines zu den Voraussetzungen und zum Vorgehen

Voraussetzung jeden diagnostischen Gesprächs ist ein *realistische Arbeitsbeziehung* , die der Situation und Aufgabe angemessen ist. Sie zielt darauf ab, durch Zusammenarbeit die gemeinsame Aufgabe zu bewältigen, die Erscheinungen und das Auftreten der Krankheitszeichen gemeinsam zu verstehen und die Aussichten auf eine neue Lebensentwicklung zu eröffnen.

Jedes diagnostische Gespräch bedarf einer Gesprächsführung, wobei ein mittlerer Weg von Strukturierung durch den Untersucher und Offenheit für die spontanen Verhaltensweisen des Untersuchten, seine sprunghaften Verknüpfungen verschiedener Gegenstände im Sprachablauf (Sequenzen) einzuhalten ist. Voraussetzung ist eine Atmosphäre, die den Patienten zu spontanen Mitteilungen, zum Bringen von Erinnerungen aus der Kindheit, gefühlsbestimmten Erlebnissen ermutigt, wenn sie jetzt in der Untersuchungssituation auftreten. Schultz-Hencke empfahl dem Behandler eine *„antriebsfreundliche Einstellung"* und Sigmund Freud eine *„gleichschwebende Aufmerksamkeit"*. Dabei soll der Untersucher offen und an dem Patienten interessiert sein, nicht drängend, emotional ausgeglichen und auch belastbar, den Patienten ermutigend und ihn in seinem Sosein akzeptierend. Er soll sich in den Patienten einfühlen, seine Sicht mitvollziehen, sich verstehend mit ihm identifizieren – zugleich aber auch Abstand wahren, beobachten und reflektieren, wie sich der Patient verhält, was seine Gründe sind. Die Beobachtung und Reflexion bezieht auch die Person des Untersuchers, die eigenen Gefühle und Reaktionsweisen mit ein. „Was bedeutet es, daß der Patient in mir so viel Mitgefühl hervorruft.... mich so gegen seine Eltern einnimmt... mich so langweilt oder ärgert..." Der amerikanische Psychiater H. S. Sullivan empfahl die Haltung des teilnehmenden Beobachters (participant observer).

Wie geht man bei der Gesprächsführung vor?

a) Die ersten Fragen haben dem *Grund des Kommens*, d. h. meist den gegenwärtigen Beschwerden zu gelten. Es wäre künstlich, alten Krankengeschichtsschemata folgend, das Gespräch chronologisch mit der Familienvorgeschichte, dann mit der Kindheits- und Jugendentwicklung usw. beginnen zu wollen. Ebenso weltfremd ist es, wenn Psychoanalytiker ihre Krankengeschichten heute möglichst früh mit der Eruierung der frühen Kindheit ihres Patienten beginnen lassen. Der Patient soll seine Beschwerden und Befindlichkeiten möglichst mit den eigenen Worten darstellen, so wie er sie erlebt. Das Krankheitsangebot in medizinischen Fachausdrücken, Diagnosen und Lokalisationen (Ich leide an Angina pectoris!... Damals trat wieder der Dickdarmschmerz auf!), von anderer Seite gehört oder vom Kranken selbst aufgebracht, ist zu registrieren. Solche Darstellungen sind zunächst hinzunehmen, aber nicht zu ermutigen, und es ist nicht bei ihnen stehenzubleiben. („So, Angina pectoris, aber was fühlen Sie denn? Wie erleben Sie das?"). *Der Zeitpunkt*, an dem die Beschwerden erstmals aufgetreten sind, ist zu registrieren.

b) Die nächste Frage gilt der *Situation* des Patienten, *in der die Beschwerden hervortraten.* „Was ist damals an diesem Tag in dieser Zeit etc. in Ihrem Leben gewesen, als die Beschwerden zum ersten Mal auftraten? Was hat sich damals in Ihrem Leben geändert?" Es ist nicht nur nach großen Schicksalseinbrüchen, Versuchungs- oder Versagungssituationen (Schultz-Hencke) zu forschen. Auch alle diskreten, für die subjektive Erlebnisweise und Entwicklung wichtigen Ereignisse und Veränderungen, berufliche oder familiäre Schwellensituationen sind zur Kenntnis zu nehmen. – Liegt das Auftreten lange zurück wie bei chronifizierter Symptomatik, ist der *gegenwärtigen Lebenssituation* Aufmerksamkeit zu schenken. Wie lebt er jetzt, warum kommt er gerade jetzt und auf welchen Wegen?

c) Erst dann ist in einem weiteren Schritt der biographischen Rückblende der gesamten *Lebensgeschichte* Aufmerksamkeit zu schenken. Optimal ist jetzt eine nondirektive und offene Form der Gesprächsführung, bei der man den Patienten dazu bringt, frei von sich auch in Einzelheiten zu erzählen, ohne ihn zunächst durch Hinweise oder Nachfragen zu beeinflussen. Die Art seiner Darstellung ist meist sehr charakteristisch für ihn. Es gibt Menschen, deren Lebensgeschichte in der ersten Darstellung sich ganz auf die schulische und berufliche Laufbahn beschränkt; andere, die nur von ihrer frühen Kindheit oder bestimmten Personen dabei sprechen. Lücken der Darstellung, das Übergehen wichtiger Themen, auch Überbetonung von Themen, vorübergehende Sperrungen usw. sind zu beachten. Erfahrungsgemäß kommt man nicht ohne gelegentliche Fragen, ohne das Anstoßen gewisser Themen aus.

d) Über die Fakten der Biographie ist vorzustoßen zu den *persönlichen Reaktionsweisen, Haltungen, Einstellungen.* Die subjektive Wertigkeit, nicht die faktischen Ereignisse entscheiden über den Stellenwert eines biographischen Ereignisses. „Wie hat das auf Sie gewirkt? Wie haben Sie das verarbeitet?" Die Angabe, daß die Eltern sich scheiden ließen, ist in ihrer vollen Bedeutung erst erkannt, wenn deutlich wird, wie sie erlebt und verarbeitet wurde.

Leitlinie des ärztlichen Gesprächs ist nicht die Kenntnis der bloßen Fakten, sondern die Wertigkeit dieser Fakten und damit die Erfassung des für das Kranksein entscheidenden pathogenen Konflikts.

Annäherung und Verständnis seelischer Störungen erschließen sich demnach in folgenden Abstufungen:

Symptom → Situation → Lebensgeschichte → Persönlichkeit (Subjekt).

Das Symptom erschließt sich also erst einem Verstehen in seiner
Einbettung in die Lebenssituation; deren Verständnis setzt ein
Wissen um die entscheidenden Linien der gesamten Lebensge-
schichte voraus; die bloßen Tatsachen der Lebensgeschichte wie-
derum bedürfen einer Interpretation durch die Persönlichkeit als
Subjekt.

Weitere Gesichtspunkte für die Gesprächsführung

1. Selbstverständliche Voraussetzung des Gesprächs ist ein ruhi-
ger Raum, in dem der Untersucher nicht durch Eintreten der Sekretärin, Kollegen, ständige Telefonanrufe usw. gestört wird. Die
freie Mitteilung des Patienten wird erheblich behindert, wenn er
ständig darauf aufmerksam gemacht wird, daß der Arzt keine
Zeit hat, mit seinen Gedanken ganz woanders ist. Andererseits
sollte der Arzt seinen Patienten nicht in die eigene private Sphäre
hineinnehmen, ihn nicht mit Familienangehörigen in Kontakt
bringen wollen, auch die Gesprächszeiten nicht in Stunden außerhalb der üblichen Arbeitszeiten legen. Ein dadurch deutlich wer-
dendes zu großes persönlich-privates Interesse bringt eine Belastung mit sich. Der Patient muß sich dann dankbar und damit un-
frei, ja abhängig fühlen.

Ein diagnostisches (und therapeutisches) Gespräch benötigt
nach allen Erfahrungen zwischen 45 und 60 Minuten. Gewöhnlich ist *das erste Gespräch* für die Kontaktfindung und für die Aufdeckung der Konflikte entscheidend. Die Sicht des ersten Gesprächs kann durch eine zweite Stunde einige Tage später jedoch
vertieft und auch korrigiert werden.

2. Bei der biographischen Anamnese und vor allem beim Interview muß der Arzt seinen Patienten zum möglichst *freien Sprechen* bringen. Ohne ihn viel zu unterbrechen, muß er der *Selbstdarstellung seines Patienten* Raum geben, mehr als in einer Exploration und Anamnese sonst, auch wenn Einzelheiten zunächst of-
fenbleiben. Vieles Fragen schränkt den Patienten in seiner Selbst-
mitteilung ein.

3. Andererseits hat es keinen Wert, einen sehr gehemmten
und angstvollen Patienten, der keine Worte findet, in einem *drük-
kenden, als Vorwurf erlebten Schweigen* sitzen zu lassen. Oft helfen
einfache, bestätigende und ermutigende Äußerungen: „Darüber
würde ich gern mehr hören." Man kann auch versuchen, das Motiv der Blockierung direkt anzugehen: „Irgend etwas macht es Ihnen schwer, mit mir über diese Sache zu sprechen." Bringt der Patient das Motiv seiner Hemmung nicht selbst, so kann man ihm einige Deutungen anbieten: „Ich frage mich, ob Sie fürchten, daß
ich Ihre Mitteilungen anderen weitergeben würde?" Oder: „Sie
finden es vielleicht demütigend, mir über diesen Punkt berichten

zu sollen?" Gewöhnlich gelingt es, den Patienten wieder zum Sprechen zu bringen, wenn er spürt, daß der Arzt Interesse an seinen Mitteilungen nimmt und er Vertrauen zu ihm haben kann.

4. Bleibt der Patient vor einem ihm offensichtlich große Angst bereitenden Thema absolut *blockiert*, so ist es am besten, dieses Thema *ganz fallenzulassen* . Durch Hinweise auf andere Themen kann man ablenken und erst einmal die Beziehung zu ihm ausbauen: „Vielleicht erzählen Sie mir erst noch mehr von Ihren Geschwistern, von denen haben wir noch gar nicht gesprochen." Es ist aber andererseits falsch, alle Themen, die dem Patienten (und dem Arzt!) angst machen, absolut zu meiden. Der *Pegel der Spannung, der in der provokativen Situation eines offenen diagnostischen Gesprächs* liegt und damit auch u. U. einer gewissen Angst, muß eine gewisse Höhe haben. Steigt er beim Patienten zu hoch an und betrifft er die Beziehung zum Arzt selbst, so kann man durch ermutigende und lobende Bemerkungen den Patienten *entlasten:* „Ja, erzählen Sie weiter so." Oder: „Ich kann mir vorstellen, wie schwer das für Sie gewesen sein muß." Bei sehr hoher Angst und Belastung des Patienten auch: „Ich finde es gut, daß Sie jetzt einmal mit mir darüber gesprochen haben!"

Schaltet sich der Arzt zu häufig ein, berichtet er etwa von anderen Patienten und deren Schwierigkeiten oder gar von sich selbst in ähnlichen Lebenslagen, so kommt er dem Patienten (und sich selbst!) damit meist zu sehr entgegen in dem Wunsch nach Angstentlastung.

Rein bestätigende und beruhigende Bemerkungen sind wenig fruchtbar. Wenn der Patient sagt: „Herr Doktor, ich glaube, ich werde verrückt", und der Arzt darauf erwidert: „Oh nein, das werden Sie sicher nicht", so hat er dem Patienten weniger geholfen, als wenn er versucht, den Sinn der Äußerung des Patienten zu verstehen. Das kann dadurch geschehen, daß er sagt: „Was meinen Sie mit verrückt? Wie wären Sie dann?" Oder: „Warum nehmen Sie an, daß Sie verrückt werden?" Auch alle beruhigenden Voraussagen allgemeiner Art: „Alles wird schon gutgehen!" „Das ist doch alles nicht so schlimm!" führen zu keiner echten Entlastung. Der Patient kann denken: „Warum soll ich meine Schwierigkeiten jemandem erzählen, der sie gar nicht richtig ernst nimmt."

5. *Peinliche Themen* auf die Dauer zu umgehen, ist nicht zweckmäßig. Der Patient spürt dann, daß der Arzt auch Angst hat. Wie soll er dann selbst davon sprechen können? Er wird in seinem Gefühl bestärkt, daß es sich um ein gefährliches, verbotenes Gebiet handelt. Wann man in einem Gespräch zu Fragen der Sexualität überleitet, hängt von der Tragfähigkeit der Beziehung und dem hergestellten Vertrauensverhältnis ab. Auf keinen Fall

darf zu früh und zu direkt auf Störungen dieses Gebietes hinge-
lenkt werden.

◖ Eine 30jährige Frau, wegen seit einigen Monaten bestehender Durchfälle in der Klinik, sagt nach etwa 5 Minuten ganz un-
motiviert im ersten Gespräch: „In meiner Ehe ist aber alles in
Ordnung, da brauchen Sie gar nicht daran zu denken. Danach
hat Dr. X schon gleich gefragt. Im Sexuellen verstehe ich mich
sehr gut mit meinem Mann, da ist nichts." Das wird ohne Kom-
mentar hingenommen, das Thema nicht weiter verfolgt. Im letzten Drittel des knapp einstündigen Gesprächs, auf unsere Frage, ob ein Thema noch nicht ausreichend behandelt wäre, bat
sie nach einigem Nachdenken um die besondere Diskretion des
Arztes – und berichtet, daß ihr vor einigen Monaten durch ein
Gespräch mit ihrem Mann deutlich wurde, daß sie frigide sei.
Sie fühlt sich dadurch äußerst beunruhigt, minderwertig, fürchtet um ihre Ehe. Sie hatte deshalb vor einigen Wochen auch
schon einmal einen Psychotherapeuten aufgesucht, dort aber
davon nicht sprechen können. ◗

Bei Frauen kann man durch Fragen über Menstruation und
Schwangerschaft vom körperlichen Bereich auf die Fragen des
Geschlechtslebens überleiten.

Es gibt junge Männer, bei denen deutlich wird, daß die *Selbstbefriedigung* ein zentrales Thema ist, ohne daß sie davon sprechen
können. Hier kann eine Frage, die die Tatsache der Selbstbefriedigung voraussetzt, am besten das Eis brechen: „In welchem Alter
sind sie denn mit der Selbstbefriedigung bekannt geworden?"

6. Fragen nach dem Gedächtnis oder Prüfungen des Wissens, der Intelligenz usw. werden leicht *als Demütigung* erlebt und
abgelehnt: „Ich bin doch noch nicht blöd!" Solche Fragen sind vor-
zubereiten durch ein Gespräch über andere körperliche Funktionen, wie Schlaf und Appetit, der körperlichen Leistungsfähigkeit
und Ausdauer. Dann kann man einleiten: „In Ihrem Alter (oder in
Ihrer Situation) haben viele Menschen schon Schwierigkeiten mit
dem Gedächtnis. Wollen wir bei Ihnen einmal untersuchen, wie
es damit steht?" Stimmt der Patient zu, kann man dann direkter
vorgehen.

7. Das Verhalten und „präverbale Mitteilungen" des Patienten durch Versprechen, Fehlleistungen, seine emotionale Reaktionen in der Stunde etc. sind zu *registrieren* . Gewöhnlich sollte man
sie aber *nicht ansprechen* und in ihrer Bedeutung aufdecken. Meist
würde sich der Patient dadurch gedemütigt fühlen.

8. Alternativfragen oder Sachfragen, die auf einen speziellen
Punkt gerichtet sind, bringen weniger weit als *offene, indirekte Fragen*. Besser als: „Sind Sie gerne aus dem Elternhaus ausgezogen",

ist zu fragen: „Wie war es für Sie, aus dem Elternhaus auszuziehen?" Besser als: „Hatten Sie auch viel Streit mit Ihrem Vater?" ist: „Erzählen Sie mir mehr von Ihrem Vater." Eine solche indirekte Gesprächsführung, wobei die Themen mehr angestoßen, aber in ihrem emotionalen Gehalt angerührt werden, fördert den Fluß der Mitteilungen.

9. Vor allem in der zweiten Hälfte des Gesprächs empfiehlt es sich, *offene Fragen* im Hinblick auf Vergessenes oder Unterdrücktes zu stellen. „Gibt es noch etwas Wichtiges in Ihrem Leben, worüber wir noch nicht gesprochen haben?" Um das Gespräch abzurunden, ist es auch gut, einige Minuten vor dem Ablauf der Zeit das nahende Ende anzukündigen, wieder vielleicht unter dem Hinweis auf noch nicht behandelte Punkte. Der Patient darf aber dabei nicht das Gefühl gewinnen, daß das, was er bisher gebracht habe, nicht ausreichend sei.

10. Es gibt Patienten, die die Zeit damit ausfüllen, von ihren Krankheiten, den bisherigen Behandlungen, den organischen Befunden usw. in unnötigen Einzelheiten zu sprechen. Darin kann eine Ablenkung und Abwehr liegen, aber auch der Wunsch mitzuteilen, wie sehr er gelitten hat, daß er Mitgefühl braucht und als Leidender angenommen werden möchte. Man kann versuchen, das anzusprechen und anzunehmen, etwa indem man sagt: „Ich sehe, daß diese Krankheiten sehr wichtig sind, aber ich weiß nicht, warum. Können Sie mir sagen, was Ihre Krankheiten jetzt für Sie bedeuten?" Gelingt es auch dadurch nicht, den Patienten zu einer tieferen Mitteilung zu bewegen, was bei hypochondrischen Entwicklungen der Fall sein kann, muß man dem Patienten vorschlagen, diese Beschwerden zunächst zurückzustellen. Das kann unter dem Hinweis auf die begrenzte Zeit geschehen, wobei man dann das Gespräch auf bedeutungsvollere Themen lenkt.

11. Nach dem Grundsatz, daß *jedes diagnostische Gespräch zugleich Therapie* ist, soll der Patient immer auch etwas mitnehmen. Das kann zunächst schon *die Entlastung durch die Aussprache* sein. Anderseits kann es eine *neugewonnene Vorstellung* davon sein, wie der Arzt ihn sieht, welche Vorstellung dieser von seinen Schwierigkeiten hat. Man sollte also auf jeden Fall dem Patienten eine Mitteilung machen, wie man seine Störungen auffaßt, ob man einen Zusammenhang mit seinen Konflikten findet oder auch nicht. In welcher Form und wie umfassend das geschieht, hängt von dem Patienten, von seinen Störungen und vor allem von der einzuschlagenden Behandlung ab. Psychoanalytisch ausgebildete Ärzte, die eine biographische Anamnese oder ein Interview mit einer analytischen Behandlung und der hier nötigen Reserve verwechseln, haben oft Hemmungen, sich zu äußern. Sie fürchten, eine spätere Behandlung dadurch zu behindern, daß sie dem

Patienten zu viel von ihrer Auffassung eröffnen. Das muß aber keineswegs so sein. Solche Überlegungen rationalisieren häufig die Angst des Arztes, die überlegene ärztliche Position des allein Wissenden zu verlassen und zu riskieren, seine u. U. ja in die falsche Richtung gehenden Annahmen zu äußern. Ein Schritt auf dem Wege, den Patienten mündig zu machen, ist es jedenfalls, ihm das eigene Verständnis zu signalisieren. Dazu gehört es gegen Ende des Gesprächs die gewonnenen eigenen Einsichten in die Zusammenhänge, den weiteren Verlauf und die möglichen Wege der verschiedenen Behandlung mitzuteilen. Für viele Patienten ist *ein diagnostisches Gespräch die einzige Psychotherapie*, die sie überhaupt in ihrem Leben erfahren (Benedetti).

12. *In der ärztlichen Allgemeinpraxis* schießt sich ein diagnostisch-psychotherapeutisches Gespräch meist selbstverständlich an das Beschwerdenangebot des Patienten an. Der Arzt hat gewöhnlich nur einige Minuten Zeit für jeden Patienten, er ist aber als vertrauensvolle Person und in seiner fachlichen Kompetenz „Container" für all das, was der Patient mitbringt und in ihn hineinlegt. Das ist eine der Feststellungen, die englische Ärzte um Harris und um Malan bei ihren Untersuchungen über das *Gespräch in der ärztlichen Praxis* und seine Relevanz vor allem für Alleinstehende, für alte Patienten und für körperlich oder psychisch chronisch Kranke fanden. Das Gespräch ist hier viel knapper und konzentrierter, dauert erfahrungsgemäß zwischen 5 und 20 Minuten und bleibt in den meisten Fällen offenbar auf ein Gespräch beschränkt, bei manchen kann es aber durch eine Wiedereinbestellung auch vertieft werden (K. Ernst 1980). Dabei sind einige Grundregeln zu beachten, wie sie den Praktikern in den Balint-Gruppen vermittelt werden können oder in Fortbildungsveranstaltungen und Praxisseminaren.

Gemeinsamkeiten von Psychotherapieverfahren

Es gibt heute ein gutes Dutzend verschiedener, meist weltweit verbreiteter therapeutischer Schulrichtungen in der Psychotherapie, die jeweils noch Abspaltungen und Untergruppen haben, sich in ihren *Krankheitstheorien* sowie in den *Behandlungstheorien* unterscheiden und mehr oder weniger deutlich voneinander abgrenzen. Diese Schulen haben jeweils verschiedene eigene *Methoden* entwickelt, mit denen sie arbeiten. Daneben gibt es über die ganze Welt verbreitet weit über 100 weniger theoretisch ausgearbeitete, sondern sich durch ihre Praxis definierende Verfahren, bei denen weniger Krankenbehandlung als Persönlichkeitsreifung, Selbstfindung etc. im Vordergrund stehen. All diese Richtungen sind selbst in mehr oder weniger großer Selbstbewegung mit Weiterentwicklung und Differenzierung ihrer Behandlungsmethoden. Ein Definition von Psychotherapie, die sowohl umfassend wie noch anschaulich ist, kann so kaum gegeben werden. Gibt es überhaupt noch Gemeinsamkeiten bei all diesen theoretischen und praktischen Differenzierungen?

Als *Gemeinsamkeit* von Psychotherapien ist als erstes zu nennen, daß sie eine *zielgerichtete Form von Behandlung* darstellt, die auf *Überwindung von Krankheit* zielt. Dabei entspricht Krankheit einem weiten Begriff (s. S. 4), indem als Behandlungsziel die Überwindung von seelischen oder auch körperlichen Leidenszuständen und/oder struktureller Entwicklungsstörungen der Persönlichkeit genannt werden. Das Behandlungsziel Krankheit wird allerdings weit und unterschiedlich definiert, Gesprächstherapeuten sprechen so nicht von Patienten sondern von Klienten, um Selbständigkeit und eigene Leistung des Therapierten hier in der Gesprächssituation zu betonen.

Gemeinsam ist auch der zweite Punkt, nämlich daß in der Psychotherapie die *Beziehung* zwischen dem Therapeuten und seinem Patienten reflektiert und im Heilungsprozeß benutzt wird. Allerdings geschieht das in jeweils sehr verschiedener Weise und mit unterschiedlichem Selbstverständnis. Psychotherapie ist personale und damit leibliche Begegnung – sonst könnte sie ja auch brieflich erfolgen, wie W. v. Baeyer einmal bemerkte.

Der Austausch in dieser Beziehung ist in den allermeisten Fällen *sprachlich,* wenn auch nonverbale Momente in jeder Behandlung mitwirken. Diese werden gezielt mit z. B. körperlichen Methoden wie Entspannung, Bewegungstherapie oder als Gestaltungstherapie etc. eingesetzt. Die dabei auftauchenden Erfahrungen werden dann aber meist verbal zwischen Therapeut und Patienten ausgetauscht.

Als weitere Gemeinsamkeit ist allen Richtungen der Psychotherapie ein bestimmtes, allerdings weit auseinandergehendes theoretisches Selbstverständnis gegeben. Es umfaßt meist eine *Krankheitstheorie und entsprechende Behandlungstechnik,* die im Rahmen der Schulrichtung gelehrt und gelernt werden.

Es sollen im folgenden einige *Entwicklungstendenzen* und bestehende *Unterschiede* neben den genannten *Gemeinsamkeiten* im therapeutischen Vorgehen aufgezeigt werden. Das geschieht zunächst bei der Psychoanlayse und für die ursprünglich mit ihr verbundene Familientherapie, dann für die Verhaltenstherapie und die Gesprächspsychotherapie.

Die *klassischen psychoanalytisch orientierten Verfahren* zielten auf *Regression, Deutung* und *Bewußtmachung* der pathogenen Ursachen in der Frühgenese und auf deren *Aktualisierung in der Übertragung* auf den Analytikern. Entwicklungstendenzen gehen dahin, diese Frühgenese in Frage zu stellen (s. oben 44), den „aktiven Säugling" anzuerkennen und das „Hier und Jetzt" der gegenwärtigen Konflikte in der Zweiersituation als neues Paradigma zu betonen (Thomä und Kächele 1986). Der psychoanalytische Prozeß wird bei ihnen zu einer Folge von Fokaltherpien mit wechselnden Foci. Schwer ist es für viele Therapeuten noch, die Konfliktfelder ihrer Patienten als die aus ihrer eigenen Persönlichkeitsvariante aufsteigenden Themenzu erkennen und nicht fremdbestimmt, aus einer gestörten Mutter-Kind-Dyade resultierend. Es wird von vielen an dem sich in der Kindheit entfalteten dyadischen Es-Abwehrkonflikt, der sich in der Übertragung wiederholen muß, als Behandlungsthema festgehalten. Andere Autoren betonen demgegenüber nicht die Übertragung, sondern die gegenwärtige Beziehung zum Therapeuten als Arbeitsbündnis, realistische Beziehung, Arbeitsbeziehung, etc. Während in dem klassischen Therapieverfahren vor allem die Aufdeckung und Bewußtmachung im Mittelpunkt stand, geht es heute darum, die Thematik des Patienten in der gegenwärtigen Behandlungssituation zu aktualisieren, etwa als neue „korrigierende emotionale Erfahrung" und sie im gegenwärtigen und zukünftigen Leben des Patienten prospektiv zu betrachten. Das klassische Therapieverfahren der hochfrequenten Analyse im Liegen wird dabei heute flexibel gehandhabt, neue Erfahrungen im Leben draußen neben der Behandlung sind notwendig und deshalb eine nicht zu konzentrierte Behandlungszeit. Dabei haben sich eine niedere Stundenfrequenz, tiefenpsychologisch fundierte Behandlungen im Sitzen, Kurzzeittherapien, Gruppentherapien, körperzentrierte Verfahren in der Krankenversorgung entwickelt.

Die *Familientherapie* stellt den Patienten in der Behandlung ganz in sein gegenwärtiges Beziehungsnetz, vor allem in das der Ursprungsfamilie zurück. In der Behandlung sprechen die Angehörigen über den „designierten" Patienten, dieser über die anderen. Die Therapeuten sind relativ direktiv, geben Verschreibungen, Hausaufgaben, paradoxe Interventionen und behandeln, auf die Selbstheilungskräfte des Systems vertrauend, in ihren Sitzungen mit sehr großen, mehrmonatigen Abständen.

Die *Stärke der Verhaltenstherapie* ist ihre entschiedene Ausrichtung auf die *gegenwärtige reale Situation, das gegenwärtige Verhalten des Patienten und seine gegenwärtigen Wahrnehmunge*n. Sie exponieren ihn äußerlich und / oder innerlich mit seinen Belastungssituationen, sind als Therapeuten ermutigend und aktiv, bieten ihm neue Lernmöglichkeiten an. Es bestehen gegenwärtig Tendenzen, die Beziehung zum Therapeuten und auch die in die Lebensgeschichte zurückreichende Lerngeschichte zu reflektieren und einzubeziehen. Man versucht die Behandlungserfolge im Hinblick auf die Symptomatik und die psychosozialen Veränderungen streng im Rahmen wissenschaftlicher Untersuchungen zu überprüfen und zu optimieren. Es sind eine Vielzahl einzelner Verfahren entwickelt worden, die nicht nur das Verhalten, sondern die kognitive Ausrichtung im Wahrnehmen, Denken und Entwerfen des Menschen auf die gegenwärtige und zukünftige Situation bearbeiten. Elemente anderer Verfahren etwa, die lebensgeschichtliche Rückblende und Lerngeschichte des Patienten und auch die zwischen Therapeut und Patient laufenden Beziehungsformen, werden zunehmend reflektiert dabei. Mehr als alle anderen Verfahren leitet man an und ermutigt den Patienten zu selbständigen Übungen und Training, um seine Schwierigkeiten und einengenden Grundeinstellungen zu überwinden.

Gesprächstherapie ist auf die Verbalisierung der Erlebnisse und Gefühlslage des Klienten ausgerichtet, betont dessen aktive expressive Leistungen und Selbständigkeit auch in der Therapie und sucht seine Entfaltung im Rahmen eines neuen Entwicklungsprozesses in Gang zu bringen. Das systematisiert und reflektiert wohl eine psychotherapeutische Grundhaltung überhaupt und Elemente, die in den anderen Therapieverfahren ebenso enthalten sind. Der Behandlungsprozeß läuft in einer wenig strukturierten, offenen Gesprächssituation zu zweit ab. Ein eigentliches, abgegrenztes Krankheitskonzept ist schwer erkennbar, auch wenn grundsätzlich die Gleichwertigkeit von Kognitionen und Emotionen bei Neurosen betont wird(Bommert). Einfühlung in die „innere Erlebniswelt" des Klienten ist das Ziel. Eine Distanz des „personenbezogenen Psychologen" gegenüber dem Medikozentrismus und der Professionalsierung der übrigen Psychotherapie wird in vielem deutlich.

Psychoanalytische Therapieverfahren

Psychoanalytisches Behandlungsziel war zunächst nicht die direkte Beseitung der Symptomatik, diese wurde als gefährlich angesehen, da sie Leidensdruck mindere und die Therapiemotivation des Patienten schwächt. Deren Überwindung im Rahmen verschiedener *Hilfsziele* war die Aufgabe: Im Rahmen eines auf die zunächst unbekannten, hier unbewußten Ursachen zielenden Prozesse soll durch *Regression*, d. h. affektives Zurückgehen in die

Kindheit, in der intensiven Beziehung zum Therapeuten als *Übertragung* und durch dessen *Deutungen* die ursächlichen kindlichen Bindungen und Konflikte überwunden werden. Diese in dem klassischen psychoanalytischen Standardverfahren realisierten Hilfsziele werden als entscheidende therapeutische Wirkfaktoren angesehen und haben bei charakterstrukturellen Einschränkungen nach wie vor Bedeutung. Sie sind aber in den verschiedenen analytischen Therapieverfahren nicht in gleicher Weise realisiert. Die Regression ist in den meisten anderen Verfahren gering, aufdeckende und deutende Bearbeitungen beziehen sich mehr auf die gegenwärtige Situation. In der Beziehung zum Therapeuten wird nicht allein Übertragung, sondern mehr das Arbeitsbündnis (Greenson), eine realistische Beziehung, (Bräutigam 1983) oder eine Arbeitsbeziehung (Rudolf 1991) betont. Im breiten Angebot moderner psychotherapeutischer Verfahren psychoanalytischer Orientierung kommen die klassischen Hilfsziele nur mehr oder weniger zur Geltung. Während vor 50 Jahren Psychoanalyse noch mit dem Standardverfahren der großen psychoanalytischen Kur gleichbedeutend war, ist es seither zu einem breiten Angebot psychotherapeutischer Verfahren psychoanalytischer Orientierung gekommen. Bei krankheitswertigen Störungen bleibt doch das mit der Symptomatik gegebene Behandlungsziel entscheidend. Die *Erfordernisse der psychotherapeutischen Versorgung* schwer gestörter neurotischer und psychosomatischer Patienten sowie die meist weniger introspektiv begabten Menschen aus einfachen Bildungs- und Sprachschichten haben zu anderen Akzentuierungen geführt. Was die entscheidenden Wirkfaktoren psychoanalytischer Therapieverfahren überhaupt sind, ist hier wie bei den meisten anderen Psychotherapiemethoden noch ungeklärt und ein Thema der laufenden Psychotherapieforschungen. Die Praxis hat jedenfalls zu Anwendungen der klassischen psychoanalytischen Konzeption in verkürzten und erweiterten Behandlungstechniken geführt. Die wichtigsten sollen hier im folgenden beschrieben werden.

Tiefenpsychologisch fundierte Psychotherapie
(Dynamische Psychotherapie;
niederfrequente psychoanalytische Langzeittherapie)

Die Behandlung findet meist *im Sitzen* statt, ist *zeitlich nicht begrenzt*, sie kann je nach den Erfordernissen des therapeutischen Prozesses zwischen einigen Wochen und bei niederer Frequenz über mehrere Jahre dauern. Der Patient kommt zu ein und im Anfang auch zu zwei Wochenstunden, wobei die Stundendichte im ganzen abnimmt. Bearbeitet werden vor allem die aktuellen Belastungen und Konflikte in Verbindung mit den lebensgeschichtlichen Bedingungen des Patienten. Im Blickfeld stehen die charakteristischen Einstellungen, neurotischen Fehlverarbeitungen und Fehlhaltungen, wobei neben einer betont realistischen Beziehung zwischen Therapeut und Patient die in der Behandlungssituation auftauchenden Themen der Persönlichkeit (Übertragung im weiten Sinne) eine intensive Beleuchtung und Bearbeitung erfahren. Im Unterschied zur klassischen psychoanalytischen Kur im Liegen hat die dynamische Psychotherapie wenig zur Regression auffordernden Charakter. Erarbeitet werden Einsichten in aktuelle und frühere reale Konfliktsituationen, meist vor dem Hintergrund neurotischer Bindungen an die Ursprungsfamilie. Es ist die Aufgabe des Behandlungsprozesses, die Problematik des Patienten in der Behandlungssituation aktuell und lebendig werden zu lassen. Das Behandlungsziel ist auf die gegenwärtige Situation und die Symptome des Patienten ausgerichtet, zielt auf Einsicht im Rahmen neuer korrigierender Erfahrungen und auf neue Lernerfahrungen in der Realität draußen.

Die Indikation zu diesem Verfahren ist sehr breit, sie umfaßt viele Formen von Reaktionen, Neurosen, abnormen Persönlichkeiten und psychosomatischer Symptombildungen vor dem Hintergrund tiefgreifender Persönlichkeitsstörungen und auch Patienten, die zunächst wenig Einsicht in seelische Krankheitsbedingungen mitbringen. Dazu gehören auch schwere Persönlichkeitsstörungen wie Borderline, die dann gewöhnlich eine längere Zeitstrecke benötigen.

Als „supportive-expressive treatment" englisch, in deutscher Übersetzung Analytische Psychotherapie, hat L. Luborsky in einem Manual eine sehr konkrete Einführung für Psychotherapeuten in eine zeitlich offene Behandlung im Sitzen mit 1–2 Wochenstunden gegeben, die auf Verbalisierung und Aktualisierung des „zentralen Beziehungskonfliktes" des Patienten gerichtet ist. Im englischen Original finden sich noch Hinweise auf die Nähe zur Verhaltenstherapie, auch die zur Gesprächstherapie ist nicht zu übersehen sowie zum Umgang mit Medikamenten, Angehörigen, Zeit und Geld.

Kurzzeittheraphie
(Kurztherapie, Fokaltherapie)
Von der gerade erwähnten Luborskyschen Psychotherapie nicht weit entfernt ist die von Malan herausgearbeitete Fokaltherapie. Hier handelt es sich zunächst um Behandlungen, die von vornherein in ihrer Stundenzahl, gewöhnlich zwischen 10 und 30 Stun-

den, begrenzt werden. Sie zielen auf Erhellung von Reaktionen auf eine akute Belastung oder *äußere und/oder innere Konfliktsituationen*, einen *Fokus*, der in dieser Zeit durchgearbeitet werden soll. Das Gespräch wird versucht im Bereich des Konfliktkernes zu halten und zielt vor allem auf einen Gewinn von Einsicht in lebensgeschichtliche und innerseelische Zusammenhänge ab. Die regressive Komponente und die Lernerfahrung haben hier geringes Gewicht. Allerdings läßt sich nach unserer Erfahrung in vielen Fällen ein in Gang kommender psychotherapeutischer Prozeß nicht willkürlich zeitlich begrenzen und eine regressive Komponente und Übertragung nicht ohne weiteres steuern, und eine längere supportive oder aufdeckende Behandlung schließt sich an. Indiziert ist die Kurztherapie bei bestimmten *akuten Krisensituationen in der Ehe* oder nach *Suizidversuchen* , bei *Lernstörungen und Examensreaktionen*.

Stützende Psychotherapie

(Supportive Verfahren, psychotherapeutische Führungen, Kontaktpsychotherapie)
Es werden psychotherapeutische Gespräche im Sitzen in breit gefächerten und lockeren zeitlichen Abständen ohne zeitliche Begrenzung durchgeführt. Die Herstellung einer *positiven* und *tragfähigen Beziehung* zwischen Arzt und Patient steht im Vordergrund, aufdeckende und konfrontierende Interventionen treten demgegenüber zurück. Mit klärenden Gesprächen, Hinweisen und Ermutigungen wird dem Bedürfnis des Patienten nach Führung und Abhängigkeit entgegengekommen. Die Verordnung von Medikamenten (Schlafmittel, Tranquilizer, Psychopharmaka) kann notwendig werden. Die *aktuelle Lebenssituation* , die Belastungen, das Verhalten des Patienten in der Realität werden bearbeitet, auch seine Fehlreaktionen, die ihn gefährden. Solche stützenden psychotherapeutischen Führungen können über viele Jahre gehen, *indiziert* sind sie vor allem bei Patienten mit *schweren körperlichen Erkrankungen, Psychosen* oder bei Menschen, die sich selbst und andere gefährden, also *abnorme Persönlichkeiten, Alkoholkranke, Borderline-Fälle*.

Psychoanalyse als Therapieform

(Standardverfahren, große psychoanalytische Kur)
Die klassische Behandlungstechnik der Psychoanalyse ist an eine bestimmte Häufigkeit der Stunden gebunden, meist zwei bis drei pro Woche und gewöhnlich an eine bestimmte Sitzordnung: Der Patient liegt auf einer Couch und wird aufgefordert, locker assoziierend alles auszusprechen, was ihm durch den Sinn geht, der

Analytiker sitzt in einem Sessel hinter ihm. Dieses „Zeremoniell" zielt auf die *Regression* und die *Übertragung* des Patienten und ermöglicht damit das Wiederaufleben und die *Bearbeitung kindlicher Erfahrungen* und *Bedürfnisse*, die Deutung verdrängter und unbewußter Inhalte. Die Dauer der Behandlung wird bei Beginn nicht begrenzt, sie liegt gewöhnlich bei mehreren Jahren. Dieses Verfahren setzt eine Motivation und Introspektionsfähigkeit beim Patienten voraus, Ich-Stärke und die Fähigkeit, Spannungen und Frustrationen zu ertragen, die die analytische Konfrontation mit sich selbst darstellt. Die äußere Realität kommt nur selektiv zur Sprache, der Lern- und Übungscharakter ist bei diesem Verfahren in der klassischen Form gering.

In einer neuen Fassung wird der laufende psychoanalytische Behandlungsprozeß als eine Folge von Fokatherapien geführt und interpretiert und der aktuellen Lebenssituation des Patienten und der gegenwärtigen Beziehung zum Therapeuten mehr Gewicht gegeben gegenüber Retrospektive und Regression (Thomä u. Kächele 1985). Von vielen wird heute die übertragungsfreie Beziehung als Arbeitsbündnis, als „realistische Beziehung" oder Arbeitsbeziehung auch in Psychoanalysen aufgewertet. In den USA betonen Psychoanalytiker die Notwendigkeit supportiver Element (Wallerstein), Variationen des Zeremoniells und der Stundenfrequenz sowie einer nicht ausschließlich deutenden Aktivität des Analytikers.

Die klassische Analyse ist vor allem bei *neurotischen Strukturen indiziert*, die von der Persönlichkeit die introspektiven Voraussetzungen für dieses Verfahren bieten. „Man muß ein relativ gesunder Neurotiker sein, um von der klassischen psychoanalytischen Kur profitieren zu können" (Greenson). Wallerstein hat gezeigt, daß bei den klinischen Fällen des Menninger-Projektes, eine der wenigen psychoanalytischen Katamnesestudien, das klassische Setting bei beinahe allen Patienten nicht durchzuhalten ist und supportive Elemente eingeführt werden mußten. Das Verfahren hat in der Geschichte der Psychoanalyse, in der Forschung und heute noch in der psychoanalytischen Ausbildung Bedeutung, in der Krankenversorgung nur geringe. Nur 1–3% der Patienten unserer psychosomatischen Ambulanz in Heidelberg boten eine Indikation für dieses Verfahren.

Analytische und tiefenpsychologisch fundierte Gruppenpsychotherapie

Gruppenpsychotherapie wird ambulant (ein- bis zweimal wöchentlich zwei Stunden) oder stationär (3–5mal wöchentlich) entweder in geschlossenen Gruppen (die Teilnehmer sind von Anfang bis Ende die gleichen) oder in offenen Gruppen (es können Teilnehmer austreten und neue hinzukommen) durchgeführt. Die Teilnehmerzahl liegt mindestens bei 6 und nicht über 9 Patienten sowie dem Therapeuten, evtl. einem Kotherapeuten. Die Dauer stationärer Gruppen beträgt durchschnittlich 2–3 Monate (ideal ist danach eine ambulante Fortsetzung bei geschlossenen Gruppen), bei ambulanten Gruppen nicht unter einem bis zu drei Jahren. Fraktionierte Gruppentherapie ist eine Behandlung, bei der eine Gruppe in mehrwöchigen oder mehrmonatigen Abständen für einen Block von 3–6 Doppelstunden zusammenkommt. Die besondere Möglichkeit der Gruppenpsychotherapie ist die Bearbeitung von eigenen Fehlhaltungen und Fehlwahrnehmungen im Hier und Jetzt der Gruppe und im nahen Kontakt und gegenseitigen Austausch mit mehreren anderen Menschen. Die Gruppentherapie stellt so eine Art von *zwischenmenschlichem Training* und eine *positive Lernerfahrung* dar, bei geringem regressivem Aufforderungscharakter und Übertragungstendenzen im Laufe des Verfahrens. Die Gruppe bietet auch weniger Möglichkeiten, die eigene Vergangenheit zur Sprache zu bringen, um so bessere konkrete Beziehungsprobleme, Einengungen der Initiative und Emotionalität zu bearbeiten (Yalom). Therapeutisch effektiv bei neurotischen Störungen und abnormen Persönlichkeiten sind vor allem heterogene Gruppen, wo Frauen und Männer, ältere und jüngere Menschen, differenzierte und einfache teilnehmen und sich in dem Gruppenprozeß eine *Kohärenz* entwickelt, nach Yalom das entscheidende Agens des Gruppenprozesses. Eine positive Indikation ist bei *neurotischen* und *psychosomatischen Beschwerden* gegeben, gerade wenn zunächst *keine große Fähigkeit zur Introspektion* und *Verbalisation* und keine seelische Krankheitseinsicht besteht. Mit *homogenen Gruppen* bezeichnet man solche, bei denen die Teilnehmer alle die gleichen Probleme oder Krankheiten haben, sie sind speziell bei *Alkoholkranken* indiziert (Selbsthilfegruppen).

Verhaltenstherapie

Entschiedene Zielsetzung verhaltenstherapeutischer Verfahren ist es, durch die *Überwindung der Symptomatik* jeweils mit verschiedenen Methoden den Patienten *unmittelbare Erleichterung* zu verschaffen. Es ist allerdings häufig zu beobachten, daß dies dann auch zu *Veränderungen der Gesamtsituation und der Persönlichkeit* des Patienten führt. Anders als in der Psychoanalyse, wo versucht wird, über eine Veränderung der Persönlichkeit die Symptome einfach zurücktreten zu lassen, sie „überflüssig" zu machen, ist Symptomheilung hier eine unmittelbare Zielsetzung. Bei sich rapide veränderndem theoretischem Selbstverständnis hat sich die Verhaltenstherapie in den letzten 50 Jahren diese praxisorientierte Ausrichtung bewahrt, verbunden mit dem wissenschaftlichen Anspruch an sich selbst, die Behandlungsergebnisse mit den verschiedenen Verfahren ständig zu kontrollieren.

Die Verhaltenstherapie stützt sich *historisch* in ihren theoretischen Fundierungen auf die Arbeiten von Pawlow (klassisches Konditionieren), die lerntheoretischen Annahmen Skinners (operantes Konditionieren) und die Ansätze von Bandura (Lernen am Modell). In neuerer Zeit versucht man, sozialpsychologische und kognitive Gesetzmäßigkeiten stärker für die Verhaltenstherapie nutzbar zu machen. Es haben sich immer mehr kognitionspsychologische Modelle im Rahmen der *kognitiven Verhaltenstherapie* in den Vordergrund geschoben. Die *„Selbstregulationsverfahren"* und das *„Training sozialer Kompetenzen"* sind auch zahlenmäßig in den praktizierten Techniken gegenüber den früheren symptombezogenen Verfahren, den Desensibilisierungen etc. in den Vordergrund getreten (Linden). Während früher die Subjektivität seelischen Reagierens übergangen wurde, hat sie jetzt mehr Aufmerksamkeit gefunden, wenn menschliches Verhalten auch weiter entschieden umweltbestimmt fokussiert wird.

Die Verhaltenstherapie beginnt mit einer *Verhaltensanalyse,* die klären soll, wie die Beschwerden entstanden sind und aufrecht erhalten werden, zusammen heute häufig mit der Lerngeschichte der bestehenden Störungen. Dabei hat sich auch das Verständnis der Erkrankungssituation in Richtung der Persönlichkeit des Patienten, seiner Subjektivität, vertieft und erweitert, wobei erbgenetische Faktoren einbezogen werden. Die früher eher unterbewertete Subjektivität wurde über die *„Organismus-Variable"* (Schulte) eingeführt, körperliche Funktionen werden in Verbindung mit der Umwelt erfaßt. Es wird auch über die Persönlichkeit des Therapeuten, der früher als neutraler Experte erschien, reflektiert und der Beziehung zwischen Patient und Therapeut in der gegenwärtigen Situation und der Beziehungsgeschichte des Patienten mehr Aufmerksamkeit geschenkt.

Störungsbereiche wie Neurosen werden als *erlerntes Fehlverhalten* verstanden, sie werden nicht mit Hilfe psychodynamischer Konfliktkonstrukte interpretiert, sondern die funktionale Bedeutung in der Gegenwart wird herausgearbeitet. Es gilt, das Fehlverhalten durch neue Lernprozesse und durch eine veränderte Einstellung gegenüber der Umwelt zu korrigieren. Die detaillierte Verhaltensanalyse setzt somit an der gegenwärtigen Situation an, arbeitet die Bedingungen und Folgen der Verhaltensformen her-

aus (Antezedenzien, Konsequenzen) und legt in Absprache mit
dem Patienten die Behandlungsziele mit ihren einzelnen Schritten und ihrer Reihenfolge fest. Der therapeutische Prozeß wird in
seiner ganzen Dauer von sich ständig vertiefenden Verhaltensana-
lysen begleitet, die sich immer wieder an der funktionalen Bedeutung der Problembereiche orientieren (Kraiker).

Es gibt eine Vielzahl von therapeutischen Techniken, die sich
in *Beseitigungs-* und *Aneignungstechniken* aufteilen lassen (Berg-
old u. Selg). Zu ersterem rechnet u. a. die Extinktion, der Aufmerk-
samkeitsentzug, die systematische Desensibilisierung (z. B. bei
Phobien) und die Aversionstherapie (z. B. bei sexuellen Störungen). In den letzten Jahren sind in vivo Expositionen bei Phobien
und Zwangskranken intensiv erprobt worden. Zu den Aneignungstechniken rechnet z. B. assertives Training (Lernen sozialer
Kompetenzen) und das Nachahmungs- oder Imitationslernen
am Modell. Mit der kognitiven Wende in der Verhaltenstherapie
wurde den Wahrnehmungen und denkerischen Bewertungen
des Menschen Aufmerksamkeit geschenkt, eine Wende zum Subjekt richtete sich auf die unmittelbaren Wahrnehmungen, Vorstellungen, Gedanken und Erwartungen des Patienten. Auch im Hinblick auf diese Entwürfe des Denkens wurden Verfahren wie „Ge-
danken-Stopp" entwickelt, die sich aufdrängende, unerwünschte Gedanken unterdrücken und anderen Ausrichtungen in bedrängenden Situationen Aufmerksamkeit geben. Bemerkenswert ist, daß eine ganze Reihe von Verfahren zunächst mit dem
Therapeuten gelernt dann dem Betroffenen selbst in die Hand gegeben werden zur Übung und zum Training in eigener Verantwortung, zur Selbstbehandlung. Die „Hilfe zur Selbsthilfe"
durch intensive mündliche oder schriftliche Aufklärung über
Angstkrankheiten, Zwangskrankheiten, sexuelle Störungen, Depressionen etc. wird benutzt. Damit werden bei Einzelbehandlungen und auch im Gruppenverfahren den Patienten auch über die
Behandlungszeit hinaus Mittel zur Selbstbehandlung mitgegeben. Dazu gehören auch die Verbindung verhaltenstherapeutischer Verfahren mit Entspannungsübungen etwa des autogenen
Trainings. Problembereiche die in der Psychoanalyse retrospektiv und interpretierend angegangen werden, sind in der Verhaltenstherapie in bestimmten Verfahren , etwa dem *Selbstsicherheits-*
training unmittelbares Behandlungsziel, meist auch in Kombination noch mit anderen psychoedukativen Verfahren, die wieder
Verhaltensformen wie Alkoholismus, Drogenkonsum etc. unmittelbar angehen.

Die Behandlungen beginnen meist mit *genauer Aufklärung*
des Patienten über Art und Ursachen seiner Störung aus der Sicht des
Therapeuten. Es werden auch z. B. für Angstkranke Manuale aus-

gegeben, die über die möglichen Therapieformen, Medikamente etc. informieren und vor allem *Anleitung zur Selbsthilfe, eigenem Training* etc. geben.

Es ist deutlich, daß sich die Verhaltenstherapie in ihren Methoden an Erfordernissen orientiert, die sich an den Kranken selbst wenden und sich dabei außerordentlich differenziert hat. Und sie hat sich dabei nicht gescheut, Elemente gesprächstherapeutischer und psychoanalytischer Verfahren für sich und die Patienten zu nutzen.

Gesprächspsychotherapie

(Gesprächstherapie, Counseling)

Diese betont nichtdirektive oder klientzentrierte Verfahrensweise ist darauf gerichtet, durch eine bestimmte Gesprächstechnik eine bessere Entfaltung der Persönlichkeit zu erreichen. Die nichtdirektive Beratung von Carl Rogers, einem amerikanischen Psychologen, versteht sich als dynamisch denkend, d. h., der Mensch wird in einem Prozeß des *Werdens* , in einem Prozeß der *Selbstaktualisierung* verstanden, in dem sich der einzelne an die immer neue und sich verändernde Welt anzupassen hat.

Die aus den Büchern von Rogers hervorgegangene klientzentrierte Beratung legt wenig Wert auf die Beschreibung von Problembereichen, Krankheitsformen und deren Entstehung. Begriffe wie Krankheit und Patient werden überhaupt vermieden. Sie hat sich besonders um die Erhellung und systematische Entwicklung der notwendigen und hinreichenden Therapievariablen bemüht. Sie findet diese:

1. in einer Hilfestellung bei der *Verbalisierung* der vom Klienten geäußerten emotionalen Erlebnisinhalte (der Klient soll frei über seine Gefühle sprechen, der Berater fördert die Verbalisierung);
2. in einer positiven Wertschätzung und *emotionalen Wärme* (der Berater akzeptiert den Klienten vorbehaltlos);
3. in *Echtheit und Selbstkonkurrenz* im Verhalten des Beraters (der Berater ist er selbst, er setzt keine „professionelle Maske" auf).

Durch diese Bedingungen soll eine angstfreie und akzeptierende Situation geschaffen werden, in der der Klient die Freiheit findet, er selbst zu sein. Als Ergebnis dieser Gesprächstechniken werden genannt: größere emotionale Ruhe, Verminderung emotionaler Spannungen, größeres Vertrauen in die eigene Person, realistische Selbstwahrnehmung. Entscheidend ist dabei das Konzept, daß sich der Klient selbst befreit und eine natürliche Tendenz zur Selbstverwirklichung hat, die zu fördern und der Raum zu geben ist. In der Stunde werden vor allem die gerade erlebten, aktuellen Gefühlswerte beachtet. Ihr Element hat die ganz überwiegend von Psychologen, aber auch von Ärzten praktizierte klientzentrierte Gesprächstherapie in der Beratung von Menschen mit aktuellen Lebenskonflikten, sie findet aber auch bei psychiatrischen Patienten Anwendung (Pfeiffer, Bommert).

Familientherapie

Zielrichtung der Behandlung in der psychoanalytischen wie in der systemischen Familientherapie ist nicht allein die Symptomatik des Kranken selbst, diese wird vielmehr nur als Indikator eines umfassenderen gestörten Systems gesehen. Der neurotsiche oder psychosomatische Patient in seiner Konfliktfähigkeit erscheint u. U. noch als der Gesündeste.

In den letzten 50 Jahren hat Familientherapie große Verbreitung gefunden, wobei allerdings in den verschiedenen Richtungen, Ausbildungsgängen und Berufsgruppen unterschiedliche, sich schnell wandelnde Methoden entwickelt wurden. In den Behandlungstheorien sind *psychoanalytische, verhaltenstheoretische* und *kommunikationstheoretische Ansätze* nebeneinander aufgeführt. Psychoanalytiker, die zu den Pionieren zählten, arbeiteten auch hier aufdeckend an unbewußten Familienkonflikten und versuchten sie durch Deutungen einer Lösung zuzuführen. *Bindungs- und Loyalitätskonflikte* zwischen den Familienmitgliedern wurden herausgearbeitet oder pathogene *Delegationsprozesse* beschrieben, bei denen die Eltern eigene ungelebte Strebungen auf die Kinder verlagern (Stierlin). Die Kinder sollen das verwirklichen, was sie selbst nicht erreicht haben. Die verhaltenstherapeutisch ausgerichtete Familientherapie versucht, einen sozialen Lernprozeß aller Mitglieder in Gang zu bringen. In der an *Systemtheorien* sich anlehnenden Familientherapie (Ciompi) wird die Familie als ein Gleichgewichtssystem aufgefaßt, wobei bei Krankheiten eines Mitgliedes eine Entwicklungsstörung oder eine verdeckte Funktionshemmung des gesamten Systems angenommen wird. Die Therapie besteht hier darin, durch *gezielte Interventionen* die Funktionsweise dieses Systems zu verbessern und Selbstheilungskräfte zu aktivieren. Dies geschieht hier wenig durch Deutungen, sondern durch sogenannte *Verschreibungen*, in denen gezielt Eingriffe vorgenommen werden, die u. U. auch in *parado-*

xen Interventionen liegen können: der zu stark gebundenen Familie wird verschrieben, noch viel enger zusammenzuleben – in der Erwartung, daß es zu einer Krise und Verselbständigung aller kommt. Zum Setting der Familientherapie gehören mehrstündige Sitzungen, die im Vertrauen auf die Selbstheilungskräfte des Systems dann aber nur in großen Abständen stattfinden. – Die psychiatrischen Erkrankungen, vor allem Schizophrenien, waren in den USA und in Europa die ersten Indikationen (Ciompi), dann psychosomatiche Erkrankungen, Paarkonflikte und die verschiedensten Störungen.

Sonstige Therapieverfahren

(Suggestive und übende Verfahren, Hypnose, autogenes Training, stationäre Psychotherapie, Medikamentöse Hilfen)

Die *Hypnose* beruht auf einer charakteristischen Beziehung, die einerseits durch suggestive Einwirkungen des Arztes und andererseits entsprechende Erwartungen und Vorstellungen des Patienten bestimmt ist. Letztlich beruht der hypnotische Rapport auf einer Gefühlsbeziehung mit grenzenloser Erwartung auf Beeinflussung und Hilfe durch eine übermächtige fürsorgende Person oder Macht, sie stellt eine gezielte Regression dar. Im hypnotischen Zustand besteht ein Nebeneinander einer suggerierten Erlebnissituation mit gewünschten positiven Inhalten, wobei jedoch das Wirklichkeitsbewußtsein und eine Kontrollmöglichkeit durch den Hypnotisierten durchaus erhalten bleibt. Die Hypnose hat auf bestimmte, als begnadete Heiler auftretende Therapeuten und Abhängigkeit suchende Menschen, große Anziehungskraft, gegenwärtig nur noch geringe praktische Bedeutung. Eine Indikation bestand zuletzt eigentlich nur noch bei bestimmten funktionellen, eingeschliffenen Störungen wie *Bettnässen*, bei *Schwangerschaftserbrechen* von Frauen und bei *Kardiospasmus*. Sie lebt aber jetzt in der Therapierichtung von Milton Erikson wieder auf, einem charismatisch auftretenden, intuitiv vorgehenden und entsprechende Therapeuten anziehenden amerikanischen Pädagogen.

Das *autogene Training* ist eine von J. H. Schultz 1932 erstmals dargestellte und seither weit verbreitete Form der konzentrierten Selbstentspannung. In systematisch aufgebauten körperlichen Übungsstufen werden körperliche Ruhe, Schwere und Wärmeerlebnisse dem Patienten vermittelt. Nachdem sie mit einem erfahrenen Therapeuten allein oder in der Gruppe geübt wurde, können sie zu Hause mehrmals am Tag praktiziert werden. Nach etwa 2–3monatigen Übungen ist die letzte Stufe einer allgemeinen körperlichen und seelischen Entspannung erreicht, die auch zu einer geistigen Versenkung führen kann und mancherlei psychosomatische Nebenwirkungen hat. Indiziert ist das autogene Training vor allem bei *funktionellen Störungen*, besonders bei Kranken, die für eine aufdeckende Therapie nicht motiviert sind, vor allem bei *Arbeits- und Schlafstörungen*. Kontraindiziert ist das autogene Training bei hypochondrischen und phobischen Tendenzen, bei Psychosen und schweren Charakterneurosen. In den angelsächsischen Ländern ist die *progressive Relaxation* von Edmund Jacobson, einem amerikanischen Physiologen, verbreitet, die schrittweise die verschiedenen Körperregionen bewußt entspannt und vor allem bei Streßfolgen mit Körperbeschwerden, Schlafstörungen etc. indiziert ist.

Stationäre Psychotherapie

Im allgemeinen gilt die Empfehlung, Patienten, die psychotherapeutisch behandelt werden, möglichst in ihrer bisherigen familiären und beruflichen Situation zu belassen, um neben der Behandlung die Konfrontation mit der Realität und die Möglichkeit von neuen Lernerfahrungen zu erhalten. Auch verbindet sich mit der stationären Therapie die Befürchtung einer stärkeren Regression und Isolierung von der alltäglichen Welt. Es besteht aber eine *positive Indikation für stationäre Aufnahme* bei Patienten, die in einer ambulanten Behandlungssituation ihre körperlichen oder seelischen Beschwerden nicht mit einer Konfliktsituation verbinden können, die also *kein seelisches Krankheitsverständnis* haben. In einer Krankenabteilung, die als therapeutische Gemeinschaft geführt wird und Kontakt mit anderen Patienten bietet, die in der gleichen Situation sind, die durch Gruppentherapien und Einzelgespräche, Schwestern und Nachtwachen eine ständige Gesprächsmöglichkeit anbietet, ist der Einstieg in eine aufdeckende Psychotherapie für viele Patienten leichter. Der Schritt von den körperlichen Beschwerden zum seelischen Konflikt ist bei diesem Angebot an Verbalisierung und Introspektion und bei *Distanz von der eingefahrenen sozialen Rolle* in der Familie und im Beruf weniger schwer zu leisten. Nonverbale Therapiemethoden können dabei eine weitere Hilfe für den Einstieg in einen introspektiven Prozeß leisten, so Gestaltungstherapie und konzentrative Bewegungstherapie (H. Becker u. W. Senf). Außerdem bieten Patienten mit einer heftigen *akuten neurotischen Symptomatik*, etwa mit herzphobischer Angst oder mit depressiven Symptomen, und Kranke, die etwa wegen ihrer Symptomatik selbst eine *ambulante Therapie nicht aufsuchen können,* wie *agoraphobe* Patienten, eine Indikation für die stationäre Psychotherapie. Eine mehr äußere Veranlassung als eine Indikation ist die Gegebenheit, daß in der Nähe des Wohnortes des Patienten Psychotherapeuten u. U. nicht zur Verfügung stehen. Diese geographisch bedingte, *lokale Indikation* hat aber mitunter den Nachteil, daß eine stationäre Behandlung ohne nachfolgende ambulante Führung eine isolierte positive Erfahrung bleibt und keinen dauernden therapeutischen Effekt hat.

Medikamentöse Hilfen bei seelischen Störungen

Die modernen Psychopharmaka können bei den erlebnisreaktiven und schweren neurotischen Störungen eine große Entlastung und Hilfe bringen, wenn auch meist nur vorübergehend und nicht allein. Vor allem bei Angstzuständen, Zwangskranken, Verstimmungen und Schlafstörungen können sie indiziert sein, wenn auch darauf zu achten ist, daß das Erlebnisfeld, etwa bei alten Menschen, durch Sedierung nicht zu sehr eingeengt und die mögliche Aktivität blockiert wird. Die hochwirksamen modernen Psychopharmaka müssen *gezielt, nicht zu schnell und erst nach Klärung des Gesamtzustandes* eingesetzt werden. Sie dürfen einen möglichen psychotherapeutischen Prozeß nicht behindern, sollen ihn eher fördern. Die ungezielte Medikation ohne Beachtung der betroffenen Persönlichkeit kann nicht ganz selten zu Mißbrauch und Sucht führen. Um eine gute *Compliance,* d. h. Mitarbeit des Patienten, regelmäßige Einnahme etc. zu erreichen, ist es notwendig, zunächst die heute häufigen Bedenken bei vielen Patienten zu eruieren.

Die größte praktische Bedeutung haben heute die angstlösenden, beruhigenden und die Verstimmungen aufhellenden Psychopharmaka, also die Ataraktika bzw. Tranquilizer und die Antidepressiva. Weit im Vordergrund stehen noch die Benzodiazepinderivate. Bei depressiven Verstimmungszuständen können mehr die antriebsfördernden oder die Angst und Unruhe vermindernden Komponenten therapeutisch erwünscht sein und erfordern eine Differenzierung je nach dem vorliegenden depressiven Zustandsbild. Starke Erregungszustände mit überschießenden phantastischen und sensitiv-paranoiden Produktionen können Neuroleptika, d. h. Psychopharmaka mit vorwiegend ordnender Wirkung auf die psychischen Funktionen, notwendig machen, etwa Phenothiazinderivate oder Butyrophenonderivate. Die bei Dauermedikation in ihrer Gefahr erkannten Benzodiazepine und Barbiturate werden im ganzen seit 1981 von Praktikern weniger verordnet. An ihre Stelle sind in beinahe gleicher Höhe Neuroleptika, antidepressive und pflanzliche Medikamente getreten. Ob das als Zeichen einer differemzierenden Verordnung zu werten ist, bleibt offen (Linden 1993). Im speziellen Teil dieses Buches werden noch einzelne Medikamente und die übliche Dosierung genannt.

Alle modernen Psychopharmaka haben körperliche und seelische Nebenwirkungen, die zu zusätzlichen Beschwerden führen können, den Patienten verunsichern und u. U. veranlassen, das Medikament abzusetzen, was den therapeutischen Effekt gefährdet. Bei jeder Verordnung eines Medikamentes ist es notwendig, den Patienten über die Zielsetzungen und Grenzen aufzuklären und auch die möglichen Nebenwirkungen körperlicher und seelischer Art ankzukündigen. Der Patient soll dann auch die Möglichkeit haben, durch Veränderung der Dosierung im Einverständnis mit dem Arzt die Medikamentenwirkung zu optimieren und bei Nebenwirkungen selbst Abhilfe schaffen zu können.

Spontanprognose – Behandlungserfolge – Psychotherapieforschung

Neurosen neigen wie auch die psychosomatischen Störungen unbehandelt in einem wesentlichen Anteil zu Chronifizierung. Die Probanden bei den epidemiologischen Untersuchungen von Dilling (s. S. 48) mit einer schwereren neurotischen oder psychosomatischen Erkrankung hatten in etwa der Hälfte der Fälle eine *Krankheitsdauer* von *mehr als fünf Jahren,* Patienten, die in die Ambulanz der Psychosomatischen Klinik Heidelberg kamen, von 7 Jahren. Die hohe Prävalenzrate widerspricht der Auffassung des englischen Psychologen Eysenck, der meinte, eine sehr gute Spontanprognose neurotischer Störungen feststellen zu können. Seine provokatorische Feststellung von 1952 hat aber viele Untersuchungen angeregt, die ihn widerlegten, aber die Psychotherapieforschung auch in Gang brachten.

Richtungweisend wurde die jetzt klassisch gewordene Studie von Dührssen von 1962 zu den Behandlungsergebnissen am Zentralinstitut für psychogene Erkrankungen der AOK Berlin bei 1004 überwiegend schweren und chronifizierten neurotischen Patienten, von denen eine Stichprobe von 845 der erfolgreich behandelten Patienten nach 5 Jahren nachuntersucht werden konnte. Sie waren im Durchschnitt 100 Stunden behandelt worden. Es waren nicht nur 45% gut oder sehr gut gebessert, 38% genügend oder befriedigend gebessert, die Veränderung ließ sich auch an den wesentlich niedrigeren Krankenhaustagen gegenüber früher aufzeigen.

Zur Frage des Behandlungserfolges haben die Amerikaner Smith und Glass 475 Veröffentlichungen zu diesem Thema ausgewertet. Herangezogen wurden nur wissenschaftlich anspruchsvolle Untersuchungen, die mit Kontrollgruppen unbehandelter Neurosen (meist Eigen-Wartegruppen) oder mit Placebo-Kontrollgruppen gearbeitet hatten. Die Autoren kamen zu dem Ergebnis, daß die behandelten Neurosekranken in *75% der Fälle einen besseren Erfolg* zu verzeichnen hatten als die Kontrollgruppen unbehandelter Patienten. Das führt die Autoren zur summarischen Feststellung, Psychotherapie ist wirksam, „psychotherapy works".

So befriedigend diese Ergebnisse für die Psychotherapeuten in zahlenmäßiger und statistischer Hinsicht sein mögen, sie lassen viele Fragen und Forderungen der modernen Forschung unbefriedigt. Welches sind die mit welchen Methoden und von welchen Therapeuten erfolgreich zu Behandelnden und welche nicht? Die Entwicklung der Psychotherapieforschung geht dahin, die Ergebnisforschung mit Prozeßforschung zu verbinden, sie fragt nach der Differentialindikation für die verschiednen Verfahren und den jeweiligen *Wirkfaktoren* im Laufe der Behandlung, *nicht nur nach den Ergebnissen.*

In den letzten Jahrzehnten haben Verhaltenstherapeuten bei strengem wissenschaftlichem Anspruch an die eigene Arbeit eine große Zahl beispielhafter Evaluationen ihrer Arbeit bei Störungen meist mit umschriebenen und gut erfaßbaren Symptomen und Kontrollgruppen vorgelegt (s. S. 181, 200, 209). Psychoanalytiker haben demgegenüber wenig Therapieforschung betrieben. Viele sind in ihren Analysen weniger auf die Symptomatik und die gegenwärtige Lebenssituation, sondern auf bestimmte unbewußte Konflikte gerichtet, die in der Struktur und Persönlichkeitsthematik liegen und schwerer zu evaluieren sind. Demgegenüber wird jedoch vom Kliniker und Wissenschaftler heute bei Krankenbehandlungen eine *„Hierarchie der Ziele psychotherapeutischer Interventionen"* betont (Häfner). Es wird die Gefahr gesehen, daß Themen wie „Selbsterweiterung und Autonomie", „Beziehungsfähigkeit und Selbstfindung" etc. zum Mittelpunkt werden und Krankheit, Leiden und Behinderung im täglichen Leben ihre Priorität verlieren. Selbsterfahrung und Erweiterung der Persönlichkeit sind für den einzelnen Menschen durchaus erstrebenswerte Ziele. Sie dürfen sich nur in der Rangordnung der Psychotherapieziele nicht neben oder vor die Behandlung krankheitswertiger Symptome stellen und sind keine, die Krankenbehandlungen gleichzustellen sind.

Daß Symptombeseitigung bei Verhaltenstherapien nicht gleich Symptomverschiebung ist und Menschen, die durch eine solche Behandlung symptomfrei geworden sind, auch im psychosozialen Beziehungsbeeich eine Entwicklung durchlaufen, zeigen viele verhaltensherapeutische Katamnesen, die den psychosozialen Bereich bei ihren Nachuntersuchungen einbeziehen. So werden bei Phobien Symptomheilungen berichtet und positive Entwicklungen im beruflichen und persönlichen Feld (s. S. 200). Geht man nicht von ambulanten, sondern von stationär verhaltenstherapeutisch behandelten Angstkranken aus, so sind die Ergebnisse allerdings bei den Katamnesen ungünstiger (s. S. 188, 199). Es ist bei Therapievergleichen wichtig, die behandelte Gruppen genau zu erfassen und zu beschreiben.

Aufgabe eines Katamnesprojektes der Psychosomatischen Universitätsklinik Heidelberg war es, vor und nach einer Psychotherapie bei neurotischen und psychosomatischen Kranken die bestehenden Störungen mit den *symptomatischen Therapiezielen* neben den *Konfliktthemen der Persönlichkeit* zu erfassen. Aus 754 Patienten der psychosomatischen Patienten der Ambulanz wurden 208 konsekutiv in eines der an der Klinik praktizierten Behandlungsverfahren nach den gegebenen Indikationen aufgenommen: Psychoanalyse; tiefenpsychologisch fundierte Psychotherapie; stationär I (stationäre und ambulante Gruppentherapie); II (stationär und ambulant Gruppen- und Einzeltherapie); III stationär und ambulant Einzeltherapie. Die Nachbehandlungen erfolgten im Durchschnitt über 2 Jahre bei den gleichen Therapeuten in Einzelbehandlung oder in den gleichen geschlossenen Gruppen (Bräutigam et al. 1980). Die Therapiezuweisungen folgten den üblichen Indikationskriterien nach Wartezeiten von meist drei Monaten, soweit nicht akut eine bedrohlicher Zustand bestand. Die Stichprobe repräsentierte damit die Patienten, wie sie in der Alltagspraxis der Klinik gegeben waren. – Vor Behandlungsbeginn wurden neben psychologischen Testuntersuchungen aus den Angaben des Patienten beim Aufnahmegespräch *vier Katamnesefragen zur Zielsymptomatik und neurotischen Persönlichkeitsproblematik* des Patienten entworfen und in einem Team der Klinik formuliert (Kordy u. Scheibler 1984). Die ersten beiden Fragen zielten auf die Beschwerden und Symptomatik des Patienten, die letzten beiden auf die aktuellen und lebensbegleitenden Konflikt- und Persönlichkeitsthemen. Die Fragestellungen des Projektes betrafen nicht allein den Erfolg, sondern auch die Prädiktorensuche, d. h. welche Patienten mit welchen Störungen erfolgreich waren und welche nicht. In dem ausführlichen katamnestischen Interview wurde der Frage der Wirkfaktoren und der Hemmnisse nachgegangen. – Was die Behandlungsergebnisse betrifft, so zeigte sich nach Senf 1994 bei den 3,5 Jahren nach Behandlungsende erhobenen Katamnesen, die über 80% der Patienten erfassen konnten, die folgenden Besserungen (Tab. 4) Die aufgezeichneten Antworten auf die gestellten Katamnesefragen wurden durch ein von den Therapeuten unabhängigen Katamneseteam ausgewertet. Die individuellen Therapieziele waren bei im ganzen guten bis sehr guten Erfolgen zum Zeitpunkt der *Katamnese eher noch etwas besser* gegenüber dem Behandlungsende, wo neben Testuntersuchungen der Erfolg *von den Therapeuten geschätzt* worden war.

In den weiteren, hier nicht darzustellenden differentiellen Ergebnissen erreichten Persönlichkeitsstörungen und neurotische Patienten, die *keine erschwerenden Bedingungen* wie *Sucht, Suizidalität* oder *Ich-strukturelle Störungen* boten, etwas bessere Erfolge als psychosomatische, bei denen es sich um Kranke mit Anorexia nervosa, Asthma bronchiale, Colitis ulcerosa etc. handelte und als die funktionellen Störungen (Herzphobie, Migräne, Colica mucosa etc. [Tab. 5], Invariante Stichproben erfassen nur die Patienten, bei denen alle Daten zu erheben waren). Psychosomatische Patienten sind mit analytischer Einzel- und Gruppentherapie aber offenbar durchaus zu bessern, wenn psychoanalytische Methoden flexibel gehandhabt werden, was die Auffassungen von Grawe (1992) widerlegt, der psychoanalytische Verfahren hier als unwirksam bezeichnete (s. dazu A.E. Meyer 1994). Bemerkenswert ist im Vergleich psychoanalytischer, verhaltenstherapeutischer und gesprächstherapeutischer Katamnesestudien, daß die *klinische Relevanz* bei den psychoanalytischen Therapiestudien und den hier behandelten Patienten größer zu sein

Tabelle **4** Behandlungsergebnisse in der Zielsymptomatik nach Katamnesefragen im Katamneseprojekt Heidelberg nach Senf 1994

	Individuelle Therapieziele	
	t2 → t3 N = 126	t2 → t4 N = 126
Erfolg	%	%
Sehr guter Erfolg	6,3	24,6
Guter Erfolg	50,8	41,3
Leichter Erfolg	31,7	23,0
Kein Erfolg	11,1	7,1
Verschlechterung	0,0	4,0

t2 → t3 zwischen Behandlungsbeginn und Behandlungsende
t2 → t4 Behandlungsbeginn bis Katamnese durchschnittlich 3,5 Jahre später

Tabelle **5** Behandlungsergebnisse bei verschiedenen Symptomgruppen (nach Senf 1994)

	Individuelle Therapieziele							
	PSM		FKS		PS/PSN m.EB		PS/PSN o.EB	
	t2 → t3 N = 26	t2 → t4 N = 26	t2 → t3 N = 19	t2 → t4 N = 19	t2 → t3 N = 20	t2 → t4 N = 20	t2 → t3 N = 50	t2 → t4 N = 50
Erfolg	%	%	%	%	%	%	%	%
Sehr guter Erfolg	7,7	23,1	10,5	26,3	5,0	15,0	2,0	28,0
Guter Erfolg	38,5	42,3	52,6	31,6	50,0	40,0	58,0	46,0
Leichter Erfolg	38,5	23,1	26,3	31,6	25,0	25,0	34,0	20,0
Kein Erfolg	15,4	7,7	10,5	10,5	20,0	5,0	6,0	4,0
Verschlechterung	0,0	3,8	0,0	0,0	0,0	15,0	0,0	2,0

PSM = psychosomatische Patienten; FKS = funktionelle Körperstörungen, PS/PSN = Persönlichkeitsstörungen und Psychoneurosen, m.EB = mit erschwerten Bedingungen, o.EB = ohne erschwerte Bedingungen scheint als bei den gesprächspsychotherapeutischen und auch bei den verhaltenstherapeutischen. Andererseits waren häufig die methodischen Anforderungen bezüglich Kontrollgruppen nicht zu erfüllen (A.E. Meyer et al. 1991). Ideal ist es, wenn man eine Gruppe von klinischer Relevanz behandelt und diese mit einer unbehandelten Gruppe mit der gleichen Störung aus der Bevölkerung vergleicht (s. S. 185, 189, Wittchen u. v. Zerssen 1988).

Es kommt im ganzen nicht allein darauf an, Patienten mit bestimmten Symptomen ohne weiteres bestimmten geeigneten Therapieverfahren zuzuweisen, sondern die sehr unterschiedlichen neurotischen Krankenpopulationen im Hinblick auf die individuellen Möglichkeiten zu sehen und die jeweiligen Behandlungsformen differenziert, flexibel und vor allem *genügend lange* einzusetzen. Die Zuweisung zu stationärer und dann ambulanter Gruppentherapie in geschlossenen analytischen Gruppen brachte gerade bei unseren wenig introspektionsfähigen und einfachen Patienten mit chronizierter und schwerer Symptomatik erstaunlich gute Besserungen, die weit über die Behandlungszeit nachwirkten (s. Tab. 4 u. 5). Auch bei den Modell-III-Patienten (durchweg Anorexia-nervosa-Patientinnen in symptomzentrierter Einzeltherapie) ergaben sich katamnestisch noch nach Behandlungsende weitere Besserungen. – Im übrigen zeigt sich gerade bei der Vorauslese, die psychiatrische und wohl auch psychosomatische Klinikpatienten bieten, daß sie in der Schwere der Symptomatik meist eine ambulant erfolglos vorbehandelte, negativ belastete Auswahl darstellt, deren Behandlungsergebnisse nicht ohne weiteres mit denen ambulanter Stichproben zu vergleichen sind (s. unten S. 188, 199).

Die Frage der *Wirkfaktoren* ist noch umstritten, wenn sich auch die *„positive Beziehung"* zwischen Patienten und Therapeuten als gewichtigste abzeichnet. In der Gesprächstherapie ist sie nicht nur das Haupt-, sondern beinahe das einzige Thema. In der Verhaltenstherapie war sie zunächst wenig reflektiert, aber in der entschieden ermutigenden und optimistisch auf Symptomüberwindung drängenden Haltung des wissenschaftlich sachlichen Experten eingeschlossen. In der Psychoanalyse trat diese Beziehung zunächst gegenüber Regression mit Wiedererleben kindlicher Erfahrungen, Wiederholung in der Übertragung und deren Deutung zurück. Autoren wie Paula Heimann, Greenson und Wallerstein haben das Gewicht der übertragungsfreien, realistischen, supportiven etc. Beziehung als Wirkfaktor immer hervorgehoben. Im Heidelberger Katamneseprojekt konnten rückblickend 182 Patienten zu ihren Erfahrungen in der Behandlung, befragt werden, wobei die Fragen die Faktoren Regression, Deutung bzw. neue Einsichten und die Beziehung zm Therapeuten anvisierten. Die Bewertungen dieser Faktoren wurde dann mit den erzielten Erfolgen oder Mißerfolgen in Beziehung gesetzt, wobei sich eine deutliche Verbindung von sehr gutem Erfolg mit der positiven Beziehungserfahrung ergab, auch „neue Einsichten" waren bei erfolgreichen Behandlungen positiv bewertet, während sich zwischen Regression und Therapieerfolgen keine Verbindung zeigte (Bräutigam, Senf, Kordy 1990).

Ausbildung, Weiterbildung, Fortbildung

Diagnose und Therapie von Reaktionen, Neurosen und abnormen Persönlichkeiten erfordern Kenntnisse der Krankheitslehre und der psychotherapeutischen Verfahren, dabei auch theoretisches Wissen, vor allem aber den Erwerb praktischer Fähigkeiten. Die Vorstellung, daß gesunder Menschenverstand und Mut zu handfesten Ratschlägen aus eigener Lebenserfahrung oder Güte und Zuhören ausreichend seien, ist eine für die Kranken u. U. gefährliche Illusion.

Seit 1970 vermittelt die ärztliche *Ausbildung* in der Bundesrepublik Medizinstudenten laut Approbationsordnung Grundkenntnisse und gewisse Fertigkeiten im Rahmen der vorklinischen Fächer *Medizinische Psychologie* und der *klinischen Fächer Psychosomatische Medizin und Psychotherapie.* An den Universitäten, wo diese Fächer gut ausgestattet vertreten sind, kann bei der großen Zahl von Studenten meist nur theoretisches Basiswissen im Rahmen der Vorlesungen und im Praktikum für Psychosomatische Medizin und Psychotherapie eine Wahrnehmungsschulung und erste Interaktionserfahrung vermittelt werden. – An einigen Universitäten werden Anamnesegruppen und patientenzentrierte Gesprächsgruppen für Studenten im Internatsjahr angeboten. In Heidelberg konnten Studenten nach dem Praktikum für ein Jahr Patienten in tiefenpsychologisch fundierter Psychotherapie mit Unterstützung einer Supervisionsgruppe übernehmen (Bräutigam, Knauss, Wolff 1983). Psychologen in der Ausbildung können zwar schon im Studium einen klinischen Schwerpunkt belegen, in den Ferien auch praktizieren, haben aber abgesehen von diesen Praktika wenig Zugang zu Patienten.

Die *psychotherapeutische Weiterbildung* approbierter Ärzte kann nach abgeschlossenem Grundstudium der Medizin auf verschiedenem Niveau erfolgen. Die Bezirksärztekammern verleihen Zusatzbezeichnungen und Facharzttitel. Psychologen können sich zum klinischen Psychologen weiterbilden.

Zusatzbezeichnung Psychotherapie

Es werden nach Staatsexamen mindestens mehrere Jahre ärztlicher Praxis gefordert, dann zwei Jahre psychotherapeutischer Weiterbildung und ein Jahr Psychiatrie sowie bestimmte Inhalte: mindestens 300 Stunden theoretische Weiterbildung in Entwicklungspsychologie und Persönlichkeitslehre, allgemeiner und spezieller Neurosenlehre, Psychosomatischer Medizin usw. sowie Selbsterfahrung durch Selbsterfahrungsgruppe oder Ausbildungsanalyse, Teilnahme an einer Balint-Gruppe sowie die Übernahme von drei tiefenpsychologischen Einzelbehandlungen von mindestens 40 Stunden unter Supervision.

Zusatzbezeichnung Psychoanalyse

Gefordert werden ein Jahr Psychiatrie, mindestens 2½ Jahre Weiterbildung in Psychotherapie und theoretische Weiterbildung von mindestens 600 Stunden mit Kenntnissen u. a. in psychoanalytischer Entwicklungs- und Persönlichkeitstheorie und in allgemeiner und spezieller psychoanalytischer Krankheitslehre. Eine Selbsterfahrung von mindestens 250 Stunden und 400 psychoanalytische Behandlungsstunden unter Supervision sind vorgeschrieben.

Diese Weiterbildungen werden im Rahmen von 30 Weiterbildungsinstituten, der „Deutschen Gesellschaft für Psychoanalyse, Psychosomatik und Tiefenpsychologie e.V." vermittelt, sowie 20 weiteren der psychoanalytischen Fachgesellschaften. Im Rahmen dieser Gesellschaften kann für Ärzte und auch für Psychologen, die auf die klassische Psychoanalyse ausgerichtete Weiterbildung berufsbegleitend als Abendausbildung vermittelt werden, die dann erfahrungsgemäß jetzt über 5–10 Jahre geht, Lehranalysen über 500–1000 Stunden umfaßt etc. Ein Teil der Weiterbildungsinstitute wird von psychoanalytischen Fachgesellschaften, der Deutschen Psychoanalytischen Gesellschaft (DPG) und der Deutschen Psychoanalytischen Vereinigung (DPV) betrieben.

Neben dieser Weiterbildung in Einzeltherapie gibt es Institute, die fakultativ noch für tiefenpsychologische und psychoanalytische Gruppentherapie weiterbilden.

Die *Fortbildung in Psychotherapie* ist *für Ärzte* in den notwendigen theoretischen Kenntnissen wie vor allem in den praktischen Voraussetzungen nicht allein durch Literaturstudium oder Besuch von vereinzelten Fortbildungsveranstaltungen zu vermitteln. Erfahrungsgemäß kann sie nur berufsbegleitend vermittelt werden. Dies geschieht vor allem durch „Seminare für Allgemein-praktiker", wie sie Michael Balint 1950 in London ins Leben gerufen hat und die seither unter dem Namen *Balint-Gruppen* eine weite Verbreitung gefunden haben. Diese Balint-Gruppen sind auf die Wahrnehmung und Reflexion der Arzt-Patient-Beziehung und die psychotherapeutische Gesprächsführung ausgerichtet. 4–8 niedergelassene Ärzte und ein psychoanalytisch geschulter Arzt kommen über mehrere Jahre einmal die Woche für zwei Stunden zusammen, um anhand der vorgetragenen konkreten Fallbeispiele die subjektiven Beobachtungen, positiven und negativen Erfahrungen und die Schwierigkeiten mit bestimmten Patienten auszutauschen (s. dazu M. Balint 1965, W. Bräutigam, W. Knauss, H. Wolff 1983, S. 118ff).

Verhaltenstherapeutische Weiterbildung

Eine der verschiedenen gegenwärtig praktizierten Spezialisierungen in Verhaltenstherapie erfolgt nach dem abgeschlossenen Medizin- oder Psychologiestudium mit der anschließenden Weiterbildung zum *Fachpsychologen in der Medizin.* Unter anderem werden eine einjährige klinische Tätigkeit in einer psychiatrischen Klinik sowie ein theoretischer und praktischer Weiterbildungsgang über 5 Jahre mit Supervision, Selbsterfahrung, eigenen selbständig durchgeführten verhaltenstherapeutischen Behandlungen im Rahmen eines der Ausbildungsinstitute gefordert. Von den verschiedenen Richtungen werden daneben noch spezielle Weiterbildungsgänge vermittelt.

Fachärzte für Psychotherapeutische Medizin und für Psychiatrie und Psychotherapie

Der Ärztetag 1992 hat einen Facharzt für Psychotherapeutische Medizin geschaffen, der neben einem neuen Facharzt für Psychiatrie und Psychotherapie eine breitere psychotherapeutische Versorgung der Bevölkerung sichern soll. Nach den gegenwärtigen Entwürfen sind für den Facharzt für Psychotherapeutische Medizin neben theoretischen Grundkenntnissen entweder in *psychoanalytischen Verfahren oder Verhaltenstherapie 3 Jahre klinische Weiterbildung in psychotherapeutischer Medizin, ein Jahr in Psychiatrie und ein Jahr in Innerer Medizin* gefordert. Für die spezielle psychotherapeutische Weiterbildung werden etwa die Maßstäbe für die Zusatzbezeichnung Psychotherapie erwartet, in Verhaltenstherapie die gegenwärtig entsprechenden wie beim Fachpsychologen mit mehrjährigen theoretischen und praktischen Kenntnisse und Erfahrungen, u. a. auch Selbsterfahrung in psychoanalytischer Psychotherapie oder Verhaltenstherapie.

Für den Facharzt für Psychiatrie und Psychotherapie ist eine Weiterbildungszeit von 5 Jahren, davon 4 Jahre in klinischer Arbeit in der Psychiatrie und Psychotherapie, vorgesehen, dabei psychotherapeutsche Kennnisse und Erfahrungen, die etwa dem Zusatztitel Psychotherapie oder dem Fachpsychologen für Verhaltenstherapie entsprechen.

Spezielle Krankheitslehre

*Unsere gegenwärtige Systematik trägt die Narben
ihrer historischen Emtwicklung*   *Ludolf Krehl*

Grundlagen der Systematik psychischer Krankheiten

Zum Fortschritt der ärztlichen Heilkunde gehört es, daß *bestimmte Krankheitsformen* als Gegenstand ärztlicher Maßnahmen herausgearbeitet werden. Die Lungenentzündung, das Magengeschwür, das Ekzem ist jeweils durch bestimmte Merkmale, „Symptome", die auch von anderen Beobachtern festzustellen sind, durch ihre Ursachen, Erfahrungen über ihren Verlauf und mit den Therapieverfahren charakterisiert. Diese Krankheitsbilder werden zunächst als *idealtypische Einheiten* beschrieben, ohne daß der einzelne konkrete Fall in allem diesem idealtypischen Bild entsprechen muß. Innerhalb jedes Krankheitstyps gibt es wieder eine Vielfalt von Untergruppen, die nach formulierten Kriterien, heute z. B. faktorenanalytisch, differenziert und *„taxonomisch"* abgegrenzt werden. Man könnte fürchten, das Besondere des einzelnen Menschen werde vernachlässigt, und auch Psychoanalytiker, für die nach S. Freud gilt, daß das Aktuelle und Manifeste gegenüber dem Früheren und Unbewußten zurückzutreten habe und für die das Sichtbare nur die unbewußten Determinanten verbirgt, sind an Diagnose und Nosologie oft wenig interessiert. Nun muß jede Kommunikation mit dem Patienten und jede Behandlung von den konkreten Beschwerden, Symptomen und dem Text der Mitteilungen des Patienten ausgehen und darf es auch als Behandlungsziel nicht aus den Augen verlieren. In jeder ärztlichen Diagnostik liegt es, im ersten diagnostischen Schritt das überindividuell Typische eines Krankheitsbildes festzuhalten. Im Verlauf körperlicher Krankheitsbilder gibt es dann jeweils sehr unterschiedliche *Gangarten,* und es ist noch in einem weiteren Schritt zu fragen, wie dieser Mensch ist, der diese Symptomatik und Neuroseform hat, und wie seine Geschichte.

Eine unter klinischen Bedingungen gewonnene Krankheitssystematik, die idealiter Symptomatik, Ursachen, Verlauf und Behandlung verbindet, ist auch für Reaktionen, Neurosen und abnorme Persönlichkeiten nützlich. Wie die Psychosen und die anderen psychiatrischen Krankheiten treten sie relativ konstant in verschiedensten Gesellschaften und Kulturen auf, sie sind offenbar eher mit der körperlichen Grundausstattung des Menschen verbunden als mit gesellschaftlichen Etikettierungen. Die Herausarbeitung eines Krankheitstypus hat nicht nur didaktische Bedeutung. Die Ärzte, die an verschiedenen Orten und in unterschiedlichen Schulen arbeiten, und auch aus anderen Disziplinen kommende können sich untereinander im Rahmen dieser Systematik verständigen und Erfahrungen vergleichen. Und das bedeutet, daß auch der Fortschritt der Therapie eng mit einer solchen Krankheitssystematik verbunden ist. Allerdings bringen das Seelische als faßbare Symptomatik und die Lebensentwicklung als Manifestation oder Ursache Schwierigkeiten mit sich, die sich gerade bei den Neurosen zeigen.

Sich von der früheren psychoanalytisch inspirierten Psychiatrie und deren ätiologischen Konstrukten absetzend, hat in den USA eine neue psychiatrische Generation Krankheitslehren entwickelt, in welcher der Neurosebegriff nicht mehr auftaucht bzw. nur noch in Klammern steht, so im DSM III R von 1989. Dort wird z. B. die Diagnose Borderline-Persönlichkeitstörung gestellt, wenn 4 von 13 aufgeführten Kriterien zutreffen, wobei keine Gewichtungen und Zusammenhänge mehr verfolgt werden. Diagnosen werden nach der Zahl bestimmter *Kriterien,* d. h. möglichst genau beschriebener Erscheinungen, gestellt, nicht nach einem Gesamtbild und einem Zusammenhang der Erscheinungen. Es ist ein Vorgehen, das für bestimmte wissenschaftliche Aufgaben, z. B. internationale epidemiologische Untersuchungen oder Wirkungsvergleiche von Medikamenten etc., sehr nützlich sein kann. In den neuen Registern liegt für die Psychoanalyse im ganzen die Herausforderung, selbst mehr deskriptive nosologische Arbeit an den Symptomen, den Verläufen und in der Urachenforschung zu leisten. Für die *verstehende diagnostische und therapeutische Annäherung* an den einzelnen Patienten bleibt aber die *Phänomenologie der Erscheinungen und ihres inneren und geschichtlichen Zusammenhangs* sicher weiterhin die unmittelbare und unverzichtbare Annäherung. Wir werden hier auch diesen Weg bei den einzelnen Krankheitsformen beibehalten, daneben aber Hinweise auf die *neuesten Diagnoseregister* ICD 10 und DSM III R geben.

Die deutsche Psychiatrie ordnet traditionsgemäß psychische Störungen in ihrer klinischen Systematik in folgende Gruppen:

1. *Hirnorganische Krankheiten:* Akute oder chronische Schädigungen des Zentralnervensystems führen zu einer psychischen Symptomatik, die vor allem durch *Bewußtseinsstörungen* (Bewußtseinstrübung, Bewußtlosigkeit, Störungen der zeitlichen

und örtlichen Orientierung) und durch Einschränkung der intellektuellen Leistung (*Gedächtnis*, Merkfähigkeit, Konzentrationsfähigkeit) auffallen.

2. *Endogene Psychosen* wie *Schizophrenie* und Psychosen vom depressiven und manischen Typ *(Zyklothymie)* sind prozeßhaft oder phasisch verlaufende Krankheiten. Hier gibt es eine zunehmend große Zahl von einzelnen körperlichen Befunden, die es erlauben, von einer indirekten Somatopathogenese zu sprechen, sie damit von den obigen organischen Psychosen abzugrenzen (Mundt 1992). Psychopathologisch bedeutet Psychose dann, daß bestimmte strukturelle und dynamische Abwandlungen (Janzarik 1988) auftreten. Sie treten in einer Störung in Bezug zur Wirklichkeit oder in einer veränderten Grundstimmung bzw. Störung des Antriebs in Erscheinung.

3. *Reaktionen, Neurosen* und *abnorme Persönlichkeiten* sind die Störungen, bei denen eine Verstehbarkeit der Symptomatik und ihres Auftretens vor dem Hintergrund der Persönlichkeit und ihrer inneren Situation und Geschichte gegeben ist.

In dieser dritten Gruppe, wo beim Fehlen körperlicher Ursachen verstehenspsychologische Ansätze ganz im Vordergrund stehen, ist eine *psychologische Ordnung*, die den Menschen im Zusammenhang mit seiner Umwelt beschreibt, unausweichlich. Wir haben oben unter den Grundlagen und Ursachenfragen Hinweise auf die Wandlungen und verschiedenen Auffassungen gegeben. Von einem Wissen und Konsens, der einen sicheren und umfassenden theoretischen Rahmen für die hier beschriebenen Varianten abgibt, sind wir noch weit entfernt. Es bleibt als Leitfaden so nur, die Symptomatik mit Auftreten und Verlauf, die Persönlichkeit mit ihrer Geschichte und ihrem Hintergrund seelischen Erlebens für eine nosologische Ordnung zu nutzen, wie sie uns historisch gewachsen heute möglich ist. So unterscheiden wir

Reaktionen, Neurosen (Symptomneurosen und neurotischen Strukturen), abnorme Persönlichkeiten.

Die Symptomatik der *Reaktionen* steht in einem im allgemeinen unmittelbar verstehbaren Zusammenhang mit der Lebensgeschichte (Trauer auf Verlust eines nahestehenden Menschen, Angst auf Bedrohung usw.). Die Konfliktreaktion ist als Antwort bezogen auf von außen herantretende Belastungen, die subjektiv einen Konflikt mit sich bringen. Der Konflikt kann schon zwischen dem Bedürfnis des Menschen nach Sicherheit und dazu gegensätzlichen Anforderungen und Überforderungen durch die Umwelt liegen. Im lebensgeschichtlichen Verlauf bleiben sie vorübergehende Ereignisse, die keine bestimmenden oder bleibenden Veränderungen hinterlassen. Bis zur Konfliktreaktion kann sich die Persönlichkeit ganz ausgeglichen und unauffällig dargestellt haben, wenn auch oft retrospektiv bei näherer Betrachtung eine Labilität sichtbar wird.

Neurosen sind im Erscheinungsbild als Struktur durch Verstimmbarkeit, Hemmung, Selbstunsicherheit und / oder Symptome wie Angst, Zwang, hysterische Erscheinungen usw. charakterisiert. Die neurotischen Symptome können unter spezifischen Belastungen (Versuchungs-, Versagungssituationen) und im Rahmen der wachsenden Lebensanforderung (z. B. Ablösung aus

Tabelle **6**   Differentialtypologie der erlebnisverarbeitenden seelischen Krankheitsformen

	Reaktionen	Neurosen	Abnorme Persönlichkeiten
1. Symptomatik:	Abnorme Erlebnis- und Verhaltensweisen (Depression, Erschöpfung, Selbstmordversuch usw.) treten	Symptome wie Angst, Zwang, depressive Verstimmung usw. und/oder Hemmungen, Verstimmbarkeit, Selbstunsicherheit von Krankheitswert	Durch starres Handelnmüssen und eingeengtes Erleben charakterisiertes, gesellschaftlich unangepaßtes Verhalten
2. Auslösung:	als Antwort auf äußere Belastungen und Konflikte auf,	werden durch bestimmte Anforderungen in der Entwicklung ausgelöst (Schlüsselerlebnisse)	auf geringe äußere Anlässe anspringend oder schleichend unter den Anforderungen des normalen Lebens einsetzend
3. Verlauf:	klingen mit Verarbeitung der Belastungen und der Konflikte bald ab	kündigen sich bereits in der Kindheit mit Primordialsymptomen an, manifestieren sich zwischen dem 15. und 40. Lebenjahr, neigen zur Chronifizierung	bei überwiegend eigenweltlich bestimmter und umweltstabiler Entwicklung in der zweiten Lebenshälfte und chronifizierend hervortretend
4. Ausgangspersönlichkeit:	bei bis dahin meist unauffälligen, ausgeglichenen Persönlichkeiten	bei überwiegend introvertierten Persönlichkeiten, die an eine innere Konfliktproblematik fixiert sind	bei extravertierten, primär abnormen Persönlichkeiten, die agierend ihr Konfliktfeld in die äußere Umwelt projizieren oder unter sich selbst leiden

dem Elternhaus, Alleinleben, Partnerkonflikte) auftreten. Sie sind im Verlauf überwiegend chronisch, treten in der Kindheit oft schon mit neurotischen Vorboten (Primordialsymptomatik) in Erscheinung, mildern sich aber meist im Alter. Neurotische Entwicklungen entstehen bei einer erblichen Disposition in lebensgeschichtlicher Strukturierung und Fixierung auf eine innere Konflikthaftigkeit bei introvertierter Einstellung.

Abnorme Persönlichkeitsentwicklungen treten durch Anpassungsschwierigkeiten an die gesellschaftliche Umwelt bei starrem Agieren und eingeengtem Erleben in Erscheinung. Es bedarf nur kleiner äußerer Anlässe, um diese Verhaltensweisen anspringen zu lassen. Sie zeigen eine starke Beharrungstendenz bei überwiegend eigenweltlich bestimmter und umweltstabiler Entwicklung. Sie treten bei extravertierten Persönlichkeiten auf, die ihre Schwierigkeiten an der realen Umwelt konstellieren.

Faßt man diese Gesichtspunkte zusammen, so kommt man zu einer Differentialtypologie der entwicklungsbedingten Störungen (s. Übersicht Tab. 6).

Häufigkeit der Krankheitsbilder in Praxis und Klinik

Reaktionen sind am häufigsten in der nervenärztlichen (und in der allgemeinärztlichen) Praxis zu finden, nur vereinzelt führen sie zur Aufnahme als Krisenintervention in einer Psychiatrischen, Internistischen oder Neurologischen Klinik. Eine Ausnahme machen Suizidversuche, die in großer Zahl in Medizinischen Kliniken und auf Intensivstationen zur Aufnahme kommen. Sie wurden bei 10,3% der Patienten in der Ambulanz der Psychiatrischen Klinik Heidelberg festgestellt, in 10,5% weiteren Fällen als Zweitdiagnose. Manche Psychiater stellen die Diagnose Reaktion in 20 bis 30% ihrer Krankheitsfälle, wobei depressive Reaktionen am häufigsten genannt werden.

Die Verbreitung neurotischer Erkrankungen in der Allgemeinbevölkerung, in der allgemeinärztlichen und in der psychiatrischen Fachpraxis wurde bereits behandelt (s. S. 47). Die *Diagnose Neurose* wird je nach schulischer Perspektive unterschiedlich häufig gestellt. Neurotische Entwicklungen tauchen heute vor allem in Psychosomatischen Kliniken und Neuroseambulanzen als Diagnose auf, sie finden sich in Psychiatrischen Krankenhäusern noch in einer Häufigkeit von 5– 10%. Angstneurosen, Herzphobien und hysterische Symptombildungen sind in den psychosomatischen Einrichtungen als Diagnose am häufigsten anzutreffen.

Die Diagnose *„abnorme Persönlichkeitsentwicklung"* war in der Ambulanz der Psychosomatischen Klinik Heidelberg bei 3,1% der Patienten zu finden. Sie wird aber auch in der psychiatrischen Fachpraxis nicht selten gestellt. Sie macht dort 4–9% der Diagnosen aus, wobei aber jeweils Borderline sowie Alkoholismus und Sucht gewöhnlich noch abgetrennt werden. Am häufigsten wurde „asthenische Persönlichkeitsstörung" als Diagnose genannt.

Reaktionen

Allgemeines zu den Reaktionen

Begrifflich herausgearbeitet und beschrieben wurden die Reaktionen vor allem von der deutschen Psychiatrie. Weitere Bezeichnungen sind hier pychogene Reaktionen, abnorme Erlebnisreaktionen. In anderen Ländern wurde ihnen kaum Aufmerksamkeit geschenkt: in England und in den USA wurden sie von den Neurosen gewöhnlich nicht getrennt, tauchen jetzt unter den Anpassungsstörungen auf. In Frankreich erscheinen sie als akute neurotische Reaktion (Henri Ey: Réactions nevrotiques aigues), faktisch wird dort nur die akute Angstreaktion beschrieben.

In Deutschland hatte Karl Jaspers die (normale und pathologische) *Reaktion auf ein Erlebnis* und die (psychologisch einfühlbare) *Entwicklung* von dem (krankhaften, psychotischen) *Prozeß*, der *Phase* und dem *Schub* abgegrenzt. Bei den Reaktionen ist gefordert, daß ihr Inhalt in verständlichem Zusammenhang mit dem Erlebnis steht, sie nicht ohne das Erlebnis aufgetreten wären und daß sie in ihrem Verlauf von dem Erlebnis und seinen Zusammenhängen abhängig bleiben. Als *abnorme Erlebnisreaktionen* hat sie Kurt Schneider schließlich noch präziser gefaßt.

Von psychiatrischer Seite wurde *gegen den Reaktionsbegriff* eingewendet, es liege seinem Gebrauch ein mechanistisches Konzept zugrunde, bei dem das Personale und die Freiheit des Menschen geleugnet werde, was überhaupt die Wertkrise der modernen Medizin ausmache. Es wird u. a. auf die Begriffe abreagieren und Reaktionsbildung bei Freud hingewiesen (Degkwitz 1986). Demgegenüber wird von anderen psychiatrischer Seite auf die Einführung des somato-psycho-somatischen Denkens und die „Einführung des Subjektes" durch v. Weizsäcker hingewiesen (Haddenbrock), die das körperliche wie seelische reagieren bestimmen. Eine solche Kontroverse und Reflexion des Reaktionsbegriffes hilft genauer zu verstehen, worum es hier bei den „Reaktionen" und bei ihrer Psychotherapie geht: Sicher ist Reagieren nicht als eine mechanische Gegenkraft eines Puffers gegen aufprallende Wagen zu sehen. Reaktion ist hier die *Antwort* eines Lebewesen in einer bestimmten *affektiven und kognitiven Ausgangsla-*

ge sowie einer bestimmten *strukturellen Ausrichtung* in einer kritischen Lebenssituation. Der moderne Begriff *Vulnerabilität* umfaßt etwa diese leibseelische Ausrichtung als besondere Ansprechbarkeit gegenüber bestimmten Umweltbedingungen. Sicher gibt es breite und fließende Übergänge zwischen normal zu nennenden Weisen des Erlebens und Reagierens und pathologisch zu wertenden und den neurotischen Entwicklungen. Das wird bei den neurotischen Strukturen deutlich werden (s. S. 220). Und es ist wichtig, nicht jede Angst oder Traurigkeit nach einer ersten Liebesenttäuschung als krankhaft zu werten. – *Der Appell an Freiheit und Verantwortung* wird dem Menschen mit einer Trauerreaktion oder nach einem Suizidversuch nicht gerecht, sondern wohl nur der Versuch, ihm Freiheit durch neue Perspektiven auf seine weitere Lebensstrecke zu schaffen. Das geschieht psychotherapeutisch durch Umstimmung und Öffnung alternativer Perspektiven im leiblichen Gegenüber.

Der *Begriff Reaktion* kommt aus der Physiologie, wo die körperliche Reaktion auf Reize bei Experimenten gewöhnlich unter Ausschaltung von Umwelteinwirkungen verfolgt wird. Gerade die Notwendigkeit in experimentellen Untersuchungssituationen, *Umwelteinflüsse auszuschalten*, weist auf die Bindung des psychologischen Gesichtspunktes an *Lebensvorgänge in einer subjektiv erlebten und verarbeiteten Umwelt*. Die *Einbettung der Belastung in die Motivation* des Menschen entscheidet darüber, ob eine abnorme Reaktion zustande kommt oder nicht. Auch bei den sogenannten abnormen Erlebnisreaktionen ist nach einem Konflikt, d. h. einer *widersprüchlichen Motivation*, zu forschen. Der Konflikt kann schon in der Frustration eines stärker ausgeprägten elementaren Bedürfnisses nach Sicherheit und Geborgenheit liegen. Oder es kann die Erwartung, in der eigenen Leistung eine Befriedigung zu finden, enttäuscht werden.

Therapeutisch sind die Reaktionen die Domäne des aufdeckenden oder auch supportiven therapeutischen Gesprächs. Daneben können medikamentöse angstentlastende oder schlaffördernde Maßnahmen hilfreich sein. Die Erfahrung von Belastungen und von Konflikten, von Krankheiten und Verlusten wie ihre Überwindung, ohne oder mit Psychotherapie, ist für die menschliche Reifung und Entwicklung lebensnotwendig. Methodisch einseitig wäre es, bei allen Krisen und Konfliktreaktionen eine längere Psychotherapie, etwa analytisch aufdeckende Maßnahmen und Kuren, einzuleiten, die normalen Selbstheilungskräfte zu unterschätzen. Für viele Menschen ist die Konfliktreaktion ein einmaliges Ereignis, das an eine bestimmte Situation geknüpft war. Nicht selten gewährt die Reaktion selbst, etwa die Erfahrungen beim Suizidversuch, schon eine Katharsis und Hilfe zu einem Neuanfang.

Einfache, situagene Belastungs- und Konfliktreaktion

(ICD 10 F43.0 akute Belastungsreaktion, Krisenzustand, akute Krisenreaktion)

Jeder Mensch kann im Laufe seines Lebens in Situationen geraten, die einen Konflikt mit sich bringen und die seine körperliche und seelische Belastbarkeit überfordern. Konflikte sind an sich aufbauende, konstruktive Spannungszustände für den Menschen. Jeder Mensch durchläuft normalerweise Reifungskonflikte, gerät später in Beruf und Familie erneut in Konfliktsituationen. Das geschieht in der Ablösung von den Eltern, bei der schulischen und Berufsausbildung, im Durchbruch und in der Einordnung der Sexualität, in der alltäglichen Notwendigkeit, Bedürfnisse aufzuschieben oder unbefriedigt zu lassen. Wann eine konflikthafte Belastung zu Störungen von Krankheitswert führt, hängt von der Art, Stärke und Dauer der Konfliktsituation und von der körperlichen und seelischen Widerstandskraft des einzelnen Menschen ab.

Symptomatik. In dem Beschwerdebild können entweder die *körperlichen* oder die *seelischen Symptome* im Vordergrund stehen: Herzklopfen, Atemenge, Schweißausbrüche, Durchfälle, Schwindel und andere als vegetative Symptome beschriebene körperliche Beschwerden werden ebenso häufig angegeben wie innere Unruhe, Anspannung, affektive Labilität mit Reizbarkeit, Verstimmungen oder Leistungsabfall durch Konzentrationsstörungen und Arbeitshemmungen. Gewöhnlich ist der Schlaf beeinträchtigt, entweder als Einschlaf-oder als Durchschlafstörung.

Zum Bild der Konfliktreaktion gehört die zeitliche und verstehbare Verflechtung mit einer im Gespräch eruierbaren äußeren Konfliktsituation.

◀ Eine 30jährige, jugendlich wirkende, gepflegte Frau, sehr beherrscht, dabei aber nervös und gespannt wirkend, ist seit Wochen zur internistischen Untersuchung und Behandlung in der Universitätslinik. Sie ist seit 3 Jahren eigentlich fortlaufend in ärztlicher Behandlung, mehrfach klinisch beobachtet worden und in Sanatorien gewesen. Niemals wurde ein krankhafter Befund erhoben. Sie klagt über eine allgemeine *Mattigkeit* und *Leistungsminderung*, über *Verstimmbarkeit* und *Reizbarkeit mit Affektausbrüchen*. Es bestehen erhebliche *Schlafstörungen* Bei einer längeren Aussprache berichtet sie nach vielem Widerstreben schließlich, daß sie durch ihre vor 5 Jahren geschlossene Ehe in einer ganz erheblichen Konfliktsituation steht, der sie sich mit einem dreijährigen Kind ohnmächtig ausgeliefert fühlt. Die Schwierigkeiten liegen offenbar ganz in der Persönlichkeit ihres Mannes, der aus einer mit Nervenkrankheiten erheblich belasteten Familie kommt, selbst völlig autistisch und kontaktunfähig ist und keinen anderen Menschen braucht. Im alltäglichen Zusammensein ist eine tiefe Entfremdung eingetreten, auch im Sexuellen besteht keine Harmonie und kein Ausgleich. Mehrfach hat sie Scheidung oder Selbstmord erwogen, ohne Kraft zu diesen Wegen zu finden. Sie hat das Kind, das sie nicht verlassen möchte, keinen eigenen Beruf. Der Ehemann lehne es ab, „zu einem Psychiater", einer Eheberatung oder zu einer Paartherapie zu gehen. Psychopathologisch erscheint die Patientin als eine vitale, durchaus nicht asthenische, sondern eher energische und beherrschte Persönlichkeit. Sie hat keine neurotischen Züge. Ein krankhafter internistischer Befund ist jetzt wie bei allen früheren Beobachtungen nicht zu erheben.

Verlauf: Erstmals von ärztlicher Seite wird ihr Konflikt eingehend mit ihr durchgesprochen und ganz klar als Ursache ihrer Beschwerden herausgestellt. Das führt zu einer *Entlastung* und überraschenden *Besserung* ihrer Beschwerden. Medikamentöse Hilfen und die vorübergehende Distanz von dem häuslichen Konflikt wirken günstig mit. Es ist nicht möglich, den Ehemann zu einer Aussprache zu bewegen. Nach knapp 3 Wochen kehrt sie zu ihrer Familie zurück und kommt aber weiter in größeren Abständen gelegentlich zu Aussprachen. Es ist deutlich, daß es sie entlastet, über die Schwierigkeiten mit jemandem, der jetzt um ihre Lage weiß, gesprochen zu haben, auch wenn sie weiter in dem Konfliktfeld leben muß. ▶

Diese Konfliktreaktion ist zweifellos eine verstehbare Antwort auf eine belastende reale Lebenssituation, auch in ihrer Form, Dauer und Stärke. Es besteht ein Widerstreit zweier Motive: auf der einen Seite die Verarbeitung und das Leiden an einer schwierigen Ehesituation, mit der sie täglich konfrontiert ist, zugleich aber auch der Wunsch, die Werte, die in dieser Situation für sie liegen, zu erhalten: das Kind, die finanzielle Sicherung, schließlich auch die menschliche Bindung an den Mann, der zunächst nicht in der Lage ist, sich anders zu verhalten. Bemerkenswert, daß in der Konflikterhellung auch ein therapeutisches Element liegt.

Ursachen. Die einfache, situative Konfliktreaktion hat ihre Ursache in äußeren Belastungen und in Konflikten, vor denen nicht auszuweichen ist. Die betroffenen Persönlichkeiten sind vorher und nach Abklingen der Reaktionen unauffällig in ihrem psychosozialen Bild.

Widersprüchliche Einstellungen sind im *Tierexperiment* modellhaft zu provozieren. Ratten, Affen oder Meerschweinchen werden in eine Situation gebracht, die optimal nur zwei Verhaltensweisen ermöglicht. Hat eine hungrige Ratte gelernt, durch Druck auf eine Taste sich Futter zu erarbeiten, so wird nach einiger Zeit mit dem Druck ein elektrischer Schlag (oder ein Windstoß usw.) verbunden. Die Tiere zeigen dann ausgesprochene *Hemmungen, Nahrungsverweigerung, Flucht* und *Angstverhalten.* Sie klammern sich an die Wände des Käfigs, „halluzinieren" Feinde und bieten psychosomatische Reaktionen wie *Durchfall, Gewichtsverlust, Kreislaufversagen* usw. Diese *realen Konfliktsituationen* und die darauf bezogenen *Konfliktreaktionen* bei Tieren werden meist als „*experimentelle Neurosen"* bezeichnet.

Die häufigsten Ursachen der einfachen Konfliktreaktionen liegen im Familiären und im Bereich des Berufs. In Ehesituationen ist es meist der sensiblere oder der schwächere der Partner, der bei einer krisenhaften Zuspitzung seelisch reagiert und gewöhnlich als „Kranker" zum Arzt kommt.

Synonyma. Situagene Konfliktreaktionen wurden häufig als psychogene oder psychoreaktive Störungen bezeichnet. K. Horney nennt sie Situationsneurosen, I. H. Schultz *Fremdneurosen.* Dem engeren Neurosebegriff folgend, sehen wir in der Neurose eine in der Persönlichkeit verwurzeltes Konfliktthema, das einem anderen Menschen nicht von außen zuzufügen ist.

Differentialdiagnose. Fehlt der zeitliche Zusammenhang mit einem Konflikt oder werden Anlässe ohne überzeugenden aktuellen Anlaß aus der Vergangenheit heraufgeholt, so ist an eine *endogen depressive Stimmungsschwankung* zu denken. Die Frage nach früheren Verstimmungen, nach Tagesschwankungen, die weitere Beobachtung des Zustandsbildes und eine Vertiefung in die Zusammenhänge der Vorgeschichte helfen differentialdiagnostisch weiter.

Behandlung. Die psychotherapeutische Hilfe liegt *nicht in handfesten Ratschlägen* in Hinsicht auf die Belastung oder den Konflikt wie: „Lassen Sie sich doch scheiden!" Die Mitteilung des Konfliktes, die *Aussprache* bringt manchen Patienten schon eine emotionale Entlastung. Wird der bisher nicht wahrgenommene Zusammenhang von Beschwerden und Konfliktsituationen im ärztlichen Gespräch offengelegt und mit einem andern Menschen geteilt, so wirkt das erfahrungsgemäß erleichternd.

Dem praktischen Arzt, Internisten etc. muß die nach Feststellung der Beschwerden durchgeführte körperliche Untersuchung eine diagnostische Sicherheit geben, damit die biographische

Anamnese und weitere ärztliche Gespräche ganz auf *die Konflikterhellung* zentriert werden können. Später wieder eingeschaltete körperliche Untersuchungen verraten meist die diagnostische Unsicherheit des Arztes, die der Patient auch spürt. Gewöhnlich ist die erste Untersuchung und Unterredung entscheidend, wenn eine Beziehung zu dem Arzt hergestellt und der Konflikt aufgedeckt wird. Manche Konfliktsituationen sind dabei aufzulösen, andere (wie im vorstehenden Beispiel) bleiben bestehen, sie sind aber besser zu ertragen.

Nach Klärung des Konfliktzusammenhanges ist mitunter auch die vorübergehende Entfernung aus dem Konfliktfeld durch Reisen, Kuraufenthalte therapeutisch zu vertreten. Medikamentöse Hilfen können nützlich sein, die häufig begleitenden Schlafstörungen zu überwinden, wobei neben den eigentlichen Schlafmitteln Diazepine für kurze Zeit gegeben werden können.

Erschöpfungsreaktion

(Burn-out-Syndrom; Erschöpfungssyndrom;
ICD-10 Neurasthenie etc.)

Symptomatik und Auslösung. Charakteristisch ist die *gespannte, reizbare Erschöpfung*, die nicht wohlige Müdigkeit des Erfolgreichen ist, sondern eine *morose Verstimmtheit* und *Leistungsunfähigkeit* einschließt. Das Gefühl der *Ohnmacht* und *Müdigkeit* ist von einem *Spannungszustand* begleitet. Die Erschöpfung und Schwäche führten nicht zum ruhigen, erholsamen Schlaf, sondern meist besteht eine paradoxe Unfähigkeit zur Entspannung und *Schlafstörung*. Klagen über Müdigkeit, Schlaffheit und Leistungsunfähigkeit können also ganz in den Vordergrund treten. Sie kontrastieren aber meistens mit einer bemerkenswerten Unruhe. Die Stimmung ist gewöhnlich nicht ausgesprochen depressiv, sondern *flach, fade, leer, lustlos*. Alles ist zu viel, alles stellt eine Anforderung dar, von der man nichts mehr wissen möchte. Oft ist die Aufmerksamkeit auf den eigenen Leib gerichtet, ein hypochondrischer, klagsamer, schmerzlicher Zug mit meist *diffusen Beschwerden* stellt sich ein.

◀ Ein 40jähriger Mann, seit 5 Jahren in leitender Industriestellung, hat seit einigen Monaten zunehmende *Einschlafstörungen*. Er wacht morgens früh auf, fühlt sich *weich in den Knien*, ist *konzentrationsschwach*, hat *Herzklopfen* und ziehende *Herzschmerzen*. Er kommt jetzt aus dem Sommerurlaub zurück, in dem er sich nicht erholt hat. Er hatte sich für den Urlaub seit lan-

gem vorgenommen, ein großes Buchmanuskript abzuschlie-
ßen. Er war aber infolge seiner *Schwäche*, seiner *Nervosität* und
Schlafstörungen unfähig, konzentriert zu arbeiten und ebenso
unfähig, sich zu erholen.

Eine eingehende internistische Untersuchung ergibt außer einer gesteigerten vegetativen Erregbarkeit und einer Neigung zu
sympathikovasaler Aussteuerung des Kreislaufs *keinen krankhaften Befund*. Seit mehreren Jahren besteht eine *Obstipation*.

Psychopathologisch handelt es sich um einen differenzierten,
kontaktbereiten, unneurotischen Mann, der mit einer leistungs-
betonten, vom Willen bestimmten Einstellung auf ein Ziel hin-
lebt.

Seine Lebensgeschichte ist durch einen bemerkenswerten Aufstieg aus einfachen Verhältnissen ohne Universitätsstudium in
eine leitende Industrieposition charakterisiert. Mit dieser Position ist er aber *innerlich unzufrieden*. Die damit verbundene Verantwortung, die Notwendigkeit ständiger Reisen, die gesellschaftlichen Verpflichtungen und die ganze extravertierte Lebensweise *liegen ihm nicht*. Viel lieber würde er literarische Studien betreiben. In seiner freien Zeit hat er sich durch wissenschaftliche Studien und gut aufgenommene, allgemein ver-
ständliche Publikationen einen Namen gemacht. Diese *Doppelbelastungen* hat er bisher scheinbar ohne Schwierigkeiten aus-
gehalten. In den letzten Jahren ist jedoch seine Ehe mit einer 4
Jahre älteren Frau noch zu einer zusätzlichen Belastung für ihn
geworden. Seine Frau ist oft verstimmt, weicht allen familiären
und gesellschaftlichen Anforderungen aus. Es kommt zu Streit
über Kleinigkeiten, seine Erwartungen, zu Hause Entspannung
und Verständnis zu finden, werden zunehmend enttäuscht. Seit
einem Jahr kommt es kaum mehr zu sexuellen Beziehungen. Er
fühlt sich der Frau wie auch seinen 2 Kindern entfremdet. Die
Frau ihrerseits klagt in einem Gespräch darüber, daß ihr Mann
seit Jahren keine Zeit für sie habe, die Familie nicht mit in den Urlaub nehme, zu Hause alle Dinge selbst in die Hand nehmen wolle, ohne sich auf die wirklichen Bedürfnisse der Frau und der Kinder einzustellen. Er dränge ihnen seine Unruhe, seine Anspannung und seinen einseitigen Lebensstil auf.

Verlauf: Es wird in einigen Aussprachen die einseitige Lebensführung angesprochen und in ihrer ambivalenten Motivation in
Frage gestellt. Es wird deutlich, daß der Patient sich nicht erlaubt, passiv und untätig zu sein, sich nicht von anderen führen
läßt , es aber zugleich auch vermißt. Der Patient betont zunächst die Macht der Realität, seine Berufs- und seine Lebensaufgabe, es ist aber zu zeigen, daß er diese äußeren Gegebenheiten selbst noch forciert und übersteigert. Es wird auf eine

Umstellung der Lebensweise gedrängt, Änderung des Arbeits-
rhythmus mit festen Ruhezeiten ohne Arbeit, Urlaub mit der
Ehefrau ohne Kinder und ohne zusätzliche selbstgestellte Anforderungen. Es erfolgt Einweisung ins autogene Training und Medikation von Diazepinpräparaten für die erste Zeit. ▶

Auch hier können die körperlichen Beschwerden im Vordergund
stehen: *Kopfdruck, Verdauungsbeschwerden* mit *Durchfall* oder *Ver-
stopfung, Herzklopfen, Herzjagen, Stiche* und *Schmerzen in der Brust*
beim Atmen, *Angstgefühle, Schwitzen.* Bei körperlichen Untersuchungen finden sich als Zeichen der erhöhten vegetativen Grund-
anspannung oft ein Dermographismus, Tremor der Hände, gesteigerte Eigenreflexe, Neigung zu kalten Händen und Füßen.

Die **Symptomatik** setzt gewöhnlich *langsam, im Laufe von Wochen und Monaten* ein. Jahrelange Überdehnungen der eigenen Leistungsfähigkeit mit Vorboten der späteren Symptomatik können
dem vorausgehen. Zum Bewußtsein, krank zu sein und ärztliche
Hilfe zu benötigen, kommt es gewöhnlich dann, wenn weitere
Störfaktoren, die die eigene Leistungsmotivation zusätzlich in
Frage stellen, hinzutreten: Streit mit Vorgesetzten, Eheschwierig-
keiten, Rückschläge und Mißerfolge im Arbeitsleben. Auch
Schlafentzug, von außen oder von innen motiviert, wirkt häufig
als Auslösefaktor.

Häufigkeit. Die Diagnose „Erschöpfungsreaktion" und synonym gebrauchte wie *asthenische (neurasthenische, psychasthenische) Reaktion* wurden früher relativ häufig und mitunter recht unscharf benützt. In der nervenärztlichen Praxis machten sie 3%, in
der Psychiatrischen Klinik 2,3% und in der Neurologischen Klinik sogar 4% der Diagnosen in der Nachkriegszeit aus. Wie sich
zeigte, waren die Diagnosen sehr von der schulischen Ausrichtung des Leiters der Klinik bestimmt, sie ersparten eine differenziertere Auseinandersetzung mit der Persönlichkeit des Patienten und seiner Biographie. Männer und Frauen waren etwa
gleich häufig betroffen, bei Frauen die Altersgruppen 20–40, bei
Männern eher 40–60 Jahre.

Ursachen. *1.Situative Faktoren.* Es reicht nicht aus, wenn man die
Ursache der Erschöpfungsreaktion allein in einer starken körper-
lichen oder seelischen Belastung sucht. Ist der Mensch stark und
eindeutig motiviert – wie im Krieg oder in Zeiten wirtschaftlicher
Not, wenn es um die nackte Existenz geht – so kann er körperlich
Außerordentliches leisten und ist seelisch sehr belastungsfähig.
Sicher stellen Schlafentzug und *Doppelbelastungen* (Beruf und
Hausfrau, Schichtarbeit und Hausbau in den Abendstunden) ei-
nen fördernden Faktor dar. Entscheidend scheint aber eine be-

stimmte Form eines *Leistungskonfliktes*, die als *„selbstwidersproche-ne Anstrengung"* (v. Baeyer) zu charakterisieren ist. Der pathoge-ne Konflikt der Erschöpfungsreaktion liegt in einer Aversions-Ap-petenz-Ambivalenz gegenüber der eigenen Anstrengung. Der Leistungsmotivation steht ein innerer Widerspruch, das Bewußt-sein der Sinnlosigkeit oder ähnliches, hemmend entgegen.

Zur Erschöpfungsreaktion kommt es also, wenn neben Ak-kordarbeit und abendlichem Hausbau noch Konflikte mit den Schwiegereltern hinzutreten; wenn neben den Aufgaben eines großen Haushaltes für die Frau noch Erziehungsschwierigkeiten mit den Kindern und eheliche Konflikte auftauchen; wenn zu der Überlastung in einem Amt noch Spannungen mit schwierigen Vorgesetzten kommen. Fehlt also die Erfüllung und Befriedigung an der Arbeit und wird damit die normale Entspannung verhin-dert, dann tritt die Erschöpfungsreaktion ein. Auch in der Arbeits-situation selbst kann ein Mißverhältnis von Anspruch und realer Möglichkeit, Begabung und gesetztem Ziel gegeben sein. Damit wird der Keim zu einem inneren Widerspruch gelegt, und die nor-male alltägliche Tätigkeit ist unterschwellig von dem Bewußtsein der Sinnlosigkeit begleitet. Sicher ist *die Hausfrau* in ihrer alltägli-chen Arbeit mit mehreren kleinen Kindern besonders anfällig für Erschöpfungsreaktionen, vor allem eben wenn zusätzlich noch Ehekonflikte, Einsamkeit usw. hinzutreten. Die Hausarbeit, die stets wiederkehrt, kein greifbares Werk hervorbringt und im kol-lektiven Wertbewußtsein keinen hohen Rang mehr einnimmt, för-dert kaum das Selbstbewußtsein und führt nicht zu einer starken und eindeutigen Motivation, die vor Erschöpfungsreaktionen schützt.

2. *Gesellschaftliche und wirtschaftliche Faktoren.* Es wird allge-mein angenommen, daß Einflüsse der modernen Zivilisation hier wirksam sind. Sie sind aber außerordentlich schwer greifbar zu machen. Vor 100 Jahren galt es als sicher, daß die sich häufende Nervosität und Erschöpfung Zeichen der Erschütterung des Ner-vensystems und Folge des rasenden Tempos der Eisenbahnen sei. Heute wird oft die Reizüberflutung angeführt. Sicher ist der Mensch unserer Zeit mit einer Fülle von Informationen konfron-tiert und vielfältigen Eindrücken ausgesetzt, die Aufforderungs-charakter haben, Anreize darstellen, große und vielfältige Erwar-tungen wecken. Er steht nicht wie Menschen in primitiven Eth-nien vor klaren und begrenzten Forderungen, denen er entspre-chen muß, um zu überleben. In Beruf und Freizeit wird er durch kollektiven Druck zu Tätigkeiten und Leistungen verführt, die seinen Bedürfnissen im Grunde nicht entsprechen, für die er nur schwach motiviert ist, zu denen er in einem inneren Widerspruch steht und die den Keim zu Enttäuschungen in sich tragen.

3. *Charakterologische Faktoren*. Daß alle Menschen mit Erschöpfungsreaktionen ein typisches Charakterbild bieten, ist in höchstem Maße unwahrscheinlich. Trotzdem wurden sie als „*Astheniker*" charakterisiert bzw. als Menschen, denen eine „innere Kraft" fehlt. Die asthenischen Charaktermerkmale (Schwäche, Kraftlosigkeit, Erschöpfbarkeit, Verstimmbarkeit) werden in einem Zirkelschluß aus der Tatsache des Versagens erschlossen. Damit wird aber eine vielleicht *einmalige Reaktionsweise* in einer bestimmten Lebenssituation zu einem durchgehenden *charakterologischen Merkmal* erhoben.

Prospektive Studien, in denen etwa bei einem bestimmten Personenkreis asthenische Merkmale als Risikofaktoren für zu erwartende Erschöpfungszustände Voraussagen erlauben, könnten hier mehr überzeugen. Das asthenische Persönlichkeitsmerkmal hat seine sprachliche Wurzel in den „neurasthenisch" degenerierten Nervenbahnen. Die Vorstellung nervlicher und vitaler Schwäche war im vorigen Jahrhundert sehr verbreitet und wurde gewöhnlich ins Gehirn projiziert: „Ein geschwächtes Gehirn kann die Belastungen nicht ertragen" (Janet). Die damals übliche Verknüpfung asthenischer Erschöpfung bzw. degenerativer Schwäche mit Schädlichkeiten wie exzessiver Onanie, Coitus interruptus usw. sind heute verlassen. Zur asthenischen Persönlichkeit s. S. 243.

Synonyma. Eine Beschreibung dieser Zustände kehrt unter den verschiedensten Namen wieder. Das mit Erschöpfungsreaktion gemeinte, trifft auch der weniger häufig gebrauchte Begriff *Überforderungsreaktion* (oder *-zustand*) recht gut, das objektive und das subjektive Moment des (Sich-)Überforderns einschließend. Gleichsinnig wird auch der Begriff *Versagenszustand* gebraucht, der aber eine persönliche Verfehlung oder Schwäche nahelegen könnte.

Es wurden viele dieser Zustände unter funktionellen oder vegetativ-organischen Gesichtspunkten beschrieben, etwa als vegetative Dystonie oder auch als vegetative Neurose. Die vegetative Körpersymptomatik bildet bei diesen Störungen aber meist nur den körperlichen Resonanzboden für die widerspruchsvoll motivierte und überspannte seelische Konfliktlage. Die „gemeine Nervosität", ein Zustand mit Konzentrations- und Entschlußunfähigkeit, Selbstunsicherheit und innerer Anspannung, ist wohl auch nur eine andere Bezeichnung für den gleichen Zustand, oder es wird unter dem Begriff der Psychasthenie die Gesamtheit der Konfliktreaktionen gefaßt. Vereinzelt wurde versucht, Beziehungen zum asthenischen Körperbau von Kretschmer herzustellen (s. dazu oben S. 34).

Differentialdiagnose. Differentialdiagnostisch zu beachten ist die Abgrenzung gegenüber der *depressiven Reaktion* und der depressiven Phase. Manche Bezeichnungen wie „Erschöpfungsdepression" legen Übergänge nahe. Zweifellos gibt es auch reaktive Depressionen, die die körperliche und seelische Schwäche, das Leistungsversagen in den Vordergrund stellen und die auch in Belastungssituationen der oben charakterisierten Art ihren Anlaß haben können. Sind die Patienten mehr depressiv verstimmt als angespannt, grübeln sie über ihre eigene Leistungsfähigkeit oder gar über ihre Schuld, treten Tagesschwankungen und Vitalstörungen auf, muß an *endogene Depressionen* gedacht werden. Im übrigen kann Erschöpfung im *Prodromalstadium* hirnorganischer und psychotischer Erkrankungen auftreten, ebenso auch als *Reaktion mit vegetativen Begleiterscheinungen bei organischen Krankheiten* (vor allem bei Infektionskrankheiten, Commotio cerebri, als „Alkoholneurasthenie", bei Mißbrauch von Genußmitteln wie Kaffee usw.). Bei mehr chronischen Bildern ist daran zu denken, daß *endokrine Erkrankungen* mit Antriebsveränderungen und Erschöpfungssyndromen einhergehen können: Myxödem; Hypophyseninsuffizienz (Morbus Sheehan); Nebenniereninsuffizienz (Morbus Addison); chronische Nebennierenüberfunktion (Morbus Cushing). Auch die häufigsten *internistischen Leiden* wie Hepatitis, Diabetes mellitus, Herzinsuffizienz usw. können das Symptom der Erschöpfung und inneren Anpassung bieten und damit fehlleiten.

Richtungweisend für die Diagnose Erschöpfungsreaktion ist der die eigene Motivation schwächende Konflikthintergrund; sie ist nicht als Ausschlußdiagnose, sondern positiv aus dem zeitlichen und verstehbaren Zusammmenhang der Erschöpfung mit einer Belastung zu stellen. *Die einfache Konfliktreaktion* hat viele Berührungspunkte mit der Erschöpfungsreaktion. Ihr Schwerpunkt liegt mehr im von außen kommenden seelischen Konflikt.

Behandlung. Die Erschöpfungsreaktion ist die Domäne der mehrdimensionalen Therapie: *gezielte Konflikterhellung* in einer großen Aussprache, *Umstellung der Lebensführung* und die schnelle *Herbeiführung von Schlaf* und *Erholung* sind die ersten Schritte. Dabei kann eine vorübergehende Entfernung aus dem Spannungsfeld notwendig sein. Am wichtigsten ist es aber, auf die Lebensführung Einfluß zu nehmen und für Änderungen zu sorgen. Die Motivation der meist weniger aufgezwungenen als aufgesuchten Überlastung ist zu erhellen, dabei zugleich der persönliche Konflikthintergrund in die Vergangenheit zurückzuverfolgen. So aktiv der Arzt in der Beratung im Hinblick auf die Lebensführung sein muß, so vorsichtig sollte er im Hinblick auf Ratschläge im Bereich der persönlichen Konflikte sein. Außerdem können konzentrative Entspannungsübungen (autogenes Training), Terrainkuren und allgemein roborierende und aufbauende Maßnahmen hilfreich sein. Diazepinpräparate und entspannend wirkende Schlafmittel sind Barbitursäurepräparaten vorzuziehen, sollten aber nur für kurze Zeit und in Verbindung mit klärenden Gesprächen verordnet werden.

Somatisierende Reaktionen

Psychosomatisches Allgemeinsyndrom
(ICD 10 F45.0 Somatisierungsstörungen, F45.1 Undifferenzierte Somatisierungsstörung, DSM III R
300.81Somartisierungsstörung; 300.70 Undifferenzierte somatoforme Störung; 309.82 Anpassungsstörung mit körperlichen Beschwerden)

Es ist eine alltägliche Erfahrung, daß sowohl akute wie vor allem andauernde Belastungen, die mit Störungen der Stimmungslage und des Befindens verbunden sind, sich in *körperlichen Beschwerden* niederschlagen können. Ohne daß körperliche Substrate faßbar sind, kommt es zu umschriebenen oder eher diffusen und auch wechselnden körperlichen Beschwerden, die dann meist hingenommen werden, aber auch zu ärztlichen Konsultationen und je nach Rezeption auch zu wiederholten ärztlichen Untersuchungen und Behandlungen führen können.

Meist hat *jeder Mensch sein Organ*, seine Körperbeschwerden, mit denen er auf Belastungen reagiert: Magendruck, Kopfschmerzen etc. Im ICD sind neben den „undifferenzierten Somatisierungen" noch 40 Einzelformen genannt. Es entspricht andererseits nicht der typischen somatisierenden Reaktionsweise, sondern eher dem quantitav kriteriellen Bedürfnis des DSM III R, daß hier die Diagnose „Somatisierungsstörung" nur gestellt wird, wenn „mindestens 13 Symptome aus einer Liste von 35 zutreffen".

Symptomatik: Die Symptomatik ist *meist unscharf, oft wechselnd und austauschbar.* Geklagt werden *Druck und/oder Schmerzen etwa im Kopf, im Brust- oder Oberbauchbereich, Schwindel, Atembeschwerden, Kreuz- und Rückenschmerzen.* Charakteristisch für diese Somatisierung ist, daß an die Stelle der erlebten *Verstimmung* etwa *Druck auf der Brust oder im Kopf* auftritt, anstelle der *Angst Enge im Brustkorb* oder Herzschmerzen, an der Stelle von *Reizbarkeit über Schweißausbrüche oder Schwindel* etc. geklagt wird. Dabei ist die Verbindung zwischen äußerer Lebenssituation, vor allem im beruflichen Bereich, affektiver Verstimmung und den körperlichen Beschwerden den Betroffenen meist nicht bewußt, die körperlichen Beschwerden können sich ganz in den Vordergrund drängen. Die Beschwerden sind oft so gewichtig, daß sie die Arbeitsfähigkeit beeinträchtigen. Menschen mit funktionellen psychosomatischen Allgemeinbeschwerden sind mehr als doppelt so häufig von Arbeitsunfähigkeit und Krankschreibung betroffen als die Allgemeinbevölkerung (Schepank 1987). Frauen kommen häufiger zu Untersuchungen, eine Schichtabhängigkeit scheint nicht zu bestehen. Bei betroffenen Männern besteht geringere Tendenz, Ärzte aufzusuchen, und eher Neigung zur „Selbstbehandlung" mit Alkohol oder Medikamenten. Häufig kommt es zur *Chronifizierung*, somatisierende Störungen dauern gewöhnlich mehr als ein halbes Jahr. Neben diesen Klagen sind häufig allgemeine Müdigkeit, Appetitverlust und Schlafstörungen und moros-depressive oder angespannt-ängstliche Gestimmtheiten zu beobachten. Von meist chronischen und bei beruflichen Belastungen bei Männern auftretenden *psychosomatischen Befindlichkeitsstörungen* bzw. vom *psychosomatischen Allgemeinsyndrom* (Bräutigam, Christian, v. Rad 1992) ist eine Abgrenzung schwer und am ehesten aus der bei letzeren gegebenen noch längeren zeitlichen Dauer zu stellen.

Abzugrenzen sind ausgesprochene *depressive Verstimmungen endogenen Gepräges* , bei denen sich diese Somatisierungen mit Druck und Schmerz auch in den Vordergrund schieben können. Das Ausmaß der depressiven Verstimmung, Tagesschwankungen, die situative Gebundenheit und der zeitliche Verlauf machen die Abgrenzungen möglich. *Hypochondrische Entwicklungen* sind durch die Angst, Unruhe und ihr Drängen auf immer neue Untersuchungen auffällig und unterscheiden sich von den eher zurückhaltenden und wenig dynamischen somatisierenden Reaktionen.

Epidemiologie. Bei Untersuchungen einer nichtkranken Population in der Großstadt Mannheim fanden sich bei 18% psychosomatische Allgemeinbeschwerden, 8% wurden als krankheitswertige Fälle dabei eingestuft. Im einzelnen standen bei Untersuchungen in der Population neben den verschiedenen seelischen Beschwerden an körperlichen Beschwerden Kopfschmerzen, Oberbauchbeschwerden, Muskelverspannungen, Kreuz- und Rückenschmerzen etc. im Vordergrund. Bei *älteren Menschen* waren es offenbar mehr Nacken- und Schulterschmerzen, mittlere Jahrgänge waren es mehr Druckgefühle im Bauch, Schwäche- und Schlaflosigkeit, die im Vordergrund standen. *Frauen* klagten mehr über Druck- und Schmerzen im Magen-Darm-Bereich und auch mehr über seelische, z. B. depressive Störungen der Befindlichkeit. Bei Vorsorgeuntersuchungen in einem Industrieunternehmen waren auf schriftlich vorgegebene Fragen bei den seelischen Beschwerden bei 48% mindestens ein funktionelles Körpersyndrom bejaht. Von den 698 befragten Arbeitern und Angestellten waren aber nur 82 in Behandlung, und mehr als die Hälfte von diesen erhielt Psychopharmaka. Dabei wurde gerade bei den Behandelten in der Hälfte der Fälle ein Zusammenhang mit Spannungen und Belastungen bejaht (s. Tab. 7). Im ganzen war eine Abhängigkeit von den Lebens- und besonders *Arbeitsbedingungen* deutlich, zeitliche Überbeanspruchung, Konflikte und Belastungen mit Kollegen, *Unzufriedenheit* mit der gesamten Arbeitslage. Es wurde in dieser Untersuchung allerdings nicht nach familiären und zwischenmenschlichen Konflikten gefragt.

Ursachen. Ein Zusammenhang mit Belastungen in der erlebten aktuellen Lebenssituation beruflicher oder familiärer Art ist deutlich. Häufig sind es auch hier *Doppelbelastungen*. indem zur Lage am Arbeitsplatz noch ein labilisierender Faktor im familiären Bereich hinzukommt oder andere zusätzlich belastende Bedingungen. Die *Beschwerden des Gesunden* werden erst unter bestimmten aktuellen psychosozialen Belastungen zu einem Symptom, das

Tabelle **7**   Häufigkeit funktioneller Beschwerden bei unbehandelten und behandelten Mitarbeitern (aus Tölle u. Ladas 1982)

Merkmale	Funktionelle Beschwerden	
	unbehandelt (N = 698) %	behandelt (N = 82) %
Kopfschmerzen	17,0	31,7
Schweißausbruch	13,6	26,8
Reizbarkeit	13,5	26,8
Durchschlafstörung	8,6	25,6
viel Müdigkeit	8,0	24,4
funktionelle Herzbeschwerden	7,7	20,7
labile Stimmung	7,3	18,3
Konzentrationsschwäche	6,6	20,7
Einschlafstörung	6,2	23,2
Schwindelgefühl	5,3	15,9
Mangel an Energie	2,7	13,4
Auftreten von Spannung	23,8	45,1
abhängig von akuter Belastung	15,3	39,0
Verwendung von Analgetika	11,6	18,3
Verwendung von Psychopharmaka	7,7	62,2

zu einem Krankheitsangebot und damit hinausgeschoben wird
in den Raum ärztlicher Behandlung.

Studien an Arbeitnehmern in Betrieben fanden einen Zusammenhang zwischen Beschwerdeprofilen sowie Beschwerdesum-
men und der jeweiligen *Arbeitssituation*. Im Vergleich zweier Be-
triebe zeigten sich ein *erhöhter Krankenstand*, erhöhte Fluktuation
und gesteigerte Unfallhäufigkeit im Zusammenhang mit der *Be-
schwerdesumme*, die wiederum mit größerem Zeitdruck bei der Arbeit, einer *unbefriedigenden Tätigkeit* bei hohen Anforderungen
der Präzision etc. verbunden war.

Es ist andererseits nicht darüber hinwegzusehen, daß ein *Persönlichkeitsfaktor* existiert, der traditionellerweise als Nervosität
umschrieben wird. Es gibt auch hier Hinweise für familiäre Häufungen, dann auch Häufungen von Depressionen und Alkoholab-
hängigkeit gegenüber der Gesamtbevölkerung. Die Somatisierungsstörungen sind offenbar der Resonanzboden einer gestörten Befindlichkeit, die eine anlagemäßige Disposition und ein dif-
ferenzierteres Wahrnehmen und Reagieren auf Belastungen und
Widersprüche der äußeren Umwelt anzeigt.

Schließlich ist nicht zu übersehen, daß die gesamte medizinische Empfangswelt auf einen somatisierendes Krankheitsangebot eher ausgerichtet ist als auf ein nur seelisches. Für viele ist es
diskriminierend, seelisch krank zu sein, und Ärzte, Krankenversi-
cherungen und die Gesellschaft bewerten körperliche Krankheit
höher. Sie stellt auch einen stärkeren Appell an Zuwendung dar,
ist mit Entlastungen von Arbeit- und Verpflichtungen verbunden, schon bei Kindern mit Freiheit vom Schulbesuch.

Behandlung. Es ist angemessen, bei diesen psychosomatischen
Beschwerden auch das *körperliche Krankheitsangebot zu respektieren*
und anzunehmen, es nicht als bloße „Somatisierung" zu entwerten. Zugleich ist es jedoch entscheidend, die Persönlichkeit, die
Gefühlslage und die gesamte Lebenssituation in Beruf und Familie ins Gespräch zu bringen. Über die Frage der *Gestimmtheit des
Patienten*, seine Gefühlslage, seine Zufriedenheit mit seinem Leben, kann der Hintergrund der körperlichen Lage anvisiert werden. Gewöhnlich sind einige aufdeckende Gespräche ausreichend, bei denen die Situation, mögliche Umstellungen, Änderungen des Gesundheitsverhaltens, körperliches Training etc. be-
sprochen werden. Die Gabe von Medikamenten zur ersten Entspannung und zur Sicherung des Schlafs kann im Anfang nützlich sein, sie kann aber den zeitlichen Aufwand eines klärenden
Gesprächs nicht ersetzen.

Seelische Reaktionen
auf körperliche Krankheit

Die seelische Verarbeitung einer körperlichen Krankheit oder eines Unfalls als subjektive Reaktion wird bei akuten Zuständen auch als *somatopsychische Reaktion*, bei chronischen Erkrankungen als *krankheitsdependente Entwicklung* bezeichnet. *Coping* bezeichnet heute allgemein die normale wie auch die abnorme Bewältigung der mit einer Krankheit verbundenen äußeren und inneren Gegebenheiten als Anpassungsprozeß. Nicht eingeschlossen sind hier die unmittelbaren Auswirkungen des körperlichen Krankheitsprozesses auf das Befinden und die seelische Leistungsfähigkeit, wie sie bei hirnorganischem Abbau im Alter, bei Stoffwechselkrankheiten oder durch die bei einer Krankheit auftretende körperliche Schwäche eintritt. In manchen Fällen ist es jedoch eine wichtige diagnostische Aufgabe zu differenzieren, was hier subjektive Verarbeitungen und was unmittelbare Auswirkungen des Krankheitsprozesses auf die seelischen Leistungen sind.

Symptomatik. Das Wissen und die Erfahrung einer bedrohlichen körperlichen Erkrankung sind keine beliebige Information und Veränderung, sondern etwas, was Betroffenheit und affektive Reaktionen in Gang bringt. Eine akute Erkrankung, wie ein Herzinfarkt oder ein Unfall, löst mit dem körperlichen Schock gewöhnlich auch eine heftige seelische Reaktion aus. Gewöhnlich werden akute Krankheiten mit *Angst* beantwortet, die sich je nach Ausgangspersönlichkeit und Lage in panikartiger Unruhe oder in einer Art Angstlähmung äußern kann. Die Mitteilung oder das unbeabsichtigt gewonnene Wissen um eine Krebserkrankung löst meist eine ganze Skala und zeitlich wechselnde Folge seelischer Antworten aus. Sie reichen von *heftigster Angst* bis zur *resignativen Selbstaufgabe*, von der *Verleugnung* bis zu einer *realistisch-bilanzierenden Verfassung*.

In der Antwort des chronisch Kranken finden sich häufig Züge einer *depressiven* Verarbeitung und eines resignativen Rückzuges von den anderen Menschen. Das Bewußtsein, als einzelner schicksalhaft betroffen, eingeengt, u. U. dauernd behindert zu sein, führt nicht selten zu Vorwurfshaltungen und zu einer klagend, anklagenden Ausweitung bestimmter Beschwerden, z. B. Schmerzen, die immer wieder vorgebracht werden. Lange Hospitalisierungen oder Isolierungen innerhalb der Familie können die hypochondrisch klagsame und *resignative Einstellung* fördern. Vor allem bei chronisch Krebskranken ist das Nebeneinander und Nacheinander von Resignation und dann wieder von Verleugnung mit unrealistischen Hoffnungen im Hinblick auf weitere Lebens- und Entfaltungsmöglichkeiten zu beobachten. Gerade der praktische Arzt, der seinen Patienten über lange Zeit begleitet, kann den Wechsel von Resignation und Akzeptation, von Verleugnung und unrealistischer Hoffnung, von depressiven zu aggressiven Haltungen und hypochondrischer Ängstlichkeit zur Euphorie beobachten. Die mit der Krankheit häufig verbundene Trennung von den Angehörigen, die Aufgabe des vertrauten Lebensraumes und des Berufes führt bei vielen Menschen dazu, daß sie sich entwertet und isoliert fühlen und zu einem resignativen Rückzug neigen.

Die Verarbeitung körperlichen Krankseins hängt so von mehreren Faktoren ab: 1. Von der *Art der Grundkrankheit* „akut oder chronisch", „*mit* Schmerzen oder *ohne* Schmerzen", „ans Bett fesselnd oder Freiheit lassend", „alltäglich oder lebensbedrohlich", „Einzelschicksal oder viele betreffende" usw.; 2. ebenso aber von der *Ausgangspersönlichkeit*, den Ressourcen des Betroffenen, die er angesichts der Krankheit aktivieren kann; 3. schließlich von der *biographischen* und *sozialen Situation*, in die die Krankheit einbricht: trifft sie in jungen Jahren oder am Ende eines erfüllten Lebens, als einsamen Menschen oder einen in einer festgefügten Familie oder Sippe, die seine Krankheit mitträgt. Die Situation eines chronisch Rheumakranken mit Schmerzen und Bewegungseinschränkungen belasteten Menschen ist nicht vergleichbar mit der eines Herzinfarktkranken auf einer Intensivpflegestation und diese wiederum nicht vergleichbar mit einer Frau, die an Brustkrebs erkrankt ist und medikamentöse oder Strahlenbehandlungen über sich ergehen lassen muß, wenn auch oberflächlich zunächst ähnliche depressive oder ängstliche Reaktionen im Vordergrund stehen.

Es gibt mehrere theoretische Modelle, die zum Verständnis somatopsychischer Reaktionen herangezogen werden können.

Das *psychoanalytische Konfliktmodell* bezeichnet die seelischen Vorgänge unter dem Gesichtspunkt der Abwehr unerträglicher Vorstellungen, wobei als Selbstschutz vor allem *Verleugnung* und *Hoffnung* im Vordergrund stehen können. Die mit der Krankheit häufig eintretenden Veränderungen werden hier meist als Regression auf infantile Stadien beschrieben. Mit Krankheit verbundene Verluste des Selbstwertes werden psychoanalytisch als *bedrohtes narzißtisches Gleichgewicht* und erhöhter Bedarf an narzißtischer Aufwertung in der Krankenrolle aufgefaßt.

Zum Verständnis somatopsychischer Reaktionen sind auch *anthropologische* und *soziologische* Gesichtspunkte zu beachten. In der Krankheit wird das spontane leibliche Ich und damit die *Instrumentalität des Leibes* als Ausdrucksorgan, als Organ der Kommunikation und vielfältiger Befriedigungen verändert. Das ist eine grundlegende Wandlung menschlichen Seins. Nicht nur Behinderungen durch Schmerzen, Verlust der körperlichen Funktionen, auch Körperbildveränderungen sind hier zu beachten, was z. B. bei Frauen nach der operativen Entfernung einer Brust gegeben ist. – Ziel psychotherapeutischer Zuwendung ist dann eine Akzeptanz, in welcher der Veränderung oder der Krankheit integrierend *ein neuer Stellenwert* im Leben gegeben wird. So ist beschrieben, daß bei Menschen, die erblindet oder ertaubt sind, andere Sinnesbereiche eine besondere Sensibilisierung und Differenzierung erfahren können. Jede Erkrankung, jede bleibende Einschränkung und besonders Krankheit mit möglichem tödlichen Ausgang zwingen zu einer geistigen und seelischen Umwertung.

Ausgehend von der Vorstellung, daß Gesundheit ein psychophysisches Gleichgewicht darstellt, das in der Krankheit verlorengehen, aber auch wieder gefunden werden kann, wird *Coping* als vorwiegend bewußte, *kognitiv erlebnis-* wie auch *verhaltensorientierte Bemühung* aufgefaßt, *die körperliche Krankheit zu bewältigen* und *das verlorene Gleichgewicht wiederzuerlangen.* Der Patient wird hier nicht als passiver, sondern kooperierender Partner gesehen, der durch Information, Aktivierung der gesunden Anteile, Kommunikationshilfen etc. in seiner Stimmung zu heben und zu besserer Compliance zu bringen ist, was sich leztlich auch auf seine Abwehrkräfte positiv auswirkt. Das *moderne Coping-Konzept* ist *empirisch ausgerichtet*, d. h. zunächst auf die Erforschung der zu beobachtenden Formen des Erlebens und Verhaltens. Es sieht seine Aufgabe darin, erst einmal systematisch die Befindlichkeiten bei den verschiedenen Krankheiten und Persönlichkeiten in den zeitlichen Stadien zu erfassen. Der Kranke wird nicht als passiver und hilfloser, sondern als aktiver und zur Kooperation zu gewinnender Partner des Arztes und des Pflegepersonals gesehen(Beutel 1988).

Therapie. Um unnötige ängstliche und depressive Reaktionen zu vermeiden, ist es für den Arzt wichtig, mit seinem Kranken eine Beziehung herzustellen. Er muß ihn als Menschen kennen, um ihm in einem ärztlichen Gespräch das an *Information* zukommen zu lassen, was er braucht und was er zu verarbeiten vermag. Die mit der Krankheit verbundenen, dem Patienten häufig nicht verstehbaren notwendigen ärztlichen Maßnahmen können zu *gewichtigeren Angstquellen* werden als die Krankheit selbst. Dem Patienten Information zu geben, damit er über den Sinn und die Zielsetzung weiterer diagnostischer und therapeutischer Maßnahmen Bescheid weiß und zu kooperieren vermag, ist eine grundlegende Aufgabe ärztlicher Zuwendung. Häufig wird es versäumt, Patienten über den jeweiligen Stand des ärztlichen Wissens und die weiteren Schritte zu informieren, über zu erwartende Nebenwirkungen, den absehbaren weiteren Verlauf – und auch über das, was noch offen und zu klären ist. Ärzte meinen oft, das eigene Nichtwissen dem Patienten verschweigen zu müssen, wobei diese aber aus vielen Quellen die Unsicherheit der Ärzte doch zu spüren bekommen.

Schwerkranke sind gewöhnlich auf die *unmittelbaren Bedürfnisse* und auf *die nächste Zeit* ausgerichtet, auf das, was an weiteren Belastungen durch Diagnostik und Therapie auf sie zukommt, aber auch das, was an Erleichterungen möglich ist. Ziel ist bei vielen chronischen Krankheiten eine *„Therapie der kleinen Hilfen"*. Die momentanen Beschwerden zu lindern, naheliegende Bedürfnisse zu befriedigen, unnötige Belastungen zu vermeiden und Hoffnung auf Erleichterungen zu vermitteln, sind in der subjektiven Erfahrung des Patienten oft schon große Erleichterungen.

Depressive Reaktionen

(ICD 10: F42.20 kurze depressive Reaktion; F 42.21 längere depressive Reaktion.
DSM III R 309.00 Anpassungsstörung mit depressiver Verstimmung)

In jedem Menschenleben kommt es, etwa bei Verlusten im Kreis der Familie oder bei Rückschlägen und Enttäuschungen im beruflichen Fortkommen, zu Zuständen mit gedrückter Stimmung und Antriebsverlust. Eher ist ein Fehlen einer solchen Reaktion befremdlich. Es sind vor allem Dauer und auch Intensität der Verstimmung, die dann Aufmerksamkeit wecken, zu Untersuchungen führt und zwingt zu Normalität oder Krankhaftigkeit Stellung zu nehmen.

Von einer depressiven Reaktion spricht man, wenn im engen zeitlichen Zusammenhang mit einem belastenden Lebensereignis zu einem *Verstimmungszustand* kommt, der einige Tage, Wochen oder Monate, in seltenen Fällen bis zu einem Jahr anhält und zu einer Beeinträchtigung der zwischenmenschlichen Beziehungen und beruflichen Leistungsfähigkeit führt.

Auslösende äußere Ereignisse sind vor allem Trennungen in einer Beziehung, erster Auszug aus dem Elternhaus, Todesfälle in der Familie oder im Freundeskreis, dann auch Umzüge und schließlich die Wechselfällen des beruflichen Weges: Versagen in einer Prüfung, drohender oder eingetretener Verlust einer Stellung, Arbeitslosigkeit oder Scheitern einer beruflichen Entwicklung.

Zur **Symptomatik** der depressiven Reaktion zählt neben der traurigen Verstimmung noch, daß der Betroffene weniger aktiv und beweglich ist, eher verlangsamt als unruhig und agitiert. Viele Ärzte erfahren es erst, wenn sie auf die Stimmung ihrer Patienten achten, daß plötzlich neu aufgetretene funktionelle Körperbeschwerden, Kopfschmerzen, Appetitverlust mit Magenbeschwerden, Verdauungsstörungen als *Somatisierung einer depressiven Reaktion* aufzufassen sind. Indem man die Lebenssituation beim Beschwerdebeginn aufklärt, gewinnen sie einen anderen Stellenwert auch für den Patienten selbst.

Die Persönlichkeit wird meist als *bisher unauffällig* angesehen, was vor allem den Stichproben niedergelassener Ärzte entsprechen dürfte. Eingehende Untersuchung einer *stationär psychiatrisch behandelten Stichprobe mit depressiven Reaktionen* der Münchener Follow-up-Studie (MFS Wittchen u. v. Zerssen) am Max-Planck-Institut für Psychiatrie dort (Bronisch 1992), zeigt ein *anderes Bild:* von 76 Patienten mit Diagnose depressive Reaktion (34 Jahre, 78% weiblich, *2/3 nach Suizidversuch,*jeweils mehr als 5 Tage, im Durchschnitt 12 Tage stationär behandelt) ergab sich ein komplexes Persönlichkeits- und Verlaufsbild. Hier war im Vorfeld ein schwaches und wenig verfügbares *soziales Netz* bei einer *Häufung von kritischen Lebensereignissen* im Jahr vor der Aufnahme festzustellen (die Mehrzahl allein lebend, 80% gegen 40% in der Bevölkerung!). Bei der Hälfte wurde hier nach DSM III eine Persönlichkeitsstörung diagnostiziert: neurotische Depression, Borderline, hysterisch-narzißtische oder auch abhängige Persönlichkeitsstörung. Auch in der Familie fanden sich im Vergleich mit der Gesamtpopulation Belastungen mit Suizidversuchen, Alkoholismus und neurotischen Depressionen – nicht aber mit endogener Depression! Auch bei der depressiven Reaktion ist ein „schwacher, aber immerhin vorhandener Erbeinfluß einer bestimmten Reaktionsbereitschaft anzunehmen" (Propping). Im Verlauf dagegen ergab sich bei der MFS-Studie ein positives Bild nach 5 Jahren: die größere Hälfte hatte psychotherapeutische Behandlungen zwischen 10 und 50 Stunden in Anspruch genommen und hatte einen günstigen Verlauf. Bei 60% wurde als Abschlußdiagnose depressive Reaktion festgehalten, bei ungünstigen Verläufen spielten Sucht und die ausgeprägteren Persönlichkeitstörungen mit, vier Patienten hatten einen zweiten Suizidversuch unternommen, zwei einen erfolgreichen.

Differentialdiagnostisch abzugrenzen ist bei situativ ausgelösten, aber nicht abklingenden depressiven Reaktionen die *neuroti-*

sche Depression , wenn hier auch fließende Übergänge bestehen. Hinweise liegen in der Ausprägung neurotischer Züge mit auffälligen seelischen Verarbeitungen, die in die Schwellensituationen der Kindheit und Adoleszenz zurückzuverfolgen sind. Auch monopolare Depressionen *endogenen* Gepräges sind nicht selten durch äußere Lebensereignisse ausgelöst, im Symptombild, Verlauf und Ansprechen auf die Medikamente aber leicht abgrenzbar.

Wenn man normalerweise erwarten kann, daß der von Trennungen und beruflichen Enttäuschungen Betroffene allein und mit Hilfe der im Nahestehenden über die neue Situation und seine traurige Verstimmung hinwegkommt, gibt es gerade bei den stärker und länger Reagierenden, die allein mit ihrem Problem sind und die Kräfte, sich allein herauszuarbeiten, nicht entwikkeln, die Möglichkeit psychotherapeutischer Hilfe.

Therapeutisch ist die depressive Reaktion eine Indikation für eine niederfrequente, aber intensive Intervention im Rahmen einer tiefenpsychologischen oder verhaltenstherapeutischen Kurzzeittherapie. Auch wenn sie gewöhnlich nicht über eine längere Strecke läuft, ist es gut, sie im Anfang zeitlich nicht zu limitieren und den Patienten selbst das Ende bestimmen zu lassen.

Konflikthafte Momente, die eine depressive Reaktion komplizieren können, sollen an dem Beispiel der abnormen Trauerreaktion deutlich gemacht werden. Was hier über abnorme Trauerreaktion ausgeführt wird, gilt mit den nötigen Abänderungen auch für konflikthafte Faktoren in anderen depressiven Reaktionen.

Abnorme Trauerreaktion
als Beispiel einer depressiven Reaktion

Die Trauer um den Verlust eines nahestehenden Menschen, des geliebten Gatten, Vaters oder Kindes, ist heute immer mehr zur Sache des einzelnen geworden. In religiös gebundenen Zeitaltern gab es eine Fülle von Trauerriten, in denen der einzelne Trauernde eingebunden war in Gebräuche, in denen er mit seiner Gemeinde und Familie durch gemeinsame Versammlungen, besondere Klagegesänge, Gebete, Veränderung der Wohnung, Speisen, Trauergewänder etc. oft über Wochen und Monate der Klage Ausdruck geben konnte. Die guten Geister sollten bei den Naturvölkern dadurch freundlich gestimmt, die bösen Totengeister verjagt werden. Die Frage einer normalen Trauerarbeit und die krankhaften Reaktionen dabei sind nun zum Gegenstand psychologischer und psychiatrischer Untersuchungen geworden. Im Anschluß an Todesfälle sind unter denen, die dem Toten nahestanden, charakteristische abnorme Verarbeitung des Todesfalles zu beobachten, die als abnorme Trauerreaktion zu bezeichnen sind.

Symptomatik und Auslösung. Nach dem Todesfall selbst kommt es bei ihnen zu keiner tiefen Gefühlsreaktion, es fehlt die eigentliche Traurigkeit, sie können nicht weinen, nicht klagen, sie wirken wie *versteinert*. Diese steife unangemessene Reaktion kann lange Zeit, Monate, ja nicht selten Jahre fortbestehen. Viele wirken gehemmt, ergehen sich in *hypochondrischen Klagen*, wobei sie sich in den vorgebrachten Befürchtungen mit der Krankheit des Toten identifizieren können: Die Frau des Mannes, der an einem Magenkrebs gestorben ist, wird appetitlos, klagt über Magenschmerzen und entwickelt die Befürchtung, selbst an Krebs erkrankt zu sein. Viele sind fixiert in einer starr wirkenden, übermäßigen inneren Feindseligkeit, z. B. in Vorwürfen gegen Ärzte oder andere Personen der Umgebung, die sie für den Tod des Angehörigen verantwortlich machen. Dazu kommen noch körperliche Beschwerden wie *Kopfschmerzen, Durchfälle, Obstipation, Appetitlosigkeit, Atembeschwerden* und vor allem *Schlaflosigkeit* . Bei einigen sind *psychosomatische körperliche Reaktion* mit organischen Veränderungen wie *ulzerative Kolitis oder* rheumatische Arthritis beschrieben worden. Viele werden so passiv und antriebsarm, daß sie ihre gewohnte Tätigkeit, Beruf und Haushalt, ganz aufgeben. Bei anderen stehen die *Hemmungen* und eine starre *traurige Verstimmung* ganz im Vordergrund, ohne daß die Traurigkeit thematisch verknüpft ist mit dem Trauerfall. Daneben können aber ebenso übertriebene *Aktivität* und eine starre *feindselige Haltung* das Bild bestimmen, wie im folgenden Beispiel deutlich wird:

◀ Eine 35jährige Frau verliert ihren Bruder ganz plötzlich an Lungenentzündung. Sie zeigt weder beim Begräbnis noch unmittelbar danach eine besondere Trauer und entschließt sich, die Stellung ihres Bruders, der Postverwalter des Dorfes gewesen war, zu übernehmen. Sie wurde ach Postverwalterin und saß den ganzen Tag am Schalter des Postamtes, ohne geselligen Umgang mit irgendeinem Menschen dabei zu entwickeln. Sie verlor ihre Freunde und verkehrte mit den Menschen im Dorf nur durch das Fenster des Postschalters. Den Menschen im Dorf kam sie sehr unnahbar vor, und sie fühlte ihrerseits, daß sie niemand gern mochte, weil sie so ablehnend und unliebenswürdig war. Sie dachte zwar nach, wie sie sich aus dieser feindseligen Stimmung befreien könnte, wußte aber nicht, ob es ihre Schuld oder die ihrer Nachbarn war. Auf jeden Fall befand sie sich nun ganz außerhalb der Gesellschaft. Bei der Nachprüfung dieses Trauerprozesses zeigte sich nun, daß sie gegenüber dem Arzt des Dorfes außerordentlich feindselig eingestellt war, da dieser nicht die Präparate beim Bruder angewandt hatte, die ihren Vorstellungen nach hätten angewandt werden müssen. Als Bibliothekarin des Städtchens sei sie zu dieser Zeit mit der medizinischen Literatur recht gut vertraut gewesen und hätte ziemlich gut Bescheid gewußt über die nötigen Maßnahmen. Sie hatte nun die Empfindung, daß sie dies dem Arzt nicht sagen dürfte, denn der könnte darüber so zornig werden, daß er nicht mehr ins Dorf kommen und die anderen Patienten vernachlässigen würde. Sie hatte über diese Angelegenheit geschwiegen und den Arzt seit 2 Jahren nicht mehr gesehen. Es war nun sehr eindrucksvoll, den weiteren Verlauf zu beobachten, nachdem wir uns mit dem Arzt in Verbindung gesetzt und die Frau ermutigt hatten, sich mit ihm auszusprechen, insbesondere ihm zu sagen, wie sehr sie ihn haßte. Es folgte eine Zeit der Depression, ihre verkrampften Gefühle lösten sich und machten einer typischen Trauerreaktion Platz, die sie 2 Jahre nicht gehabt hatte. Nach etwa 4 Wochen bekam die Frau den Kontakt mit ihrer Umgebung wieder: Sie hatte ihre Freunde, im Umgang wurde sie lebhaft, im geselligen Kreis gab sie viel Anregung (Beispiel von Lindemann). ▶

Häufigkeit. Man findet Trauerreaktionen nicht selten, wenn man auf solche Zusammenhänge achtet. Bei *hypochondrischen*, bei *depressiven* Kranken und bei solchen mit *psychosomatischen Reaktionen* ist nach vorangegangenen Todesfällen zu forschen. Es ist nach der Art der Trauerreaktion und auch nach der Einstellung zum Verstorbenen zu fragen.

Es läßt sich allgemein sagen, daß Verlusterlebnisse, z. B. der Tod des Ehepartners, eine Belastung und Anforderung an die psychophysische Gesundheit darstellt. Man findet bei den Überlebenden nicht nur seelische Verarbeitungen von Krankheitswert, sondern auch *vereinzelt körperliche Krankheiten* bis zur Colitis ulcerosa. Manche Untersucher meinen, daß die Widerstandskraft nicht nur gegenüber manchen Infektionskrankheiten, sondern auch gegenüber manchen Krebsformen in dieser Zeit gemindert sei. Bei epidemiologischen Untersuchungen in England (Lindemann) waren Frauen von Verlustereignissen, wie Tod des Ehemannes, besonders und signifikant häufiger dann mit einer Depression betroffen, wenn

1. keine vertrauensvolle Beziehung zu einem anderen Partner bestand;
2. die betreffenden Frauen nicht berufstätig waren;
3. sie keine Kinder zu versorgen hatten.

Diese Variablen kennzeichneten nun den sozialen Ort, an dem die *Frauen der Unterschicht* besonders häufig angetroffen wurden. Das macht deutlich, warum Arbeiterfrauen eine wesentlich höhere Depressionsrate haben als Frauen der Mittelschicht. Der Provokationsfaktor liegt also deutlich in den fehlenden zwischenmenschlichen Bezügen und in der fehlenden Befriedigung durch eine berufliche Tätigkeit. Bei Männern ist der Befund 4 Wochen nach dem Tod der Ehefrau ähnlich: Jeder dritte Witwer hat ein leichtes oder auch schweres depressives Syndrom entwickelt. Als trennender Faktor zwischen depressiven und nichtdepressiven Witwern fand sich: Die Nichterkrankten hatte die eigenen Kinder in der Nähe wohnen, die ihnen offenbar emotional, physisch und finanziell Hilfe leisteten.

Ursachen. Um die abnorme Trauerreaktion verstehen zu können, ist es wichtig, die *normale Trauerarbeit* zu kennen, in welcher der Mensch von seinen Toten Abschied nimmt. Diese normale Trauerarbeit ist *Trennungsarbeit* , in der man sich von dem Bild des Verstorbenen befreit, bis er auch im Unbewußten als Toter anerkannt ist. Am längsten dauert das bekanntlich im Traum.

Zur normalen Trauerarbeit gehört zunächst die sich laut *äußernde Klage,* das Weinen, das Herauswerfen der Schmerzen. Die Trauerarbeit kann aber auch in einem *stillen und intensiven Grämen* liegen, das in der Haltung und in der Gebärde seinen Ausdruck findet. Zur Trauerarbeit gehört bei vielen der *Rückzug aus der alltäglichen Arbeit* für eine gewisse Periode und die *ausschließliche Beschäftigung mit dem Verstorbenen,* wobei etwa die gemeinsame Strecke des Weges noch einmal abgeschritten und vergegenwärtigt wird. Diese Trauerarbeit hat Auswirkungen auf den Appetit und den Schlaf. Doch sind diese körperlichen Begleiterscheinungen nicht so ausgeprägt und anhaltend wie bei der abnormen Trauerreaktion.

Je nach Temperament und kulturellem Brauchtum ist die Trauerarbeit entweder mehr nach außen gewandt, dramatisierend und in kurzer Zeit kathartisch abreagierend, oder sie ist mehr introvertiert und verzögert. Die Totenklage der Menschen in den Mittelmeerländern wirkt für den kühlen Nordländer „hysterisch": Die junge Italienerin, die ihren Mann verloren hat, wirft sich auf die Erde, rauft sich die Haare, zerreißt sich die Kleider, klagt die Ärzte an – kann aber am nächsten Tag wieder erstaunlich gefaßt und dem Leben zugewandt sein. Die Totenklage ist bei manchen Völkern ritualisiert, z. B. in den Rollen der Klageweiber, und dabei auf verschiedene Personen verteilt.

Eine *verfehlte Trauerarbeit* bei abnormen Trauerreaktionen kann verschiedene innerseelische Bedingungen haben:

1. Am häufigsten ist die *Ambivalenz* zum Toten, vor allem ein offener oder häufiger noch ein versteckter Haß. Der Zurückgebliebene ist eigentlich erleichtert, ohne sich das eingestehen zu dürfen. Er macht sich aus diesem Gefühlskonflikt Selbstvorwürfe. Er hat Schuldgefühle, die in ihrer Motivation dann aber verdrängt werden. Diese verdrängte eigene – nicht selten auf andere projizierte – Schuld spielt eine große Rolle, sie kann zum Selbstvorwurf, man sei am Tode schuld, und zur schuldhaften Identifikation führen – oder auch zum Vorwurf gegen die behandelnden Ärzte, ihre Maßnahmen oder Unterlassungen.

2. Besteht ein *realer Selbstvorwurf*, am Tod schuld zu sein, etwa durch die Verantwortlichkeit bei einem Unfall, so kann das erfahrungsgemäß die normale Trauerarbeit ganz erheblich erschweren. Eine solche Situation legt es nahe, die eigene Ambivalenz zu verdrängen.

3. Eine *sehr starke Bindung* an den Toten, mit infantilen und narzißtischen Zügen, kann eine abnorme Trauerreaktion provozieren. Der Tote wird verherrlicht, idealisiert. So kann das Zimmer, in dem er gelebt hat, belassen werden, der Platz am Tisch bleibt frei für ihn, sein Tod wird verleugnet.

4. Wenn der Tote *nicht faßbar ist,* so kann das die Trauerarbeit ebenfalls erheblich erschweren. Wir konnten wiederholt abnorme Trauerreaktionen nach einer *Totgeburt* beobachten, wobei die Mutter das Kind nicht zu sehen bekam. Der unsichtbare Tote ist nicht faßbar, und eine richtige Trauerarbeit kommt nicht in Gang.

Ein Beispiel soll den *typischen Ambivalenzkonflikt,* der zu einer abnormen Trauerreaktion führen kann, deutlich machen:

> ◀ Eine 41jährige Zigarrenmacherin und Hausfrau, wegen „vegetativen Erschöpfungszustandes" seit 5 Monaten krank, ohne Erfolg in einem 6wöchigen Heilverfahren behandelt, ist bei mehreren Ärzten wegen Klagen über *Herzbeklemmung, Atemnot, Übelkeit, morgendliches Erbrechen, Appetitverlust, Schlafstörungen* behandelt worden, ohne daß es zu einer Klärung oder Besserung kam.
> Sie selbst führt diese Störung auf eine „verschleppte Grippe" vor 6 Monaten im April d.J. zurück, seit der sie sich nicht erholt habe. Schließlich gibt eine Bemerkung im Gespräch den entscheidenden Hinweis: Sie habe sich nicht erholen können, weil sie ihre schwerkranke Schwiegermutter pflegen mußte, die Anfang Mai starb. Es ist zu erfahren, daß ihre Beschwerden und ihre Arbeitsunfähigkeit erst *seit dem Tod* der Schwiegermutter bestehen.

Sie stammt aus einer Flüchtlingsfamilie, lebte seit 21 Jahren mit der Schwiegermutter in einem Haushalt, einer harten und bösen Frau. Sie selbst sei immer still gewesen, habe bei allem immer geschwiegen. Die Schwiegermutter war die letzten 5 Jahre krank und bettlägerig, wurde von ihr gemeinsam mit der Gemeindeschwester gepflegt, sie mußte außerdem noch zur Arbeit gehen. Die Schwiegermutter war immer sehr ungeduldig, sagte kein Wort des Dankes, warf dagegen mit vielen Gegenständen nach ihr, beschimpfte sie, näßte und kotete ein.

Die Patientin *klagte nie*. Nach dem Tod der Schwiegermutter *konnte sie nicht weinen*, fühlte sich auch nicht erleichtert, sei irgendwie *steif und starr* gewesen. 4 Tage nach dem Tod sei sie allein in den Keller gegangen, um Kartoffeln zu holen. Sie habe dort plötzlich ein wahnsinniges Angstgefühl bekommen, drehte sich um und wollte fortlaufen. Dabei blieb sie mit der Schürze an einer Schrankecke hängen und dachte mit einem Mal: Jetzt holt sie mich, die Oma, jetzt holt sie mich! Sie konnte gerade noch nach oben laufen und wurde dort ohnmächtig. Seitdem sei alles anders, sie habe mit niemandem darüber gesprochen, habe an nichts Freude, könne vor allem nicht allein sein.

Verlauf: Da psychopathologisch die gedrückte Stimmung, Suizidgedanken, eine motorische Hemmung und die gestörten Vitalgefühle auffallen, wird ernsthaft diskutiert, ob nicht eine Depression endogenen Gepräges in Gang gekommen ist. Die vorgeschlagene Aufnahme zur Beobachtung in der Psychiatrischen Klinik wird von ihr aber abgelehnt. In einer *großen Aussprache* gelingt es, die Patientin noch einmal an das Konfliktfeld im Zusammenleben mit der Schwiegermutter heranzuführen und es wieder lebendig zu machen. Zum ersten Mal kommt es dabei zu einem *lösenden Tränenfluß*. Die sehr fromme und gewissenhafte Frau vermag dem lange zurückgedrängten Gefühl der Erleichterung nach dem Tod und den jahrelang zurückgedrängten Empfindungen Ausdruck zu geben. Als sie 10 Tage später wiederkommt, ist sie wie verwandelt, berichtet, sie könne wieder ihre Arbeit tun, habe keine Angst mehr, könne schlafen. Sie sei wieder die alte. Sie habe etwas an Gewicht zugenommen und alle ihre Herz- und Atembeschwerden seien weg. Auch habe sie sich entschlossen, Veränderungen zu treffen, wolle nicht mehr arbeiten, nur noch für ihren Mann und ihre Kinder da sein.

Der intensive *Ambivalenzkonflikt* zwischen Entlastung und Schuldgefühlen anläßlich des Todesfalles wurde hier nicht bewußt ausgetragen. Es ist ein innerer Konflikt, der aus den Tendenzen „Da hast du es, böse Schwiegermutter, jetzt bist du tot!" und der zensierenden Instanz in ihr selbst „Wie kannst du so etwas denken!" besteht. Diese Vorstellungen sind im Bewußtsein aber nicht zugelassen, sondern verdrängt. Das Verdrängte erscheint in der schuldhaften Identifikation mit der verstorbenen inneren Feindin, deren Bild nach ihrem Tod noch mächtiger geworden ist: „Jetzt holt sie Dich!" ▶

Bei *neurotischen* Depressionen zeigt die Persönlichkeit stärker ausgeprägte abnorme, eben neurotische Züge, die als eigenes Thema weit in die Vergangenheit zurückzuverfolgen sind. Aber sicher gibt es auch hier Übergänge.

Therapie. Abnorme Trauerreaktionen bieten wie schon ausgeführt einen Ansatz für die *fokal auf den Konflikt zentrierte Kurzzeitpsychotherapie.* In intensiven und kurz aufeinander folgenden Aussprachen muß die Einstellung zum Toten, vor allem der Ambivalenzkonflikt ihm gegenüber, durchgearbeitet werden. Damit kommt es zu einem Nachvollzug der nichtgeleisteten Ablösung, zu einer verspäteten Trauerarbeit und zu einer inneren Distanzierung gegenüber dem Toten.

Suizidversuch und Suizid

(Parasuizid für Suizidversuch; ICD 10 X60-84 vorsätzliche Selbstschädigung durch Arzneimittel ...)

Der *Versuch* der Selbsttötung, „eine gewollte Handlung, die suizidalem Verhalten gleichkommt, aber nicht zu einem tödlichen Ausgang führt" (Kreitman), ist eine der gegenwärtig häufigsten Konfliktreaktionen. Sie wird auch als parasuizidale Handlung bezeichnet und ist nicht nur im Ausgang, sondern auch in der Anlage, Motivation und in anderen Hinsichten noch von dem *vollendeten Suizid* verschieden. Doch gibt es auch Gemeinsamkeiten, die schon in dem Ernst des Todesthemas liegen.

Selbsttötungshandlungen, geglückt oder mißglückt, werden in den verschiedenen Gesellschaften unterschiedlich bewertet, sie unterliegen *historischen, sozialen und kulturellen Einflüssen sowie vor allem religiösen Bewertungen.* In vielen Kulturen war der Selbstmörder auch nach seinem Tod noch geächtet und durfte auch bei uns bis vor wenigen Jahren nicht auf einem öffentlichen Friedhof kirchlich beigesetzt werden. Tabus sind in allen Ethnien und Zeitaltern zu finden, er wurde zumeist als moralisches Problem gesehen, von der Kirche mit Sündenstrafen und Exkommunikation, von seiten der weltlichen Macht mit Freiheitsstrafen oder sonstigen schweren Bußen geahndet. Jeder Selbstmord löst in der Umgebung Beunruhigung und Betroffenheit aus: „Hätte ich ihn nicht abhalten können? Was habe ich unterlassen?"

Sich selbst töten zu können, erscheint in der Sicht mancher Philosophen als ein menschliches Grundrecht. Zeit und Form des Todes zu bestimmen, ist, wie die stoische Philosophie und die moderne Existenzphilosophie lehren, gegenüber der Geworfenheit der menschlichen Existenz *äußerster Ausdruck menschlicher Freiheit.* In der ärztlichen Erfahrung erfolgt der Selbstmord häufig aus einem *krankhaft veränderten Bewußtsein* im Rahmen einer schweren Krisensituation oder passageren psychischen Erkrankung. Der Selbstmordversuch ist bei der Mehrzahl der Betroffenen eine Handlung, die aus sehr widersprüchlichen und konflikthaften Motiven resultiert. Er ist dann keine klar bilanzierende, auf das Ende des eigenen Lebens gerichtete Handlung. In der Sicht des Arztes und Psychotherapeuten finden sich so ganz *andere Zusammenhänge*, als sie in theologischer oder philosophischer Betrachtung erscheinen.

Motivationen. *Der Suizidversuch* erwächst in der Mehrzahl der Fälle *aus kurzschlüssigen, emotionalen Entscheidungen und dem Bewußtsein nicht voll zugänglichen Motiven.* Der Wunsch, sich zu töten, ist in der Mehrzahl der Fälle *nicht* oder *zumindest nicht allein* und ohne Ambivalenz intendiert. Jeder echte Selbstmordversuch ist zwar gefährlich. Bei genauerer Betrachtung besteht jedoch eine *Motivationswaage* unterschiedlicher Absichten, unter denen der eigene Tod nicht das einzige und meist nicht das eigentlich gesuchte Ziel ist. Selbstmordversuche sind Ausdruck einer akuten,oft nur vorübergehenden Konfliktsituation, einer affektiven Einengung und sind damit durchaus im Rahmen einer krankhaften seelischen Verarbeitung zu sehen. Fehlt diese konflikthafte situative Einbettung in eine verstehbare belastende äußere und innere Situation, ist an krankhafte Veränderung der Persönlichkeit im Rahmen von Psychosen zu denken (s. Persönlichkeitsdiagnose, S. 128). Gesucht wird in der Selbstmordhandlung oft nur die *Betäubung*, eine unerträgliche Situation soll, indem man sich selbst entschieden zurückzieht – und nicht selten damit an den anderen appelliert! – verändert werden. Der *Appellcharakter* der Suizidhandlung zeigt sich darin, daß zwei Drittel der Suizidversuche in irgendeiner Form *angekündigt* werden. *Der Wunsch nach Ruhe* tritt in der Wahl der Mittel deutlich hervor, indem heute 90% der Selbsttötungsversuche mit Schlaf- oder Betäubungsmitteln erfolgen.

◀ Ein 21jähriges schlankes, blondes Mädchen, bei der im Blickkontakt ein werbendes Lächeln mit einer in sich versunkenen depressiven Verfassung wechselt, wird von einem Krankenhaus,

wo sie seit zwei Tagen entgiftet wird, zur Diagnose und Therapie geschickt. Sie berichtet frei und offen: „Ich habe vor 3 Tagen 80 Tabletten genommen, so Beruhigungs- oder Schlaftabletten waren es. Dann weiß ich nichts mehr. Ich bin wohl in der Nacht noch ins Krankenhaus gefahren worden. Eine Magenspülung war nicht mehr möglich, ich bekam einen Tropf und bin im Laufe des nächsten Tages wieder wach geworden." Wie sie dann erzählt, ist bei ihr eine Beziehung zu A. nach 4 Jahren zu Ende gegangen, eine neue Beziehung zu B. sei auch in eine Krise geraten. Wie sie weiter angibt, hat sie „es" vor 4 Jahren schon einmal versucht, damals nur mit 50 Tabletten, mußte sich aber gleich übergeben. Das sei auch aus Liebeskummer gewesen.
Bei genauer Befragung berichtet sie, sie sei am Vorabend mit B. zu einem Fest gegangen, habe ihn nach einiger Zeit mit einem anderen Mädchen, dann gar nicht mehr gesehen. Da bin ich nach Hause gegangen in unsere Wohngemeinschaft, ich habe mir gesagt: „Ich kann nicht mehr; ich trete von der Bühne ab, *ich will nichts mehr wissen, meine Ruhe haben.*" Sie habe sich so *leer und verloren* gefühlt, habe den anderen in der Wohngemeinschaft wohl auch so Andeutungen gemacht, sie wisse es nicht mehr genau. Die hätten dann in der Nacht nach ihr gesehen und sie ins Krankenhaus gebracht. ▶

Wie bei dieser Patientin geben mehr als die Hälfte im Rückblick und im Abstand auf die Situation an, daß sie nicht 100%ig entschlossen waren, ihr Leben zu beenden. Sie wollen „einfach weg sein", sie hatten das Bedürfnis, „von allem nichts mehr wissen zu wollen," oder geben auch selbst an, daß sie eine unerträgliche Situation ändern wollten. Nur eine kleine Gruppe hat dabei einen entschiedenen Todeswunsch oder die Tendenz zu einer Selbstschädigung. Echte Bilanzselbstmorde sind auf einer modernen Entgiftungsstation eher selten.

Zwischen dem äußeren Anlaß, meist einer Enttäuschung oder Kränkung, und der eigenen Handlung liegt gewöhnlich eine Phase der Krankheitsarbeit. Ein „präsuizidales Syndrom" wurde treffend von Ringel beschrieben:

1. Es kommt zu einer *Einengung des Bewußtseins*, einem Rückzug von den anderen Menschen, einer Ablösung von der Umwelt. Die Menschen steigern sich in das Gefühl der Einsamkeit, der Isolierung, der Sinnlosigkeit und der Ausweglosigkeit.
2. Es folgt ein *Sich-Hineinwühlen* in starke, dabei aber ohnmächtige Aggressionen gegen andere Personen. Eine schmerzlich resignierende und vorwurfsvolle Einstellung herrscht gewöhnlich vor.

3. Eine *Flucht in eine Phantasiewelt*, die oft passiv lustvollen, „masochistischen" Charakter hat, setzt ein. Die Aufmerksamkeit wird von der Realität abgezogen, dafür tauchen Phantasien auf, die um das Auffinden der eigenen Person nach dem Tode, um die Selbstvorwürfe der anderen, deren Leiden am eigenen Tod usw. kreisen.

Wir fanden bei 318 Patienten der Medizinischen Universitätsklinik als mitwirkende latente Motivationen:
Vorwurf und ohnmächtige Aggression 55%;
Appell 21%;
Erpressung 8%;
Reinigung und Sühne 11%;
Sonstiges 5%.

Mark Twain hat solche Phantasien in seinem „Tom Sawyer" beschrieben:

◖ „Als Tante Polly sich einen Augenblick entfernte, nahm Toms Bruder Sid die Zuckerdose und ließ sie fallen. Da der Musterknabe Sid für die Tante keineswegs der Missetäter sein konnte, wurde sofort Tom verprügelt. Darauf schmollte er in einem Winkel und steigerte seine Leiden ins Unendliche. Er wußte, daß die Tante innerlich vor ihm auf den Knien lag, und dies Bewußtsein tat ihm wohl bis in die kleinste Zehe. Er wollte sich um niemanden, niemanden mehr kümmern. Er fühlte, wie ihn von Zeit zu Zeit ein sehnsüchtiger, tränenverschleierter Blick traf, er aber tat, als merkte er nichts, und brütete nur stumm vor sich hin. Er sah sich krank, sterbend auf seinem Bette hingestreckt. Die Tante beugte sich über ihn und flehte händeringend um ein einziges, kleines, armes Wort der Vergebung. Er aber wandte das Gesicht ab, stumm, tränenlos und starb, – starb und das Wort der Vergebung blieb ungesagt. Was würde sie dann tun? – Oder er sah sich, wie man ihn vom Flusse zurückbrachte, tot mit triefenden Haaren, blaß und still im Antlitz, endlich Ruhe und Frieden im armen, gequälten Herzen – für immer. Wie würde sie sich über ihn werfen, wie würden ihre Tränen stromweise fließen und wie würde sie Gott anrufen, ihren armen Jungen lebendig zu machen, den sie auch nie, nie wieder mißhandeln wollte. Er aber läge da, kalt und still, ein armer Märtyrer, dessen Leiden zu Ende." ◗

Was der Schriftsteller hier so ironisch, aber treffend wiedergibt, sind die Phantasien beim demonstrativ anklagenden und an vermehrte Zuwendung appellierenden Selbstmordversuch. Diese oft sichtbare Motivation darf nicht zu einer bagatellisierenden Entwertung des Betroffenen führen, muß aber erkannt und bearbeitet werden. Der Prozeß des präsuizidalen Syndroms trifft aber nicht für alle Fälle zu. Der absolut auf eigene Selbstvernichtung zielende Selbstmord verläuft gewöhnlich ohne jede Ankündigung und ist entschieden gegen die eigene Existenz gerichtet.

◖ Aus dem Tagebuch eines 32jährigen unverheirateten, wahrscheinlich psychotischen Mannes, der sich ohne Ankündigung stranguliert hatte:
„Wenn ich mich durch eigene Hand aus diesem Erdenleben entferne, so laßt meine sterblichen Überreste verbrennen und tilgt jede Erinnerung an mich aus, als habe ich nie existiert. Ich hoffe, daß Ihr mir diesen Wunsch erfüllt, denn es wäre der letzte in meinem selbstzerstörten Leben. Ich hoffe, ich kann Euch aus dem Jenseits beistehen, ganz egal, wie es aussieht und wie es für mich ausfällt. Ich werde, wenn es irgendwie möglich, über Eurem Glück wachen und Euch beschützen. Grüßt alle Verwandten und Bekannten von mir und sagt ihnen, daß ich im Bewußtsein meines Versagens aus eigenem freien Entschluß aus diesem für mich unerträglich gewordenen Leben gegangen bin..."
(Aus A. Reiner 1977). ◗

Selbsttötungshandlungen sind unter verschiedenen Gesichtspunkten zu betrachten: Persönlichkeit, Lebensgeschichte, psychosoziale Situation der Betroffenen, äußerer und innerer Ablauf und schließlich die Wahl der Mittel.

Persönlichkeit und **Auslösesituation**. Beim *vollendeten Suizid* kommen bestimmte Persönlichkeiten, die zu einer Selbsttötungshandlung fähig sind, mit bestimmten sozialen und zwischenmenschlichen Situationen zusammen. Im (nichterkrankten) Verwandtenkreis von Schizophrenen, Manien und Depressionen war das Suizidrisiko achtmal so hoch wie bei den Kontrollen. Und es gibt eindrucksvolle Zwillingsbefunde von konkordanten EZ mit Suizid (Propping), wobei hierin bei einem beträchtlichen Teil aber eine Psychose bestand. Depressionen, die über einen Suizid in der Verwandtschaft berichten können, verdienen in der Klinik *besondere Aufmerksamkeit*.

Häufigster Anlaß bei Patienten mit *Selbsttötungsversuchen* sind Konflikte durch *Zurückweisung* oder *Weggang eines Liebespartners* und *Ehekonflikte*. Daneben spielen andere zwischenmenschliche Konflikte, die zu einer Enttäuschung und Isolierung führen, eine Rolle. Bei den *vollendeten Selbsttötungen*, die *bei Männern häufiger* sind, finden sich als Anlässe vor allem *berufliche Enttäuschungen* durch Arbeitslosigkeit oder Einkommensverluste, Bankrotte. Aber auch Gerichtsverfahren, selbstverschuldetes Versagen oder Zurückweisungen sind ebenfalls nicht selten anzutreffen, daneben Ehestreitigkeiten, Untreue und Trennungen des Partners etc. Wiederholte und schließlich erfolgreiche suizidale Handlungen sind vor allem bei Männern häufig mit *Alkoholproblemen* verbunden. Charakteristisch ist überhaupt, daß mehrere Faktoren zusammenkommen, die Handlungen überdeterminiert sind. Die aktuellen Anlässe sind dannn überhaupt nur etwas, was das Faß zum Überlaufen bringt.

◀ Frau Z., eine 58jährigen Frau, seit 13 Jahren Witwe, hat 3 verheiratete Kinder. Sie wohnt oben im Haus der verheirateten jüngsten Tochter, von der sie sagt, sie sei von jeher kaltherzig gewesen. Am 26. 10. verliert Frau Z. ihre Stellung, die sie seit 10 Jahren innehatte. Frau Z. kommt über die Entlassung nicht hinweg, trägt sich mit der Absicht, das Arbeitsgericht in Anspruch zu nehmen, *resigniert* dann wieder: „Man kriegt halt immer einfach eine auf den Kopf. Der Dr. X hat mich fortgejagt wie einen Hund." Sie bleibt 10 Tage zu Hause, bewirbt sich dann wieder bei einer anderen Firma. Als ihr aber dort ein Fragebogen vorgelegt wird, ob ihr schon einmal gekündigt worden sei, gibt sie es auf und geht nach Hause. Dort ist sie abends allein. Die Tochter kommt von unten. Frau Z. ist enttäuscht, daß sie von der Tochter nicht zum Abendessen eingeladen wird. Sie macht der Tochter *eine dunkle Andeutung*, es habe ja alles keinen Wert mehr, sie werde schon sehen. Als die Tochter die Wohnung verlassen hat, schließt sie die Tür von innen ab und nimmt 15 Tabletten eines Schlafmittels. Die Tochter ist am späten Abend doch beunruhigt, als sie von der Mutter nichts mehr hört, denkt an die Andeutung. Als sie nach der Mutter sehen will, muß sie die Tür aufbrechen, die Mutter ist tief bewußtlos. Erst 2 1/2 Tage später ist die Mutter wieder ganz bei sich. Eine Woche nach dem Suizidversuch sagt sie rückblickend: „Umbringen wollte ich mich eigentlich nicht. Ich wollte nur weg sein, Ruhe haben, nichts mehr hören und sehen. Ob es wieder machen könnte? Ich kann es mir jetzt nicht vorstellen, warum ich das machte. Ich komme jetzt schon zurecht. Die Stellung bei der alten Firma war mir ohnehin zu schlecht bezahlt für das, was ich leisten mußte, und viel zu anstrengend. Ich suche mir etwas Neues." Deutlich ist auch, daß die Tochter und die anderen Kinder sich der Mutter mehr zuwenden, daß der *Appell* der Mutter sie getroffen hat, daß sie Schuldgefühle haben. Die 3 Kinder erscheinen gemeinsam und holen die Mutter von der Klinik ab. ▶

Die *Psychodynamik der Suizidhandlung* hat Freud charakterisiert als eine Aggressionshandlung, die in jedem Fall gegen einen anderen Menschen gerichtet sei, mit dem früher eine Identifikation bestand. Freud, Abraham und Bernfeld gaben eine *psychoanalytische Deutung* und meinten Selbstmord komme vor:

1. bei intensiven und unbewußten verdrängten Mord- und Rachetendenzen;
2. wenn der Täter sich bewußt mit dem gehaßten Objekt identifiziert hat, den Gehaßten mit sich selbst tötet;
3. Selbstbestrafungstendenzen eine Rolle spielen u. a. auch gerade wegen der eigenen Mordphantasien gegenüber dem früheren Liebesobjekt.

Verhaltenstherapeuten sprechen dagegen von einem gelernten „suizidalen Verhalten", weisen auf den „sozialen Streß", etwa die häufige Arbeitslosigkeit, hin, das Moment der Ansteckung, etwa die durch Zeitungsmeldungen erhöhten Suizidziffern und auch darauf, daß Alkohol- und Drogengenuß ein Vorläufer suizidalen Verhaltens sei.

Familientherapeuten beschreiben eine suizidale Familie, die durch ihre ambivalentes Verhalten den Suizid ihrer Kinder fördert, selbst aber auch schon Opfer ihrer eigenen und kulturellen Traditionen sei. Sie vermuten eine letztlich archaisch-evolutionär verankerte menschliche Tendenz zu Kindstötungen, in früheren ärmeren Jahrhunderten offener ausagiert. In der heutigen Gesellschaft würden die in den suizidalen Familien vorherrschenden Todeswünsche an die Kinder in der adoleszenten Trennungskrise weitergegeben. – Man könnte diese schulmäßige Deutung auf sich beruhen lassen, wenn man nicht um die Betroffenheit und das Leid wüßte, daß jede Selbsttötung und schon Suizidversuche im Kreise der Famlie und der Freunde auslösen.

Epidemiologie des Suizids und des Suizidversuchs. Während die Zahl der vollendeten Selbsttötungen in den letzten 80 Jahren relativ konstant geblieben zu sein scheint, stieg die Zahl der Selbstmordversuche in den Jahrzehnten nach dem letzten Krieg unaufhaltsam an. Man rechnet allgemein mit 20–30 geglückten Selbstmorden pro 100 000 Einwohner im Jahr, wobei manche Länder wie Japan, aber auch Ungarn, Dänemark, Tschechoslowakei, Finnland, Österreich und die Bundesrepublik im oberen Bereich liegen. Dabei besteht aber immer ein *Problem der Erfassung,* da diese Statistiken nur von *juristisch eindeutigen Fällen* ausgehen, die in den verschiedenen Ländern *unterschiedlich definiert* sind. Es ist so häufig eine Dunkelziffer gegeben. England und Wales hat in den Statistiken (Kreitman 1986) nur eine etwa halb so hohe Suizidrate wie die Bundesrepublik Deutschland, dabei aber die gleichen rapiden Anstiege zwichen 15 und 25 Jahren und ab 60 Jahren, auch die gleichen Geschlechtsdifferenzen.

Es besteht ein Stadt-Land-Gefälle, Westberlin hatte die höchste Suizidrate in der BRD. Die höchste Risikogruppe liegt bei *alten Männern und Frauen*, vor allem bei geschiedenen, verwitweten, ledigen und bei Kranken. Die Altersgruppe der Menschen zwischen 65 und 75 Jahren macht in den USA 10% aus, bei den Suizidfällen aber 25%. Dagegen liegt der Gipfel der Suizidversuche in den früheren Altersgruppen. Die Statistik zeigt aber auch, daß in der *Adoleszenz*, also in der Altersphase zwischen Pubertät und 25 Jahren, Suizidhandlungen bei jungen Männern an 2. Stelle der Todesursachen stehen, nach Straßenunfällen und Unfällen aus anderen Ursachen. Ob die Abnahme der Suizidrate, die in manchen Ländern wie Großbritannien festzustellen ist, mit dem *Erfolg von Präventionszentren* in Verbindung gebracht werden kann, ist noch umstrritten.

Das Zahlenverhältnis Suizid zu Suizidversuch wird in den verschiedenen Ländern bei Männern 1:10 bei Frauen 1:50 gefunden bzw. geschätzt, bei jugendlichen Männern 1:50 und Frauen 1:150 (Schmidtke u. Häfner).

Selbstmordversuche werden in 90% der Fälle *nicht* wiederholt, wenn sie wiederholt werden, meist wieder als Selbstmordversuche. Allerdings haben Menschen mit einem Selbstmordversuch statistisch gesehen noch ein *höheres Risiko der Mortalität* durch Suizid als die Durchschnittsbevölkerung.

Die Zahl der Selbstmordversuche liegt in den westlichen Ländern bei 100–400 pro 100 000 Einwohner im Jahr, wobei allerdings auch hier eine große Dunkelziffer besteht. Der Altersgipfel liegt zwischen 15 und 25 Jahren, wobei Frauen deutlich häufiger als Männer anzutreffen sind.

Aufnahmen wegen *„Arzneimittelintoxikationen"* in der Medizinischen Universitätsklinik Heidelberg stiegen zwischen 1960 von etwa 300 auf über 600 im Jahre 1977 bei einem Einzugsgebiet von 150 000 Menschen. In den letzten 15 Jahren haben sich die Aufnahmen wegen Arzneimittelintoxikation an dieser Klinik auf dem hohen Niveau von über 600 Aufnahmen pro Jahr *stabilisiert*. Dazu kommen in einer Stadt wie Heidelberg jährlich noch etwa 150 Selbstmordversuche mit chirurgisch zu versorgenden Verletzungen (Schnitt in die Pulsader usw.).

Die Medizinalisierung des Selbstmordversuchs zeigt sich darin, daß, während um die Jahrhundertwende und bis in die 40er Jahre als Mittel Gas und nichtmedikamentöse Gifte benutzt wurden, in den letzten Jahrzehnten dagegen immer mehr verschreibungspflichtige Schlafmittel, Tranquilizer und Antidepressiva benutzt werden, wobei die modischen Trends in der Schlafmittelmedikation mit Abnahme der Barbiturate auch bei den zur Selbstintoxikation benutzten Medikamenten erscheinen.

Persönlichkeitsdiagnose und Ursachenfragen. Suizidversuche, die heute somatisch unter der Rubrik „Schlafmittelintoxikation" erscheinen, sind nicht nur die gemeinsame Endstrecke von unterschiedlichen Einflußfaktoren, sie bieten auch sehr unterschiedliche Diagnosen in der *Ausgangspersönlichkeit*. Diese Diagnose ist für die Prognose im Hinblick auf eine Wiederholung und die damit gegebene Gefährdung und die indizierten therapeutischen Anstrengungen von großem Gewicht. In Hinsicht auf ernsthafte und nicht ernsthafte Fälle haben englische Autoren als signifikante Unterschied gerade bei *depressiver Symptomatik* auf Klagen über *Schlaflosigkeit*, dann *Pessimismus* und *Konzentrationsstörungen als ungünstige Prädiktoren* hingewiesen. Aber jeder Selbstmordversuch ist gefährlich und ernst zu nehmen, auch scheinbar demonstrative Handlungen können dem Suizidenten aus der Hand gleiten und tödlich enden.

Bei der Mehrzahl der Patienten finden sich, wie erwähnt, im Zusammenhang mit dem präsuizidalen Syndrom gewichtige äußere Belastungen und Konflikte. Sind solche äußeren verstehbaren Konfliktbelastungen nicht zu eruieren, ist der Ausgangspersönlichkeit des Patienten besondere Aufmerksamkeit im Hinblick auf innere neurotische Motivation und auf weitere Differentialdiagnosen zu schenken. Bei zwei Drittel der Patienten findet sich ein solches Ergänzungsverhältnis von mehr oder weniger belastender äußerer Situation und überlasteter Persönlichkeit.

P130

◀ Die 21jährige Studentin (s. oben, S. 121) ist die Älteste von drei Kinder eines jetzt 40jährigen Rechtsanwaltes und einer 45jährigen Mutter. Die Mutter wird als labil, aber temperamentvoll geschildert, der ältesten Tochter von Kindheit an die Probleme ihrer Ehe mit dem jüngeren, nach anderen Frauen Ausschau haltenden und auch Beziehung eingehenden Mann, mitteilend. Die Patientin war ein ruhiges Kind, hat sich für Märchen und Bücher interessiert. Als die Ehe der Eltern auseinanderging, war sie einerseits an den jungen, sie bevorzugenden und umwerbenden Vater gebunden, hatte dabei aber ein schlechtes Gewissen gegenüber der Mutter, trat innerlich schließlich mehr auf die Seite der Mutter, als der Vater endgültig die Familie wegen einer jüngeren Frau verließ. In ihrer Beziehung zu Freunden hat sie offensichtlich ein anklammerndes Verhalten entwickelt, was nach einiger Zeit in allen bisherigen Beziehungen zu einer Krise und einem Rückzug der Freunde geführt hat. Daneben ist sie im Studium erfolgreich, macht regelmäßig die Scheine, hat ein Tutorium übernommen, verdient sich nebenher Geld. In weiteren Gesprächen wird herausgearbeitet, daß sie versucht, die Freunde auf alle Fälle zu halten, sie sei ihnen gefällig,

gebe in allem nach, um ihre Anerkennung und Sympathie zu gewinnen. Sie wagt nicht, sich abzugrenzen, nein zu sagen. Sie
kann sich auch von den Eltern, die sie weiter mit ihren Auseinan-
dersetzungen belasten und um ihre Stellungnahme und Sympathie werben, nicht distanzieren. Sie meint selbst, sie könne nicht
hart genug mit den anderen und sich selbst sein.
Diese Studentin bietet mit einer starken Fixierung an den Vater
und an die Mutter sowie in den Abgrenzungs- und Trennungs-
schwierigkeiten deutlich *depressiv-neurotische* Züge. Eine Labilität des *Selbstwertgefühls* im Verhältnis zu anderen Menschen
und ein *Bedürfnis nach Aufwertung* durch andere in den Beziehungen zu Freunden ist ebenfalls unverkennbar. ◗

In neurosenpsychologischer Hinsicht wird die Mehrzahl der Patienten (Patientinnen!) als *hysterisch*, eine weitere Gruppe als *schizoid* und eine dritte als *depressiv* charakterisiert. In letzter Zeit hat
man der Frage der *narzißtischen* Regulation und dem Selbstwertgefühl in der Situation des Suizids und in der Persönlichkeitsentwicklung besondere Aufmerksamkeit geschenkt, es ist aber nicht
möglich, bestimmte „narzißtische Defekte" etwa mit schädigen-
den Einflüssen in der frühen Kindheit in Verbindung zu bringen.
Es gibt offenbar bestimmte Persönlichkeiten, die zu Suizidhandlungen fähig sind und andere nicht. Konstant findet man unter
Suizidenten abnorme Persönlichkeitsentwicklungen, wobei in
etwa 15% Fälle Alkoholismus, in weiteren Gruppen Suchtproble-
me, sozialer Abstieg etc. vorliegen. Bei 10–12% der Patienten einer Intensivstation einer großstädtischen Klinik finden sich Depressionen psychotischen Ausmaßes, selten auch Schizophrenien. Gerade bei diesen *psychotischen Fällen*, deren Erfassung
nach der Entgiftung eine wichtige diagnostische Aufgabe ist,
liegt ein besonderes *Risiko* im Hinblick auf *Wiederholung mit tödli-
chem Ausgang* vor. Es ist oft nur eine von psychiatrisch erfahrenen
Ärzten zu treffende Entscheidung, ob der Patient nach der Entgiftung wieder entlassen werden kann oder in einer Psychiatrischen
Klinik weiter untersucht, medikamentös behandelt und vor Wie-
derholungshandlungen geschützt werden muß. Auch dann
bleibt die Entlassungssituation eine Phase besonderer Gefährdung.

Behandlung. Intensivpflegeeinheiten, die mit Suizidpatienten Erfahrungen haben, konnten die Mortalität bei Arzneimittelintoxikationen auf unter 1% senken.
    Eine große Bedeutung hat in den letzten Jahren die *Präven-
tion* gewonnen, wobei auf Suizid spezialisierte Zentren und psychosoziale Arbeitsgemeinschaften, in denen Sozialarbeiter, Seel-
sorger und oft Studenten mitarbeiten, eine Vielfalt von individuel-

len Kontakten in der Vor- und in der Nachsorge anbieten. Es gibt heute in allen größeren Städten der Bundesrepublik Beratungsstellen, die neue Organisationsformen sowohl in der Vorbeugung und Erkennung als auch in der Nachbetreuung anbieten können. Wenn die *Berechtigung der Selbstmords* von einzelnen Schriftstellern und Gesellschaften, wie der „Deutschen Gesellschaft für humanes Sterben", die eine Anleitung zum Freitod herausgegeben hat, verteidigt wird, so trifft diese Informationen und die der Medien auf gesunde und auf kranke Menschen. Es wird dabei die unterschiedliche Ausgangssituation nicht beachtet und überhaupt das Ansteckungsmoment, das in einer Selbsttötungshandlung liegt. Jeder erfahrene Psychiater weiß, daß ein Suizid in seiner Klinik eine induzierende Wirkung auf die ausübt, die sich noch unentschlossen mit dem gleichen Gedanken tragen. Man spricht vom „Werther-Effekt", nachdem Goethes Roman eine Suizidwelle gerade unter jungen Menschen in Europa ausgelöst hatte.

Wenn alte kranke Menschen, um sich weiteres Leiden zu ersparen, den Tod suchen und Ärzte oder nahestehende Menschen um Tötung bitten (Gnadentod), so ist das von der Situation der suizidgefährdete Menschen, die in der erdrückenden Mehrzahl aus krankhaften Stimmungen oder psychiatrischen Krankheiten vor dieser Handlung stehen, sehr verschieden.

Die Suizdhandlung hat in sich eine eigene Dynamik, die die Lebenssituation positiv ann. Es liegt in ihr u. U.:

1. Eine *kathartische Funktion*, d. h., es kommt zu einer affektiven Entlastung, die wohl vor allem mit den ausagierten Aggressionen zusammenhängt.
2. Das wiedergeschenkte Leben wird häufig als ein *Gottesurteil* erlebt, als eine schicksalhafte Fügung, die akzeptiert wird. Die bisher zurückgetretenen, aber durchaus noch vorhandenen positiven Motivationen zum eigenen Lebensgang treten wieder stärker hervor.
3. Der *Appell* an die Umwelt wird aufgenommen, die Menschen erfahren mehr Zuwendung von den Menschen ihrer Umgebung, wodurch die Lebenssituation gegenüber der Zeit vorher verändert wird.

Diese kathartische und entlastende Funktion und gewonnene neue Motivation zum eigenen Lebensgang kann durch eine psychotherapeutische Kurzzeitbehandlung oder tiefenpsychologische Therapie wesentlich gefördert werden.

◖ Bei der oben beschriebenen 21jährigen Studentin wird eine konzentrierte Kurzzeittherapie als *Krisenintervention* anfangs mit einer Wochenstunde, später weiter gestreut mit dann 6 Sitzungen in 3 Monaten durchgeführt. Es kommen dabei einer-

seits die starke Bindung und Idealisierung des Vaters zur Sprache und die Enttäuschung an der Mutter, die sie früh als Rivalin
erlebte, aber auch das Gefühl der Verantwortung und Angst
um die Mutter, die häufig mit Selbstmord drohte. Sie hat nach einigen Gesprächen einen Traum, wo sie sich zum ersten Mal gegen die Mutter zu wehren vermag, sie anschreit: „Ich lasse mich
nicht mehr erpressen mit diesem Spiel und mit dieser Angst." Es
wird ihr klar, daß sie die fehlende Geborgenheit und Anlehnung, die sie früh im Elternhaus vermißt hat, bei Freunden suchte. Sie sieht rückblickend in dem Suizidhandlung so etwas wie
eine verzweifelte Suche nach Aufmerksamkeit und Anerkennung. Sie bekommt es fertig, sich von ihrem Freund und der
Wohngemeinschaft äußerlich zu trennen und auch innerlich zu
distanzieren. Sie meint am Ende, daß sie im ganzen durch die
Krise doch selbstbewußter geworden sei, sie komme sich nicht
mehr so wertlos vor wie vorher, sei auch weniger abhängig von
der Anerkennung durch andere Menschen. Sie hat eine eigene
Wohnung, genießt es, alleine zu sein. – Im Rückblick erscheint
dieser Suizidversuch wie viele bei jungen Frauen in der Ablö-
sungsphase vom Elternhaus zunächst als appellative Geste, die
aber in der Bearbeitung des aktuellen Konfliktes und der Fixierung an eine enttäuschende Kindheitssituation zu *einer inneren
und auch äußeren Veränderung* und zu einem *Reifungsschritt*
geführt hat. ▶

Bei einer Nachuntersuchung von 318 Patienten des Jahres 1970, einige Monate bis Jahre nach dem Suizidversuch, stellt sich die Situation folgendermaßen dar: es hatten die äußere Situation verändert (mehr Zuwendung, Veränderung im Beruf oder Wohnen)
18%; die innere Situation verändert (Katharsis, neuer Anfang)
16%; es bestand eine fragliche äußere oder innere Veränderung
bei 10%; unverändert erschienen 35%, und nicht zu beurteilen waren 21%.
    Intensive konfliktbearbeitende Gespräche können jedenfalls die
Katharsis fördern und eine Distanzierung gegenüber dem Vergangenen erleichtern und damit die positive Motivation für einen neuen Anfang stärken. Von erfahrenen Beratern wird empfohlen, bei Gesprächen dem Patienten beim ersten Besuch zu sagen, daß man weiß, warum er im Krankenhaus oder auf der Not-
fallstation sei. Die Belastung eines Bekenntnisses wird ihm damit
genommen und der Anfang eines Gesprächs erleichtert (A. Reiner).
    Auf modernen Intensivpflegeeinheiten sind es vor allem
Anästhesisten, Chirurgen und Internisten, die mit Suizidpatienten zu tun haben. Deren professionelle Ausrichtung und ärztli-

chen Aufgaben erlauben meist keine sorgsamen Gespräche und
Aufzeichnungen bei einer Überweisung, was von den Psycho-
Fachleuten kritisch registriert wird. Allerdings gibt es auch die
nicht seltene Feststellung, daß überhaupt keine konsiliarische Hilfe geholt wurde! Es wird auf eine bei Ärzten selbst gegebene erhöhte Suizdrate und Tendenzen der bagatellisierenden Abwehr
vor allem bei „leichten" Suizidversuchen dabei hingewiesen. Bedeutsamer erscheint uns, daß die Ärzte einer modernen internistischen oder chirurgischen Intensivpflegeeinheit zunächst einmal
real in einer *ganz anderen Rolle* gefordert sind. In der modernen In-
tensivmedizin sind die Suizidfälle, wenn sie wieder wach sind, sicher nicht am rechten Platz. Eine gut und schnell funktionierende
*Verbindung mit einem speziellen Dienst und/oder einer psychiatrischen
Einheit* ist hier optimal. Im übrigen tun sich auch Psychiater und
Psychotherapeuten mit Suizid und mit Artefaktpatienten schwer.

Bei älteren Menschen, bei denen häufig die Vereinsamung
eine große Rolle spielt, ist die Hilfe von Sozialarbeitern notwendig. Der Alkoholismus, der nicht selten als Teilursache mitwirkt,
ist direkt durch Einbindung in Suchtberatungsstellen, AA oder
ein verhaltenstherapeutisches Programm anzugehen.

Bei vielen, vor allem bindungsschwachen Menschen,ist die
in der bewegten und gelockerten Aufwachphase geknüpfte Beziehung zu einem Arzt, Psychologen oder Theologen für eine *kontinuierliche konzentrierte Nachbehandlung* zu nutzen. Die Beurlau-
bung aus der Klinik, später die Entlassung und jeder Behandler-
wechsel stellen für die depressiven, mit Trennungsängsten belasteten Patienten *neue Gefährdungen* dar. Patientensuizide nach Entlassung sind nicht selten bei *schizophrenen Patienten* zu beobachten, da gerade sie häufig dann bestimmte Basisstörungen registrieren, besonders bei Absetzen der Medikamente. Für die weitere feste Anbindung muß Sorge getragen werden. Ist eine Nachsor-
geeinheit in dem Krankenhaus nicht verfügbar, sind *feste Termine*
mit Niedergelassenen persönlich zu vereinbaren. Eine Namensli-
ste mit Telefonnummern zu geben, wie es häufig geschieht, führt
bei den geringen Inanspruchnahmetendenzen meist zu nichts.
Vor allem für junge Menschen in der Adoleszenz sind psychotherapeutische Hilfen aussichtreich, am ehesten durch Einzelgespräche.

Nach unserer Erfahrung gelingt es jedoch *kaum*, Patienten im
Anschluß an einen Suizidversuch in eine *intensive und längere psychotherapeutische* Einzel- oder Gruppenbehandlung zu bringen.
Homogene Gruppen nur mit Suizidpatienten sind nicht erfolgreich und ratsam. Es scheint mit Schamgefühlen, Selbstentwer-
tungstendenzen und/oder der schwachen Beziehungs- und
Übertragungsdynamik zusammenzuhängen, daß die ganz über-

wiegende Mehrzahl der Patienten nach einigen Gesprächen keine Tendenz hat, in einen längeren psychotherapeutischen Behandlungsprozeß einzutreten.

Aussprachen mit Ehepartnern, Eltern und Kindern, die von
dem Selbstmordversuch häufig sehr betroffen sind, können helfen, auch das äußere Konfliktfeld zu verändern.

Gerade bei depressiven und bei älteren Patienten kann eine
kognitive Verhaltenstherapie mit einer zukunftsbezogenen Ausrichtung indiziert und nützlich sein, wobei Möglichkeiten, Aufgaben
und neue Inhalte zunächst in der Vorstellung bearbeitet und
dann in eine neue Einstellung bzw.in Handlungen umgesetzt werden.

Zur *Prävention* von ersten und erneuten Suizidhandlungen
kommt es zunächst darauf an, daß der Arzt überhaupt an Suizid-
absichten seiner Patienten denkt, sie nicht bagatellisiert und die
in der Krankheit oder in der Konfliktsituation liegenden Gefah-
renmomente und die häufig versteckten Hinweise der Patienten
wahrnimmt.

Es ist wichtig, den Patienten genau zu befragen, und zwar
nicht nur allgemein, ob er Suizidgedanken hat, sondern *welche
konkreten Vorstellungen über die Ausführung* vorliegen, ob bestimmte Mittel und Wege ins Auge gefaßt sind oder schon bereitliegen.
Es ist den Motiven für diese Suizidphantasien nachzugehen, und
die vordergründigen und die latenten unbewußten Absichten
sind in ihrer Bedeutung anzusprechen. Entscheidend wichtig dabei, die häufigen unterdrückten ohnmächtigen Aggressionen angemessen, d. h. auch nicht überwertig, zur Sprache zu bringen:
„Ich sehe und verstehe, daß Sie wütend auf den X sind und ihn
treffen, vielleicht am liebsten umbringen möchten. Aber ich fürchte, Sie treffen ihn gar nicht, sondern nur sich selbst, er wird dann
irgendwie weiterleben." Auch in der *Beziehung zum Therapeuten*
spielen Appelle und Provokationen oft eine Rolle. Hier fest und
dem Menschen zugewandt in der therapeutischen Rolle zu bleiben, sich persönlich nicht von den „Übertragungen" des Patienten zu „Gegenübertragungen" hinreißen zu lassen, sondern das
nicht anklagend zur Sprache zu bringen, ist die Aufgabe. – Als
häufiger Fehler erscheint rückläufig dann, daß die in der Beziehung zum Behandler liegende Ambivalenz nicht zur Sprache gebracht wurde.

In allen größeren Städten gibt es heute *Beratungsstellen und
kirchliche Initiativen zur Prävention* von Selbsttötungen. In England initiiert und weit verbreitet hat man die geringere Selbsttö-
tungsrate dort mit diesen präventiven Einrichtungen begründet.
Auch wenn deren Effektivität auf die gesamte Population statistisch nicht zu beweisen ist, bieten sie jedenfalls der Gruppe, die

sie überhaupt in Anspruch nehmen, eine große Hilfe. – Für die häufig vereinsamten präsuizidalen Menschen ist die *Telefonseelsorge* heute eine mögliche Anlaufstelle für die erste Beratung.

Reaktionen auf Extrembelastung

Akute Angstreaktion
(CD 10 F 43.0 Akute Belastungsreaktion, akute Krisenreaktion)

Bei plötzlich eintretenden, von *außen kommenden Ereignissen, die lebensbedrohlich* und überwältigend wirken, kommt es zu unwillkürlichem Schreckverhalten und zu Angsteinbrüchen, die auch zu körperlichen Begleiterscheinungen führen. *Auslösend* wirken etwa Erschütterungen des Bodens bei Erdbeben, akustische Einbrüche bei Explosionen, Veränderungen der Umwelt bei Unwetterkatastrophen und *schwere Verkehrsunfälle*, Fliegerangriffe und vor allem *Kriegseinwirkungen*. Wesentlich ist also der von außen kommende überraschende Einbruch, die Erschütterung des körperlichen Gleichgewichts oder die Stärke eines Geräuschs, die zum Erlebnis der akuten und absoluten Lebensbedrohung führen. Unwillkürliche Reaktionen auf laute Geräusche und auf Verlust des Halts hat schon Watson als „angeborene Formen primärer Angst" bezeichnet.

Davon abzugrenzen sind akute Schreckreaktionen, die als *Überwältigung von innen* bei Unglücksnachrichten auftreten und auch zu einer Art von Gefühlslähmung führen können.

Symptomatik und Auslösung. Während körperliches Schreckverhalten eine unwillkürliche, phylogenetisch zweckmäßige Reaktion darstellt, sind *Persönlichkeitsfaktoren* an der Angstreaktion, der späteren Angstbereitschaft, dem chronischen Angstzustand und einer etwa sich entwickelnden Tendenzreaktion erheblich beteiligt.

Die unmittelbare Angstreaktion ist im Körperlichen charakterisiert vor allem durch ein motorisches Schreckverhalten: bei lautem Knall kommt es zu typischen *Beugesynergismen der gesamten Körpermuskulatur*, einem *Einziehen des Kopfes*, einem *Anziehen der Beine* bis zum *kompletten Standverlust*. Bei weniger starken und protrahierten Belastungen spürt man die berühmten „weichen Knie". Akute und längere Zeit einwirkende Belastungen, z. B. Fliegerangriffe, können sowohl motorische Starre, einen Stupor, Lähmungen usw. auslösen, aber auch zu panikartigem Weglaufen führen. Diese motorischen Blockierungen oder blinden Panikreaktionen wurden homolog zu den Tierbeobachtungen auch als Totstellreflexe oder Bewegungssturm bezeichnet (Kretschmer). Die Angst führt stets zu starken *vegetativen Begleiterscheinungen*, die, z. B. nach Autounfällen, als Nachreaktion, vom Unfall zeitlich getrennt auftreten und die unmittelbare Bedrohung beträchtlich überdauern können: *Zittern, Schweißausbrüche, Herzklopfen, Herzjagen, Durchfälle, Kollaps, Ohnmacht.* Vor allem bei längeren Angstbelastungen kann es zu Bewußtseinsveränderungen mit Einengung des Bewußtseins auf kleine Einzelheiten kommen, zu Derealisationen, bis zur völligen Aufhebung eines klaren Bewußtseins mit nachfolgenden langen Erinnerungslücken. Das Zeiterleben kann sowohl gedehnt als auch gerafft sein. Für die Affektreaktion bei längeren Belastungen ist charakteristisch die Gemütsleere und die Unfähigkeit, seelisch zu reagieren und zu verarbeiten: *„Emotionsstupor".*

◀ Bei einer Befragung im Sommer 1945 berichtete ein 32jähriger Handwerker (zit. nach Panse):
„Einen sehr schweren Angriff erlebte ich in der Nacht vom 30. zum 31. 7. 1943. Ich lag schon im Bett und schlief, als gegen 1 Uhr nachts Vollalarm kam. Ich blieb im Bett, da ich sehr müde war und den Alarm überschlafen hatte. Plötzlich kam meine Mutter und rüttelte mich wach. Da hörte ich auch Detonationen. Im ersten Augenblick hielt ich es für Flak, merkte dann aber rasch, daß es Bomben waren, denn das ganze Haus zitterte, Scheiben sprangen schon kaputt und man spürte auch den Luftdruck. Ich warf mir rasch die Uniform über und rannte in den Keller. Während ich bis dahin kaum nachgedacht hatte, alles in größter Hast tat, wurde mir unten ängstlich. Das Herz schlug bis zum Halse, es war mir am ganzen Körper richtig heiß. Vom Herzen herauf zog ein starkes Angstgefühl und *ich zitterte.* Ich versuchte mich aber zu beherrschen, schon meiner Eltern wegen. Wenn Bomben fielen, ging ich immer unwillkürlich in die Knie, d. h. ich hockte mich tief auf die Erde und habe dabei gebetet. Dabei bin ich sonst gar nicht in die Kirche gegangen... Ich dachte, jetzt geht die Welt unter, jetzt mußt du sterben. Nach etwa 10 Minuten... der Angriff ging noch fort... habe ich es riskiert, die Kellertür etwas zu öffnen, weil nämlich Rauch in den Keller drang. Ich merkte, daß wir nicht im Keller bleiben konnten. Deshalb raffte ich mich auf und guckte mal zur Hoftür hinaus. Da sah ich, daß unser Haus und die Nachbarhäuser alle brannten... und bin mit meinen Eltern in den Garten gelaufen. Dort war es auch rauchig, aber nicht so stark. Die Bomben fielen währenddessen noch weiter. Wir hockten uns alle drei um unseren großen Kaninchenstall, *meine Angst wurde noch stärker*, weil ich

die Geräusche jetzt viel *stärker hörte*. Ich konnte nicht mehr klar denken, es ging mir alles rund im Kopf, als ob ich irrsinnig würde. Am liebsten wäre ich direkt in die Flammen gelaufen, als ob die Flammen solche Anziehung auf mich ausübten, wie eine andere Macht, der ich mich fügen müßte. Jedesmal wenn neue Bomben fielen, habe ich mich an meinen Vater geklammert, hatte aber doch immer noch etwas Beherrschung. Dadurch kam es auch, daß ich nicht fortgerannt bin... Im Garten dauerte der Angriff noch stark 20 Minuten, der ganze Angriff 35–40 Minuten. Es kam mir aber vor, als wenn es Stunden seien.
Als der Angriff vorüber war, war ich ganz zerschlagen. Alles war ein Flammenmeer. Über eine Stunde bin ich mit meinem Vater auf dem Rücken durch die Flammen hin- und hergelaufen. Dabei wird meine *Erinnerung jetzt unklar...* Die Luft war sehr heiß, Funken flogen und es war sehr rauchig. Ich mußte ein Taschentuch in den Mund nehmen. Schließlich bin ich dann irgendwo in die katholische Kirche in unserer Nähe gekommen. Wie, weiß ich nicht. Ob mich die Leute hingeführt haben, oder ob ich da selbst hingefunden habe? Jetzt kam solche Entspannung über mich. Ich habe längere Zeit *geweint*, wurde plötzlich sehr müde, habe aber doch nicht schlafen können, weil meine Augen von der Hitze so entzündet waren und ich auch innerlich zu aufgeregt war. Seit diesem Angriff war ich immer sehr ängstlich bei Alarmen; das hat sich sogar zunächst noch verschlimmert. Wenn Alarm kam, besonders wenn ich Flugzeuge hörte, war ich nicht mehr zu halten und rannte in den nächsten Bunker. Auch das *Zittern* und das *kollossale Angstgefühl* trat immer wieder auf. Ich suchte es nach Möglichkeit zu vertuschen. Öfters weinte ich des Nachts wegen des Angstgefühls. Jetzt (1 1/2 Jahre später) geht es mir bedeutend besser, aber auch jetzt habe ich noch Angstträume, aber nur gelegentlich von Luftangriffen, meist als ob jemand auf mich zulaufe und Ähnliches."
Diese Selbstschilderung gibt das unwillkürliche motorische Schreckverhalten, die vegetativen Reaktionen, die Zeitdehnung, die Bewußtseinsveränderungen bis zum Erinnerungsverlust und die affektiven Veränderungen, wie sie für Extrembelastungen charakteristisch sind, eindrucksvoll wieder. Die verstärkte Ängstlichkeit bei späteren Fliegeralarmen weist schon auf die *traumatische Sensibilisierung* für ähnliche Angstsituationen hin. ▶

Ursachen. Daß bei von außen kommenden Bedrohungen *angeborene Bereitschaften* ausgelöst werden, ist nicht zu bezweifeln. Das läßt sich an der Schlangenfurcht von „Kaspar-Hauser-Affen" zeigen: isoliert aufgezogene Affen zeigen ohne eigene oder gelernte

Vorerfahrungen heftige Schreckreaktionen beim ersten Anblick von Schlangen. Bei wildlebenden Tieren, die in der Gefangenschaft keine Fluchtmöglichkeit haben und von einem Menschen angefaßt werden, kann es zu einem *Schrecktod* kommen. Wie Bilz beim Spitzhörnchen (Tupaia Spee) beschrieben hat, handelt es sich um einen Vagustod durch Vasomotorenlähmung.

Die weitere Gestaltung des unwillkürlichen Schreckverhaltens hat dann mehr und mehr persönlichkeitseigene Züge. Unterdurchschnittlich *niedrige Intelligenz* soll verstärkte Angstreaktionen und Zustände der Willenslähmung fördern (Kretschmer: hypobulische Mechanismen). Angstreaktionen werden gesteigert, wenn gleichzeitig eine *erzwungene Untätigkeit* besteht. Die Möglichkeit eigenen sinnvollen und abwehrenden Handelns entlastet.

Synonyma. Bezeichnungen, die das gleiche beschreiben, sind *„akute Kampfreaktion"* und *„Schrecksyndrom"*. Bezeichnungen wie *Kampfneurose* oder *Kriegsneurose* sind mißverständlich. Von Neurose sollte im Zusammenhang mit realbedingten Angstreaktionen nicht gesprochen werden.

Differentialdiagnose. Abzutrennen sind alle zeitlich längere Formen der Angstsensibilisierung und der Nachreaktionen wie die *traumatisch bedingten Angstbereitschaften* und die *chronischen generalisierten Angstzustände*. Sie sind viel mehr durch Erschöpfung, Verstimmung, Nervosität und antizipierende Angstbereitschaft charakterisiert. Wenn es auch Übergänge gibt, sind alle tendenziösen Symptombildungen mit Angstdemonstrationen (etwa nach entschädigungspflichtigen Unfallereignissen) abzutrennen. Hier findet sich dann immer ein sekundärer Krankheitsgewinn, ganz im Gegensatz zur akuten Angstreaktion und zur traumatisch bedingten Angstbereitschaft.

Behandlung. *Ruhe* sowie *zeitliche* und *räumliche Distanzierung* von den einwirkenden Belastungen bewirken regelmäßig und schnell ein Abklingen der Angstreaktion. Aufdeckende, wieder in Erinnerung rufende Aussprachen scheinen das heilsame Vergessenkönnen eher zu stören, als daß sie helfen. Besser als Isolierung ist Ablenkung durch persönlichen Kontakt und durch Gemeinschaftsleben. Wenn notwendig, ist der Schlaf durch Medikamente herbeizuführen, günstig wirken auch angstdämpfende medikamentöse Gaben.

Traumatisch bedingte Angstbereitschaft

(ICD F 43.1 Posttraumatische Belastungsstörung; traumatische Neurose. DSM III R 309.24 chronische Anpassungsstörung mit ängstlicher Gestimmtheit und 309.89 Posttraumatische Belastungsstörung)

Symptomatik und Auslösung. Nach Extrembelastungen durch Angsteinbrüche und im Anschluß an wiederholte, lebensbedrohende Belastungen kann es zu einer allgemeinen und einer meist *situationsspezifischen Sensibilisierung* kommen, wobei eine fortdauernde Angstbereitschaft mit unwillkürlichen, vegetativen Begleiterscheinungen im Vordergrund steht. Das Angsterlebnis und die körperlichen Begleiterscheinungen nehmen dauernd neue Gefahrensituationen antizipierend vorweg. Das Angsterlebnis selbst kann im Bewußtsein ganz verschwunden sein, und die vegetativen Begleiterscheinungen, *Zittern, Schwitzen, Herzklopfen, Magen-Darm-Störungen* können als Fragmente des Gesamterlebnisses auftreten. Disponierend für solche Angstsensibilisierungen sind Primärsituationen, in denen die Menschen sich *passiv ausgeliefert* und *überwältigt* fühlen, *schutzlos* waren und von dem Ereignis *völlig überrascht* wurden. Die traumatisch bedingten chronischen Angstbereitschaften und Angstreaktionen schließen sich im Symptombild wie auch in der zeitlichen Entwicklung eng an die akuten realen Angstreaktionen an. In den seelischen Anteilen, dem Angsterlebnis, sind sie aber von der persönlichen Einstellung und Willensbildung stärker durchformt.

Charakteristisch für diese Angstreaktionen sind die nach *Unfällen* auftretenden Angstbereitschaften bei Menschen, die vorher seelisch ganz unauffällig waren.

◀ Ein 30jähriger Autobahnpolizist, seit vielen Jahren im Dienst, stand am Rande der Autobahn neben einem hohen Möbelwagen und nahm ein Protokoll auf, als völlig unerwartet ein anderer Lastwagen von hinten mit großer Geschwindigkeit auffuhr. Er selbst sah nur, wie der riesige Möbelwagen sich plötzlich über ihn neigte und ihn unter sich begrub. Da er in eine Bodenwelle zu liegen kam, trug er nichts als eine leichte Gehirnerschütterung davon. Als er einige Monate später wieder den Dienst aufnehmen wollte, zeigte sich bei ihm eine merkwürdige Reaktion: Sobald er zu einem Unfall gerufen wurde, traten starke körperliche Beschwerden ein, er schwitzte, so daß er das Steuerrad kaum halten konnte, er zitterte, fühlte sich schwindelig, der Ohnmacht nahe, ohne eigentlich Angst zu empfinden. Auf ärztliche Empfehlung wurde er für zwei Jahre aus dem Außendienst herausgenommen und arbeitete in einem Büro. Danach konnte er seine frühere Berufstätigkeit ohne ähnliche Begleiterscheinungen wieder aufnehmen.

Nach Verkehrsunfällen werden derartige Reaktionen gegenwärtig zunehmend häufig beobachtet. ▶

Ursachen. Da sich diese Angstbereitschaften und die vegetativen Begleiterscheinungen meist an ein traumatisches Ereignis anschließen, wurde immer wieder nach einem *organischen Substrat* des Zustandes gesucht. Der Nachweis von traumatischen und toxischen Schädigungen am Zentralnervensystem, vegetativen Nervensystem oder Veränderungen der Blut-Liquor-Schranke ist nicht gelungen.

Eine psychologische Auffassung läßt sich auch in der Sprache der *Lerntheorie* wiederfinden, die die fortdauernde Angstreaktion als eine *Konditionierung* bzw. als *bedingte Reaktion* oder als induzierte Lerngeschichte auffaßt. Wenn Tiere etwa durch elektrische Schläge und ein anderes Zeichen konditioniert sind und später beim Auftauchen dieses Zeichens in ihrer Fluchtreaktion behindert werden, so zeigen sie alle Zeichen einer antizipierenden Angst: Sie reagieren mit motorischer Unruhe, Stupor, Essensverweigerung, häufiger Defäkation.

Eine *psychologisch motivierende* Auseinandersetzung mit der traumatischen Angst hat Freud schon unternommen. Er sagt von ihr: „Die Angst ist einerseits Erwartung des Traumas, andererseits eine gemilderte Wiederholung desselben." Man kann so die Wiederkehr der in ohnmächtiger Angst erlebten und traumatisch wirkenden Situationen im Traum und in der Erinnerung auch als einen Versuch interpretieren, sie *in dieser Rückkehr neu zu bearbeiten und sie besser zu bewältigen.* Gerade das Erlebnis der passiv und hilflos erlebten Auslieferung an eine übermächtige äußere Einwirkung prägt sich offenbar dem Selbstbewußtsein als fortdauernd verunsichernd auf.

Synonyma. Freud sprach auch von der *Hysterie* als einer traumatischen Neurose, wobei das Trauma als affektbetontes sexuelles Erlebnis aufgefaßt wurde, das nicht abreagiert werden kann. In der Ätiologie der Neurose ist aber im Laufe der Zeit an die Stelle der äußeren Versagung und Traumatisierung immer mehr die innere Verarbeitung eines Themas der Persönlichkeit selbst getreten. Die Neurose geht eben auf persönlich motivierte, innere Anlässe und Sinnentnahmen zurück, was sie von der traumatisch bedingten Angstbereitschaft trennt. *„Isolierte Phobien nach Verkehrsunfällen"* sind von Neurologen (Hallen) beschrieben, die unvermutete Gefährdung mit drastischer Todesdrohung bei starker nachfolgender vegetativer Reaktion ist hier charakteristisch. Zu meiden ist der unscharfe Begriff der *Unfallneurose,* der zum Teil mit dem

Unfallerlebnis, zum Teil mit rentenbezweckenden Verarbeitungen in Verbindung gebracht wird.

Differentialdiagnose. Differentialdiagnostisch abzugrenzen sind die Zustände nach einer *Commotio* oder *Contusio cerebri* mit ihren vegetativen Begleiterscheinungen. Genaue Kenntnis und typischer Verlauf der traumatisch bedingten Angstbereitschaften helfen, tendenziös begründete Einstellungen und Konfliktreaktionen abzugrenzen, die nicht selten auftauchen, wenn ein Rentenbegehren eine Rolle spielt.

Behandlung. Die wichtigste ärztliche Maßnahme liegt darin, dem Patienten zeitlichen und räumlichen Abstand von der Angstquelle zu verschaffen. Die im zweiten Weltkrieg und in den Kriegen in Israel gemachten Versuche, traumatisch weiterwirkende Angstbereitschaften durch intensive aufdeckende Behandlung, etwa mit Narko-Analyse, zu überwinden, haben zu keinem eindeutig positiven Ergebnis geführt.

Die experimentellen Beobachtungen bekräftigen die allgemeine Erfahrung, daß eine *ausgeglichene Atmosphäre* und *Förderung von Kontaktmöglichkeiten eine Dekonditionierung begünstigen*. Art und Stärke der Angstreaktionen und traumatisch bedingten Angstbereitschaften sind weitgehend von Persönlichkeitsfaktoren abhängig. Die Art und Weise, wie solche Traumatisierungen überwunden werden, ist charakteristisch für die mehr oder weniger regressive Grundeinstellung des Patienten. Rentenbezweckenden Reaktionen und hysterischen Entwicklungen ist am besten durch *konzentrierte, zeitlich begrenzte Behandlung* zu begegnen. Der Patient ist über seinen Zustand aufzuklären, der weitere Verlauf mit ihm zu besprechen, der aus dem Unfall stammende Entschädigungsanspruch, wenn möglich, durch Abfindung zu begrenzen, wie es sich z. B. bei amerikanischen Autoversicherungen bewährt hat.

Die klassische Lehre der Psychiater lautete, daß, wenn keine abnormen, tendenziösen, auf Rentengewinn zielenden Bestrebungen gegeben sind, Angsterlebnisse mit zeitlicher und räumlicher Distanz folgenlos abklingen. Diese Auffassung ist in diesem Jahrhundert jedoch widerlegt worden. Es gibt zweifellos sich dauernd fixierende Angstbereitschaften, wie im folgenden Kapitel auszuführen ist.

Chronische generalisierte Angst- und Depressionszustände nach Extrembelastung

Beobachtungen an den Überlebenden der nationalsozialistischen Verfolgungszeit, vor allem jüdische oder politisch Verfolgte, die die Erfahrung der Konzentrations- und Vernichtungslager machen mußten, haben gezeigt, daß es bleibende seelische und körperliche Veränderungen bei ihnen gibt. Die unmittelbare eigene Bedrohung und die lange sichtbare Erfahrung, daß der Wert und die Würde des menschlichen Lebens für sie nicht mehr existieren sollen, hat sich für viele der Überlebenden als Eindruck aufgeprägt, der auch ihr weiteres Leben bestimmt. Diese extreme Bedrohung und Entwertung, durch v. Baeyer als *Annihilierung* bezeichnet, konnte in ihren unmittelbaren und dauernden Auswirkungen in den letzen 50 Jahren durch Beobachtungen und Untersuchungen vertieft und zeitlich weiter verfolgt werden.

Symptomatik und Auslösung. Menschen, die über längere Zeit, Monate oder Jahre, Extrembelastungen ausgesetzt waren, können bleibende seelische Veränderungen davontragen. Die unmittelbare *Bedrohung mit dem Tod*, die eigene *ohnmächtige Hilflosigkeit*, die sich *für dauernd aufprägenden Physiognomien der Vernichtung* bei absoluter Abhängigkeit stellen Extrembelastungen besonderer Art dar. Es ist noch ein Unterschied, ob plötzlich und unvermutet auf der Straße ein einmaliges Unfallereignis von hinten auftrifft – oder ob die alltägliche Sicherheit und Geborgenheit in eine absolute, über Monate und Jahre hinausgezogene Gewißheit der Vernichtung umschlägt. Aus dieser Bedrohung resultieren dann pathologisch gesteigerte Realängste und *Zustände dauernder Angstbereitschaft* gegenüber der Umwelt. Die Ängste sind nicht mehr situationsspezifisch gebunden, eine *fundamentale Verunsicherung* strahlt vielmehr in alle Lebensbereiche aus und bestimmt sie. Die Welt hat eine absolut bedrohliche Physiognomie enthüllt und dem Menschen dauerhaft eingeprägt, es kommt zu einem fundamentalen *Verlust des Vertrauens*.

Die Erfahrungen, die auf diese Möglichkeiten einer chronischen Verunsicherung und Angstbereitschaft durch traumatisch wirkende Ereignisse aufmerksam machten, waren die „rassischen" und politischen Verfolgungen der Jahre 1933–1945 in Deutschland.

◀ Ein 40jähriger verheirateter Mann berichtet anläßlich einer Untersuchung 1960 über seine jetzigen Beschwerden:
1. Er sei allgemein schreckhaft, nervös und ängstlich, wenn die Tür gehe, wenn das Telefon klingle oder das Radio zu laut sei. Er

schrecke dann zusammen, sei so unruhig, daß seine Frau schon sagte, sie könne bei seiner Nervosität nicht mit ihm leben.

2. Es vergehe keine Nacht, in der er nicht träume, in der er nicht vor sich sehe, daß man auf ihn schieße, ihn schlage. Er schreie im Traum auf, wälze sich herum, schwitze, werde dann von Frau und Tochter geweckt.

3. Er könne nicht mehr dauerhaft arbeiten in seinem Beruf als Schneider, nach höchstens einer Stunde könne er nicht mehr sitzenbleiben, leide unter Unruhe, bekomme Kopfschmerzen, Schwindel, Übelkeit, schwitze, sehe Räder und Punkte vor den Augen.

Er habe diese Störungen seit dem Aufenthalt im Lager Auschwitz.

Aus seiner Biographie: Er sei in Ostrowitz, einer kleinen polnischen Stadt, als Sohn eines Bäckermeisters geboren, besuchte die polnische Schule und erhielt Unterweisungen im Hebräischen bei einem Rabbi. Er selbst war früher religiös, auch der Vater. 1939 sei dem Vater von den Deutschen der Bart abgeschnitten worden, was ihn zutiefst verletzt habe. Einige Wochen später sei er an einer unbekannten Krankheit verstorben. Früher habe er auswandern wollen, sei aber durch die Kriegsereignisse festgehalten worden. Er kam 1940 mit der restlichen Familie in ein Ghetto. 1942/43 erlebte er den Abtransport seiner Mutter und seiner Geschwister nach Treblinka. Von geflohenen jüdischen Exekutionskommandos wußte man, daß Treblinka gleichbedeutend mit der Vernichtung war. Die Familie beging den letzten Sabbat gemeinsam, dann trennte sich der Patient von seinen Angehörigen. Er selbst kam 1943 nach Auschwitz. Da er kräftig war, entging er zunächst der Vernichtung, war bei Erdarbeiten eingesetzt. Er lebte dort 1 1/2 Jahre und mußte Erdarbeiten an der Straße verrichten, die zu den Gaskammern führte. Er sah tagtäglich, wie die polnischen jüdischen Landsleute, ungarische Juden und auch deutsche, in die Gaskammern zu den Vernichtungsöfen geführt wurden, viele ahnungslos, die meisten betend oder im gefaßten Bewußtsein der sicheren Vernichtung. Er sah jeden Tag und jede Nacht die Krematorien brennen, der Geruch verbrannten Menschenfleisches lag über dem Lager, der Himmel war jede Nacht rot. „Es war so, als ob sie die ganze Welt verbrennen wollten. Ich glaubte, es gibt nur noch Verfolgungen und Verfolger, alles normale Leben existiere nicht mehr, es gäbe nur noch Vernichtung." Man habe keine normalen Maßstäbe, keinen Vergleich mehr gehabt. Im Ghetto sei es noch gegangen, da habe man noch Polen außerhalb gesehen, die ganz normal wie Menschen lebten. Aber im Lager, da habe man nicht geglaubt, daß es noch eine Welt außer ihnen gebe, außer der Vernichtung. Er habe tagtäglich gesehen, wie die anderen umgebracht wurden und immer dabei denken müssen: „Du bist der nächste." Er habe keinen religiösen Glauben mehr, auch alle, die er kenne, die im Lager waren, hätten keinen religiösen Glauben mehr, nachdem sie das erlebt haben. In den letzten Kriegsmonaten mußte er noch einen Marsch durch die Konzentrationslager Buchenwald, Flossenbürg und Dachau antreten, wurde bei drohender Erschöpfung wie viele andere mit Erschießung bedroht, viele starben an Erschöpfung oder an Mißhandlungen. Von 1500 Menschen seiner Kolonne, die mit ihm ausgerückt waren, lebten bei der Befreiung im Mai 1945 nur noch wenige.

Von der Familie des Patienten überlebte niemand. Er selbst lebt in Israel, heiratete 1948, hat ein Kind. Er geht nie ins Kino oder ins Theater, meidet andere Menschen, wolle nichts an Filmen oder Büchern über die Vergangenheit sehen oder hören. ▶

Der *chronische verfolgungsbedingte Persönlichkeitswandel* kann sich einmal als *dauernde Angstbereitschaft* wie bei dem eben beschriebenen Patienten darstellen: die Menschen sind nervös, schrecken zusammen sind in e*iner dauernden unruhigen Anspannung* und können nicht zur Ruhe kommen, auch in der Nacht im Schlaf nicht. Das wirkt sich allgemein auf die Leistungsfähigkeit im Beruf aus, sie sind *erschöpfbar,* haben eine Reihe *vegetativer Beschwerden, wie Kopfschmerzen, Schwindel* etc. – Das Verfolgungssyndrom kann auch das Bild einer *chronisch-reaktiven Depression* haben, wobei Züge der Resignation und des Rückzugs, der *Verstimmung* bis zur Verzweiflung, der *Apathie* und der *Menschenscheu* im Vordergrund stehen. Diese chronischen Verstimmungszustände wie die Angstzustände nach Extrembelastungen führen durchweg auch zu einer Beeinträchtigung des körperlichen Befindens, die ängstliche und depressive Gestimmtheit wird vielfältig in *psychosomatische Beschwerden* projiziert.

Die chronischen ängstlichen Bilder beobachtet man vor allem nach Konzentrationslagerhaft oder nach oft jahrelangem Leben in der Illegalität, in Verstecken in Kellern, in Erdbunkern im Wald, in Dachkammern usw. Depressiv gefärbte Zustandsbilder tauchen vor allem im Zusammenhang mit Verlusten von Angehörigen und dem Verlust von Heimat und Beruf auf.

Veränderungen im Alter. Wie sieht es 50 Jahre später bei diesen jetzt alt gewordenen Verfolgten aus? Im Jahre 1989 wurde in Israel eine Untersuchung an einer Stichprobe von Überlebenden von Vernichtungslagern, von Zwangsarbeitslagern und solchen, die in einem Versteck oder in der Illegalität als Verfolgte gelebt haben, durchgeführt. Die Befragungen waren unabhängig von laufenden hausärztlichen Behandlungen und Rentenverfahren, wurden an 86 Überlebenden, zur Hälfte Männer und Frauen im Durchschnitt 68 Jahre alt von erfahrenen Psychiatern durchgeführt. Es zeigte sich zunächst, daß das ausgeprägte Verfolgungssyndrom bei den Menschen noch zu finden war, die die Todeslager selbst unmittelbar erlebt hatten. Sie waren es, die auch jetzt noch am häufigsten über *Nervosität, Angstbereitschaft und Alpträumen klagten, die unter Depressionen, Schlafstörungen* und *Verlust der Lebensfreude* litten. Es war ein deutlicher Abstand gegenüber den Menschen gegeben, bei denen anderen Verfolgungsbelastungen im Vordergrund gestanden hatten, etwa Leben in der Illegalität, bei dem eine gewisse Aktivität und Beweglichkeit erhalten blieb und die Verfolgten nicht passiv und ohnmächtig in den Vernichtungslagern leben mußten. – Es war aber auch festzustellen, daß jetzt im Alter, also seit dem 60. Lebensjahr, bei einem Teil wieder *Verschlimmerungen* aufgetreten waren: belastend wirkten schon vorher jeweils Erinnerungen an die Verfolgungszeit durch die Gerichtsverfahren gegen deutsche Kriegsverbrecher in Israel, der Eichmann-Prozeß etwa und die kriegerischen Einbrüche und Krisen in Israel selbst. Das ließ die alten Ängste meist wieder aufleben und führte zu Verschlechterungen. Wie bei alten Menschen auch sonst war *in den letzten Jahren* auch dann eine *Verschlechterung* eingetreten, etwa wenn ein *Ehepartner verstorben war, der Überlebende allein leben mußte und aus dem sozialen Netz gefallen war* (Robinson 1991). Auch schwere körperliche Alterskrankheit, verfolgungsunabhängig oder verfolgungsbedingt mitverursacht, kann den bis dahin kompensierten psychischen Zustand negativ beeinflussen und den Schutz des Vergessenkönnens oder Verdrängens nehmen. Das Thema der *Überlebensschuld* taucht u. U. neu auf. Die allgemeine Tendenz der Rückschau auf das eigene Leben im Alter kann offenbar bei vielen die Erinnerungen und bei manchen auch die Symptomatik wieder neu aufleben lassen.

Häufigkeit. Auslesearme Untersuchungen bei der Kerngruppe der Verfolgten der Konzentrationslager, Menschen also, die über viele Jahre mit der äußersten Existenzbedrohung belastet waren, ergaben häufig eine Veränderung der *psychosozialen Persönlichkeit.* Die Mehrzahl der Menschen, die durch solche Extrembelastungen gegangen sind, scheinen seelische Veränderungen davongetragen zu haben und ein gewisser Teil auch körperliche. Doch scheint es vereinzelt auch seelisch widerstandsfähige Menschen zu geben, die ohne psychische Dauerschädigungen diese Zeit überstanden haben, vor allem wenn es ihnen später gelang, einen neuen Anfang zu finden und damit die Eindrücke der Vergangenheit auszulöschen. Psychische Dauerschädigungen mit überwiegend ängstlicher Symptomatik wurden vereinzelt auch nach *Kriegsgefangenschaft* und *Deportation* beschrieben.

Ursachen. Gegenüber allen Persönlichkeitsfaktoren überwiegt hier die von außen kommende, für dauernd sich aufprägende traumatisierende Erfahrung. Es kommt bei Fortdauer der Erinnerungen zu einer *Hypermnesie*, der normale *Löschungseffekt* der traumatischen Erlebnisse tritt nicht ein. Das Vorherrschen der traumatischen Erfahrung im Bewußtsein, das Wiederauftauchen der Erinnerung, vor allem in der Ruhe, in der Stille oder im Schlaf, stellt also eine fortdauernde Belastung dar. Die Menschen können nicht vergessen, das elementare und naive Vertrauensverhältnis zur Welt und in die Menschen ist gestört. Diese Extremerfahrungen sind nicht umkehrbar. Es ist zu einer bleibenden negativen *Lernerfahrung* gekommen.

Synonyma. Die hier geschilderten chronischen Angstzustände tauchen unter den verschiedensten Bezeichnungen auf: als *verfolgungsbedingter Persönlichkeitswandel* (Venzlaff), als *Neurose der Verfolgten*, als *Umstrukturierung der Persönlichkeit auf erlebnisreaktiver Basis* (v. Baeyer). Beim Überwiegen der depressiven Züge wurde von *chronisch reaktiver Depression* der Verfolgten gesprochen. Steht die Leistungsunfähigkeit mehr im Vordergrund, spricht man von der *Asthenie der Deportierten*.

Differentialdiagnose. Differentialdiagnostische Abgrenzungen sind dann anzustellen, wenn außerdem infolge hirntraumatischer Schädigungen durch Mißhandlungen oder nach Hungerödemen *zerebrale Komplikationen* zur Diskussion stehen (Eitinger), was gewöhnlich zu einer noch stärkeren Leistungsbeeinträchtigung führt.

Behandlung. Wie beim akuten Angstsyndrom und der traumatisch bedingten Angstbereitschaft ist auch hier das Ziel die *innere Distanzierung* vom traumatischen Erlebnis durch eine Ausrichtung nach vorn mit neuen Aufgaben. Bewußtmachung, etwa durch aufdeckende Psychotherapie, ja schon die publizistische Aktualisierung, wie anläßlich des Eichmann-Prozesses, führen erfahrungsgemäß zu Verschlimmerungen. Eine lockere ärztliche Führung mit entspannenden, leicht antidepressiven und allgemein angstdämpfenden Mitteln scheint die Methode der Wahl.

Reaktionen älterer Menschen

Die Spitze der Alterspyramide wird immer breiter, birnenförmiger und kopflastiger. Hochrechnungen zeigen, in einigen Jahrzehnten sind die 70- bis 80jährigen in der westlichen Welt zahlenmäßig die größte Gruppe. Gerade die älter werdenden Menschen können heute, oft mit mehreren Kranheiten belastet, noch lange leben, mehr oder weniger gut. Das geschieht bei vielen unter ärztlicher Aufsicht und ständiger Betreuung. Ärzte, Schwestern, Pfleger sind dann die wichtigsten Kontaktpersonen, die nicht allein über ihr körperliches, sondern auch über ihr seelisches Befinden mitentscheiden. Die *Lebensqualität* der älteren Frauen, die hier in der Überzahl sind, und der älteren Männer hängen von der *Art und Weise dieses ärztlichen und pflegerischen Umgangs* ab.

Dabei leben wir in einer Zeit, die alte Menschen nicht hoch bewertet. Im alten China und auch im griechischen und römischen Zeitalter wurde der Rat der Alten, ihre Erfahrung und Weisheit in manchem gesucht und gepriesen. Heute ist es kein Lob, wenn man von jemandem herablassend sagt, „der sieht ganz schön alt aus". *Die Empfangswelt* für das Altwerden von Frauen und Männern ist keine positive und wird *einseitig* von der *Perspekive auf den körperlichen Zustand* bestimmt. Über die normalen und etwaige positive Aspekte des Altwerdens ist wenig zu hören. Sicher können die positiven Seiten des Älterwerdens nur dann gefördert werden, wenn man die normalen geistigen Veränderungen bis in die krankhaften Akzentuierungen nicht verleugnet, sie kennt und in Rechnung stellen kann.

Es ist nicht zu leugnen, daß die geistigen und seelischen Fähigkeiten des Menschen im Alter, nach den allgemeinen Wertmaßstäben, *Einbußen* darstellen: der alte Mensch ist langsamer, weniger beweglich, kann starrer werden, grobkörniger in seinem Denken, seine Merkfähigkeit wird geringer, sein Gedächtnis zumindest selektiver. Er ist weniger aufnahmefähig für Neues, sieht die Gegenwart unter dem Aspekt des Vergangenen, des selbst Erlebten, der Bedingungen seiner Kindheit, Jugend und vor allem der Jahre, in denen er sich selbst entwickelt und seine Form gefunden hat. Die Gegenwart erlebt er aus der Sicht seines eigenen Lebens. Das kann als *Einengung* – aber auch als *Gewinn* gesehen und bewertet werden.

Es besteht bei älteren Menschen einerseits *eine natürliche Neigung* und ein Interesse, sich mit der eigenen *Vergangenheit* zu beschäftigen. Bis ins Alter hinein und gerade im Alter ist aber die Beschäftigung mit der Vergangenheit kein einfaches Wiedererinnern, sondern „*die Bewußtwerdung ist immer auch eine Reorganisation*" (Piaget 1971). Es gehört zur Aufgabe des Alters, sich *mit der*

Vergangenheit zu versöhnen, gerade auch mit der eigenen Kindheit. Sie bedeutet „die Hinnahme dieses unseren einmaligen und einzigartigen Lebensweges als etwas Notwendigem..., auch eine neue, andere Liebe zu den Eltern" (Erikson). Manche geistig produktive Menschen nützen das im Alter, um ihre Memoiren zu schreiben, aber noch mehr Menschen beschäftigen sich in Gedanken mit dem Vergangenen, stellen immer mehr Gemeinsamkeiten mit ihren Eltern fest, vergleichen deren Lebensweg mit ihrem eigenen und diesen wieder mit dem der heutigen Generation. Es kann im Altersabstand alles verklärt erscheinen, es gehört bei selbstkritischen Menschen jedoch ebenso dazu, daß eigene Versäumnisse und Schuldgefühle auftauchen und zur schweren Last werden. Der Wunsch damals anders gehandelt zu haben, kann das Leben dann begleiten. Daneben gibt es Entwicklungen bei älteren Menschen, die sich verhärten, noch entschiedener die anderen verurteilen, noch konservativer werden und die Lebensformen der gegenwärtigen Generationen streng verurteilen. Redensarten besagen, daß sich *Persönlichkeitszüge im Alter zuspitzen,* der Sparsame werde geizig, der Vorsichtige ängstlich, der Eigenwillige verstiegen etc.

Viele psychologische und psychopathologische Charakteristiken des Älterwerdens tendieren in die Richtung negativer Entwicklungen, drohen, wie psychiatrische Charakterisierungen überhaupt, zu Sündenregistern zu werden. Es ist heute dagegen gerade an alten Menschen nicht selten zu erleben, z. B. bei vielen Frauen, die ihr Leben in ehelichen und mütterlichen Aufgaben verbracht haben, daß sie nach dem Tod des Ehemannes und Auszug der Kinder noch einmal in eine *neue aktive Lebensphase* eintreten.

◀ Eine 70jährige Frau kommt wegen agoraphober Ängste vom Internisten. Ihr gleichaltriger Ehemann ist vor drei Monaten im Krankenhaus gestorben, nachdem sie ihn drei Jahre lang zu Hause nach einem Schlaganfall gepflegt hatte. Sie stand ihr Leben lang im Schatten ihres Mannes, der als Universitätsprofessor eine bedeutende Stellung hatte, war für Haus und Kinder da, konnte ihre eigenen künstlerischen Interessen nicht verwirlichen. Es wird in einigen Gesprächen deutlich, daß sie sich große Selbstvorwürfe macht, die Einweisung des Mannes ins Krankenhaus nicht verhindert zu haben, wo er viele Medikamente erhielt und nach einigen Wochen starb. Ihre Ambivalenz zwischen ihrer *Bindung* an ihren Mann und der *Erleichterung* nach seinem Tod wird deutlich, und die Trauerarbeit kann im Laufe einiger Monate nachgeholt werden. – In der niederfrequenten Psychotherapie entfaltet die Patientin viele Interessenfelder, die sie ihr Leben lang zurückgestellt hat: sie nimmt mit Freunden und Freundinnen aus ihrer Jugendzeit Verbindung auf, macht Reisen nach Amerika, beginnt wieder zu malen, hat dabei Erfolge, stellt Bilder aus. Sie bekommt eine neue Beziehung zu ihren Enkelkindern, die sie gerne besuchen und die sie stunden- und tageweise betreuen kann. Auch als eine Oberschenkelhalsfraktur ihre Gehfähigkeit für dauernd wesentlich einschränkt, kann sie doch weiter zeichnen und malen, und ihr Malunterricht bleibt für viele ein Anziehungspunkt. ◗

Es ist also immer die Frage, was man mit einer neuen Situation und mit den seelischen und körperlichen Beschwerden anfängt, ob man *die Hilfe anderer für sich aktiviert* und ob eine neue Entwicklung in Gang zu bringen ist. Die Ärzte sehen Patienten professionell und alte Menschen sich selbst zunächst meist auch nur aus der Perspektive ihrer Einschränkungen und der bestehenden krankhaften Veränderungen, sie vernachlässigen dabei das, was an Möglichkeit und Zukunft erhalten ist.

Krankhafte Veränderungen. Die häufigste seelische Erkrankung im Alter sind kurz oder länger dauernde *depressive Reaktionen,* die mit Verstimmungen und Verlust des Antriebs auftreten. Diese sind aber häufig nur mehr oder weniger deutlich erkennbar. Typisch ist bei älteren Menschen, daß sie sich auf körperliche Klagen und Beschwerden zentrieren. Das macht es für viele Nichtpsychiater schwer, die Diagnose einer Depression von einer allgemein regressiven Verarbeitung einer körperlichen Erkrankung, die zumindest am Anfang im Vordergrund stehen kann, abzugrenzen. Es wird darauf hingewiesen, daß die Depressionsdiagnose allein aus standardisierten Fragebögen mit Selbsteinschätzungsskalen bei älteren Personen nicht ausreicht. Daß ältere Menschen oft unzufrieden oder unglücklich sind, beinhaltet jedoch nicht, daß die Mehrzahl dieser Personen ärztlicher Behandlung bedarf. Eine Eigenständigkeit der *Altersdepression* wird im Hinblick auf die Häufigkeit reaktiver neurotischer und psychotischer Krankheitsformen heute nicht mehr bejaht (Lauter 1994). Es finden sich sowohl vereinzelt Spätdepressionen in psychotischer Form, aber noch sehr viel häufiger eben kurz oder länger dauernde depressive Reaktionen. – Die Tendenz zur *Inanspruchnahme therapeutischer Hilfen* ist bei depressiven Patienten allgemein, besonders aber im Alter gering (Cooper und Sosna). Die diagnostischen Fähigkeiten, eine depressive Reaktion und Entwicklung abzugrenzen, sind bei Internisten und Allgemeinmedizinern eher gering. Am ehesten können noch praktische Ärzte, die die Patienten seit langem kennen, eine solche depressive Reaktion abgrenzen. – Die Prognose dieser depressiven Reaktionen und die Frage ihrer Chronifizierung ist von der weiteren Therapie, aber auch von der Persistenz der beiden wichtigsten auslösenden Faktoren abhängig.

Auslösend wirken für depressive Reaktionen und für „funktionelle psychische Erkrankungen" überhaupt, zu denen hier auch „funktionelle Psychosen" gezählt wurden, vor allem körperliche Erkrankungen und damit verbundene Einschränkungen durch *Gehbehinderung sowie Seh- und Hörbehinderung.* Die nicht vorhandene, leichte oder mäßig starke Ausprägung dieser Behinderung korreliert signifikant mit dem Ausmaß der psychischen Krankheiten, und zwar sowohl bei funktionellen Störungen wie bei organisch bedingten (Häfner 1983). Schlechte Wohnbedingungen verschlechtern noch die psychischen Störungen wegen der damit meist verbundenen Bewegungseinschränkung. Das ist nicht allein für die Lebensqualität bedeutsam, es gibt therapeutischen Verfahren und rehabilitativen Anstrengungen schon eine Zielrichtung. Schon bei Depressionen im früheren Lebensalter sind Krankheiten mit *Veränderungen der häuslichen Situation* wichtige auslösende objektive Bedingungen. – Der zweite ebenso wichtige und auch damit verbundene ist eine *Veränderung im sozialen Netz* durch Partnerverlust, Umzüge mit Trennung von Freunden, Kindern etc., die zu einer Isolierung führen. Alleinlebende Frauen oder Männer waren in Mannheim aber davon psychisch *nicht betroffen*, soweit sie sich in einem Kreis von Freunden und Bekannten im alltäglichen Leben Unterstützung verschaffen konnten (Cooper).

Was die körperlichen Krankheiten betrifft, so ist bemerkenswert, daß depressive Verfassungen sowohl *im Anschluß* an eine schwere körperliche Erkrankung auftreten können, daß eine Depression aber ihr *zeitlich auch vorangehen* kann. Psychosomatisch ist einerseits zu diskutieren, ob eine beginnende Depression zu einer Schwächung des Immunsystems führt und entzündliche und neoplastische Krankheiten fördert. Auch die geringe motorische Aktivität, Fettsucht etc. können zu Zerebrovaskulären Erkrankungen beitragen. Es kann andererseits gefragt werden, ob nichterkannte Tumoren und andere schwere körperliche Erkrankungen, die noch nicht faßbar sind, sich in Apathie und Verstimmung bei den älteren Menschen bemerkbar machen. Wie eine neue psychosoziale Situation und Lebensform mit einer körperlichen Erkrankung zusammenkommen kann, zeigt sich an der epidemiologisch nachweisbaren Häufung von Herzinfarkten bei Männern und Frauen nach Verlust des Ehepartners. Diese *somato-psycho-somatischen Wechselbeziehungen* sind in den letzten Jahrzehnten in den Vordergrund gerückt. Die klassischen psychosomatischen Krankheiten, Asthma bronchiale, Ulcus duodeni, Colitis ulcerosa etc. treten als Ersterkrankung im Alter jenseits des 60. Lebensjahres kaum noch auf, erfahren nicht selten eine Minderung. Sicher ist das Alter aber noch einmal ein Prüfstein für die allgemeine Belastbarkeit und damit auch für die Vulnerabilität für psychische Erkrankungen. Es ist bei vielen seelischen Altersveränderungen zwischen reaktiver, neurotischer und psychotischer Depression heute nicht mehr streng zu trennen, der DSM III R nennt überhaupt nur „major depression". Man kann häufig von einer Akzentuierung von Persönlichkeitszügen sprechen, die bisher kompensiert waren und nun stärker hervortreten. Auffällig ist, daß bei epidemiologischen Untersuchungen von Populationen in Altersheimen und Krankenhäusern *Frauen etwas häufiger von psychischer Krankheit betroffen* sind als Männer. Allerdings überwiegen sie überhaupt auch zahlenmäßig in den hohen Altersgruppen. Ein Zusammenhang mit der Sozialschicht fand sich bei Untersuchungen in New Castle in England nicht, in Mannheim war *die untere Sozialschicht* häufiger von psychoorganischen Syndromen betroffen, wobei auf schlechte körperliche Verfassung (Übergewicht, Alkoholismus) als Risikofaktoren hingewiesen wird (Cooper). Das macht noch einmal deutlich, daß allgemeine körperliche und speziell hirnorganische Bedingungen für die Auslösung, die Ausprägung und den Verlauf der depressiven Zustandsbilder zu beachten sind. Dieser *hirnorganische Faktor* bestimmt schon die Vorauswahl, die bei epidemiologischen Untersuchungen verschiedener Bevölkerungsgruppen besteht. In Feldstudien findet man etwa bei 3–6% der Gesamtbevölkerung schwere hirnorganische Psychosyndrome. Untersucht man Altenheime und Pflegeheime so finden sich 60–80% der Bewohner mit schweren *psychoorganischen Einschränkungen* in *Orientierung, Gedächtnisleistung, Initiative* etc., meist auf arteriosklerotischer oder senil-dementer Grundlage. Unter den noch in den Gemeinden lebenden alten Menschen sind solche schweren organischen Prozesse immerhin in knapp 20% vertreten. Und hier ergibt sich für die behandelnden Ärzte, Gemeindeschwestern, Sozialarbeiter etc. eine Differentialindikation der therapeutischen und helfenden Maßnahmen.

Behandlung. Bei jeder Psychotherapie ist hier zunächst zur Kenntnis zu nehmen, was an belastenden körperlichen Einschränkungen besteht sowie was an Verlusten in den menschlichen Beziehungen und in der sozialen Position eingetreten ist. Auch die Stellung im sozialen Netz ist zu beachten, sie auch im Gespräch nicht zu bagatellisieren. All dies zu sehen, den Stellenwert im gegenwärtigen und zukünftigen Leben einzuschätzen, ist die Ausgangsposition, soll sich der Patient ernst genommen fühlen.

Um so wichtiger ist es dann aber, die *erhaltenen und vor allem die ursprünglich gegebenen Möglichkeiten dieses Menschen* zu erkennen, mit ihm zu besprechen und zu klären. So ist das Alter zu einer nochmaligen neuen, wenn auch sicher sich beschränkenden Sinngebung zu nutzen. Es ist dem älterwerdenden Menschen zu zeigen, daß er Zukunft hat, die er nutzen kann. *Ohne Zukunft ist der Mensch nicht lebensfähig*, und wenn es auch nur die des Heute und dann die der nächsten Tagen und Wochen ist.

Dabei um die Vergangenheit des alten Menschen zu wissen, ist wie in jeder menschlichen und therapeutischen Beziehung hilfreich. Die Aufklärung der Vergangenheit ist aber auch hier *nicht Behandlungsziel oder gar Selbstzweck einer psychotherapeutischen Behandlung.* Sie kann aber helfen, den Menschen in seinen jetzigen Nöten und sein eigenes Lebensthema besser zu verstehen. Dabei gibt es durchaus Patienten, vor allem stärker gestörte, die nicht erinnert werden wollen, die sich weigern, über ihre Vergangenheit zu sprechen, zumindest mit einem etwa neu eintretenden Arzt, Psychologen oder Pfleger erst einmal bekannt werden müssen, um darüber sprechen zu können. Sicher gehört zu jeder intensiveren ärztlichen und speziell psychologischen Betreuung eines Menschen ein Wissen um seine gegenwärtige familiäre und soziale Situation. Gerade bei alten Menschen bedarf es allerdings oft eines geduldigen Kontaktes, bis über schwierigere Dinge gesprochen werden kann. Wie von alten Gesunden ist auch vom kranken alten Menschen eine Versöhnung mit der Vergangenheit zu leisten. Für den alten Menschen und gerade für den Depressiven ist aber zunächst die Gegenwart und noch mehr die Zukunftsdimension wichtiger. Psychiater erfahren, daß gerade bei den Psychosen die Gefahr besteht, daß *die Zukunftsaussicht völlig schwindet*, die Zeitperspektive verlorengeht und Menschen in einer quälenden Gegenwart leben, keine Konzepte und Entwürfe im Hinblick auf die nahe Zukunft entwickeln können. Das gibt der modernen Therapie eine Richtung.

Die gerade von *Verhaltenstherapeuten* aktiv betriebene Arbeit und Überwindung der eingeengten *Zukunftsperspektive bei Depressionen*, indem an negativen Konzepten gearbeitet wird, durch neue, positive Bilder verbliebene Möglichkeiten abgetastet und neu strukturiert werden, hat hier entscheidende Bedeutung. Zunächst in Gedanken, im Probehandeln also, später auch im Verhalten neue Möglichkeiten in Angriff zu nehmen, Hoffnungen wie Ängste, Erfolgsaussichten wie Gefahren durchzusprechen, ist nicht nur Ziel der *kognitiven Verhaltenstherapie* (Beck). Es ist eine Element, das in jeder verbalen interpersonalen und supportiven Psychotherapie seinen Platz hat. Der erfahrene Psychiater vermerkt, „zielgerichtetes Tätigbleiben kann die ... Schwächen im Gefolge der Altersrückbildung oder einer ... cerebralen Schädigung lange kompensieren" (Janzarik 1988). Das gilt im ganzen für den Lebensentwurf älterer Menschen. Diese auf Veränderung, Aktivität, Initiative und Risiko drängende Haltung ist für Therapeuten psychoanalytischer Herkunft nicht selbstverständlich und bedarf eines Umdenkens.

Neurosen

Allgemeines über neurotische Entwicklungen

Historisches. Der Begriff Neurose ist nur aus seiner medizinge-schichtlichen Herkunft zu verstehen. Von dem schottischen Arzt Cullen 1776 eingeführt, sollte Neurose von Neuritis unterschei-den. So wurde Neurose zunächst für alle nichtentzündlichen Krankheiten des Nervensystems und der Psyche gebraucht (s. Abb. **2**). Seitdem hat der Neurosebegriff eine *fortschreitende Einen-gung* erfahren. Zunächst wurden die organischen Nervenkrank-heiten und damit auch die organisch bedingten Psychosen abge-trennt. In einem weiteren Schritt, der mit der Verfeinerung der diagnostischen Mittel bis in die Gegenwart reicht, schieden die psychischen Entwicklungsstörungen bei somatischen Varianten (Hirnschädigungen, endokrine Krankheiten usw.) aus. Ein näch-ster und bedeutsamer Schritt, der lange Zeit umstritten, aus klini-scher Sicht aber unausweichlich ist, bestand in der Abgrenzung der endogenen Psychosen: In Auftreten und Symptomatik nur be-dingt verstehbar, weite Strecken eigengesetzlich ablaufend, nur in Grenzen von der Umwelt zu beeinflussen, oft mit bleibenden Veränderungen der Persönlichkeit oft einhergehend, legen sie eine Trennung nahe. Neurosen erscheinen demgegenüber als nor-malpsychologisch einfühlbare, in ihrer Symptomatik wie auch in ihrer Entwicklung verstehbare Störungen. Im Laufe der Zeit wur-den noch die auf Belastungen und Konflikte antworteten Reak-tionen und die psychopathischen Entwicklungen in ihren starre-ren und weniger formbaren Akzentuierungen der Persönlichkeit von den Neurosen abgegrenzt. Erscheinungsbild, Psychopatholo-gie, Verlauf, Ursachen und die verschiedenen Methoden in der Be-handlung legen solche Differenzierungen nahe.

In den *letzten Jahrzehnten* hatte sich der Neurosebegriff wie-der im allgemeinen Sprachgebrauch eher *ausgeweitet,* indem er häufiger bei nichtpsychotischen seelischen Störungen und Reak-tionsweisen benutzt wurde. Andererseits wurde er in den interna-tionalen Diagnoseverzeichnisses nach Möglichkeit vollständig *eli-*

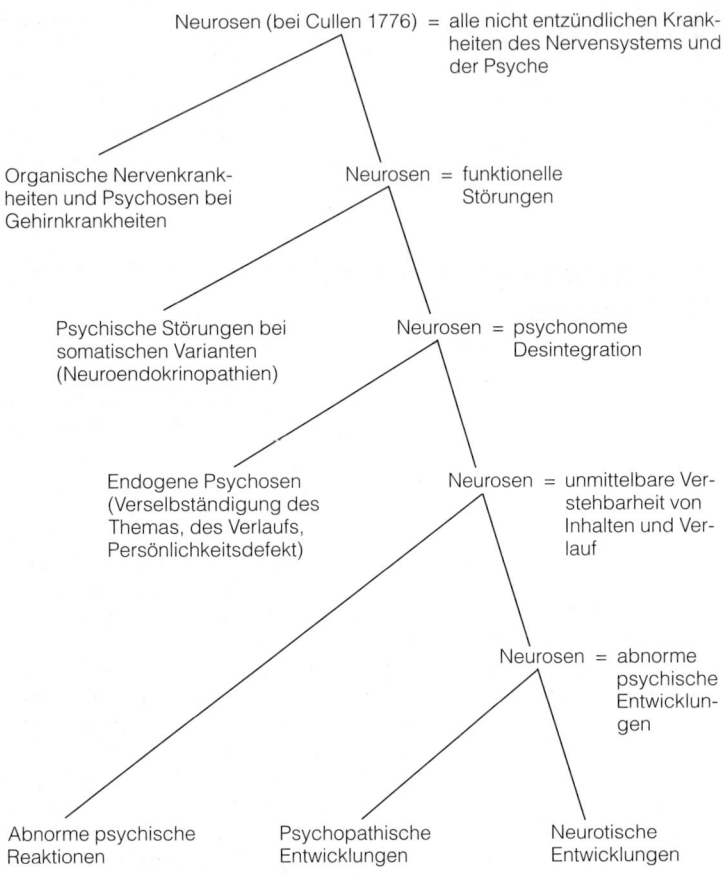

Neurosen (bei Cullen 1776) = alle nicht entzündlichen Krankheiten des Nervensystems und der Psyche

Organische Nervenkrankheiten und Psychosen bei Gehirnkrankheiten

Neurosen = funktionelle Störungen

Psychische Störungen bei somatischen Varianten (Neuroendokrinopathien)

Neurosen = psychonome Desintegration

Endogene Psychosen (Verselbständigung des Themas, des Verlaufs, Persönlichkeitsdefekt)

Neurosen = unmittelbare Verstehbarkeit von Inhalten und Verlauf

Neurosen = abnorme psychische Entwicklungen

Abnorme psychische Reaktionen

Psychopathische Entwicklungen

Neurotische Entwicklungen

Abb. **2** Geschichte und Einengung des Neurosebegriffs von Cullen bis in die Gegenwart (nach Binder).

miniert, er taucht im DSM III R nur nach Zwangsstörung als Zwangsneurose und nach dysthymer Störung als depressive Neurose nur noch in Klammern auf. Dazu hat der allgemeine Abstieg der Psychoanalyse in den USA und die bei ihr meist fehlende deskriptive Arbeit und deren Vermengung mit unbeweisbaren ursächlichen Konstrukten beigetragen. Wenn der Begriff der Neurose weiter Sinn und Wert für die Psychologische Medizin behalten soll, so müssen zunächst die Erscheinungsformen und deren spontanen Verlaufsgesetzlichkeiten weiter präzisiert werden, von dem mit verschiedenen Neurosenlehren verbundenen theoretischen Ballast befreit und die ursächlichen Konstrukte auf ein Niveau gehoben werden, das dem wissenschaftlichen Stand entspricht.

Begriff und Merkmale:
1. Charakteristisch für Neurosen oder Psychoneurosen sind zunächst *bestimmte Symptome* wie phobische Ängste, Zwangsgedanken oder Zwangsimpulse, Konversionssymptome, bestimmte Formen depressiver und noch anderer Symptombildungen.
2. Auch ohne diese Symptome ist von *neurotischen Strukturen der Persönlichkeit* bei Menschen zu sprechen, die lebenslang eher verstimmbar und emotional schwankend sind als ausgeglichen, in ihrem Selbstbewußtsein eher labil als fest und sicher, in ihrer ganzen Einstellung eher nach innen gerichtet als mit der äußeren Welt selbstverständlich verbunden und auf sie zugehend. Diese Ausrichtung wurde von dem englischen Psychologen Eysenck mit den Faktoren *Introversion* und *Neurotizismus* beschrieben und testpsychologisch bei Betroffenen deutlich gemacht.
3. In der seelischen Entwicklung überwiegen noch *ungefestigte Einstellungen,* die mit *Schwankungen im emotionalen Bereich* und in der zwischenmenschlichen Einstellung verbunden sind. Bestimmte Bereiche der Persönlichkeit sind labil geblieben und nicht selbstverständlich: die allgemeine seelische und leibliche Selbstbejahung, die Entfaltung der zärtlichen, sexuellen, motorischen und aggressiven Bedürfnisse in den zwischenmenschlichen Beziehungen, die Fähigkeit zur Nähe und zur vertrauensvollen Hingabe.
4. In strukturdynamischer Sicht erscheinen sie innerweltlich rückgewandt, wenig expansiv und situationsbezogen. Sie bleiben auf ein innerweltlich strukturiertes Feld lebensgeschichtlicher Grunderfahrungen bezogen. In dieser *Rückwendung* selbst liegt die pathologisch erscheinende Abwandlung.
5. Es liegt eine *Beweglichkeit wie bei kindlichen und jugendlichen Einstellungen* vor, die nicht fixiert und noch nicht rollenmäßg festgeschrieben sind. Man kann von einem dauernden Schwanken zwischen spielerisch offenen und den eindeutig festen Bewertungen der Erwachsenen sprechen.
6. Bei diesen negativ klingenden Aufzählungen ist es angemessen, nach den *positiven Merkmalen* neurotischer Einstellung zu

fragen. Sie liegen u. a. in einer bewahrten Offenheit für neue unkonventionelle Vorstellungen und Bewertungen überhaupt. Der Reichtum an Phantasien und innerer Bilderwelt hat Eysenck (1978) vor Augen, wenn er betont, Neurotiker seien nicht minderwertig, sondern zeigten hingegen *eine besondere ästhetische Empfänglichkeit und Kreativität*. Dabei denkt er offenbar u. a. an die vielen neurotischen Dichter.

Ursachen und Psychodynamik

Mit dem Begriff der Neurose ist häufig die Vorstellung verbunden, daß allein oder überwiegend ungünstige Umwelteinflüsse hier Bedeutung haben. Vor allem sollen sich nach psychoanalytischen Konstrukten krankmachende Erfahrungen der ersten 5 Lebensjahre neurotisierend auswirken. Das ist jedoch durch die Feststellung zu korrigieren, daß auch sehr einengende Erfahrungen, etwa in einer Heimerziehung (s. oben S. 25) durch individuelle Widerstandsfähigkeit und durch aktiv ergriffene spätere psychosoziale Angebote im Schulalter und der Adoleszenz voll zu kompensieren sind. Belastende Erfahrungen der frühen Kindheit sind im weiteren Lebensgang *auszugleichen* oder auch zu *verstärken*. Freud selbst hat schon *die Bedeutung der Anlage* für die Neurose gegenüber „akzidentellen Einflüssen" immer wieder betont. Gerade die neuesten Erbforschungen weisen auf das Gewicht einer Disposition zur Neurose (s. S. 37).

Charakteristisch für die psychoanalytische Auffassung von der Entstehung der Neurosen war ihr zweizeitiger Ansatz: In der frühen Kindheit werde eine neurotische Disposition erworben, die aus einem Anlagefaktor und der Verarbeitung neuroseförderender frühkindlicher Umwelteinwirkungen resultiert. Hinweise auf diese Disposition bieten neurotische Erscheinungen, die sich schon in der Kindheit und Jugend manifestieren können („Primordialsymptomatik"). Zur Manifestation der Neurose mit ihrer typischen Symptomatik soll es dann unter den Anforderungen des Lebens als Erwachsene, der Ablösung von der Ursprungsfamilie, der Selbstfindung im sexuellen, familiären und beruflichen Leben kommen.

Abzugrenzen von allen retrospektiven entwicklungspsychologischen Fragestellungen nach den Bedingungen der Persönlichkeitsentwicklung ist die Aufgabe, das *gegenwärtige seelische Feld* des Patienten zu erfassen. Wenn man eine Aktivität des selektiv wahrnehmenden und sinnentnehmenden Menschen in seiner Umwelt bejaht, so ist diese Verarbeitung selbst ein jeweils bestimmender Faktor. Wie sich das, was ihn antreibt und was er wahr-nimmt zur gegenwärtigen Lebenssituation entfaltet, ist verstehend nachzuvollziehen. Es ist mit den ursächlichen Bedingungen nicht auf eine Ebene zu bringen.

Der thematisch und gefühlsmäßig offene Einstieg des psy-choanalytischen Dialogs brachte die widersprüchliche und kon-flikthafte Lebenswelt des neurotischen Menschen ganz unmittel-bar zur Sprache. Dieser neue Zugang und die hier gemachten Funde spiegeln sich am ehesten in dem, was psychoanalytisch als *Psychodynamik* beschrieben wird.

Psychodynamik. Die neurotischen Symptombildungen werden psychoanalytisch als Widerstreit zwischen elementaren Triebre-gungen und äußeren Versagungen beschrieben. Sie werden als Fi-xierungen an diese innere Konfliktsituation interpretiert, wobei diese in ihren Inhalten und in ihren Affekten als nicht voll bewußt-seinsfähig bezeichnet wird. Der Vorgang, in dem konflikthafte, anstößige und der inneren Zensur unterliegende Inhalte ver-drängt werden, bezeichnet man auch als *Abwehr*. Die im Bewußt-sein nicht akzeptable Vorstellung wird u. U. verschoben auf ande-re Personen, erscheinen als Projektionen oder werden introjiziert. Diese Abwehrmechanismen werden als *Verschiebung* und als *Pro-jektion* oder *Introjektion* bezeichnet.

Abwehrvorgänge sind also in der Psychoanalyse Manöver, die das Bewußtwerden inkompatibler Vorstellungen abbiegen, d. h., sie richten sich gegen solche Vorstellungen, die unvereinbar sind mit den aus der Kindheit übernommenen Wert- und Verhaltens-maßstäben. Die wichtigsten Abwehrmechanismen unter dem Oberbegriff Verdrängung sind: Verleugnung, Verschiebung, Pro-jektion, Identifizierung (Introjektion), Verkehrung ins Gegenteil, Isolierung, Ungeschehenmachen. Komplizierte charakterliche Abwehrvorgänge sind die der Reaktionsbildung des Ich und der Gegenbesetzung.

Während die typischen Neuroseformen der Erwachsenen, hysterische Lähmungen, Zwangsneurose, Depressionen usw. *bei Kindern* kaum vorkommen und erst in der Adoleszenz auftau-chen, sind andere für diese Entwicklungsphase charakteristische Symptombildungen bei ihnen zu beobachten. Die wichtigsten und häufigsten Symptome aus der Sicht von Kinderpsychiatern und Kindertherapeuten sind:

Enuresis: Bettnässen, das Aufmerksamkeit verdient, wenn es über das 4. Jahr hinaus auftritt. *Enkopresis*, das Einkoten nach dem 3. Lebensjahr. *Sprachhemmungen, Stottern. Respiratorische Affektkrämpfe* bei Kinder zwischen 6 und 24 Monaten wobei während des Schreiens die Atmung aussetzt. *Jaktationen* sind stereotype rhythmische Bewegungen des Kopfes beim Einschlafen. *Mutismus*, ein Versiegen des Sprechens nach Abschluß der Sprachentwicklung bei erhaltenem Sprachvermögen. Vorübergehende *Eßstörungen* und *Ängste* bei Kindern sind als Durchgangserscheinungen *noch normal* zu nenen, ebenso passagere *Schlafstörungen*.

Die *Systematik der Neurosen* hat in der psychoanalytischen Literatur relativ wenig Aufmerksamkeit gefunden. Auf Beschreibung, Abgrenzung und Verlauf der einzelnen neurotischen Krankheitsbilder wurde weitaus weniger Arbeit verwendet als für die Aufdeckung ihrer Motivationen.

S. Freud selbst hat zwei verschiedene Einteilungen versucht. Zunächst hat er als
Aktualneurosen,
Neurasthenie und Angstneurose abgegrenzt von den
Psychoneurosen (auch Abwehrpsychoneurosen) Konversionshysterie, Phobie, Zwangsneurose (auch paranoische Schizophrenie).

Später hat er die *Übertragungsneurosen* Hysterie und Zwangsneurose abgegrenzt von den *narzißtischen Neurosen, zu denen er noch* Schizophrenie und Depression zählte. Diese Einteilungsprinzipien haben sich jedoch nicht durchgesetzt. Auch die Abgrenzung der Aktualneurosen, die als toxische Erkrankungen aufgefaßt wurden, von den psychogenen Neurosen, d. h. Psychoneurosen, wurde ganz verlassen (Fenichel).

Wir unterscheiden hier zwischen *Neurosen mit typischen Symptombildungen* wie Zwang, Phobie, Angst, depressiver Verstimmung, Entfremdung, Hypochondrie, hysterischer Lähmung usw. und Neurosen, die sich allein durch charakteristische *Einstellungen* als Neurosen der Persönlichkeiten zeigen. Wir bezeichnen diese als (hysterische, zwanghafte, depressive, schizoide) *neurotische Strukturen*.

Neurotische Symptombildungen
(ICD-10 Neurotische Störungen)

Allgemeines zu den neurotischen Symptombildungen
Die Wege der neurotischen Symptombildung entziehen sich einem unmittelbaren Verständnis. Das entspricht ihrer Verankerung in leiblichen Formen des Erlebens und des Ausdrucks, die in ihrer Motivation nicht bewußt verfügbar sind. Sie erscheinen eher als verschlüsselte archetypische und phylogenetisch verankerte Signale. Oft sind sie auch vorsprachliche, symbolische Dar-

stellungen, in denen sich Vorstellungen, Phantasien und Wachträume mächtiger erweisen als alle rationalen Vorsätze und bewußten Willensbildungen.

In der Sicht der Psychoanalyse werden diese Symptome als *Kompromisse* zwischen durchbrechenden Trieben und zensierenden Abwehrkräften bei einer im ganzen nicht geglückten Abwehr interpretiert. Ein spezifischer Gesichtspunkt der Psychoanalyse zur Neurosenwahl ist der, daß die psychische Störung eine *Regression* auf eine Entwicklungshemmung in der frühen Kindheit darstellen soll. Der Punkt der *Hemmung* bzw. *Fixierung* in der Libidoentwicklung entscheide über die Symptombildung, diese wird allerdings nur wieder aus der „psychosexuellen Entwicklung" abgeleitet. Auf Fixierungen der Entwicklung in der sensorischen Phase sollen schizoide und narzißtische neurotische Züge und die sensitiv-paranoiden Entwicklungen verweisen, auf Fixierungen in der oralen Phase depressive neurotische Symptome, auf solche der analmuskulären Phase die Zwangsneurose und auf Störungen der genitalen Entwicklungsphase hysterische Symptome.

Konversionsneurose

Synonym: Hysterie
(CD-10 F44 dissoziative Störungen, DSM III R 300.11 Konversionsstörung)

Als *Konversion* bezeichnet man die Umsetzung einer nicht bewußtseinsfähigen Vorstellung und damit eines zu verdrängenden Konfliktes in eine körperliche Symptombildung, also eine Lähmung, einen Anfall oder einen Schmerzzustand. Der Konversionsbegriff ersetzt heute den historisch bedeutsamen, aber meist herabsetzend gebrauchten Begriff Hysterie, der umgangssprachlich nicht selten mit Simulation gleichgesetzt wird und zu einem Schimpfwort für übertriebene Gefühlsreaktionen benutzt wird.

Medizingeschichtlich hat sich an der Hysterie der Übergang von der Neurose als (neuropathische, degenerative etc.) Nervenerkrankung zur Neurose als einer anerkannten *seelischen Krankheit* vollzogen. *Dabei ist es informativ, die Entwicklung des* Begriffs *Hysterie* von einer *organzentrierten* bis zur heutigen Auffassung als *konflikthaftes Persönlichkeitsthema* zu verfolgen. Das Wort stammt vom griechischen „*hystera*" und bezeichnet die Gebärmutter. Hippokrates und die Ärzte des Altertums hatten die typischen Anfälle, Lähmungen und Schmerzzustände beobachtet, ihr Auftreten vor allem bei Frauen und den nicht seltenen Zusammenhang mit sexuellen Konflikten. Entsprechend dem Denken der vergangenen Epochen, das die Krankheit in den Organen lokalisierte, wurde der Sitz dieser Krankheit in die Gebärmutter der Frau verlegt. Dieses Denken wirkte bis in unsere Epoche hinein. Der französische Neurologe Charcot hat gegen Ende des 19. Jahrhunderts in seinen Krankensälen bei Visiten die Häufung von Anfällen beobachtet, sie in allen Einzelheiten und verschiedenen Stadien als *degenerative Hirnerkrankung* beschrieben. Erst gegen Ende des 19. Jahrhunderts haben die Ärzte wie u. a. Sigmund Freud hysterische Symptombildungen auch bei Männern anerkannt und die falsche Vorstellung bekämpft, daß diese Erscheinungen nur bei Frauen vorkomme. In der westlichen Welt sind hysterische Symptomneurosen heute seltener geworden, ihre Kenntnisnahme bleibt aber lehrreich.

Die Abgrenzung der konversionsneurotischen Symptome von organischen und psychosomatischen beruht auf mehreren Feststellungen.

1. Bei den konversionsneurotischen Symptombildungen besteht *keine organische Läsion* wie bei organisch neurologischen Prozessen; vereinzelt beobachtet man aber hysterische Ausgestaltungen organischer Schäden.
2. Hysterische Symptombildungen betreffen nur den *Willkürbereich* der *quergestreiften Muskulatur* – psychosomatische Störungen betreffen vor allem die inneren Organe mit der glatten Muskulatur.
3. Die *Symptome bringen in symbolischer Weise* den verdrängten Konflikt zur Darstellung: so der große hysterische Anfall den Appell an Aufmerksamkeit und eine starke affektive Bewegung – bei psychosomatischen Störungen ist eine solche symbolische Bedeutung nicht gegeben.

Symptomatik und Auslösung. Das Erscheinungsbild der Konversionsneurose bzw. Hysterie ist bunt und auch wechselvoll. Sie kann „proteushaft“, d. h. wie der sich verwandelnde griechische Meergott beinahe jede Krankheit vom Hirntumor bis zum Ileus, vom Gelenkrheumatismus bis zum epileptischen Anfall imitieren. Die Symptombildungen folgen den *Vorstellungen*. Am deutlichsten ist das z. B. bei hysterischen Gefühlsstörungen: sie sind z. B. *in der Achsellinie* begrenzt. Sie folgen damit nicht der Ordnung des zentralen oder peripheren Nervensystems, sondern dem Vorstellungsbild des Hysterikers von seinem Leibe, sind so begrenzt, wie der Schneider den Anzug zuschneidet.

Am häufigsten betroffen sind Motorik und Sensorik in den hysterischen *Lähmungen: Gangstörungen, Armlähmungen, Gefühlsstörungen* oder *Lähmungen der Sinnesorgane*. Am zweithäufigsten dürften *Anfälle* sein, die den Charakter einer dramatischen motorischen Entladung haben (Bewegungssturm), aber auch stillere Herzanfälle oder Atemstörungen darstellen können. Sehr verbreitet sind hysterisch bedingte *Klagen über Schmerzen*. Es gibt Frauen, die das komplette Bild eines schweren Ileus mit Abwehrspannung und allen Symptomen bieten, sie veranlassen nicht selten im Laufe der Jahre mehrere Chirurgen nacheinander zu eine Laparotomie, zunächst unter der Diagnose Ileus, dann wegen Verdacht auf Verwachsungen. *Dämmerzustände, Stimmlähmungen, Blindheit, Taubheit* und auch Patienten mit *hysterischem Tremor* waren früher häufig, sie gehören zunehmend zu den Seltenheiten in unserem Kulturkreis.

Für die gelungene hysterische Konversion ist zwar Angstfreiheit – belle indifférence – charakteristisch, bei einer nicht vollständig gelingenden hysterischen Abwehr kann aber Angst als neurotische Symptomatik auftreten.

Die Persönlichkeit des Menschen mit konversionsneurotischen Symptomen wurde traditionell mit *kindlichen* und *narzißtischen* Zügen beschrieben, sie sind kaum in der Lage, ihre Konflikte und vor allem ihre Gefühlszustände verbalisierend zum Ausdruck zu bringen, neigen aber zu dramatischen Darstellungsformen. Sie haben eine große Begabung zur Verdrängung ihrer Konflikte, die bis zur kompletten Abspaltung aus dem Bewußtsein geht. Die Anforderungen der erwachsenen *sexuellen Partnerschaft* in einer kontinuierlichen Beziehung ist ein häufiges Problem ihres Lebens. Die Auffassung der Psychoanalyse, daß in neurotischen Symptomen konflikthafte Vorstellungen vom Bewußtsein ferngehalten und zugleich im Körper libidinös materialisiert werde, hat bei der Hysterie ihren Ursprung. Freud nahm an, daß es in der hysterischen Symptombildung zu einer abführenden Triebbefriedigung kommt *(primärer Krankheitsgewinn)* und außerdem durch größere Aufmerksamkeit, Anerkennung und Geltung aus den Symptomen eine Befriedigung gezogen wird *(sekundärer Krankheitsgewinn)*. Nicht selten ist dieser „sekundäre Gewinn" aber ein verzweifelter Ausweg, der ganz real in der Lebenssituation zu finden ist.

◀ Eine 21jährige Verwaltungsangestellte, ein mittelgroßes, dunkelhaariges Mädchen, kräftig und gesund wirkend, süddeutschen Dialekt sprechend, kommt von der Neurologischen Klinik zur Klärung eines Anfallsleidens. Im Überweisungsbrief heißt es: „Seit 10 Jahren plötzlicher Bewußtseinsverlust, vor allem in

geschlossenen Räumen mit einem Gefühl der Luftenge und Oh-
rensausen sich ankündigend. Der neurologische Untersuchungsbefund ist unauffällig. Ein retrogrades Brachialisarterio-
gramm ergab keine krankhaften Gefäßverlagerungen oder Tu-
moranfärbungen. In drei elektroenzephalographischen Untersuchungen ergaben sich auch bei Photostimulation und Hyper-
ventilation sowie nach Schlafentzug keine Veränderungen. Bei
einem in der Klinik von einer Schwester beobachteten Anfall fiel
sie ohne Ankündigung plötzlich schwer auf den Boden und lag
für 20–30 Sekunden tonuslos am Boden."
Im ersten Gespräch schildert sie affektiv ganz unbeteiligt ihr An-
fallsleiden: „Ich falle halt um und liege bums da." Wie sie berichtet, sind die Anfälle in den letzten 3 Monaten häufiger aufgetreten. Sie können bei jeder Gelegenheit auftreten, auch bei der Be-
grüßung oder bei der Verabschiedung, sie falle auf den Boden
oder jemand anders in die Arme. Ob es Probleme gebe in ihrem
Leben? – „Die Ärzte haben nichts herausgefunden bei mir, auch
der Nervenarzt X nicht, bei dem war ich zwei Jahre lang, er
stand bei mir vor einem Rätsel." Was anders wäre ohne die Anfälle? „Vielleicht wäre ich dann schon verheiratet wie meine ältere Schwester. So geht es aber nicht, wenn ich ein Kind hätte,
würde ich es ja vielleicht fallen lassen." Der erste Anfall war mit
11 Jahren nachts in der Christmette, als sie in der Kirche lange
stehen mußte.
Sie ist die zweite von drei Töchtern eines Landwirts, die 4 Jahre
ältere Schwester sei verheiratet, hat zwei Kinder, die ein Jahr jüngere Schwester hat einen Freund und ist verlobt. Sie selbst habe
auch Freunde, jedoch keine sexuelle Beziehungen. Jetzt habe
sie beim Skilaufen vor 3 Monaten einen 20jährigen jungen
Mann, einen Handwerker, kennengelernt. Sie steht dem Vater
nahe, könne jedenfalls am besten von allen mit dem Vater reden, aber auch mit der Mutter habe sie ein gutes Verhältnis. In
ihrem Beruf habe sie manchmal Schwierigkeiten mit einer Vorgesetzten, der könne man nichts recht machen, „die würde ich
am liebsten auf den Mond schießen".
Während des ganzen Erstgesprächs läßt sie den Untersucher
leerlaufen, behält ein strahlendes Lächeln bei, die Ärzte würden
halt trotz großer Anstrengungen bei ihr nichts finden, ständen
bei ihr vor einem Rätsel. Das Gespräch ist wie ein kämpferisches
Gerangel, ein Versuch der Ärzte, in sie und ihre Probleme einzu-
dringen, wobei sie die Ärzte mit ihrer lächelnden und überlege-
nen Art lockt, sich dann wieder verschließt. Als der Arzt nach
Ende des Gespräches ihr die Hand zur Verabschiedung hin-
streckt, fällt sie, am ganzen Körper steif, schwer auf den Boden
auf. Sie bleibt wie leblos auf dem Bauch liegen, ohne sich zu rüh-

ren. Der Untersucher, der mit einer Reflexbewegung versucht war, sie in seinen Armen aufzufangen, bleibt auf einem Stuhl neben ihr sitzen und spricht mit ihr: Sie soll versuchen, das, was sich im Anfall ausdrücke und was sie im Gespräch nicht habe sagen können, doch mündlich mitzuteilen. Er ermutigt sie aufzustehen, es liege in den Anfällen keine Lösung, sie bleibe sonst immer das kranke, schwache und hilfsbedürftige kleine Mädchen. Er wisse, daß sie ihn hören könne und ihn verstehe. Nach etwa 5 Minuten steht sie langsam auf, setzt sich wieder auf den Stuhl, sie hat sich nicht verletzt. – Nach einer Schweigepause wieder ermutigt, über sich zu sprechen, sagt sie nur, daß sie jetzt nicht ausdrücken könne, was in ihr bei dem Anfall vorgehe. Das wird vom Untersucher respektiert, da die Zeit auch abgelaufen ist. Sie ist aber bereit, zu einer weiteren Abklärung und Behandlung in die Psychosomatische Klinik zu kommen. ▶

Häufigkeit. Im Krankengut einer neurologischen Klinik machten in der Nachkriegszeit hysterische Symptome 4% der Aufnahmen aus. Das war etwa ein Drittel aller nichtorganischen Diagnosen. In einer psychiatrischen Klinik wurde die Diagnose hysterische Reaktion und hysterische Symptombildung im Laufe mehrerer Jahre bei 1,2% der Patienten gestellt. Dabei ist auch in den Jahren nach dem Zweiten Weltkrieg in beiden Kliniken eine *langsame, aber stetige Abnahme* zu verzeichnen. Das entspricht der allgemeinen Beobachtung, daß die *hysterischen Darstellungsformen* den *psychosomatischen Intimformen gewichen sind* (v. Baeyer). Während im Ersten Weltkrieg die Lazarette mit hysterischen Schüttellähmungen überfüllt waren, trat im Zweiten Weltkrieg eine Tendenz zu organneurotischen und psychosomatischen Symptombildungen auf (Gastritis, Ulkus usw.):„Es wurde mit dem Magen gezittert." Konversionsneurotische Symptome fanden sich in der Ambulanz der Psychosomatischen Klinik Heidelberg in 2,1% der Patienten als Hauptsymptom, in 1,2% der Fälle als Nebensymptomatik. Am häufigsten findet man traditionsgemäß hysterische Symptombildungen also in neurologischen Kliniken. Es gibt Länder wie Rußland, Indien usw., wo Hysterie noch zu den häufigsten psychiatrischen Diagnosen zählen soll. Auch bei in ihrer Sozialisation sprachlich weniger entwickelten Volksgruppen, wie bei den deutschen Bauern und Rückwanderern aus dem Balkanraum nach dem Zweiten Weltkrieg, fanden sich im Vergleich zu der westdeutschen Bevölkerung relativ häufige hysterische Symptombildungen. Die Diagnose wird bei Frauen viel häufiger gestellt als bei Männern.

Exkurs: Eine anthropologische Interpretation der Hysterie

Nicht nur hysterische Konversionssymptome sind bei Frauen häufiger beschrieben, auch die hysterische Struktur wird bei Frauen beinahe 20mal häufiger diagnostiziert als bei Männern. Es liegt nahe, Überlegungen anzustellen, ob tatsächlich ein Zusammenhang mit der weiblichen Natur bzw. ihren leiblich-konstitutionellen Grundlagen besteht oder ob die gesellschaftliche Situation der Frau hier Bedeutung hat. Greift vielleicht beides ineinander?

Eine neue Interpretation der Hysterie hat W. Blankenburg gegeben, indem er die hysterische neurotische Haltung nicht nur als Defizienz sieht, sondern diese Symptome auch als gesunde Reaktion auf bestimmte, provokative Bedingungen der gesellschaftlichen Situation von Frauen interpretiert. Ist vielleicht die hysterische Lebensform eine *Antwort auf eine einseitig patriarchalisch beherrschte Familie*, auf die *traditionelle Ehe* und ihre *Einengungen für die Frau*, auf die *Unterbewertung*, die Mädchen gegenüber Jungen in vielen Familien schon von Kindheit an erfahren? Ist die hysterische Lebensform nicht eine auch positiv zu wertende Verwirklichung bestimmter allgemein verkürzter menschlicher Möglichkeiten? Die leiblichen Darbietungen der Konversionshysterie, z. B. in den Anfällen, Schmerzen und Lähmungen haben ihre positive Voraussetzung in einer Instrumentalisierung des Leibes, der hier eine spielerisch schauspielerische Note hat. Das Darstellungshafte drückt jedenfalls eine besondere Möglichkeit aus, nämlich die des vermittelten Realitätsverhältnisses gegenüber einer Welt, die nur Echtheit und Unmittelbarkeit, Bodenständigkeit und Gediegenheit anerkennt. Dem Theatralischen, dem *schönen Schein* der Hysterischen stehe als *„Champion der Echtheit"* der Mann gegenüber, der auf jeden Fall *mehr sein als scheinen will*. Moderne Begriffe wie wahres Selbst, Identität, Autonomie, der Anspruch zu herrschen, zu führen und durch Leistungen meist beruflicher Art etwas in der Gesellschaft darzustellen, erleben heute ja eine inflationäre Aufwertung. Der Überidentifizertheit mit der Rolle, mit dem Status, mit der gewachsenen Selbstkongruenz ist im Hysterischen die Mittelbarkeit, der Schein, das Theatralische als Möglichkeit gegenübergestellt. Es ist nun naheliegend, in dem weiblichen Dasein nahestehenden hysterischen Gebaren eine Ergänzung zu der nüchternen, die Normen betonenden männlichen Arbeits- und Leistungswelt zu sehen. Eine solche Betrachtungsweise, die nicht nur die individuelle Berechtigung, sondern auch den Akzent, den hysterisches Wesen darstellen kann, *positiv wertet*, kann u. a. den Therapeuten vor einseitiger Gegenübertragung schützen und vor selbstgerechten Zielsetzungen.

Ursachen und Psychodynamik. Die hysterische Symptombildung ist nicht aus einem Faktor abzuleiten, sondern resultiert aus einem Ursachenbündel, wobei *Persönlichkeitsfaktoren, Umwelteinflüsse* und *akzidentelle Faktoren* eine Rolle spielen.

Es liegen, bei der relativ geringen Zahl und dem oft flüchtigen Verlauf der Symptomatik in den Krisen einer bestimmten Entwicklungsphase junger Frauen, keine erbgenetischen Zwillingsbefunde vor. Familienuntersuchungen ergaben eine Häufung von Neurosen, Alkoholismus und auch Psychosen. An einem Gewicht der Ausgangspersönlichkeit ist kaum zu zweifeln.

Konversionshysterische Menschen unterscheiden sich von der hysterischen Charakterneurose und von allen anderen Neurotikern vor allem durch ihre einfache, emotional wenig differenzierte Ausgangspersönlichkeit. *Der einfache Mensch*, der seine Gefühle nicht in Worte zu kleiden vermag und ausdrucksmäßig zu Primitiv- und Panikreaktionen neigt, *steht den hysterischen Darstellungsformen näher. Kulturelle* und *familiäre Umwelteinflüsse* spielen bei der *Bahnung* hysterischer Symptombildungen, *akzidentelle Faktoren* bei der unmittelbaren *Auslösung* eine große Rolle. Zweifellos beeinflußt auch die ärztliche Reaktion und das öffentliche Interesse das Auftreten hysterischer Symptome, steigert oder entmutigt sie. Gegenwärtig ist für die Hysterie ein *Verlust an Kurswert* in allen westlichen Ländern festzustellen.

Die mehr durch Aufklärung und rationale Lenkung bestimmte Lebensführung scheint sich auszuwirken. Der Trieb- und Affektbereich ist besser integriert. Das Sexuelle ist nicht mehr als Fremdkörper ausgeklammert, es ist bewußtseinsfähiger, sowohl in der Kindheit als auch beim erwachsenen Menschen. Versachlichung und Ausdrucksarmut des modernen Lebens treibt das abnorme Reagieren in verborgenere Schichten. Im kulturellen Wandel ist ein Formwandel vom Darbietungsmäßigen zum Intimen, „von der äußeren Gebärde zur psychophysischen, tiefer verankerten Funktionsstörung" (v. Baeyer) eingetreten und dabei Wandel von neurotischen Symptombildungen zur Charakterneurose.

Folgende akzidentelle Einflüsse können bei konversionsneurotischen Symptombildungen eine Rolle spielen:

1. Es kann zu einer Bahnung bei äußerer Schädigung eines Organs kommen, etwa durch *hysterische Überlagerung* einer organischen Lähmung. Eine ähnliche Ausbreitung tritt ein, wenn nach oder neben synkopalen Kreislaufanfällen (wie im Falle der obigen Patientin) oder epileptischen noch hysterische Anfälle auftreten.

2. Es besteht eine *unmittelbare lokale Beziehung* zwischen dem Konfliktthema und der Organwahl, etwa wenn bei einem Masturbationskonflikt eine hysterische Armlähmung auftritt.

3. Am häufigsten sind hysterische Symptombildungen als elementare *Ausdrucksformen* zu verstehen, in denen unterdrückte, nicht bewußtseinsfähige Affekte in entstellter Form durchbrechen. Es kommt zu einem „Bewegungssturm" oder einem „Totstellreflex", analog zu ähnlichen Reaktionen bei Tieren (Kretschmer). Für den hysterischen Anfall der Frau bei Charcot war die lordotische Kreisbogenstellung des Rumpfes mit Hervorhebung des Beckens (arc de cercle) charakteristisch, die als elementare sexuelle Gebärde in mehreren Stadien beschrieben wurde.

4. Große Bedeutung haben auch *Nachahmungstendenzen* und *affektive Ansteckung*, die bei hysterischen Epidemien überhand nehmen, wie sie Charcot, ohne es wahrhaben zu wollen, in seinen Krankensälen gezüchtet hat.

Was die frühkindliche Entwicklung und Familienumwelt der hysterischen Entwicklungen betrifft, so werden häufig *Verwöhnungen* und Fixierungen an den andersgeschlechtlichen Elternteil, also meist den *Vater,* bei gleichzeitiger Tabuierung des leiblichen und sexuellen Bereichs beschrieben. Das Verhalten der Eltern ist oft mehr durch deren eigene Bedürfnisse bestimmt als durch das, was die Kinder brauchen, die auf ihre eigene Lebensaufgabe schlecht vorbereitet werden. Zur klassischen Beschreibung der hysterischen Entwicklungsstörung gehört auch die Unsicherheit über die eigene Geschlechtsrolle und Zweifel an sich selbst, die durch den Schein einer glanzvollen Oberfläche überdeckt werden. Es wird oft die klassische ödipale Konfliktsituation mit Idealisierung des Vaters, Rivalität mit der Mutter gefunden. Einer Unsicherheit des Selbstgefühls, wie sie für narzißtische Störungen charakteristisch sind, steht Bedürfnis und Fähigkeit zu dramatischer Selbstdarstellung gegenüber, die allerdings nie lange durchgehalten werden kann.

Auslösend wirken belastende Situationen, die die bisherige Sicherheit gefährden oder Reifungsanforderungen beinhalten wie Zurücksetzungen, erhöhte berufliche Verantwortung, Heiratsvorhaben. Es wird in die hysterische Symptombildung ausgewichen. Immer ist deshalb nach dem sekundären Krankheitsgewinn und der finalen Tendenz in der hysterischen Symptombildung zu forschen.

◀ Bei der 21jährigen kaufmännischen Angestellten kommt im Laufe einer stationär eingeleiteten, zwei Jahre ambulant fortgeführten Therapie hinter der Abwehr und scheinbaren Problemlosigkeit eine familiäre Konfliktsituation mit einer identifikatorischen Bindung an einen schwierigen Vater als Konfliktursache zur Sprache: Die Familie wird durch den Vater beherrscht, der ein starrer Mann ist, nicht nachgeben und nicht von sich sprechen kann, immer recht haben muß. Die Mutter hat immer zu allem Ja und Amen gesagt. Die älteste Tochter hat sich schon früh von dem Vater freigemacht, später durch Heirat aus dem familiären Konfliktfeld lösen können, ebenso die jüngere Tochter durch eine frühe Verlobung. Die Patientin sollte als zweites Kind eigentlich ein Junge sein, jungenhaftes Verhalten wurde bei ihr ermutigt. Sie wuchs im Interessenkreis des Vaters und seiner Neigungen auf. Wenn der Vater sich tagelang in ein trotziges Schweigen zurückzog, wurde sie von der Familie delegiert, mit ihm zu sprechen und wieder Einverständnis mit ihm herzustellen. Die Familie zitterte allgemein vor den Zornausbrüchen des Vaters, nur sie, vor allem wenn sie einen Anfall bekam, konnte ihn besänftigen und zur Ruhe bringen. In der Familie wird die Geschichte erzählt, daß der Vater, als er einmal verunglückte und bewußtlos lag, nur den Namen der Patientin gerufen haben soll.

Die Beziehungen zu den Männern sind durch ihr störrisches und oppositionelles Wesen kompliziert. Sie kann nicht nachgeben, sich auch beim Tanzen nicht führen lassen. Während sie immer betont, daß das Sexuelle für sie unproblematisch ist, zeigen sich Männer in ihren Träumen als etwas Bedrohliches und Zerstörerisches, etwas, was sie in ihren Einfällen mit dem Schlachthof verbindet. Im Laufe der Behandlung ergibt sich ein Symptomverständnis auf verschiedenen Ebenen.

Gebahnt sind die Anfälle durch den ersten Ohnmachtsanfall mit 11 Jahren in der Kirche, der als synkopaler Anfall zu verstehen ist. Bei der Wiederholung dürfte ein sekundärer Krankheitsgewinn Bedeutung haben. Sie gewinnt als die Kranke an Aufmerksamkeit und Zuwendung. In der familiären Konfliktsituation hat der Anfall die Funktion, daß dadurch Spannungen zwischen Vater und Mutter ausgeglichen werden und Macht über den sonst bedrohlichen und unberechenbaren Vater ausgeübt werden kann. Ein weiterer sekundärer Krankheitsgewinn liegt in der Häufung von Anfällen bei bevorstehenden Reifungsanforderungen, vor Verlobungen und Heiratswünschen von Freunden. Eine reife Partnerbeziehung mit Heirat ist eine Lebensform, der sie sich im Grund (noch?) nicht gewachsen fühlt. Auf der psychosexuellen Ebene bringt der Anfall eine Befriedigung als Affektabfuhr auf einer vorsprachlichen Ausdrucksebene. Er drückt sowohl sexuelle Befriedigung der Hingabe wie auch Protest gegen diese Rolle aus. Auf der Triebebene besteht eine ödipale Fixierung mit ambivalenter Identifikation mit dem Vater, männlichem Protest gegen die weibliche Rolle bei fehlender weiblicher Identifikation. Sie konkurriert und rivalisiert mit den Männern wie mit dem Vater und den Ärzten. ◗

Differentialdiagnose. In manchen Fällen gehört das ganze Rüstzeug der klinischen Neurologie dazu, um die Diagnose zu stellen. Aber nicht nur mangelnde Fachkenntnisse, auch die affektive Beteiligung, die der Konversionsneurotiker weckt, können dem Arzt erschweren, die richtige Diagnose zu stellen. Oft verbirgt sich die Unsicherheit und affektive Beteiligung des Arztes hinter schwankenden Haltungen wie: es sei nicht beweisbar, ob nicht doch ein organischer Kern vorliege. Eine solche diagnostische Unsicherheit ist aber für die Therapie absolut hinderlich.

Differentialdiagnostisch unbedingt abzugrenzen sind die früher sehr häufig zur Hysterie gerechneten funktionellen Störungen wie *Tic, Torticollis spasticus, essentieller Tremor*. Es sind Störungen, die durch affektiv belastende Situationen ausgelöst und unterhalten werden können, die aber in ihren Ursachen organische Bedingungen haben und in der Formbildung ihrer Symptomatik ganz anderen Gesetzmäßigkeiten unterliegen. Abzugrenzen ist die konversionsneurotische Symptomatik auch von einer bloßen *Simulation* : Das überindividuell Typische der Symptomatik weist darauf hin, daß hier elementare Gleitschienen eine Rolle spielen. Es handelt sich um Personen, die unfähig sind, ihre Affektspannungen sprachlich auszudrücken, aber die Fähigkeit besitzen, ihre Konflikte in leiblichen Konversionssymptomen darzustellen.

Prognose. Von flüchtigen konversionsneurotischen Symptombildungen, Lähmungen, Anfällen usw. hört man im anamnestischen Rückblick bei Neurotikern und auch bei Psychosen nicht selten. Meist lagen diese flüchtigen hysterischen Episoden *im 2. oder 3. Lebensjahrzehnt*, sie treten im weiteren Verlauf hinter anderen Symptombildungen und Beschwerden zurück. Große katamnestische Studien zeigen einen kleinen Prozentsatz chronischer, über mehrere Jahre gehender hysterischer Symptombildungen. 40 Hysteriker, nach 20 Jahren nachuntersucht, waren alle *frei* von hysterischen Symptomen, die Mehrzahl hatte jedoch andere Symptome in der Zwischenzeit entwickelt und bot zur Zeit der Nachuntersuchung depressive, herzphobische oder allgemein neurotische Dauerhaltungen (K. Ernst). Es läßt sich in bezug auf die konversionsneurotische Symptomatik selbst also von einer relativ guten Prognose sprechen, nicht jedoch von der neurotischen Entwicklung überhaupt. Untersucher wie Ciompi fanden vereinzelt gemilderte Symptomatik, jedoch unverändert schwere neurotische Persönlichkeitsstörungen, Ch.Müller fand viele vereinsamt, anklagend und unverändert fordernd.

Behandlung. Psychoanalytiker müssen als Bilanz der Behandlungen feststellen, daß Konversionsneurotiker entweder sehr gute oder sehr schlechte Patienten sind. Sie entwickeln meist eine *intensive Übertragungsneurose,* können sie aber nur schwer im Laufe des Behandlungsprozesses für ihre eigene Reifung nutzen. Die psychoanalytische Behandlungsmethode ist zwar von Freud an Hysterikern entwickelt worden (s. Studien über Hysterie 1895), Patienten mit hysterischen Symptombildungen sind jedoch gewöhnlich nicht für das klassische psychoanalytische Behandlungsverfahren geeignet. Die Mehrzahl der Konversionsneurotiker ist in ihrer Persönlichkeit zu wenig introspektionsfähig, an die äußere Realität und an das Bild, das sie selbst in den Augen der anderen geben möchten, gebunden um dabei Gewinn zu haben. Sie finden in der Selbstdarstellung oft zuviel Krankheitsgewinn, um die auf Introspektion ausgerichtete Behandlung, die langwierig und frustrierend ist, für sich selbst zu nutzen. Sie sind auf Halt, Richtung, Grenzen angewiesen, um eine neue Lösung für ihre innere und äußere Konfliktsituation zu finden.

Konversionsneurotische Symptombildungen sind deshalb für eine *konfliktzentrierte,* ihre *Entwicklungsproblematik thematisierende und aktualisierende tiefenpsychologische Psychotherapie* am ehesten geeignet. Es empfiehlt sich dabei, dem Symptom nicht zuviel Aufmerksamkeit zu schenken, den Lauf der Behandlung nicht von ihm abhängig zu machen und es auch nicht direkt beseitigen zu wollen. Die Überwindung der Symptomatik ist etwas, was vom Patienten im Rahmen eines Entwicklungsschrittes selbst zu leisten ist, sie soll im Lauf des Behandlung einfach unwichtig werden. Das ist die klassische psychoanalytische Position, die Freud eingenommen hat, indem er auf „das Unbewußte" zielte und die Symptomatik vernachlässigte. Es kommt darauf an, den Patienten neue Wege zu öffnen, die sie gehen können und die es ihnen möglich machen, auf den Krankheitsgewinn des Symptoms zu verzichten. Victor v. Weizsäcker hat die gerade gegenüber hysterischen Symptombildungen angemessene ärztliche Haltung auf die Formel gebracht: „Ja, – aber nicht so!" D.h.: Ich nehme Dich mit Deinen Störungen als der Hilfe bedürftiger Mensch an, aber nicht als körperlich Kranker. Der Psychotherapeut ist hier ein (Nach-)Erzieher, der Grenzen setzt und Halt gibt.

◀ Der psychotherapeutische Prozeß bei der 21jährigen kaufmännischen Angestellten lief über zwei Jahre. Sie wurde zunächst stationär drei Monate mit Einzel- und Gruppentherapie behandelt, danach wegen der großen Entfernung ihres Wohnortes kam sie nur in großen Abständen zur Einzeltherapie. Sie gewann Einsicht in ihre Bindungen an den Vater, konnte sich von ihm innerlich und äußerlich abgrenzen, ohne von Ängsten und Schuldgefühlen überwältigt zu werden. Sein Protest gegen ihre zunehmende Selbständigkeit und Ablösung hielt sie aus, auch einen Versuch von ihm, die Fortsetzung der Behandlung zu verhindern. Zu einem Rückfall kam es aber nach zwei Jahren, als ihr Freund auf Verlobung und Heirat drängte. Sie hatte wieder Anfälle, bei einer zweiten, kürzeren stationären Aufnahme wurde deutlich, daß sie in ihm einen schwachen, intellektuell und in der Persönlichkeit unterlegenen Partner gesucht hatte, der die Entwicklung, die selbst durchlebte, nicht mitvollziehen konnte. Schließlich löste sie diese Beziehung, hatte dann auch danach neue, allerdings lockerere Beziehungen. Bemerkenswert, daß jetzt auch die Mutter sich von dem dominierenden Vater immer mehr freimachen konnte, selbst spontan eine psychologische Beratungsstelle aufsuchte und Hilfe fand. – In der weiteren Nachbeobachtung von fünf Jahren hatte sie keinen Rückfall, konnte sich beruflich als angesehene Angestellte eines großen Unternehmens stabilisieren. Sie spricht frei und distanziert über ihre Ursprungsfamilie, hat sich auch räumlich von ihnen getrennt. In ihren Beziehungen zu Männern, über die sie immer etwas bagatellisierend spricht, gebe es keine Schwierigkeiten, Heiratspläne habe sie nicht. Offenbar bestand auch kein Wunsch nach weiterer Behandlung, sie meldete sich nicht wieder. ▶

Hier wie in ähnlichen Fällen wird deutlich, daß man gerade bei jungen Menschen mit konversionsneurotischen Symptombildungen *Rückfälle erwarten kann und muß*. Sie sind auch eine *Prüfung der Beziehung zum Therapeuten* und bieten die Möglichkeit, die Problematik des Patienten noch intensiver zu bearbeiten. Psychotherapeutische Aussprachen müssen gerade bei chronifizierten Fällen von dem Angebot der Hilfe von Sozialarbeitern begleitet sein. Oft gelingt es erst nach mehreren Behandlungsansätzen, auch die viele Jahre bestehenden Symptome, die erst „reif werden müssen", zu überwinden. Auf die Dauer gesehen haben konversionsneurotische Symptombildungen, wie erwähnt, eine günstige Prognose, wenn nicht selbstdestruktive Tendenzen überwiegen. Solche zeigen sich in den nicht ganz seltenen selbstschädigenden Handlungen (Artefakte) – wobei sie sich durch Schnitte, Verbrennungen, Verschlucken von Gegenständen etc. Verletzungen beibringen. Es geschieht nicht selten, daß der Patient/die Patientin in der schönen Gleichgültigkeit des Hysterikers, der berühmten „belle indifférence" verharrt und es bei seinem Arzt zu Affektstürmen oder medizinisch verkleideten Bestrafungen kommt. Patien-

ten mit Konversionsneurosen, Artefakten etc. bringen es schnell fertig, Gefühle in Bewegung zu setzen, im Anfang große Sympathien, später aus der Enttäuschung heftige Antipathien. Sie fordern die *Gegenübertragung* des sich nicht kontrollierenden Arztes heraus. Die Behandlungserfolge bei Einzelfällen werden gerne publiziert, schon von Breuer und Freud, die Katamnesen, wenn erhoben, sind ernüchternd, es zeigen sich meist Besserungen im Hinblick auf die Symptomatik selbst, bei der Fortdauer jedoch verschiedener seelischer und körperlicher Beschwerden und Konflikte. Es ist eben auch individuell der Weg „von der Gebärde zur Beschwerde", wie es v. Baeyer formulierte.

Nicht ganz selten kann man bei chronifizierten Fällen feststellen, daß das Konversionssymptom für die Patientinnen zu einer im ganzen noch erträglichen Lebensform führt, wenn man die Gesamtsituation betrachtet.

◀ Wir beobachteten vor Jahren eine Frau, die wegen einer hysterischen Dysbasie seit vier Jahren bettlägerig war und von ihrem Mann rührend versorgt wurde. Er geht zur Arbeit, betreut die drei Kinder und pflegt seine Frau aufopfernd. Früher war er ein chronischer Alkoholiker, der seine Frau im Rausch dann schlug und sexuell bedrängte. Die nach solchen Mißhandlungen der Frau aufgetretenen Lähmungen haben ihn völlig umgewandelt. Als sie nach einer stationären Therapie eine Besserung zeigte, im Haushalt wieder ihre Aufgaben übernahm, kam es bei ihm zu einem schweren alkoholischen Rückfall mit gleichen Auswirkungen in der Familie.
Als sich jetzt ihre Gehstörung wieder verschlimmerte und sie erneut bettlägerig wurde, stellte sich das frühere Verhältnis und Gleichgewicht wieder her. ▶

Zwangsneurose

(ICD 10 F 42 Zwangsstörung; DSM III R 300.30 Zwangsstörung oder Zwangsneurose; engl. obsessiv compulsive Disorder)

Begriff und Allgemeines zum Zwang. In voller Ausprägung sind Zwangsneurosen nicht nur eindrucksvolle, sondern in ihrer Pathologie auch gut abgrenzbare Störungen. Es war aber ein langer Arbeitsweg klinischer Beobachtung und Begriffsklärung, bis das geklärt war, was Psychiater bei seelisch Kranken heute Zwang nennen. Es entspricht dem Zwang als einer „letzten Tatsache des Seelenlebens" (Jaspers), daß er in Bereichen des normalen wie krankhaften Seelenlebens und bei den verschiedensten nosologischen Gruppen wiederzufinden ist. Viele seelische Erscheinungen haben Zwangscharakter in einem allgemeinen Sinn, daß der Mensch von Impulsen in sich getrieben, gezwungen und beherrscht wird, die ihm fremd sind. In der Psychopathologie wurde der Begriff immer mehr eingeengt bis zu einer Fassung, die Kurt Schneider im Anschluß an Jaspers gegeben hat: *„Zwang ist, wenn jemand Bewußtseinsinhalte nicht los werden kann, obwohl er sie gleichzeitig als inhaltlich unsinnig oder wenigstens als ohne Grund beherrschend beurteilt."*

Zur Zwangsneurose mit der charakteristischen Spaltung von Impuls und daneben bestehender Kritik gehört, daß sich *ein Teil der Persönlichkeit von dem distanziert,* was der andere denkt oder tun muß. Hier taucht dieser Zustand aber nicht wie bei vielen Menschen nur schnell vorübergehend auf, sondern das Erleben und Verhalten werden zeitlich und an Intensität immer mehr von diesem Bewußtseinsinhalt bestimmt. Bei anderen psychopathologischen Erscheinungen wie Melancholie oder Wahn besteht keine solche Aufspaltung, die Person steht in einer einheitlichen Verfassung hinter der depressiven Verstimmung oder der wahnhaften Vorstellung.

Der seelisch Gesunde kann sich in gewissen Grenzen ungezwungen und beweglich in seinen Wahrnehmungen und Vorstellungen ausrichten, vermag sie in *zukunftsbezogener offener Einstellung bewußt zu lenken.* In selbstverständlicher Weise kann er unangenehme Gedanken abschalten und das strukturelle Feld seiner Wahrnehmungsrichtungen lenken, Inhalte aufzusuchen oder abzuschalten. Es gibt aber schon beim Gesunden Vorstellungen und Impulse etwa *aggressiven Inhalts,* die sich zumindest vorübergehend fremd aufdrängen können. Nicht das Auftauchen solcher Gedanken aggressiven oder sexuellen Inhaltes, das *Beharren dieser Vorstellungen kann zum Problem werden.* Das von innen Aufgezwungene ist im Sexuellen mit der in der Pubertät einsetzenden Triebhaftigkeit deutlich, die häufig zunächst als fremd gegenüber dem bisherigen Selbstbild empfunden wird. Es bedarf einer Entwicklungszeit, bis sich der Mensch mit diesen Impulsen innerlich identifizieren und sie als seine eigenen anerkennen kann. – Wie wichtig auch für den Gesunden es ist, seine Gedanken abschalten zu können, „Gedankenstopp", erfährt der Schlaflose, der vom Gedanken eines Versäumnisses, einer Schuld oder sonst eines eigenen Ärgernisses festgehalten wird und seine Gedanken davon nicht wegbringen kann.

Es scheinen vor allem die tiefliegenden leibnahen und triebmotivierten Impulse zu sein, die am Ende in einem Zwang ausmünden können, verbunden damit aber auch Fragen von Schuld und eigener Verantwortung. In der Sicht der strukturdynamischen Psychopathologie erscheint im Zwang eine Ausrichtung auf angsterregende Repräsentanzen des Bewußtseinfeldes gegeben, die etwa durch lebensgeschichtliche Bestände belastet und die von *keinem aureichenden dynamischen Potential getragen sind* (Janzarik), s. dazu S. 179.

Symptomatik und Auslösung. Zwangsneurotische Symptome treten in verschiedenen Formen auf:

1. *Zwangsgedanken*: Ein bestimmter Inhalt behauptet sich im Bewußtseinsfeld, obwohl er zugleich als unsinnig abgelehnt wird: die Vorstellung drängt sich auf, es könne den Angehörigen durch eigenes Verschulden etwas zustoßen: ein Mann muß eine bestimmte Zahlenreihe zu Ende denken, wenn nicht einem anderen Menschen oder ihm selbst ein Unglück geschehen soll. Häufig muß dann dieses Zählen oft *bis zur völligen Erschöpfung wiederholt* werden, da die Vorstellung auftaucht, eine Zahl sei übersprungen worden. Der Zwangsneurotiker kann nicht abschließen oder einfach weitergehen und findet so keine Ruhe. Ein junger Zwangsneurotiker sagte so von sich: „Ich lebe in einer Hetze ohne Ende."

2. *Zwangsantriebe* nennt man plötzlich auftretende Impulse aggressiven Charakters: Eine Mutter hat die Vorstellung, ihren Säugling fallenzulassen; oder sie könnte ein auf dem Tisch liegendes Messer einer anderen Person oder auch sich selbst in die Brust stoßen. Nicht selten sind beim *Schädigungszwang* die Vorstellungen der Selbstschädigung, sich vor einen Zug werfen, von einer Brücke herabspringen zu müssen.

3. *Zwangshandlungen*, meistens *Waschen, Ordnen, Zurechtrücken* usw., gehören zu den auffälligsten Zwangssymptomen. Die aufsteigenden Vorstellungen der Impulse werden dabei durch ritualisierte Praktiken abgewehrt. Die Unterlassung der Zwangshandlung löst heftige Angst aus, ihre Ausführung bringt nur momentane Erleichterung. Die häufigste Zwangshandlung ist die des eigenen Händewaschens im *Waschzwang*. Der *Ordnungszwang* beschäftigt sich mit dem Einordnen von Wäsche, Büchern, Manuskripten etc. Oder es werden „gefährliche" Gegenstände wie Streichhölzer, Kerzen, Feuerzeuge usw. gesucht und beseitigt. Die bei vollem Wachbewußtsein durchgeführten Zwangshandlungen haben den Charakter ritueller Reinigungen und beschwörender Rituale. Sie entsprechen einem archaischen Denken, das sich in Tabus, magischem Zauber und endlosen zeremoniellen Wiederholungen bewegt.

◖ Eine 28jährige Frau wird wegen seit vier Jahren bestehender Zwangserscheinungen in die Klinik gebracht. Sie ist seit mehreren Wochen nicht mehr in der Lage, den Haushalt und ihre Familie zu versorgen, völlig besessen von einem Ordnungs- und Kontrollzwang.

1. Beim An- und Ausziehen wird jedes Kleidungsstück besonders behandelt, vor allem die Unterwäsche muß sie lange anschauen, besonders sorgfältig auf den Stuhl legen oder aufhängen. Sie ist dabei wie besessen, man darf sie auf keinen Fall unterbrechen oder ablenken, sonst muß sie alles von vorne beginnen. Selbst wenn sie schließlich im Bett ist, muß sie noch mehrfach aufstehen und kontrollieren, oft diese Handlungen wiederholen. Besondere Aufmerksamkeit hat dabei der Gürtel, den sie sorgfältig und langsam löst, ganz ordentlich über einen Stuhl ausbreitet. Außerdem ordnet sie die Bettwäsche im Schrank oft mehrere Stunden lang, immer wieder wie besessen von dem Gedanken, daß alles ganz sauber und tadellos sein müsse. Dabei muß sie ihrem Mann alles genau erzählen, wie sie es gemacht hat. Wenn er mehrfach betont den Satz wiederholt: „Es ist schon alles in Ordnung", so kann ihr das manchmal helfen.

2. Sie muß mehrmals am Tag ihre Handtasche ausräumen und genau kontrollieren, nachzählen, ob alle Gegenstände noch da sind.

3. Ausgelöst werden diese Zwänge in der letzten Zeit durch gewisse Worte wie „fort", „weg", „raus". Sie selbst meidet diese Worte schon, aber wenn jemand in der Umgebung sie ausspricht, muß sie gleich ihre Tasche oder ihre Kleidung kontrollieren. „Wenn ich dem Zwang nicht folge, bekomme ich wahnsinnige Angst, es könne mir etwas passieren. Wenn ich die Handlungen mache, vermeide ich aber auch, daß anderen etwas passiert."

Auslösesituation: Vor vier Jahren habe es begonnen. Es sei nichts Aufregendes damals gewesen. Auf genaues Fragen fällt ihr ein: „Es muß vor der Weihnachtszeit gewesen sein, kurz vor meiner Verlobung, da habe ich meinem Mann erzählt, daß ich mit einem anderen Mann als 17jähriges Mädchen ein Verhältnis hatte. Es ist ein sehr schwieriger Moment für uns beide gewesen, schlimmer aber vielleicht für mich. Ich habe ihm nämlich nicht alles erzählt, nicht, daß ich damals auch schwanger war und das Kind abgetrieben habe. Ich hatte schwere Schuldgefühle, es war das erste Mal in meinem Leben, daß ich nicht die Wahrheit gesagt hatte."

Sie entstammt der Familie eines mittleren Beamten, eines idealistischen, sehr sittenstrengen Mannes und einer einfachen Mutter. Beide gingen sehr in der Erziehung ihres einzigen Kindes auf, es wurde sehr verwöhnt. – In der Analyse wurde später deutlich, daß der Vater sie sehr an sich gebunden hatte. In bezug auf alle natürlichen und speziell auf die sexuellen Bedürfnisse und Themen war er sehr streng und tabuierend. Er erregte sie aber auch, indem er sie bis ins Pubertätsalter, scheinbar spielerisch, am ganzen Körper abtastete. Sie hatte früh sexuelle Interessen, machte Bekanntschaften, die von der Mutter gefördert, vor dem Vater aber verheimlicht wurden. Mit 17 Jahren hatte sie erste intime Beziehungen zu einem viel älteren ausländischen Juristen, die nicht ohne Folgen blieben. Sobald er von der Schwangerschaft hörte, verschwand er im Ausland. Mit Hilfe der Mutter, aber ohne Wissen des Vaters wurde die Schwangerschaft unterbrochen. – Nach dieser großen Enttäuschung konzentrierte die Patientin sich für mehrere Jahre ganz auf ihre Berufsausbildung und spätere Tätigkeit als Sekretärin. Mit 23 Jahren machte sie die Bekanntschaft ihres späteren Mannes, und es kam zur Verlobung. Von ihrer früheren Schwangerschaft hat sie ihm bisher nichts erzählen können. – Die Ehe war im übrigen glücklich und auch sexuell für beide Teile erfüllt. Aus der Ehe gingen zwei Kinder hervor.

In der Behandlung wurde deutlich, daß eine starke Fixierung an den Vater bestand, die auch sexuellen Charakter in den Phantasien hatte und eine ganz von der väterlichen Autorität bestimmte Gewissensbildung ihr Leben bestimmte.

Eine zunächst klinisch begonnene, dann zwei Jahre ambulant mit zwei Wochenstunden weitergeführte analytische Psychotherapie von drei Jahren führte zu einer Symptombeseitung und einer Nachreifung der Persönlichkeit. Bei einer Nachuntersuchung nach vier Jahren lebte sie ohne zwangsneurotische Beschwerden mit Mann und Kindern. ▶

Zwangsneurotische Symptome werden in psychoanalytischer Sicht als Kompromißbildungen zwischen triebhaften und zensierenden Instanzen beschrieben. Was *Abwehrmechanismen* sind, kann hier anschaulich gemacht werden: So kann das Ein- und Ausräumen der Handtasche als *Verschiebung* von der Gebärmutter interpretiert werden; im Kontrollzwang muß sie nachsehen, ob auch alle Gegenstände in der Tasche sind, das Kind noch im Bauch. Es ist eine symbolische Wiederholung ihres schuldhaft empfundenen Handelns. – Auch die Empfindlichkeit für die Worte „raus", „fort", „weg" kann als schuldhafter Selbstvorwurf in der *Isolierung* dieser Worte vermutet werden, die mit der Schwangerschftsunterbrechung zusammenhängen. – Das abendliche Ausziehen, das Ablegen des Gürtels, das zwanghafte Ordnen der Kleider sowie das Ordnen der Bettwäsche im Schrank erweist sich in der Analyse u. a. als Hinweis auf ihren Wunsch, jungfräulich zu sein, die eigenen Lustempfindungen bei den Berührungen des Vaters und der Beziehung mit dem Liebhaber widerstanden zu haben. Es ist die Abwehr durch *Ungeschehenmachen* .

Die Symptome des Zwanges werden in psychoanalytischer Sicht als *Kompromisse* zwischen aggressiven bzw. sexuellen Wünschen und dem strengen Gewissen interpretiert. In den Ritualen des Ausziehens werden die früheren Szenen noch einmal wiederholt, lustvoll und selbstbestrafend. Werden die Zwangshandlungen nicht ausgeführt, hat sie extreme Angst. Wie bei jedem Zwangsritual, bringen die Zwangshaltungen nicht weiter. Es geht nicht voran, alles muß endlos wiederholt werden, die Konflikte bleiben ungelöst, nichts kann abgeschlossen werden.

Auslösend für die Zwangssymptomatik finden Psychotherapeuten Ereignisse, die den bisherigen Verdrängungsschutz lockern, d. h. *„Versuchuchungs-Versagungssituationen"*, die aber zugleich *Schwellensituationen der eigenen Reifung und Entwicklung* sind: Bindungen an andere Menschen, Trennungen, Belastungen durch Mutterschaft, Konflikte in der beruflichen Verselbstständigung etc. Als Themen kommen häufig sexuelle und aggressive Ambivalenzsituationen auf, die etwa nach einer Kränkung oder einer Versuchung Gewissensfragen aufwerfen.

Im leiblichen Ausdrucksverhalten nicht weniger Zwangsneurotiker spiegelt sich die seelische Hemmung im Bewegungsverhalten und im Gesichtsausdruck. Sie wirken steif, hölzern, gehemmt, ausdrucksarm und unlebendig. Zwangsneurotisch Kranke leben in einer dauernden *ängstlichen Verfassung*, was wohl dazu geführt hat, daß sie im DSM III R unter Angststörungen als Untergruppe auftauchen. Bei vielen besteht aber auch eine ausgeprägt *depressive Verfassung* mit nicht seltenen psychosomatischen Äquivalenten: Obstipation, Kopfschmerzen, Schlafstörungen, Druckbeschwerden über dem Herzen und beim Atmen. Das wurde von Schwidder als zwangsneurotisches Organsyndrom beschrieben.

Häufigkeit. In klinischen Stichproben wurden Männer häufiger als Frauen gefunden, bei epidemiologischen Untersuchungen sind in den letzten Jahren keine Unterschiede in der Geschlechtsverteilung beschrieben worden. Das Manifestationsalter liegt gerade bei schleichendem Beginn schon im 2. oder 3. Lebensjahrzehnt und zeigt, behandelt oder unbehandelt, eine Tendenz der Chronifizierung. Im Alter besteht eine deutliche Tendenz der Milderung, zumindest für die schweren Formen, was man mit einem Nachlassen der Antriebsdynamik und entsprechender Gewissenskonflikte in Verbindung bringen kann.

In psychotherapeutischen, psychosomatischen und psychiatrischen Ambulanzen finden sich zwischen 1 und 4% Patienten mit einer Zwangssymptomatik. Schwere Fällen zwingen zu stationären Behandlungen, die aber vor allem subjektiv und auch objektiv im Urteil der Ärzte gewöhnlich wenig erfolgreich beurteilt werden, die fremde Klinikatmosphäre stellt gewöhnlich für die Kranken eine weitere beunruhigende und angsterregende Situation dar, die ihnen keine Geborgenheit bieten kann. – In der Bevölkerung wird gegenwärtig eine lebenslange Prävalenz von 2–3% Zwangskrankheiten gefunden.

Ursachen. Hinweise für Erbeinflüsse sind bei der Zwangskrankheit als Neuroseform unübersehbar. Zwillingsuntersuchungen fanden eine deutlich höhere Konkordanz von 33% der EZ gegenüber 7% der ZZ bei 30 Zwillingspaaren (Propping). Zwillings und Familienuntersuchungen weisen auch auf die Beteiligung von genetischen Faktoren bei der zwanghaften Persönlichkeit hin.

In welcher Form und in welcher Zeit die Umwelt bei der Manifestation dieser Tendenzen mitwirken, ist umstritten. Die Psychoanalyse sah zunächst einen Zusammenhang mit der Sauberkeitserziehung als Austragungsort, wo die kindliche Eigenwilligkeit mit der mehr oder weniger großen Strenge der Eltern zusammenstoße. Mindestens ebenso wichtig ist aber, wie die Eltern auf die motorische Expansivität in dieser Zeit reagieren. Das sich umschriebene Erfahrungen, „Traumen", aus diesen ersten beiden Lebensjahren lebenslang als Zeitminen auswirken, erscheint nach modernen entwicklungspsychologischen Beobachtungen und Verlaufsstudien höchst unwahrscheinlich. Es sind eher die fördernden und ermutigenden Angebote der Umwelt in den nächsten beiden Lebensjahrzehnten im ganzen (Kagan), die sich bei einer gegebenen Vulnerabilität hier verstärkend auswirken können.

◀ Eine 38jährige kaufmännische Angestellte leidet seit 16 Jahren unter Zwangsgedanken und Zwangshandlungen. Sie muß dauernd kontrollieren ob noch alles da ist, am rechten Fleck im Schrank steht und vor allem ob in den Kleidern keine Löcher und Flecken sind. Sie steht stundenlang vor dem Kleiderschrank und sieht alle Kleider durch, ordnet sie ohne zu einem Ende zu kommen. Die Symptomatik ist kurze Zeit nach der Eheschließung mit einem fünf Jahre älteren Handwerker aufgetreten, wie sie sagt ein Mann, der „eine feste Hand" hatte, nach dem sie sich in allem richten mußte, der sich von ihren „Launen" nicht beeindrucken ließ. Bis dahin hatte sie mehrere Männerbekanntschaften, aber nach einiger Zeit aufgegeben, da diese Männer ihr zu leicht nachgaben und sich von ihr dirigieren ließen, so daß sie nur noch „Hampelmänner" in ihnen sehen konnte. Ihr Mann hatte, wie sich sehen läßt, offenbar die gleichen Züge wie ihr Vater, der ihre Kindheit und Lebensentwicklung bestimmt hatte.

Sie ist Einzelkind eines bei ihrer Geburt 40jährigen Arbeiters in Ostdeutschland und einer 36jährigen Mutter, die Hausfrau blieb. Der Vater schlug sowohl seine Frau wie sie, die Tochter, viel. Wenn sie als Kleinkind irgend etwas anfaßte oder der Vater ihre Fingerabdrücke irgendwo fand – und er habe immer nach ihren Fingerabdrücken Aussschau gehalten – bekam sie harte Schläge. Eigentlich habe sie bei jeder kindlichen Äußerung Schläge bekommen, gelegentlich auch mit dem Riemen und mußte dann ohne Essen ins Bett. Die Mutter habe ihr nachts oft etwas ans Bett gebracht, sie sei warmherziger gewesen, aber sie habe sich gegen ihren Ehemann nicht durchsetzen können. In ihren frühesten Erinnerungen taucht eine weiße Möbelgarnitur auf, der Stolz der Eltern, an denen der Vater immer ihre Fingerabdrücke irgendwo fand und die ihr viele Schläge eintrugen. Das Kriegsende, die Flucht, die sie mit fünf Jahren erlebte, bedeuteten für sie eine Zeit des Abenteuers und mit dem endgültigen Verlust der weißen Möbelgarnitur eine vorübergehende Befreiung. In Westdeutschland bekamen sie braune Möbel, und sie erinnert, daß sie da jedenfalls einmal hinfassen durfte. Aber auch unter den neuen Lebensbedingungen galten bald wieder allein die Gebote des Vaters. Ebenso tabuiert wie motorische oder aggressive Äußerungen waren in ihrem Leben alle sexuellen Vorstellungen und Verhaltensweisen, eine Thema, das sie aber sehr beschäftigte. ▶

Es ist im einzelnen Fall bei einem solchen familiären Klima kaum abzuschätzen, welches ursächliche Gewicht die Anlage und welches die Umweltbedingungen haben. Sicher ist die autoritäre Ordnungssucht mit dem hochbesetzten Sauberkeitsfanatismus, wie im obigen Fall, mit der *kulturellen Wertordnung einer Gesellschaft* einer bestimmten Epoche verbunden, hier mit dem kaiserlichen oder nationalsozialistischen Deutschland. Es ist bemerkenswert, daß die Häufigkeit von Zwangsneurosen heute wesentlich geringer gefunden wird als am Anfang dieses Jahrhunderts. Unter den 604 psychoanalytisch behandelten Patienten des Berliner Institutes für Psychoanalyse der Jahre 1920 bis 1930 machte die Diagnose Zwangsneurose 15,5% aus, war damals die häufigst gestellte Diagnose (Fenichel). Mit *Deutungen der Zwangskrankheit* haben sich Psychoanalyse, Phänomenologie, Anthropologie und Psychopathologie intensiv beschäftigt. Wenn *ursächlich* in der Zwangskrankheit ein „Ergänzungsverhältnis" (s. dazu oben S. 45) einer gerichteten Anlage und von Umweltbedingungen (Traumen, Beziehungsdefiziten, positive oder negative Lernerfahrungen in Vorbildern?) gesehen wird, so sagt das noch nichts darüber, welche seelischen erbgenetischen Kräfte und Strukturen sich mit den lebensgeschichtlichen Erfahrung verbinden und in Störungen artikulieren.

Die *Psychoanalyse* kann ihre ursprünglichen Konfliktthemen zwischen Trieb und Gesellschaft, Es und Über-Ich an den Zwangsneurotiker *gut exemplifizieren* . Es sind Menschen, die sich eher als triebhaft denn als adynamisch darstellen, zumindest erleben sie intensiv sexuelle und expansive Bedürfnisse und Ansprüche, allerdings gehemmt oder im Laufe des Lebens in Frage gestellt. Der Begriff *Abwehr* als Zurückweisung der leiblichen Dynamik in einer Übernahme gesellschaftlicher Werte wird hier anschaulich. In den Abwehrmechanismen der Zwangsneurose – Verschiebung, Ungeschehenmachen, Isolierung etc. – wird eine Bewegung beschrieben, die *rückwärts* weist und nicht in die Zukunft trägt. Ganz an die inhaltlichen Themen gebunden werden diese formalen Gesichtspunkte jedoch kaum behandelt.

In *anthropologischer Deutung* wurde die Welt der Zwangskranken als Auseinandersetzung, d. h. als gesuchte und zugleich gefürchtete Einigung mit den Elementen des Chaos, der Auflösung, des Schmutzes, der Verwesung beschrieben. Der Zwangskranke stehe diesem Chaos und dieser Unordnung nahe, ja er habe die Einigung vollzogen und bemühe sich, wieder frei zu kommen. Er lebt ja, wie v. Gebsattel beschreibt, in einer Welt des Schmutzes, des Blutes und der Verwesung, ohne sich von ihr freimachen zu können. E. Straus spricht dagegen von einer Störung der inneren, *erlebnisimmanenten Zeitlichkeit* , in der das unwillkürliche Getragenwerden zu den Dingen defizient sei. Anstatt Unvollkommenes in Kauf zu nehmen und fortzuschreiten, klammere der Zwangskranke sich an die Festigkeit und die Ordnung als grundlegende Prinzipien.

Die *Strukturdynamische Psychiatrie* von Janzarik beschreibt (in eigener Weiterführung der Strukturpsychologie F. Kruegers) das Bewußtseinsfeld normaler Persönlichkeitsentwicklung und bei psychiatrischer Krankheit zunächst unter dem *dynamischen Aspekt*, der sowohl im *emotionalen* wie im *Antriebsbereich* gesehen wird. Das Feld ist zugleich immer *strukturiert* durch die im Lauf der lebensgeschichtlichen Entwicklung aufgenommenen mehr oder weniger differenzierten Bestände und Repräsentanzen des seelischen Innenraums. Aus der Sicht dieser Psychopathologie resultiert Zwang bei einer Ausrichtung auf angsterregende Repräsentanzen mit bestimmten gegebenen Inhalten, die durch lebensgeschichtliche Bestände belastet sein können. Die Zwangsstörung selbst wird als verfestigte Spannung relativ geschlossener und rigider Strukturen mit bestimmten thematischen Komplexen gefaßt, wie sie gerade in der Pubertät und der Adoleszens verfestigt werden. Diese Befrachtung des Feldes mit Angstqualitäten bei einer im ganzen schwachen Dynamik in Antrieb und Gefühlsleben führt zu der Stagnation im Erlebnisfeld des Zwanges in seiner dauerenden Rückwendung. Was *Tilgungsschwäche* bei einem absinkenden dynamischen Potential bedeutet, wird gerade an den endlosen manifesten Zwangserscheinungen anschaulich.

Differentialdiagnose. Der enge Zusammenhang von Symptomatik und Persönlichkeitsstruktur ist bei den Zwangsneurosen besonders eindruckvoll (s. unten S. 222) Zwangsähnliche Phänomene sind vereinzelt bei organischen Störungen und auch bei schizophrenen und bei depressiven Psychosen anzutreffen. Im allgemeinen ist das neurotische Bild aber so charakteristisch, daß eine Abgrenzung nicht schwerfällt. Verwirrend ist eher die Beschreibung in immer neuen nosologischen und psychopathologischen Kategorien. So werden Zwangsneurosen auch als *anankastische Pesönlichkeitsstörung* geführt, oder es wird, wie im DSM III R, die Angstsymptomatik in den Vordergrund gestellt und als *phobisches Vermeiden* bezeichnet. Angst tritt dann in den Vordergrund, wenn der Vollzug der Zwangshandlungen und Gedanken in Frage gestellt wird. Zwangskranke nannte man früher die schleichend auftretenden Zwangsneurosen, die von den Menschen ganz Besitz ergreifen und bei denen meist keine aktuelle, auslösende Konfliktsituation zu finden ist.

Behandlung. Wenn epidemiologisch eine Prävalenz von 1–2% gefunden wird, so muß zugleich auf die unterschiedliche Ausprägung zwangsneurotischer Erscheinungen hingewiesen werden. Da die therapeutische Inanspruchnahme offenbar gering ist, sind unterschiedliche Ergebnisse je nach Schwere der Ausgangslage zu erwarten. Ältere psychoanalytische Untersuchungen, die allerdings heutigen Ansprüchen kaum genügen, berichteten bei psychoanalytischen Behandlungen in einem Drittel von völligen Heilungen, einem weiterem von genügenden oder befriedigenden Besserungen im übrigen von geringen oder ungebesserten Verläufen (Schwidder 1964). Allgemein ist hier mit einer langen Behandlungsdauer zu rechnen. Es ist erfahrungsgemäß, schwer bei den oft rationalisierenden und Affekte abwehrenden Patienten die zentrale Problematik in der Behandlungssituation zu aktualisieren und die Affekte in die Stunde zu bringen. Es gibt Patienten, die aus dem psychoanalytischen Zeremoniell ein neues Zwangsritual zu machen geneigt sind und denen eine auf die Vergangenheit gerichtete Ausrichtung und Interpretationsstrategie weniger hilft als eine auf die gegenwärtige und zukünftige Situation ausgerichtete Hilfstellung. Es liegen neben Einzelfalldarstellungen keine neueren psychoanalytischen Untersuchungen an Gruppen von Zwangsneurosen vor.

Große Aufmerksamkeit hat die umschriebene Zwangssymptomatik als Behandlungsziel in der *Verhaltenstherapie* gefunden. Nach einer Bedingungsanalyse wird offenbar vor allem entweder mit Reizüberflutung in der Vorstellung und dann in der Realität *(Flooding)* oder mit *Exposition in vivo* gearbeitet. Die allein symptombezogene Ausrichtung in der Therapie, bei der der Therapeut nur neutraler Fachmann ist, wurde auch hier in den letzten Jahren aufgelockert. Eine Abklärung und bewußte Gestaltung der Beziehung zwischen Therapeut und Patient wird zunehmend genutzt (Hand 1992). Die Resultate angelsächsischer und auch deutscher Verhaltenstherapeuten bei dieser schweren Erkrankung sind eindrucksvoll. Sie berichten bei Zwangsneurosen in methodisch vorbildlichen Studien, bei denen nicht nur die Symptomatik, sondern auch die psychosozialen Beziehungen erfaßt werden, jeweils von *Erfolgsquoten* von 50 und 70%, auch bei Langzeitkatanmesen (I. Marks 1977). Der anfängliche Optimismus ist aber etwas gemildert, kritische Autoren, die mit klinischen Stichproben arbeiten, geben etwa ein Drittel sehr gebesserte, ein weiteres Drittel jeweils gebesserter und unveränderter Patienten auch als Ergebnisse der Verhaltenstherapie nach 1–3 Jahren an (I. Hand 1992).

In letzter Zeit sind eine Reihe *neuer Medikamente* an die Stelle der früheren meist antidepressiven oder angstlösenden Medikamente getreten, vor allem solche, die den Serotoninstoffwechsel beeinflussen. Es wurden auch in hoffnungslosen Fällen Behandlungen mit Leukotomie oder Elektroschock unternommen, ohne daß sich diese Behandlungsformen bewährt haben. Bei dem meist erheblichen Krankheitswert der zwangsneurotischen Störungen ist die methodisch sich unbedingt auf ein Verfahren beschränkende Einstellung kaum vertretbar, Kombinationen etwa von medikamentöser und psychotherapeutischer Behandlung oder auch ein Nacheinander verschiedener Therapieansätze sind hier angemessen. Zur typischen Arzt-Patient-Beziehung bei zwangsneurotischen Patienten gehört es, daß sie meist eine korrekte und formal höfliche, ja unterwürfige Haltung einnehmen, dabei aber nicht selten eine eigensinnige und unter Umständen renitente Opposition demonstrieren, wenig Compliance zeigen, die Verordnungen sabotieren, dabei nicht in der Lage sind, ihre eigenen Erfahrungen offen mitzuteilen und für sich selbst zu nutzen. Auf jeden Fall gehört ein langer Atem dazu, sie auf ihrem Weg zu begleiten.

Neurotische Depression

(ICD 9:300.4 Neurotische Depression; ICD 10:F34.1; DSM III R
300.40 Dysthyme Srörung)

Symptomatik und Auslösung. Mit neurotischer Depression werden ausgeprägte und längere, nach DSM III R mindestens zweijährige, Depressionszustände beschrieben, bei denen *die Entwicklung der Persönlichkeit* und *Umwelteinflüsse* Bedeutung haben. Im
Gegensatz zur depressiven Reaktion erhält die neurotische Depression von der Persönlichkeitsproblematik ihre typische Ausprägung und zeitliche Dynamik, weniger von der auslösenden Erkrankungssituation. Bei der neurotischen Depression kommt es
in zeitlichem und von der Persönlichkeit her verständlichen Zusammenhang mit einem äußeren Ereignis zu einer traurigen Verstimmung mit Hemmung und allgemeinem Rückzug von der
Welt. Es gibt dabei still leidende, ängstlich bewegte und mißmutig gereizte, je nach Temperament. Die Verstimmungen und die
Klagen stehen in einem äußeren und inneren Zusammenhang
mit den anlaßgebenden Ereignissen, für die Verarbeitung relevanter sind jedoch die inneren Konflikte, die sich in der Persönlichkeitsentwicklung in der Jugend- und Kindheitsentwicklung zurückverfolgen lassen. Der gegenwärtig auslösende Zusammenhang kann verdeckt, verschoben und hinter den Beschwerden zurückgedrängt sein, vor allem bei Chronifizierungen und wiederholten Rückfällen oder wenn Somatisierungen im Vordergrund
stehen.

Die typischen Beschwerden sind *Verstimmungen mit Lust- und
Interesselosigkeit,* Schwindelgefühl, Beklemmungen, Mattigkeit,
Konzentrationsschwierigkeiten, Vergeßlichkeit. Doch muß die
Veränderung der Stimmung, das Verstimmtsein, nicht als Klage
vorgebracht werden. Deutlich wird es häufig erst, wenn der Untersucher selbst daran denkt, nach der Stimmung fragt und der
Patient darüber spricht. *Antriebsverlust mit Apathie* kann im Vordergrund stehen, die altäglichen Dinge werden zur Last, und im
*Verlust des Selbstwertgefühls treten Zweifel und Unsicherheit a*n der eigenen Leistungsfähigkeit überhaupt auf. Es kann aber auch das
körperliche Beschwerdeangebot mit Druck-und Funktionsstörungen
ganz im Vordergrund stehen, die Verstimmungen und Hemmungen können dahinter verborgen sein. Man sprach früher von *larvierter Depression oder auch von hypochondrischer bzw. vegetativer Depression.* Am häufigsten wird über Kopfschmerzen und Kopfdruck, Schluckstörungen, Druckgefühl auf der Brust und über
dem Herzen, im Magen-Darm-Bereich etc. geklagt. Die körperlichen Beschwerden geben u. U. zu umfangreichen und aufwendi-

gen diagnostischen und therapeutischen Maßnahmen Anlaß, wenn nicht die Persönlichkeitskomponente einbezogen wird und der körperliche Zustand als äquivalent der depressiven Verfassung in Erwägung gezogen wird. Erst bei genauem Fragen zeigt sich dann die *beeinträchtigte Affektivität* und der *herabgesetzte Antrieb*, nicht selten werden dann erst bestehende Suizidtendenzen deutlich.

◀ Ein 35jähriger Angstellter, ein kleiner schmächtiger, etwas unscheinbar wirkender Mann mit Brille, der mit einem verzweifelt Hilfe suchenden Auftreten beim Untersucher Mitgefühl weckt, klagt, „Der Schluckakt ist weg", seit zwei Jahren. Nur mit Mühe könne er die Speise in den Rachen bringen, es komme nicht nach hinten, fahre vorn herum. Der Schluckakt selbst sei dann aber in Ordnung. Zunächst sei es nur bei festen Speisen gewesen, jetzt auch bei Flüssigkeit, die ersten drei bis vier Bissen gingen manchmal noch. Er habe an Gewicht abgenommen, das Essen dauere sehr lange, er könne deshalb nicht mehr in Gesellschaft anderer essen. Er habe zu nichts mehr Lust und Mut, schlafe schlecht, seine Arbeitsfähigkeit und seine gesamte Verfassung seien reduziert, nur mit Aufbietung aller Kräfte vermöge er noch ins Geschäft zu gehen. Er war bei Hals-Nasen-Ohren-Ärzten, Internisten, Nervenärzten in Behandlung, ohne daß diese eine Ursache fanden und ihm helfen konnten.
Was damals vor zwei Jahren war? „Nichts Weltbewegendes, Krach mit einer Freundin und so." Bei einer ambulanten Psychotherapie mit anfänglich zwei, dann einer Wochenstunde im Sitzen über zwei Jahre ist langsam folgender Zusammenhang zu erarbeiten: Er hatte damals eine seit zwei Jahren bestehende Beziehung zu einem jungen Mädchen gelöst, die er unbedingt heiraten wollte, nachdem das Mädchen zögerte, sich mit ihm zu verloben. Es war schon die dritte Beziehung, die für ihn so endete. In einem großen Ordner bringt er alle seine Briefe und die des Mädchens, die im Laufe der Jahre gewechselt wurden. Deutlich wird, wie groß seine symbiotischen Verschmelzungswünsche bei diesen Frauen waren und welche Ängste er mit seiner anklammernden Haltung bei den jüngeren Partnern erweckte. Sein Bedürfnis nach einem dauernden und ausschließlichen Zusammensein, in dem die Partnerin nur für ihn dasein soll, hat etwas von einem kindlichen Totalitätsanspruch. Nach dieser dritten Trennung habe er sich wie tot gefühlt, habe keine Gefühlsregung äußern können. „Wo käme ich hin, wenn ich mich gehen ließe, ich würde versumpfen." Damals hatte er Suizidimpulse, dachte daran mit dem Auto, an einen Brückenpfeiler zu fahren, war apathisch und für Wochen arbeitsunfähig. – Er ist der mittle-

re von drei in kurzem Abstand geborenen Kindern eines wohlha-
benden Kaufmanns, ein Kind, das sich zu Hause gegenüber den
robusteren Geschwistern stets als zu kurz gekommen erlebte.
Die beiden Eltern waren vital, im Geschäft berufstätig, er wurde
von einer strengen und religiös bigotten Tante erzogen, die seine natürlichen emotionalen Bedürfnisse nicht ausfüllen konnte.
Trotzdem blieb er stark an das Elternhaus gebunden, ohne hier
je die Wärme und Verständnis für seine Interessen zu finden, die
gerade er brauchte. Als junger Mensch suchte er dann in Ge-
sangs- und Trachtenvereinen nach einer elementaren Nähe und
Verbindung zu einfachen Menschen, fand hier manchmal so etwas wie eine Heimat. – Im Laufe der Psychotherapie ging die
funktionelle Schluckstörung völlig zurück. Medikamentös wurden am Anfang pflanzliche Schlafmittel gegeben und als Erleichterung erlebt. Er gewann im ganzen neue Beziehungen zu anderen Menschen und dabei mehr Autonomie. Dabei gelang ihm
im Rahmen des Geschäftes auch ein Aufstieg, er konnte verant-
wortliche Aufgaben in Außenstellen des Betriebes übernehm-
men, löste sich etwas von Eltern und Geschwistern, die aber immer noch dominierend blieben. – In den nächsten fünf Jahren
kam er gelegentlich noch zu Gesprächen, war beruflich recht erfolgreich und stabilsiert, blieb in dieser Zeit unverheiratet, machte keinen neuen Heiratsversuch. ▶

Bei den *auslösenden Situationen* handelt es sich beinahe immer um
Veränderungen, die einen Verlust an Geborgenheit und Sicherheit beinhalten. Es müssen dann keine so schweren Verluste wie
bei den oben geschilderten Trauerreaktionen sein, schon die normale Schwellensituation der Ablösung von der Ursprungsfamilie, neue Städte oder gar Länder entfernt vom Heimatort, können
ausreichen, um die neurotische Symptomatik in Gang zu bringen. Ebenso finden sich aber auch Konflikte mit wichtigen Be-
zugspersonen, wie im obigen Fall oder solche in der Ausbildung
und beruflichen Welt. Bei Menschen, die sehr an die Welt ihrer Arbeit und ihre Häuslichkeit gebunden sind, können Urlaubsde-
pressionen auftreten. *Neurotische Depressionen manifestieren* sich
meist im dritten und vierten Lebensjahrzehnt, also *später als die
Angstneurosen,* bei Frauen auch im *Rückbildungsalter,* etwa wenn
die Kinder aus dem Hause sind, keine eigene berufliche Aufgabe
mehr vor ihnen liegt. Ältere Menschen, die aus der Routine ihres
Zusammenlebens mit dem Partner oder ihrer Arbeit herausgeris-
sen werden, können so in diesem Alter erstmals depressiv-neuro-
tisch dekompensieren. Auch eine *Beförderung* in der beruflichen
Stellung, die neue Verantwortung, Distanz von den bisherigen Ar-

beitskollegen bringt, kann für einen neurotisch eingeengten Menschen einen Geborgenheitsverlust darstellen.

Epidemiologie. Wie die Tendenz zu depressiven Reaktionen gehören die neurotischen Depressionen neben den Angstneurosen zu den häufigsten Neurosenformen. Untersuchungen der Bevölkerung fanden in Mannheim 3–4% Störungen, die als Krankheitsfälle anzusprechen waren. Bei einer mit anderen Untersuchungsmethoden und diagnostischen Kategorien arbeitenden Feldstudie fanden Wittchen und v. Zerssen *Depressionen als die häufigsten seelischen Störungen* sowohl im Querschnitt der letzten 6 Monate wie auch als Life-time-Diagnose, wobei deutlich wurde, daß bei vielen die depressive Verstimmung weit über 6 Monate hinausreichte. Im Krankengut einer psychiatrischen Klinik taucht die Diagnose depressive neurotische Entwicklung bei 3% der Gesamtaufnahmen auf, in der nervenärztlichen Praxis macht sie schon 11% der psychiatrischen Diagnosen aus. In der Ambulanz der Psychosomatischen Klinik Heidelberg waren depressive neurotische Beschwerden mit 13% der Fälle als Leitsymptomatik das häufigste Krankheitsbild überhaupt, bei weiteren 12%, z. B. funktionellen Körperstörungen, noch als Nebensymptomatik.

Ursachen und Psychodynamik. Wenn schon bei depressiven Reaktionen erbliche Disposition eine gewisse Rolle spielt, so ist sie bei den neurotischen Depressionen noch deutlicher. Offenbar ist hier, wie die erwähnte weite Verbreitung depressiver Verfassung nahelegt, ein gewisses Kontinuum in der Disposition anzunehmen: jeder Mensch ist depressionsfähig, betont der Genetiker Propping. Anderseits findet sich aber offenbar eine Disposition für bestimmte Formen dysthymer Verfassung. Im Familienumfeld findet sich eine Häufung von schweren oder leichten Formen neurotisch Depressiver, dann auch mehr depressive Reaktionen und endogene Psychosen. Es ist also immer auch eine Formtendenz mitgegeben, wie es dann ebenso bei monopolaren und bipolaren endogenen Psychosen beobachtet wird. Bei seiner relativ kleinen Zwillingsserie von 50 Paaren konnte Schepank im Hinblick auf neurotische Depressionen einen deutlichen Erbfaktor für diese 26mal beobachtete Symptomatik feststellen, das Konkordanz-Diskordanz-Verhältnis war 62% EZ zu 8% ZZ.

Als weitere *Ursachen* wurden in der psychoanalytischen Tradition Traumatisierungen und Beziehungsdefizite in der oralen Phase, dem ersten Lebensjahr also, angenommen. Als häufigste psychopathologische Kindheitssituationen bei neurotischen und endogenen Depressionen beschreibt Benedetti (1981): depressive Mütter, die innerlich entfernt von ihren Ehemännern lebten und mit denen die Kinder in symbiotischen Verhältnissen aufwuchsen; depressive Väter, die im Vergleich zu den Müttern die weicheren und liebensfähigeren Elternteile darstellten und dadurch das Kind an sich banden; gespannten, streiterfüllte Ehen der Eltern, die bei den Kindern zu einer wechselnden Identifikation und Selbstidentität führten; ehrgeizige Väter und Mütter, die sich für die Kinder opferten und zugleich allzuviel von ihnen erwarteten, oder schließlich eine kleine Minderzahl mit echten elterlichen Grausamkeiten in der Kindheit der Patients. Diese aus der *Innenperspektive von Patient und Therapeut* in der Psychoanalyse stammenden Annahmen spiegeln retrospektiv die konflikthafte symbiotische Bindungs- und Autonomiepsychodynamik, die für depressiv neurotische Patienten charakteristisch ist. Inwieweit sie als traumatische, von außen kommende Ursache genommen werden darf, wird hier noch nicht gefragt. Auch die unterschiedlichen klinischen und psychotherapeutischen Gegebenheiten bei der neurotischen und der psychotischen Ausgangssituation sowie dem Persönlichkeitsbild neurotischer Patienten und dem Typus melancholicus tauchen noch nicht auf. Die frühere einfache Annahme, daß es *Trennungserlebnisse im ersten Lebensjahr* waren, die zu depressiven Störungen führten, ließen sich *nicht bestätigen* (C. Ernst 1993). Wenn epidemiologische Untersuchungen an Neurosen allgemein Häufungen von psychopathologischen Zügen bei Müttern und Vätern neurotisch Depressiv signifikant gehäuft finden, so ist ja damit die Frage aufgeworfen, ob das im Sinne der Erbgenese oder im Sinne der Umwelt-Psychogenese zu deuten ist. *Persönlichkeitsuntersuchungen im Vorfeld* der verschiedenen Formen depressiver Verstimmung und im familiären Umfeld weisen auf *gemeinsame Züge* wie auf *eine Streuung* zwischen der Formen hin. Sie zeigen eben aber auch eine deutliche Tendenz, die zwischen neurotischen Depressionen und den einzelnen psychotischen Formen Abgrenzungen erlaubt (v. Zerssen).

In der klinischen Beobachtung findet man viele *Gemeinsamkeiten zwischen Eltern und Kindern*, die deutlich machen, daß *im einzelnen Fall und lebensgeschichtlich* eine Trennung von Anlage und Umwelt unmöglich ist:

◀ Ein 22jähriger kaufmännischer Angestellter erkrankt drei Wochen nach seinem ersten Weggang aus dem Heimatort an einer schweren neurotisch depressiven Verstimmung mit Suizidtendenzen, die eine klinische Aufnahme notwendig machen. Sein Vater ist im Krieg gefallen, er wuchs zusammen mit seinem drei Jahre jüngeren Bruder in engem Kontakt mit der Mutter auf. Kurz vor der Erkrankung hat er erstmals eine Stellung und eigene Wohnung in einer Stadt bezogen, die von seinem Heimatort etwa 100 km entfernt ist. Die Beziehung zwischen Patienten

und der Mutter gehen aus deren Spontanbericht deutlich hervor: „Ich war arg auf die Kinder, besonders, nachdem mein
Mann tot war. Meine Kinder sind mein alles. An was soll ich
mich denn halten, wofür sind die Kinder denn sonst da, sie sind
doch mein Halt. Zu Hause soll es gemütlich sein, ich freute mich
darauf. Ich glaube nicht, daß andere Mütter ihren Kindern so
ein Essen und so ein Zuhause bieten. Als Kind war Klaus (der Patient) eigensinnig und hatte alles mögliche im Kopf. Wenn er
auf dem Sportplatz war, da kam er tropfnaß geschwitzt und ge-
hetzt zurück. Oft hat er dann noch nicht einmal gegessen. Das
habe ich ihm abgewöhnt. Wenn er dann trotzdem einmal hin-
ging, kam er nach fünf Minuten wieder, weil er merkte, daß ich
traurig war. Dann sagte er zu sich selbst: ‚Du warst jetzt böse,
das macht man nicht, das man seiner Mutter fortgeht‘. Der jüngere Bruder von ihm ist ganz anders, der kann fortgehen, der
kommt oft gar nicht mehr heim. Ich glaube, der braucht mich
gar nicht. Der fühlt sich zu Hause nicht mehr wohl. Er hat sogar
eine Freundin. Zu Klaus habe ich gesagt: ‚Du brauchst doch niemand.‘ "
Es ist deutlich, wieviel der Mutter daran liegt, zumindest einen
Sohn als Ersatz für den gefallenen Mann bei sich zu halten. Sie
hat ihn gebraucht – und er hat sich *im Gegensatz* zu seinem *jüngeren Bruder* in einer neurotischen Abhängigkeit binden lassen.
Diese Bindung an die Mutter ist sowohl eine äußerliche wie
auch innerliche strukturelle, d. h. in seinen Wertmaßstäben und
in seiner Gewissensbildung über zwei Jahrzehnte tief in ihm verankert. Charakteristisch dafür ist, daß er, wenn er von zu Hause
fortstrebt, nicht nur Angst vor der Fremde bekommt, sondern
außerdem noch ein schlechtes Gewissen. Wie in der späteren
psychoanalytischen Therapie deutlich wurde, verbindet er in seinen Phantasien mit dem Fortgehen von der Mutter die Phantasie, daß er sie tötet.
In ihren Tendenzen; den Sohn an sich zu binden, in der Abwehr
aggressiver Tendenzen, in der Betonung der oralen Befriedigung etc. bietet die Mutter selbst viele Persönlichkeitszüge, die
man bei neurotisch Depressiven findet. ▶

Die Psychoanalyse betont in der Psychodynamik der Depressiven die Abwehr oral-aggressiver Tendenzen, mit denen sie frühe
wie späte Formen selbständigen und autonomen Verhaltens verbindet, eine Einstellung, die darauf ausgerichtet ist, Trennungen
und Enttäuschungen von den Liebenden zu vermeiden, Aggressionen und expansive Wünsche zu unterdrücken und damit gegen sich selbst zu kehren. In der neurotischen Abwehr des Depressiven werden vor allem die *Introjektion* beschrieben, die Vorwürfe

zu Selbstvorwürfen macht, die depressiven Klagen andererseits als unterdrückte Anklagen erscheinen lassen. In der Introjektion wird auch eine Identifizierung mit dem angegriffenen Objekt beschrieben: Man hat mich allein gelassen, ich habe nicht mehr die Geborgenheit, die ich brauche, in meinem Leiden leidet der andere jetzt mit, wenn ich mir selbst etwas zufüge, so trifft es den anderen auch etc. Es ist aber ebenso deutlich und bemerkenswert, daß beim jüngeren Bruder, der in seiner „Sinnentnahme" der mütterlichen Persönlichkeit offenbar anders reagierte, keine Zeichen neurotischer Depressionen zu beobachten sind. Nur für den Patienten wurde „die Mutter zum Schicksal".

Eine Verbindung von psychoanalytischen und Lerntheorien hat schon R. Sears versucht, indem er die psychoanalytischen Kindheitsstadien als Lernprozeß beschreibt und interpretiert. Das hat später in der Theorie depressiven Verhaltens als „Erlernte Hilflosigkeit" experimentell und klinisch Anklang gefunden (Seligman 1979). Sie werden entweder mit insuffizienten positiven Verstärkungen oder mit mangelnder Verstärkung im sozialen Raum und speziell mit den Eltern verbunden.

Verlauf. Behandelte und unbehandelte neurotische Depressionen weisen in klinischer Erfahrung auf Tendenzen, sich *im Laufe des Lebens* unter wechselnden Anforderungen *immer wieder neu zu manifestieren.* Schon im Vorfeld neurotisch Depressiver fängt man häufig in der Kindheit und Jugend in den ersten 12 Lebensjahren krisenhafte Episoden und Manifestationen mit frühkindlichen Symptomen (Schepank 1987). Auch im weiteren Verlauf besteht bei allgemeinen lebensgeschichtlichen Belastungen eine Chronifizierungstendenz. Es gibt in der Schwere der Ausprägung sicher große Unterschiede. Nimmt man etwa eine Gruppe von neurotisch Depressiven, die wegen der Schwere der Störungen und parasuizidaler Handlungen eine *stationäre psychiatrische Behandlung* benötigten, als Indexgruppe und verfolgt sie über die nächsten acht Jahre, so findet man ernüchternde Beobachtungen: trotz intensiven Angebots verhaltenstherapeutischer und psychoanalytischer Hilfen, medikamentöser Behandlung, sozialer Hilfen war die *Inanspruchnahme* psychiatrisch-psychotherapeutischer Dienste und allgemein medizinischer Dienste relativ gering (Wittchen u. v. Zerssen). Es war auch nicht deutlich, daß die zu einer Besserung führte. Eher scheinen gehäufte stationäre und ambulante Behandlungen ein Indikator für die Schwere der Störung. Auch in der *epidemiologischen Verlaufsuntersuchung* von Schepank über 10 Jahren fand sich bei einer relativen Konstanz von neurotischen Störungen in der Gesamtpopulation trotz des in der Großstadt gegebenen therapeutischen und sozialpsychiatrischen Angebots in den höheren Altersgruppen *eher eine Zunahme* der depressiven Bilder. Das Erkrankungsalter ist hier früher als das endogenen Depressionen, betrifft aber eben auch die mittleren Jahrzente.

Aus der Sicht klinisch psychiatrischer Stichproben ist die Langzeitprognose depressiver Neurosen in bezug auf Chronizität und Rezidive durchaus nicht günstig, so daß auch hier von einem Residualsyndrom mit erheblichen Einschränkungen in der Lebensführung gesprochen wird (Ernst u. Ernst 1968). Bei der Stichprobe neurotisch Depressiver des Max-Planck-Instituts für Psychiatrie München (Wittchen und v. Zerssen 1988) fand sich nach 8 Jahren bei einem Drittel ein relativ guter Verlauf, aber auch beinahe ein Drittel mit sehr ungünstigem Ausgang, Suiziden und erheblichen Einschränkungen. Dieser *im Vergleich mit medikamentös behandelten endogenen Depressionen schlechtere Verlauf wird* mit der durchweg unzureichenden Behandlung, geringen Inanspruchnahme von seiten der Patienten und fehlender Kontinuität in der weiteren Behandlung nach der stationären Zeit begründet. Entscheidend für den Verlauf waren Partnerprobleme, belastende Lebensereignisse und die langfristigen sozialpsychologischen Probleme, viele lebten allein, die Hälfte ohne Partner und ohne „vertrauensvolle Beziehung", auch ohne berufliches Netz. Gewicht hatten bei schon leichten belastenden Lebensereignissen *deren subjektive kognitive Bewertung* und *Verarbeitung*. Die Resultate sprechen nach Meinung der Verfasser für *das „Social-Support"-Modell* gerade *bei der neurotische*Depression.

Differentialdiagnose. Im akut depressiven Zustand hat vor allem die Abgrenzung endogen depressiver Zustände große Bedeutung. Das Bestehen von auslösenden live-events gibt keine Sicherheit der Unterscheidung, auch bei endogenen Depressionen finden sich in etwa 15% der Fälle auslösende Anlässe. Das Fehlen eines Anlasses muß aber den *Verdacht auf eine endogene Depression* verstärken. Im Erscheinungsbild der Depression selbst weisen vor allem Antriebshemmungen stärkerer Art, Vitalisierung der Traurigkeit mit Klagen über Druck in der Brust etc., ausgeprägte Tagesschwankungen und in der Vorgeschichte schon ähnliche Phasen der Verstimmung mit Antriebslosigkeit, Selbstanklage etc. mit oder ohne Anlaß auf psychotische Zustände (Fremdanamnese!). Der Erfahrene wird auch bei einer prämorbiden Persönlichkeit mit ausgeprägter Ordentlichkeit, Gewissenhaftigkeit, Genauigkeit eher an einen *Typus melancholicus* im Sinne Tellenbachs denken, der von der mehr konflikthaften und ambivalenten, symbiotisch Nähe suchenden neurotischen Persönlichkeit abzugrenzen ist.

Behandlung. Am Anfang jeder therapeutschen Maßnahme steht die Aufgabe, eine feste Beziehung zum Patienten herzustellen. Der erste Schritt gegen bestehende Suizidtendenzen liegt im persönlichen Kontakt und Einfluß. Auch neurotische Depressionen können im übrigen eine Eigendynamik entwickeln, in immer tiefere Verstimmungen, Erstarrungen und Hemmungen abgleiten, was medikamentöse Behandlung notwendig macht. Noch immer gibt es Psychotherapeuten, die eine solche gezielte medikamentöse Intervention als überflüssig ansehen oder der Ablehnung der Patienten gegenüber Psychopharmaka zu leicht nachgeben, nicht selten dann zu Lasten ihrer Patienten. Je nachdem, ob mehr depressive Hemmungen oder mehr Ängste im Vordergrund stehen, wird man mehr antriebssteigernde oder angstlösende Medikamente heranziehen.

Die im Vordergrund stehende Beziehungsproblematik bietet verschiedene Ansätze für *psychoanalytische Verfahren.* Der neurotisch Depressive ist gewöhnlich zunächst ein gefälliger Patient, der sich schnell bindet, dabei aber leicht alle ambivalenten aggressiven und zu einer Verselbständigung führenden Regungen unterdrücken muß. Die psychotherapeutische Bearbeitung von Konfliktthemen im Leben und auch in der Behandlungssituation selbst ist deswegen nicht zu lange hinauszuschieben. In jeder depressiv neurotischen Episode liegt die Möglichkeit einer Nachreifung. Vor allem bei jungen Menschen bietet sich diese Möglichkeit, während beim älteren Resignation, aber auch Eigensinn und Beharrungstendenzen sich als unüberwindliche Hindernisse entgegenstellen können. Zur Gefahr kann die Behandlung aber selbst werden, wenn der Therapeut regressiven Tendenzen und Bindungswünschen in der Behandlung zu sehr entgegenkommt, etwa weil er eigene gleiche Bedürfnisse hat. Die Therapie wird dann zu einem Ort der Anklammerung und zur Nische, sie führt nicht zur Nachentwicklung und zur Verselbständigung des Patienten.

Die neue Ausrichtung und die weitere Entwicklung von Verfahren der *Verhaltenstherapie* haben sich gerade auch bei Depressionen niedergeschlagen, vor allem in den *kognitiven Verfahren.* Damit verbunden sind auch eigene Fassungen der Depression als „fehlerhafte gedanklicher Abläufe", die in die Kindheit als bestimmte kognitive Denkmuster oder Attributionen angelegt bzw. gelernt wurden. Es werden gewöhnlich keine Hinweise auf Erbeinflüsse gegeben, sie sind in der Lerngeschichte der negativen Denkmuster aber wohl eingeschlossen. Der Amerikaner Aaron T. Beck mit dem Mut zu vereinfachen und zu präzisieren spricht von Depressiven als „Verlierern", sie sind in „Gelernter Hilflosigkeit" (Seligman) befangen, in der depressiven Denkweise werden die „logischen Denkfehler" angegangen. Die Verfahren folgen meist nicht der vorsichtigen europäischen Unterscheidung zwischen neurotisch und endogen, und da in den Therapiestudien die „major depression" des DSM III benutzt wird, ist es meist nicht sicher, um welche Formen es sich handelt. Wer in der europäischen Tradition der endogenen Psychosen in Denkweise und lebenslanger Erfahrung gelebt hat, weiß welche Unbefangenheit dazu gehört, mit einem solchen Konzept an Depressionen heranzutreten. In den verschiedenen Verfahren werden meist die gegenwärtigen und auf die Zukunft gerichteten Einstellungen des Patienten eruiert und intensiv eine aktive, *auf alternative Einstellung* zur Umwelt und neue Bewertung der eigenen Rolle gerichtete Therapie betrieben. Es wird über *eindrucksvolle Erfolge* berichtet, die an die bei den Phobien und Angstneurosen erreichten Zahlen heranreichen. Dabei scheint es sich meist um endogene Depressionen zu handeln, bei denen gleichzeitig eine medikamentöse Therapie erfolgte. Die Kombination mit Verhaltenstherapie hat dann noch bessere Erfolge im Vergleich mit medikamentöser Behandlung allein.

Ist nicht auch *in analytischen Psychotherapien das Umdenken mit neuer Selbstbewertung in der gegenwärtigen und zukünftigen Lebenssituation* der oder ein Wirkfaktor? Die entschieden auf die gegenwärtigen und zukünftigen Wahrnehmungen gerichtete Einstellung der Verhaltenstherapie ist eine lehrreiche Provokation. Diese berichtet jedenfalls über *Erfolge mit Expositionsverfahren in vivo* katamnestisch nach drei Jahren bei etwa 75%, also wie bei Phobien (Viegenbaum). Ähnlich gute Erfolge werden aus Großbritannien und Hamburg (I. Hand) gemeldet, wobei wie bei Angstkranken Kombinationen mit Gruppentherapien, Selbsthilfegruppen, Patientenseminare und Anleitungen zur Selbstbehandlung angeboten werden (s. oben S. 72 ff).

Nicht nur diese Erfolgsmeldungen, die modernen, sich patientennahe entwickelnden Behandlungsformen der Verhaltenstherapeuten selbst stellen für Psychoanalytiker eine Herausforderung dar. Gerade bei Depressionen und bei Angstkranken ist eine aktive, auf die gegenwärtige Situation und Symptomatik gerichtete Haltung des Therapeuten für viele Patienten eine wichtige Unterstützung. Die gemeinsam geleistete Überwindung der Symptomatik ist für viele Patienten auch *eine Stärkung ihres Selbstvertrauens*, die bestehenden Schwierigkeiten in anderen Lebensbereichen zurücktreten und unwichtig werden läßt. Die energetisch mechanistische Vorstellung, daß jede „Symptomheilung" eine Verschiebung der Störung in andere Bereiche mit sich bringt, wird durch klinische Beobachtungen und Lebenserfahrung nicht bestätigt.

Medikamentös wirksam und nützlich sind auch angstlindern-
de Medikamente, wobei früher vor allem Diazepine eingesetzt
wurden. Da diese jedoch die Gefahr der Abhängigkeit mit sich
bringen, werden heute eher *antidepressiv wirkende Medikamente* bevorzugt.

Angstneurose und Phobie

(ICD 10: F40 Phobische Störung (Agoraphobie, soziale Phobien
etc.); F41: andere Angststörungen (Panikstörung, generalisierte
Angststörung etc.)
DSM III R: 300.00 Panikstörungen mit Agoraphobie; ohne
Agoraphobie, Agoraphobie ohne Panikstörung, soziale Phobie,
einfache Phobie etc.

Angst als Phänomen. Angst ist zunächst eine allgemeine und elementare Erfahrung des Lebensganges überhaupt, die sich einer
erschöpfenden Definition immer wieder zu entziehen droht. Auf
eine Begriffsbestimmung verzichtend, beschreiben Psychiater
Angst als *Situation* und stellen „den Befund Angst" in den Vordergrund mit dem „Gefühl eines zukunftsbezogenen Bedrohtseins",
das auch das leibseelische Gleichgewicht betrifft (v. Baeyer). In
der Moderne wurde das Thema von Philosophen wie Kierke-
gaard und Nietzsche behandelt, von Schriftstellern wie Kafka.
Als existenzielle Grunderfahrung des abendländischen Menschen wurde sie durch v. Gebsattel als Wert- und Gottesverlust beschrieben, zugleich als *das Kernstück der modernen Krankheit Neurose*. Eine medizinische Anthropologie, die den Menschen mit der
gesamten Schöpfung verbindet, darf ihn nicht von den Tieren
und deren Angst trennen. Es gibt zu sichtbare Beweise von Situationen, die den Menschen in der Angst mit den Tieren verbinden,
als daß das Fehlen der Sprache uns über diese Gemeinsamkeit
täuschen könnte. Sie trennt uns auch nicht von dem noch sprach-
losen Kleinkind und vom Miterleben ihrer elementaren Ängste
vor Trennung und Fremden.

Angst ist so in der Moderne mit der Neurose, deren Geschichte und Konstrukten verbunden, mit der *Psychoanalyse* seit ihren
Anfängen. Sie hat hier die *toxischen, energetischen* und die *seelisch
traumatischen* Ursachentheorien mitgemacht, zuletzt als Wiederkehr bestimmter infantiler *Trennungssituationen* und ist schließlich hier als *Signalangst* wieder in einen biologischen Zusammenhang gestellt worden. In der Psychiatrie und Psychologie der
zweiten Hälfte dieses Jahrhunderts wurde versucht, das Phäno-

men Angst nosologisch und in meßbaren Kriterien genauer z fassen. Angst hat dabei gewichtsmäßig in den letzten Fassungen des DSM III einen breiteren Raum als je zuvor eingenommen, deutlich darin, daß Zwangsneurosen als Untergruppe von Angststörungen gefaßt werden, andererseits mit Panikstörungen ganz neue Angstbilder auftauchen. Es zeichnen sich neue somatische ursächliche Perspektiven ab und auch therapeutische Wege. In diesem Grundriß hier kann nur versucht werden, dem gegenwärtigen Stand klinischer Erfahrung und Forschung gerecht zu werden.

Symptomatik. Wenn man eine Angstbereitschaft als Grundgegebenheit menschlicher und auch tierischer Lebewesen voraussetzt, sie als evolutionär sinnvoll und nützlich betrachtet, ist die Frage, in welcher Form und unter welchen Bedingungen Angst pathologisch wird und als Symptom in Erscheinung tritt. Es können zunächst die allgemeinen Umstände des täglichen Lebens sein, die nicht mehr von normaler Spannung begleitet sind, sondern *gesteigerte Angst* hervorrufen. Eine allgemeine und nicht gebundene, frei flottierende Angst begleitet dann den ganzen Tag vom Aufstehen bis zum Abend, macht das Zusammentreffen mit anderen Menschen, die berufliche Tätigkeit, die alltäglichen Verrichtungen zur Last. Alles ist mit Ängsten ausgefüllt und führt in der *körperlichen Reaktion zu Schwitzen, Zittern, Kurzatmigkeit, Herzklopfen, Schwächezustände, Schwindel*. Eine solche frei flottierende Erwartungsangst ist gerade für das charakteristisch, was als *Angstneurose* zunächst zu fassen ist. Charakteristisch dafür ist, daß vorweggenommene Ängste gegenüber beruflichen oder alltäglichen sozialen Situationen sich ausbreiten und in einem wellenförmigen Ablauf den Tag begleiten können. Die allgemeine Angststeigerung fördert ein Vermeidungsverhalten gegenüber öffentlichem Auftreten, beruflicher Exposition und neuen Situationen überhaupt. Angstneurotische Menschen sind *Vermeider,* und die Tendenz besteht, daß sich die Ängste im Laufe des Tages und des Lebens immer mehr ausbreiten und zum beherrschenden Thema werden. Das Vermeiden angstbesetzter Situationen nimmt immer mehr Aufmerksamkeit und Kräfte in Anspruch, regressive Tendenzen nehmen u. U. im Tagesablauf und im Lebensgang überhand. Diese gesteigerten und chronischen Angstzustände mit chronischer Spannung, gelegentlicher Steigerung der Ängste und zunehmender Einengung sind als Angstneurose von Angstzuständen deskriptiv abzugrenzen, die an *bestimmte Objekte oder Situationen* gebunden sind und die man als *Phobien* bezeichnet.

Die *Phobie mit dem größten Krankheitswert* ist die Platzangst, *Agoraphobie*, die beim Gehen auf der Straße und beim Überqueren eines weiten Platzes auftritt. Verbunden damit ist gewöhnlich die Vorstellung zu fallen, das Bewußtsein zu verlieren, den anderen hilflos ausgeliefert zu sein. Häufig verbunden damit sind *klaustrophobische* Ängste, d. h. Ängste in geschlossenen Räumen, Aufzügen oder in großen Menschenansammlungen, in denen kein Fluchtweg offen ist. Von dem Angstobjekt lassen sich unendlich viele differenzieren und im kulturellèn Wandel beschreiben. Bei Kindern und bei Erswachsenen zeigen sich *Tierphobien* (vor Hunden, Katzen, Schlangen, Insekten, Mäusen etc.). Es gibt eine Reihe sozialer Phobien, etwa als *Erythrophobie* (Errötungsangst), meist zwischen 15 und 25 Jahren auftretend, bei Männern dreimal häufiger als bei Frauen.

Deskriptiv und nosologisch weiter differenzierend hat man in den letzten Jahrzehnten Phobien mit und ohne *Panikattacken* beschrieben, damit die seelisch und körperlich erlebten akuten Angstanfälle in den Vordergrund rückend. Als Panikattacke beschreibt man anfallsweise auftretende Zustände intensiver Angst mit körperlichen Erscheinungen (s. unten S. 201).

Epidemiologie. Nach den depressiven Neurosen gehören Angstneurosen und Phobien zu den häufigsten neurotischen Erkrankungen mit meist chronischem Verlauf. Bei seiner Untersuchung der Mannheimer Bevölkerung fand Schepank (1987) Angstneurosen und Phobien bei 4,5% der Bevölkerung, darunter 2,1% an Störungen die Krankheitswert hatten und als Fälle angesprochen wurden. In seiner ländlichen Bevölkerung fand Dilling (1981) nur 1% Angstneurosen – Phobien. Untersuchungen mit den DSM III-Kriterien fanden in den USA 7,6% phobische und Angststörungen in den letzten 6 Monaten und Life-time-Prävalenzen von 10 bis 11% . Die Prävalenzraten *für Frauen* waren *doppelt* so hoch wie die für Männer (zit. n. Wittchen 1987). In einer Feldstudie, die verschiedene bundesrepublikanische Regionen umfaßt, wurden nach ICD 9 Diagnosenverteilung von Wittchen und von Zerssen 1987 auch noch eine relativ hohe Verbreitung gefunden: in den letzten 6 Monaten 1,3% Angstneurosen, 4,7% Phobien, life-time 2,2%, Angstneurosen 5,2% Phobien. Dabei wurden nur die Hauptdiagnosen berücksichtigt, bei Nebendiagnosen ergab sich für beide zusammen beinahe 9%. *Frauen* sind bei Angstneurosen und Phobien durchweg *häufiger betroffen als Männer* , in klinischen Populationen machen sie meist doppelt soviel aus. Als *Nebensymptom* gaben in der psychosomatischen Ambulanz Heidelberg insgesamt 54% der Patienten Angst als Beschwerden an. – Es stellt sich für die westliche Gesellschaft und für den einzelnen die Frage einer Grenzziehung von noch normaler Angsttoleranz und einer Anerkennung als krankheitswertig.

Auslösende Situationen. Patienten mit einer Angsterkrankung sind im Gegensatz zu Depressiven einerseits *intensiver mit der Umwelt verbunden, nehmen differenziert wahr. Sie beziehen Veränderungen leicht als bedrohlich auf sich selbst.* Sie geben anamnestisch häufig viele Belastungen durch Lebensereignisse an und auch chronische ungünstige und unerwünschte Lebensbedingungen, übertreffen darin auch wieder depressive Neurosen (Wittchen und v. Zerssen). Es ist aber häufig nicht leicht für den Untersucher, den tatsächlichen biographischen, belastenden und konflikthaften Charakter von bestimmten Auslösesituationen bei der im ganzen gesteigerten Angstbereitschaft zu erfassen. Die biographischen Anlässe angstneurotischer Entwicklung stehen für den Untersucher in ihrem Gewicht oft in keinem verstehbaren Verhältnis zur Auslösung und zur Schwere der Symptomatik. Der Stellenwert im Rahmen der inneren Lebensgeschichte und gegebenen Empfänglichkeit für bedrohliche Aspekte des Lebens für die eigene Person wird oft erst im Laufe der psychotherapeutischen Behandlung deutlich. Es sind offenbar Anlässe, die im Bereich subjektiver Bewertung und eigenweltlicher Sinnentnahme äußerer Geschehnisse durch den betroffenen Menschen liegen. Dabei sind es durchweg *junge Menschen,* die im *zweiten oder dritten Lebensjahrzehnt stehen.*

Ursachen. Die bei Neurosen häufig zu findenden Hinweise auf *erbgenetische Einflüsse* sind auch bei der allgemeinen Angstbereitschaft bis zur Angstneurose gegeben. Die angstneurotische Vulnerabilität zeigt sich nach dänischen Zwillingsstudien im Abstand für „Angstsyndrome" von EZ 38 % zu ZZ 20 %. Dabei trat kaum das gleiche Angstsyndrom auf, sondern es war eine *Streuung* zwischen allgemein angstneurotischer, phobischer und anfallsweiser Symptomatik gegeben, was für eine allgemeine Grundlage der Angstsymptomatik und jeweils individueller Varianz in der speziellen Ausgestaltung spricht (Propping). Andere Autoren, die die Häufigkeit verschiedener psychogener Krankheiten bei Verwandten untersuchten, fanden immerhin eine gewisse Tendenz für eine *intrafamiliäre Homotypie des Angsterscheinungsbildes.* Hier hatten Probanden mit einem generalisierten Angstsyndrom, mit Paniksyndrom und mit Agoraphie häufiger als zu erwarten die gleiche Angstform.

Was *Umwelteinflüsse* betrifft, so sind Angstneurosen sicher *nicht als einfache Lernerfahrung durch traumatische angsterregende Objekte* zu interpretieren: *Menschen mit einer Hundephobie sind nicht regelmäßig von Hunden angefallen worden,* Agoraphobe nicht auf Plätzen überfallen. Sie sind auch kaum als Folge allgemeiner negativer Lebenserfahrungen traumatischer Art zu interpretieren. Von psychoanalytischer Seite wurde allgemein davon gesprochen, daß es sich um „unbewußte Phantasien" handelt, die angsterregend und verdrängt sind. Die Phobie oder die allgemeine angstneurotische Einstellung wird dabei als Verschiebung interpretiert, wobei auf negative sexuelle Erfahrungen in der Kindheit oder später hingewiesen wird. Konflikte um das sexuelle Erleben sind bei angstneurotischen Menschen sicher nicht selten, das Sexuelle ist für jeden Menschen ein neuer, ja fremder Bereich, in den er sich im Laufe seiner körperlichen Reifung in seiner Umwelt einfinden muß. Phobien treten bekanntlich schon bei Kindern auf, und hier stellt sich schon die Ursachenfrage aus der Sicht verschiedener Schulmeinungen.

Zu den häufigsten Phobien bei Kindern gehören Tierphobien. An einem klassischen Beispiel, dem *Fall des Kleinen Hans von S.Freud*, können verschiedene ursächliche Modelle deutlich gemacht werden:

Ein 5jähriger Knabe entwickelt Angst, auf die Straße zu gehen, fürchtet, dort von Pferden gebissen zu werden, die schwere Möbelwagen ziehen. Außerdem hat er Angst, die Mutter gehe fort, wenn er das Haus verlasse. – An diesem Beispiel exemplifiziert S. Freud, der den ‚Kleinen Hans' selbst nicht untersucht hat, von seinem Vater, der sein Hörer und Schüler ist, aber weitere Einzelheiten erfährt, seine kurz vorher entwickelte Theorie der infantilen Sexualität: *Das Kind hat sexuelle Wünsche um die Mutter*, hat aber zugleich *Angstphantasien*, deswegen *vom Vater kastriert* zu werden. Mutter und eine Kinderfrau sollen ihm vorher, wenn er am „Wiwimacher" spielte, dies verboten haben. Die Mutter war früher Freuds Patientin gewesen. Die Angst vor dem Vater und um die Kastration habe sich auf die Pferde verschoben, Freud vermutet, daß er dessen großes Genitale auf der Straße beobachtet habe, jetzt um seines fürchte (VII, S. 243).

Die Lerntheoretiker und Verhaltenstherapeuten Wolpe und Rachmann haben 50 Jahre später Freuds Deutung als unwissenschaftlich kritisiert. Es seien die äußeren Fakten zu wenig herangezogen. In konditionstheoretischer bzw. lerntheoretischer Sicht wird die Angst vor dem Pferd damit in Verbindung gebracht, daß Hans ein stürzendes Pferd auf der Straße gesehen hat. Durch diesen *aversiven Reiz sei eine Konditionierung* eingetreten, die dann eine Verstärkung erfuhr. Die Besserung, die im Laufe eines Jahres eintrat, ohne daß Freud den Jungen sah, wird hier als unsystematische *Desensibilisierung* interpretiert, der aversive Reiz sei in einer Vielzahl von angstfreien Situationen, z. B. in Gesprächen über Pferde und im häufigen Gehen mit Vater und Mutter auf der Straße, bearbeitet worden. Die Verhaltenstherapie kann ihre *therapeutische Effizienz bei Phobien* als Gewicht für diese Erklärung anbieten.

Der englische Psychoanalytiker John Bowlby (1973/1976), der sich vor allem mit gestörten Kindern und deren Entwicklung beschäftigt, hat den Fall des Kleinen Hans noch einmal neu bearbeitet: er weist darauf hin, daß nach der Krankengeschichte Hans schon ein halbes Jahr früher, vor Beginn der Phobie, Ängste hatte, als er wegen der Geburt einer jüngeren Schwester *von der Mutter getrennt* wurde, Angst später vor allem, daß die Mutter den Vater verlasse und er keine Mammi mehr habe. Sie stehe zeitlich weit vor dem Beginn der Pferdephobie. Es sieht die *Drohungen des Verlassenwerdens* für wichtiger an als die beim Spielen mit dem Genitale. Er wolle nicht auf die Straße gehen, weil er fürchte, die Mutter sei nicht mehr da, wenn er zurückkommt. Als auslösend für die Angst vor Pferdewagen findet Bowlby heraus, daß Hansens kleine Freundin Lilly, als er 4 3/4 Jahre war, mit einem großen Möbelwagen weggezogen ist und ihn verlassen hat. – Im übrigen war seine Angst begründet, die Mutter verläßt mit der jüngeren Schwester, als er 5 1/2 Jahre alt ist, das Haus, läßt sich scheiden. Hans bleibt beim Vater zurück. Bowlby sieht die Konfliktsituation in der Bindungs- und Trennungsproblematik gegenüber der Mutter wie gegenüber dem Vater. –

Auch der *Verlauf in dieser Krankengeschichte* ist bemerkenswert: Freud selbst berichtet, daß sich 15 Jahre später der kleine Hans bei ihm als gesunder junger Mann vorstellte. Er habe jetzt seine Krankengeschichte gelesen, und alles sei ihm fremd vorgekommen, er habe sich nicht erkannt, konnte sich an nichts erinnern.

Ist es die Krankengeschichte eines Kindes, die das *Bestehen der infantilen Sexualität* beweist, die Freud gerade in den „Abhandlungen zur Sexualtheorie" postuliert hatte, von Ödipuskomplex und Kastrationsangst, oder sind das psychoanalytische Vorstellungen und Konstrukte, die in die Kindheit projiziert werden? – Kreisen die basalen Wünsche und Ängste nicht viel mehr um Sicherheit bei haltgebenden Personen? Wie Bowlby selbst in vielen Beobachtungen zeigen konnte, taucht Angst gerade bei 2–4jährigen und auch noch später dann auf, wenn die Bindung an diese Personen – Mutter, Vater, Freundin – bedroht ist? Sind es Bindungsängste aus der Ahnung um die drohende Trennung von der Mutter gewesen? – Und welches Gewicht haben *reale Traumen* d. h. Erlebnisse wie der Sturz eines Pferdes als bedrohlicher Eindruck? Der Psychiater Nissen beschreibt eine Angstsymptomatik bei einem 6jährigen Jungen, der miterlebt, wie ein gleichaltriges Kind von einem Pferd totgetrampelt wird und daran anschlie-

ßend eine phobische Angstsymptomatik entwickelt, später noch
eine Ticerkrankung. Er betont andererseits die Bedeutung der
neurosebegünstigenden Disposition neben den Auslösefaktoren.
– Man kann sich in die verschiedenen Theorien vertiefen und jeder kann hier seine Erklärung finden. Nützlich erscheinen weitere Außenbeobachtungen.

Zunächst ist auf empirische Entwickungspsychologie zu verweisen und auf die hier gefundene Sicherheits- und Bindungspro-
blematik. Freuds Annahme einer Kindheitssexualität ist von den
verschiedenen Wissenschaften und auch von der Sexualwissen-
schaft selbst nicht angenommen und weitergeführt worden. Es
war ein Thema der Jahrhundertwende und wurde von Freud zur
kausalen Erklärung der von ihm bei Erwachsenen in den Mittelpunkt gestellten sexuellen Probleme herangezogen. Wichtig erscheinen empirische Verlaufsuntersuchungen zur Kontinuität
und Diskontinuität kindlicher Temperaments- und anderer Eigenschaften (Kagan). Eine Primordialsymptomatik kann ein Si-
gnal sein, aber wie beim Kleinen Hans auch ohne weitere neurotischen Schwierigkeiten wieder überwunden werden. Und viele
Kinder, die eine Hundephobie entwickeln, haben eben nie ein
traumatisches Erlebnis mit Hunden gehabt, sind nie gebissen
worden. Bei einer Empfänglichkeit in der Wahrnehmung reicht
die *phylogenetisch verankerte physiognomische Qualität* der Tiere,
Hunde, Pferde, Katzen, Vögel, Schlangen, Spinnen, Wespen etc.
offenbar dazu aus. Es ist ein Zusammenwirken von äußeren und
inneren Faktoren, wobei verankerte artspezifische und individuell angeborene Dispositionen in der Phantasie- und Angstbereitschaft jeweils ihren äußeren Auslöser haben, von ihnen mehr
oder weniger bedrängt werden, sie in je eigener Weise in den belastenden Situationen ihres Lebens verarbeiten.

Man muß davon ausgehen, daß nicht nur das bloße Sehen,
sondern die gesamte kognitive Wahrnehmung des Menschen
eine *aktive subjektive Leistung* darstellt, in der die Umwelt jeweils
in unterschiedlicher Weise erlebt wird (Scarr). Die besondere Reiz-
offenheit und Beeindruckbarkeit in der kognitiven Wahrneh-
mungsfähigkeit bei Kindern wie auch bei erwachsenen Menschen, die zu Phobien neigen, entspricht offenbar einer besonderen Offenheit für Eindrücke, die fremden und bedrohlichen Charakter gewinnen können. Zusammen mit dem Bewußtsein,
schwach und allein zu sein, kann hier eine in seiner Natur gegebene, im Lauf des Lebens unter den äußeren Bedingungen sich
mehr oder weniger stark entfaltete Angstdurchlässigkeit gesehen
werden, die sich dann in diffuser oder auch phobisch gebunde-
ner Form manifestiert. Wie bei allen Neurosen ist es wichtig, auch
hier nicht nur das Negative in einer spezifischen Disposition zu

sehen, die unter bestimmten Bedingungen dann zu neurotischen Symptomen und Einengungen führt. *Ängstliche Menschen sehen einfach mehr als andere und stellen mehr Beziehungen her.* Pathogen ist nicht allein das Auftauchen, sondern das Fortbestehen der bedrohlichen Physiognomien, Gedanken und weiterer Verknüpfungen. Was in der strukturdynamischen Psychiatrie als *Tilgungsschwäche bzw. Desaktualisierungsunfähigkeit* beschrieben wurde, das Nicht-Fortschreiten-Können zum nächsten Gedankeninhalt und Lebensthema, erscheint auch hier als Versagen der dynamischen, nach vorne tragenden Lebensbewegung.

Daß gerade bei Phobien angeborene Verhaltensformen eine Rolle spielen, wird aus Vergleichen aus der Verhaltensforschung bei Tieren deutlich. Phobische Ängste knüpfen an *rudimentäre Instinktradikale* an. Die Angst vor der Weite des Platzes beim Agoraphoben erinnert an die Angst der Tiere vor einsehbaren, weiten Räumen, die ihnen keinen Schutz bieten und wo sie feindlichen Angriffen ausgesetzt sind. Klaustrophobe Ängste haben eine Parallele in der Tendenz vieler wild lebender Tiere, sich immer einen Fluchtweg freizuhalten. Ebenso wie viele Phobiker ertragen es nicht, in einer Situation fixiert zu sein, erleben das als gefährliche Überwältigung und Ohnmacht.

Verlauf. Phobische Neurosen *neigen im ganzen zur Chronifizierung,* wobei aber davon auszugehen ist, daß es Formen unterschiedlicher Ausprägung und Schwere gibt mit unterschiedlicher Chronifizierungstendenz. Bei einem klinischen Krankengut fand Ernst nach 20 Jahren noch beinahe zwei Drittel mit Angstsymptomen behaftet, die zum Teil verleugnet und bagatellisiert wurden, wobei ganz überwiegend die Arbeitsfähigkeit erhalten blieb, nur sonstige psychosoziale Einschränkungen bestanden. Allgemein wird auch hier in der zweiten Lebenshälfte eine Milderung beobachtet, die schweren Chronifizierungen betreffen meist ein klinisches Krankengut von psychiatrischen Kliniken oder Polikliniken. Daran sind die Erfolge zu messen. Eine Gruppe von 29 Patienten mit überwiegend schwer gestörten Angstneurosen-Phobien wurde im Hinblick auf Vorbehandlungen, dann erfolgende ambulante bzw. stationäre Behandlung und den Verlauf in den folgenden acht Jahren nach der Indexaufnahme erfaßt (Wittchen u. v. Zerssen 1988). Bei der Erstuntersuchung waren Vorbehandlungen mit verschiedenen psychotherapeutischen Methoden bereits erfolgt, nach der stationären Untersuchung und Aufnahme wurde eine intensive Behandlung entweder mit Verhaltenstherapie oder psychoanalytischen Methoden begonnen und empfohlen, sie ambulant danach weiterzuführen. Erfaßt wurde vor allem auch das *Inanspruchnahmeverhalten* im Hinblick auf weitere therapeutische Hilfen. Am Ende der stationären Behandlung waren nur bei etwa 50% eine Besserung zu verzeichnen. Die stationäre Zeit bei den Angsterkrankungen betrug nur wenige Tage bis Wochen, eine ambulante intensive Nachbehandlung, bei der Hälfte auch mit Medikamenten unterstützt, wurde versucht anzuschließen. Allerdings konnten nur in wenigen Fällen die ambulanten Behandlungen unmittelbar danach angeschlossen werden. – Im 7-Jahres-Verlauf wurde eine Vielzahl von Verlaufsvarianten festgestellt. Bei mehr als der Hälfte war im Katamnesezeitraum *eine leichte kontinuierliche Besserung der Symptomatik* zu verzeichnen, auf einem niedrigen Niveau blieben sie *relativ stabil bestehen. Nur ein Patient von 39 war völlig symptomfrei.* Bei diesen Fällen wurde relativ oft eine Kombination mit depressiver Symptomatik als entscheidend angesehen, entsprechend auch eine medikamentöse Behandlung als indiziert.

Behandlungen und Ergebnisse. Zu ganz anderen Ergebnissen kommen Behandlungen von ambulanten phobischen und angstneurotischen Kranken durch *Verhaltenstherapeuten* , die sich meist im Rahmen wissenschaftlicher Untersuchungen auch selbst überprüfen. Vor 20 Jahren haben die Ergebnisse von britischen Verhaltenstherapeuten aufhorchenlassen, die mit *Expositionsverfahren* Phobien und Angstneurosen behandelten und bei Nachuntersuchungen 5 Jahre danach *über hohe Raten von wesentlicher Besserung* bzw. Symptomfreiheit bei 65% bzw. 70% berichteten (Marks). – Eine deutsche Untersuchung (Hand 1986) differenzierte schwere und leichtere Fälle bei 250 Agoraphobien und behandelte in Exposition mit supportiven Elementen in Einzeltherapie, in Gruppen und nach anfänglicher Anleitung zur Selbstbehandlung zu Hause mit Exposition. Bei ersten Nachuntersuchungen von 75 Patienten 1–5 Jahre danach fand sich bei 70% der 75 Nachuntersuchten wesentliche Besserung bis Symptomfreiheit. Ebenso war eine Verringerung von Arztbesuchen, Medikamenten und positive berufliche Veränderungen und in der Freizeitgestaltung festzustellen. Auch begleitende sonstige Symptomatik, etwa depressiver Art, war bei den schweren Agoraphobien wesentlich gebesssert, die leichten Fälle waren gewöhnlich monosymptomatisch agoraphob.

Vergleichbare systematische Ergebnisse von mit *psychoanalytischen Verfahren* behandelten Phobien und Angstneurosen liegen nicht vor. Es scheint, daß gerade die regressionsfördernden Methoden hier weniger Erfolge aufzuweisen haben. Schon Freud hat dazu einmal bemerkt, man müsse irgendwann den phobischen Patienten auffordern die Couch zu verlassen, und auf die Straße zu gehen.

Die meisten Verhaltenstherapeuten nehmen sich die Freiheit, ihre Behandlung nicht allein mit Entspannungsverfahren, sondern auch medikamentös zu unterstützen, wobei neben Diazepinen auch Antidepressiva benutzt werden, die offenbar hilfreich sind.

Panikattacken bei Angstneurosen

Angstneurose mit Panikstörung
(ICD 10 F41.0 Panikstörung; Episodisch paroxysmale Angst oder F40.01 Agoraphobie mit Panikstörung; DSM III R 300.01 Panikstörung ohne Agoraphobie; 300.21 Panikstörung mit Agoraphobie; 300.22 Agoraphobie ohne Panikstörung; andere Bezeichnung episodisch paroxysmale Angst, Panikattacke etc.)

Das Aufkommen dieser *neuen Krankheitseinheit* in den letzten Jahren verdient Aufmerksamkeit, weil es einen bestehenden Trend der Medizin repräsentiert. Bei den chronischen und meist wellenförmig verlaufenden Angstneurosen treten bei den typischen meist räumlichen bzw. situativen Expositionen und/oder bei Zuspitzung der konflikthaften Bedingungen Steigerungen der Angst auf, die sich in einer körperlichen Symptomatik niederschlagen. Angst wie Verstimmung gehören bevorzugt zu den affektiven Zuständen, die eine *Resonanz in körperlichen Abläufen* mit Veränderung der vegetativen Funktionen haben. Diese können eine Eigendynamik entwickeln, und ein psychodynamisches Entgegenkommen kann es begünstigen, daß diese Somatisierungen ganz in den Vordergrund der subjektiven Wahrnehmung des Patienten und der ärztlichen Aufmerksamkeit treten. Die Altersgruppe, in denen Angststörungen bevorzugt auftreten, nämlich die der jungen Frauen, steht in einer nicht sehr stabilen, häufig noch schwankenden Kreislauflage. Dem entspricht u. U. noch, wenn man etwa Untersuchungen von Eysenck folgt, eine anlagemäßig fundierte, ergotope Grundverfassung und Bereitstellung des Neurotizismus, die Entgleisungen nahelegt (s. dazu im folgenden S. 204).
Dem *somatischen Entgegenkommen* kann ein *seelisches* von seiten der Patienten entsprechen und eine o*rganzentrierte Rezeptionsbereitschaft der Medizin.* Für einen ständig mit Konflikten und entsprechenden Ängsten und Schuldgefühlen konfrontierten Menschen kann es *entlastend sein, durch körperliche Untersuchungen* und Behandlungen aus diesem *Konfliktfeld einmal zurückzutreten,* Gegenstand sachlicher ärztlicher Maßnahmen zu werden. Dieser

Wechsel ist sicher nicht willentlich und bewußt, aber als sekundäre Tendenz in Rechung zu stellen, einer allgemeinen ärztlichen Erfahrung entsprechend, die von der Psychoanalyse in ihren verschiedenen Modellen auch beschrieben wurde: als Abfuhr, Abwehr, Verdrängung, Verschiebung etc. , stets etwas negativ charakerisiert. Gerade bei *Ängsten, die Herz- und Kreislauf betreffen*, ist aber auch zu bedenken, daß *der Leib die uns nächste Umwelt* ist, eine Umwelt, die wir aber nicht willentlich beherrschen und dirigieren können und die nicht nur angenehme, lustvolle, sondern auch bedrohliche Seiten hat, die sich für die verschiedenen Menschen im Laufe ihres Lebens mehr oder weniger in den Vordergrund schieben. Die *Empfangswelt der Medizin ist auf körperliches Krankheitsangebot* eher ausgerichtet als auf ein seelisches. Es ist deswegen die Frage, ob es angemessen ist, mit *den panischen Angstanfällen eine neue Krankheitsform* aus dem sicher vielgestaltigen Formenkreis der Angsterkrankungen herausstellen und dabei die persönlichkcitseigenen und situativen Entwicklungen weitgehend auszublenden. Die Tendenz, Krankheit ganz im körperlichen Bereich aufgehen zu lassen, ist in der Medizin noch nicht überwunden.

Symptomatik und Verlauf. Als Angstattacken werden *in wenigen Minuten sich steigernde Angstzustände beschrieben, bei denen das Gefühl der Atemenge, ein beschleunigter Herzschlag, Angst vor Ohnmachtsgefühlen* im Vordergrund stehen. Sie sind begleitet von *Schweißausbrüchen, Gefühlen der Erstickung, Todesangst.* Eine spezielle herzzentrierte Form dieses Anfalls ist als „cardiac phobia" oder *Herzangstneurose* (s. unten) beschrieben. Das amerikanische diagnostische Manual macht die Diagnose davon abhängig, daß von 13 verschiedenen Beschwerden, die von Atemnot bis zur Furcht, verrückt zu werden, reichen, wenigstens 4 vorhanden sind. Wenn es weniger sind oder diese 4 nicht innerhalb von 10 Minuten nacheinander auftreten, sei diese Diagnose nicht zu stellen. Eine organische Grundlage dieser Attacken gibt es nicht. Sie waren aber u. a. als Begleiterscheinung einer Herzanomalie, des *Mitralklappenprolapses,* diskutiert worden, einer relativ häufige Verdickung einer Herzklappe, die sich nach manchen Autoren auch sonographisch sichern läßt. In den letzten Jahren hat sich die Überzeugung gefestigt, daß diese Anomalien und relativ häufigen Zufallsbefunde in keinem regelhaften Zusammenhang mit Panikattacken bzw. Angstneurosen stehen.

Es kann durchaus eintreten, daß Angstanfälle, die zuerst auf einem Platz oder in einem Aufzug aufgetreten sind, sich mit diesen Situationen verbinden, dort erneut auftreten, aber auch schon bei Gedanken sich diesen Situationen aussetzen zu müssen. Die äußere Situation wird zur inneren Situation, die im ganzen für die Diagnose und das Verständnis sicher nicht zu vernachlässigen ist.

Therapie. Auch die *Verhaltenstherapeuten* tun sich nicht leicht mit diesen Anfallspatienten. Sie beginnen mit einer allgemeinen Aufklärung und Beruhigung über die physiologischen und psychologischen Aspekte der Anfälle und des Umgangs mit ihnen und versuchen spezielle Maßnahmen mit Entspannungübungen, Atemtherapie etc. zu verbinden, um daneben auch medikamentöse Hilfen zu geben.

Bei räumlichen und situativ gebundenen Angstanfällen können *in vivo Expositionen* neben medikamentösen Hilfen in der Therapie im Vordergrund der *Verhaltenstherapie* stehen. Die Überwindung dieser situativen Ängste kann die anderen Ängste mildern. Dies und das Bewußtsein, unter eigener aktiver Mitwirkung eine Lebenskrise überwunden zu haben, gibt Patienten sicher Selbstvertrauen und Mut zu einem neuen Anfang. Es zeichnet sich in der Verhaltenstherapie aber heute die Tendenz ab, die gegenwärtige Lebenssituation ausdrücklich zu thematisieren. Dabei wird auch diskutiert, in wieweit hier die unspezifischen Therapiemaßnahmen wie Aufklärung und persönlicher Kontakt mit einem kompetenten Fachmann etc. wichtiger sind als die spezifisch verhaltenstherapeutischen.

Wenn keine Bindung an Lebenskonflikte gegeben ist, sich die Anfälle ganz ohne äußere Anlässe und inneren Konflikthintergrund darstellen, steht die medikamentöse Behandlung im Vordergrund, während Medikamente sonst nur in der ersten akuten Zeit und hilfsweise genutzt werden. Dabei haben sich in den letzten Jahren immer mehr antidepressiv wirkende Medikamente (Imipramine) und auch Neuroleptika gegenüber dem früher im Vordergrund stehenden Diazepinpräparaten in den Vordergrund geschoben. Die Tendenz der Abhängigkeit von Medikamenten ist dabei unbedingt zu beachten. Gerade bei *längeren Nachuntersuchungen von Patienten mit Panikattacken* zeigt sich eben doch, daß ein *Persönlichkeitshintergrund* mit seelischer Störungen und Diagnosen auftaucht.

Herzphobie – Herzangstneurose

(Herzneurose , Panikattacken; cardiac phobia:
neurozirkulatorische Asthenie)
ICD 10 F45.30 somatoforme autonome Funktionsstörung des
neurovaskulären Systems; DSM III R 300.81
Somatisierungsstörung

Die körperliche und seelische Symptomatik, besondere neurotische und psychosomatische Zusammmenhänge sowie die Häufigkeit und der Verlauf legen eine gesonderte Beschreibung dieser Krankheitsform nahe.

Symptomatik und Auslösung. Nach Vorboten mit unbestimm-
ter Unruhe und Anspannung tritt *akut heftiges Herzklopfen* und damit die Vorstellung auf, *das Herz könne stillstehen.* Der Herzschlag
selbst wird im ganzen Körper empfunden, es besteht eine Rötung
der Gesichtshaut, häufiges Zittern, Schweißausbruch und eine tiefe und forcierte Atmung. *Der Herzschlag ist beschleunigt auf Werte
über hundert Schläge in der Minute.* Die *Dauer dieses Angstanfalls*
liegt zwischen *10 Minuten und einer Stunde.* Nie tritt Bewußtlosigkeit ein, das im Vordergrund stehende Herzjagen und die damit
verbundene *Herzstillstandsangst* werden hellwach erlebt.

Gewöhnlich suchen die Betroffenen gleich einen Arzt auf
oder lassen ihn rufen. Er findet eine erhöhte Herzfrequenz zwischen 100–160/min, nie erhöhte Werte um 180 wie bei paroxysma-
ler Tachykardie, einen meist leicht erhöten Blutdruck bis 160/100.
Kreislauferscheinungen und vegetative Störungen weisen auf einen *sympathikovasalen Anfall.* Die im Vordergrund stehende Angst
und fehlende Schmerzen oder dumpfe Druckgefühle wie bei
Herzinfakt, weisen schon vor dem EKG-Befund auf ein funktionelles Geschehen. Das Untersuchungsergebnis wirkt jedoch
meist nur kurze Zeit beruhigend.

Im weiteren Verlauf kommen die Patienten nicht oder nur
schwer von dem erlebten Angsteinbruch und der Vorstellung los,
das klopfende Herz sei krank, benötige ärztlicher Behandlung,
könne stillstehen. Es kommt zu einer *herzphobischen Entwicklung*,
in der sie den Puls kontrollieren, ihren Herzschlag beobachten
und sich zu schonen beginnen. Sie konsultieren meist viele Ärzte,
ziehen sich von Beruf und Familie zurück, es kann auch zu hypochondrischen Ausweitungen mit Selbstbeobachtung des Verdau-
ungstraktes kommen und zu agora- und klaustrophoben Ausweitungen. Meist kommt es in der Folge zu weiteren, wenn auch mil-
deren Anfällen.

Auffällige Züge im Verhalten weisen auf die neurotischen
Konflikte hin: es besteht eine *Angst, überhaupt allein zu sein*, sie

klammern sich an andere Menschen, an den Ehegatten, die Eltern, am liebsten an einen Arzt an. Die anderen geben Halt und eine gewisse Beruhigung.

Als häufigste *Auslösesituationen* sind zu nennen:

1. Eine ambivalent erlebte *Situation des Alleinseins*, des *Verlassenwerdens*. Es sind Situationen, die eine *Trennungs-* und *Ablösungsproblematik* aufwerfen.

2. Auslösend oder *wiederauslösend* wirkt häufig ein *Todesfall* , vor allem ein *Herztodesfall* in der unmittelbaren Umgebung, im weiteren Verlauf auch die bloße Zeitungsnachricht von einem solchen plötzlichen Todesfall.

S. Freud beschrieb 1895 den Fall eines Mannes, der auf die Nachricht vom Tod seines Vaters einen Herzanfall bekam und „seitdem der Angstneurose" verfallen war.

Herzphobiker haben keine Distanz, sie hängen mit unsichtbaren Fäden an den anderen Menschen und erleben in einer depressiv-symbiotischen participation mystique das Schicksal der anderen Menschen mit.

Zu betonen ist, daß *vegetative Kreislaufanfälle* vom sympathikovasalen Typus, wie sie in der Rekonvaleszenz nach Infektionskrankheiten, nach übermäßigem Genuß von Nikotin, Koffein, nach Schlafentzug und bei sympathikomimetischen Injektionen auftreten, auch ein Angsterlebnis und eine seelische Angstreaktion auslösen können. Sie wirken aber nur selten auslösend für eine herzphobische Entwicklung, es sei denn, daß neurotisch-konflikthafte Persönlichkeitsfaktoren als weitere Bedingung gegeben sind.

Persönlichkeit und Psychosynamik. Am häufigsten ist nach Untersuchungen von H. E. Richter und D. Beckmann (1961) der herzneurotische Typus der einfachen Abhängigkeit, Typ A, hier zu finden. Es sind Patienten, die ihre depressiven Bedürfnisse nach Nähe, Anklammerung, Versorgung und Krankenrolle in ihrem Verhalten und Ängste in ihren Äußerungen unmittelbar zeigen können. Der Typus B, der kontraphobische, ist überaktiv, versucht durch Aktivität, Bewegung, Sport, Leistung und Einsatz seine Ängste zu überspielen. Diese Patienten können ihre Wünsche nach Schutz und Abhängigkeit viel weniger äußern, was die Arzt-Patient-Beziehung und einen psychotherapeutischen Zugang erschwert.

Häufigkeit. Das Krankheitsbild ist viel zu wenig bekannt, es taucht sowohl in der psychiatrischen als auch in der medizinischen Klinik und in allen ärztlichen Sprechzimmern auf. Herzphobische Symptome finden sich als Hauptsymptome in 5,8%

der Patienten in der Ambulanz der Psychosomatischen Klinik Heidelberg, als Nebensymptome in 2,2%.

Ursachen. Es besteht häufig eine charakteristische, neurotische Konfliktsituation mit einem *Trennungskonflikt*. Deutlich ist das bei vielen Fällen schon durch den zeitlichen Zusammenhang mit Todesfällen, Trennungen usw. Im Rahmen einer *depressiven Abhängigkeit* besteht gewöhnlich eine *ambivalente Einstellung* mit aggressiven Tendenzen und der Erwartung zugleich, verwöhnt und geliebt zu werden. Es ist nicht einfach die Trennung, der Konflikt liegt im intensiven und bis in die Kindheit zurückreichenden Bindungs-Trenungs-Thema der Betroffenen. Es bestehen meist in sich gegensätzliche und ambivalente Phantasien der Bindung und der Trennung. Fixierungen und symbiotische Züge lassen sich gewöhnlich bis auf die Ursprungsfamilie und nicht geglückte Ablösungen zurückverfolgen. Der Herzphobiker lebt so in der angstvollen Erwartung und Vorwegnahme der *Trennung*, er *wünscht sie* und er *fürchtet sie*. Kommt es zu einer die Phantasien stärker anregenden „Versuchssituation"(Krankheit der Mutter, räumliche Trennung vom Partner etc.), so steigert sich die ambivalente Angsttönung. Die sympathikotonen Bereitstellungen springen stärker an bis zur ergotropen Aussteuerung des sympathikovasalen Anfalls. Das Faß läuft über.

Die *Fixierung* an die Mutter wird meist von beiden Seiten gefördert, bei meist wenig expansiven und explorationsfreudigen Kindern und überbesorgten und die Selbständigkeit ihrer Kinder verhindernden Müttern. Es ist also nicht eine Versagung und nicht die Sensibilisierung etwa durch faktisch erlebte frühkindliche Trennung von der Mutter, die den Boden bereitet, sondern eher die Verwöhnung. S. Freud stellte in diesem Zusammenhang einmal fest, daß die Verwöhnung den Menschen unfähig mache, später im Leben auf Liebe zu verzichten oder sich zumindest zeitweilig mit weniger zu begnügen; die übermäßige, frühe Bindung disponiere zur Neurose.

◀ Ein 35jähriger Angestellter erkrankt an einer schweren herzphobischen Entwicklung, die ihn arbeitsunfähig macht, als sein unmittelbarer Vorgesetzter neben ihm plötzlich an einem *Herzinfarkt* stirbt. Aus der Biographie ist bemerkenswert, daß er der jüngere von zwei Söhnen eines kleinen Landwirts ist, immer hilfreich und folgsam, der Mutter viel näherstehend als der ältere, wildere Bruder. Er war leistungswillig, angepaßt. Im Krieg war er viele Jahre bei der kämpfenden Truppe an der Front, fiel nie durch Angst auf, solange er sich im Kollektiv bewegte. Nach dem Krieg hatte er erste Ängste, als er es wagte, eine geschiedene Frau, die nicht dem Ideal seiner Eltern entsprach, zu heiraten.

Er verbarg den Eltern den Hochzeitstermin bis wenige Tage vor dem Ereignis. Als er bei den Eltern auszog, nachdem er ein eigenes Haus gebaut hatte, kam es zu ersten Ängsten, bis schließlich der Todesfall des Vorgesetzten die Krankheit zum Ausbruch brachte. In der analytischen Psychotherapie zeigt sich eine depressive Persönlichkeitsstruktur mit starken infantilen Bindungen, eine Ambivalenz gegenüber den Eltern und allen Autoritätspersonen, denen er mit intensiven Anlehnungs- und Anklammerungswünschen, zugleich aber innerlich mit heimlichem Neid und Ressentiment gegenüberstand. Charakteristisch dafür ist eine seiner frühesten Erinnerungen, die unter großen Widerständen in der Behandlung auftaucht: Der Vater hatte ihn und seinen Bruder auf dem Feld verprügelt. Als der Vater danach auf einen Obstbaum stieg, flüsterte der Bruder ihm zu: *„Wenn er doch runterfallen würde!"* Das, was der gesunde, immer selbständigere, ohne weiteres von den Eltern sich lösende Bruder hier ausgesprochen hatte, war das, was er selbst kaum zu denken wagte. Der Todesfall des Vorgesetzten, an dessen Stelle er aufrücken sollte, brachte seine Todesphantasien gegenüber dem Vorgesetzten ans Licht. In der Behandlung wurde dann noch deutlich, daß er auch mit dessen Nachfolge, die er selbstantreten sollte, Ängste vor mehr Selbständigkeit und Verantwortung verband. ▶

Der bei Behandlungsbeginn mehr als 6 Wochen arbeitsunfähige Patient wurde im Laufe der dreimonatigen stationären, dann ambulant fortgesetzten Einzel- und Gruppenpsychotherapie wieder arbeitsfähig und nach 2 1/2 Jahren symptomgeheilt mit einer befriedigenden Persönlichkeitsnachreifung aus der Behandlung entlassen.

Krankheitsbezeichnung und Differentialdiagnose. Einen ersten in allen Einzelheiten typischen Fall dieses Krankheitsbildes hat Sigmund Freud 1895 als Angstneurose beschrieben. Mehrere typische auch unbehandelt chronizierte Fälle wurden unter dem Begriff *Herzhypochondrie* zusammengestellt (Bräutigam 1953). Wenn die Angst um das Herz bzw. um den Herzstillstand ganz im Vordergrund steht, auch sonst phobische Symptome recht häufig sind, erscheint die Bezeichnung Herzphobie (Kulenkampff 1960) zutreffend, wie es ja auch bei der Kanzerophobie eine auf den eigenen Körper gerichtete angstbesetzte Selbstbeobachtung gibt. Der Begriff *Herzneurose* (H. E. Richter 1964) faßt alle „auf das Herz bezogene Beschwerden ohne körperliche Grundkrankheit" zusammen, allerdings überwiegen auch hier die in unserem Sinne typischen Fälle von Herzphobie. Bezeichnungen wie „funktionelles kardiovaskuläres Syndrom" erscheint zu allgemein, hat die herzzentrierte neurotische Komponente nicht im Blick und fördert beim Patienten u. U. somatisierende Phantasien. Abzugrenzen sind Beschwerden und Ängste bei Arrhythmien etc. Unter den jetzt im ICD 10 und DSM II R als *Panikattacken* beschriebenen Symptomen sind *etwa zur Hälfte Herzphobien* zu finden.

Beim akuten Anfall ist die Abgrenzung vom *Herzinfarkt* wichtig: Leitsymptom beim Herzinfarkt ist der *Schmerz* und das Vernichtungsgefühl, bei der Herzphobie jedoch die *Angst*. Beim Herzinfarkt kommt Angst bei etwa 10% der Kranken im akuten Zustand vor, kaum aber eine isolierte Todesangst. Blutdruck und Herzschlagfolge erlauben dem Internisten schnell eine Abgrenzung. Das typische Erkrankungsalter der Herzphobie liegt zwischen 20 und 30 Jahren, es waren bei uns mehr Männer als Frauen betroffen (3:2), bei anderen Gruppen fanden sich mehr Frauen. Im akuten Anfall und im weiteren Verlauf kann die ängstliche Erregung und Unruhe so stark sein, daß vereinzelt an Panikzustände bei *akuter Psychose*, etwa an eine *agitierte Depression*, gedacht wurde. Chronifizierende Herzphobien werden im Laufe der Jahre oft als chronisch *neurasthenisch* und *hypochondrisch* eingestuft. Sie bieten eine regressive Somatisierung mit einer Vielzahl von Körperbeschwerden. Bei eingehender Untersuchung läßt sich aber beinahe immer der Beginn mit dem akuten Herzanfall und der sich daran anschließenden herzphobischen Entwicklung biographisch rekonstruieren.

Prognose. Die Prognose der unbehandelten Herzphobie ist nicht unbedingt günstig: Die Herzphobie führt, wie alle vegetativen Herz- und Kreislaufstörungen nicht zu organischen Krankheiten, zum Herzinfarkt oder zur Hypertonie. Nachuntersuchungen nach 20–30 Jahren zeigen, daß eine eher unterdurchschnittliche Rate von Herzinfarkten bei ihnen zu verzeichnen war. Mehr als 50% hatten aber noch deutliche Symptome, litten leicht oder schwer darunter und waren in ihrer Lebensentfaltung behindert.

Behandlung. Der Herzphobiker mit der manifesten Angst und der symbiotischen Depressivität und auch der schwierige kontraphobische und aktive Typus können beim praktischen Arzt verschiedene Reaktionen provozieren. Der Abhängige verleitet ihn immer wieder zu neuen körperlichen Untersuchungen, wird dann unbequem, da er sich von den normalen organischen Befunden nicht überzeugen läßt und auf die Dauer auf die medikamentöse Behandlung immer weniger anspricht. Er ist auch nicht ohne weiteres von seinem körperlichen auf ein seelisches Krankheitsbewußtsein zu bringen. Die schnell eintretende gegenseitige Enttäuschung führt dann zu *häufigen Arztwechseln* und immer *neuen Un-*

tersuchungen. Noch schwerer ist der *kontraphobische Typus* des Herz-
phobikers ärztlich zu führen, der eine psychologische Interpretation als Schwäche noch entschiedener ablehnen muß, depressiven Tendenzen überkompensierend verleugnet.

Die *Behandlungsmethode der Wahl* ist eine frühzeitig einsetzende, chronifizierende phobische und hypochondrische Entwicklungen verhindernde Psychotherapie. Ziel ist aus psychoanalytischer Sicht nicht allein die Überwindung der Symptomatik, ein
Entwicklungsprozeß soll in Gang gebracht werden. Kranke, die
mit einer noch nicht chronifizierten Symptomatik und einer
durch endgültige äußere Festlegungen nicht fixierten und eingeengten Lebenssituation kommen, haben eine günstigere Prognose (Becker u. Senf 1988). Indiziert ist vor allem eine weniger regres-
sionsfördernde, Lernmöglichkeiten in Annäherung und Abgrenzung bietende Behandlungsform, wie sie die *analytische Gruppentherapie* darstellt. Mit der regressiven Versuchungssituation der
Zweierbeziehung, vor allem in der klassischen psychoanalytischen Kur, können Herzphobiker nicht ohne weiteres produktiv
umgehen. Ein seelisches Krankheitsbewußtsein ist für sie in der
Gruppe leichter zu gewinnen. Für manche Patienten ist auch eine
stationäre Einleitung einer dann ambulant, aber weiterzuführen-
den Psychotherapie die Methode der Wahl, da der Schritt von
den körperlichen Beschwerden zum Konfliktbewußtsein hier
leichter zu vollziehen ist. Für viele Kranke wird aber eine ver-
ständnisvolle Behandlung und Förderung durch den praktischen
Arzt der wichtigste Behandlungsweg bleiben.

Sehr bemerkenswert ist die *verhaltenstherapeutische Behandlung* mit In-vivo-Expositionsverfahren in angstregenden Situationen und sind dabei die Nachuntersuchungsergebnisse, über
die Fiegenbaum 1986 berichtet. Die hier teilweise auch mit agoraphoben Ängsten belasteteten, im Durchschnitt 34 Jahre alten,
meist weiblichen 33 Patientinnen waren seit 7 Jahren mit dem
Symptom belastet. Bei der Behandlung wurde einzeln oder bei
knapp der Hälfte in Gruppe behandelt, die Nachuntersuchung 3
Jahre nach Therapieende wurde mit Verhaltensprüfung in Angstsituationen vorgenommen und es wurden in einem Interview andere Lebensdaten erhoben. Bei *80–95% wird von Symptomfreiheit
bzw. wesentlicher Besserung berichtet,* dabei keiner oder wesentlich
geringererMedikamenteneinahme, positivenEntwicklungen im
beruflichen und persönlichen Status. Auch fand sich *kein Anhalt
für Symptomverschiebung.*

Medikamentös sind im akuten Anfall Diazepine indiziert,
wobei Dosen von 1–75 mg Diazepam gegeben werden. Sie sind
auf die Dauer keine ursächliche Therapie, die angstlösende Wirkung läßt gewöhnlich nach einigen Wochen, spätestens nach ein

paar Monaten auch bei steigenden Dosen nach. Chronifizierte Herzphobien können zur Medikamentenabhängigkeit führen.

Sensitiv-paranoide Entwicklungen

Diese Formen einer Persönlichkeitsentwicklung verdient, obwohl nicht häufig und offenbar eher noch seltener werdend, Interesse, weil sich in exemplarischer Weise Bedingungen der Ausgangspersönlichkeit, bestimmte Lebenssituationen und das soziale Milieu ursächlich verbinden.

Symptomatik und Auslösung. Empfindsame, in ihrem Selbstbewußtsein labile und leicht beeinflußbare Menschen, die innerlich sehr isoliert sind, können in bestimmten Situationen Vorkommnisse, die sie gar nicht betreffen, auf sich beziehen: „Als ich heute ins Büro trat, hörten die Leute auf zu sprechen und sahen mich so an!" – „In der Straßenbahn steckten zwei Herren die Köpfe zusammen, als ich kam und lachten." Solche wohl für viele Menschen alltäglichen Gedankenverbindungen werden im allgemeinen schnell wieder korrigiert. Bei manchen Menschen können sie in bestimmten Situationen jedoch haften bleiben, weitergeführt und systematisiert werden. Es kann sich ein „sensitiver Beziehungswahn" an sie anschließen, der für eine Zeit zum vorherrschenden inneren Thema wird.

Bei der sensitiv-paranoiden Entwicklung von Krankheitswert treffen mehrere Faktoren zusammen:

1. *Charakterlich* handelt es sich um Menschen mit einer „dünnen Haut", d. h. meist feinfühlige, weiche und schüchterne Menschen. Sie neigen zu *Insuffizienzgefühlen,* haben aber andererseits ein *hohes Anspruchsniveau* an eigenes Leisten und sittliche Vollkommenheit. Sie sind durchweg strebsam und ehrgeizig, ihr Sinn für Gerechtigkeit ist stark ausgeprägt. Bei einem hohen Ehrgefühl, strengen sittlichen Maßstäben sind sie leicht kränkbar. Charakteristisch ist also das Nebeneinander von asthenischer Schwäche, von *Empfindsamkeit* und *„sthenischem Stachel"* (Kretschmer).

2. Bestimmte *Schlüsselerlebnisse* sind auslösend, gewöhnliche Versuchungssituationen oder auch Demütigungen, die die innere Ambivalenz ansprechen. Lange verdrängte Kontaktwünsche werden durch eine plötzliche Annäherung aktualisiert, eine Situation, der sie ambivalent und ohne jede praktische Erfahrung gegenüberstehen.

◀ Eine 35jährige, sehr korrekt und etwas altmodisch gekleidete Dame, etwas steif und verschroben in der Haltung und im Sprechen wirkend, wird vom praktischen Arzt aus der Hinterpfalz in die Universitätsstadt zur Untersuchung und Beratung überwiesen. Sie ist dort eine angesehen Biologielehrerin am kleinstädtischen Gymnasium, ledig, einziges Kind der Eltern, der Vater war schon Lehrer dort.

Sie berichtet von einer „nervlichen Veränderung", die bei ihr eingetreten sei, seit einigen Monaten jetzt. Sie habe erlebt, daß ein neu eingetretener Chemielehrer ihr nach einem Kollegium in den Mantel geholfen habe. Dabei berührte er sie leicht am Körper. „Ich habe gespürt, wie ein Strom auf mich übergegangen ist." Später sei er einmal nach der Schule ein Stück Weges mit ihr gegangen, bei einer Lehrerversammlung habe er sich sogar einmal unmittelbar neben sie gesetzt. „Die anderen Lehrer haben natürlich längst gemerkt, daß etwas zwischen uns ist. Sie machen so Anspielungen. Es wird auffallend oft über Chemie im Lehrerzimmer gesprochen. Als ich selbst im Unterricht einmal das Wort Chemie aussprechen mußte, bin ich rot geworden. Da haben die Kinder auch gewußt, daß etwas zwischen uns ist, und es überall erzählt. Das ist dem jungen Chemielehrer peinlich, seitdem geht er mir aus dem Wege. Vielleicht ist es auch gut so. Er ist viel zu unreif. Er gehört zur Halbstarkengeneration." ▶

Die innere, bisher ruhende Spannung zwischen eigenen Erwartungen und den selbstgesetzten Einschränkungen erscheint nun in einem äußeren Drama mit verteilten Rollen. Sie ist jetzt nicht mehr in einem inneren Zwiespalt, sondern das Opfer, sie muß sich wehren gegen die Versuchungen und Anwürfe durch den anderen. Der Wille und die Aktivität der Liebesannäherung liegt nicht bei ihr, sondern bei dem anderen, bei der Patientin die Verteidigung. Die Inszenierung eines inneren Konfliktes zum äußeren Geschenen geschieht hier in einem „*Liebeswahn alternder Mädchen*", wie es Kretschmer 1918 nicht sehr liebenswürdig, aber treffend beschrieben hat. Er kann lange fortbestehen oder auch nach einiger Zeit wieder von selbst zurücktreten, wird aber meist nicht ganz korrigiert. Er kann sich auch ausbreiten und zum Lebensthema werden. Anlässe zu solchen Entwicklungen waren u. a. „*sexuelle Niederlagen*", z. B. im Kampf gegen die Masturbation. Die anderen sehen die Ringe um die Augen nach dem erfolglosen Kampf gegen die Selbstbefriedigung, sie blicken spöttisch, machen Anspielungen usw.

3. Ein *enges, meist kleinstädtisches Milieu* wirkt offenbar begünstigend. Die begrenzten, von allen anderen überschaubaren Ent-

wicklungs- und Lebensmöglichkeiten auf dem Dorf oder in der kleinen Stadt sind für den Menschen mit hochgespannten Ansprüchen eine weitere beengende Fessel. Der Lehrer in einem Dorf, ein Mädchen aus einer „besseren" Familie in einer kleinen Stadt und ähnlich sozial herausgehobene Personen sind nicht in den selbstverständlichen Verkehr mit den anderen Bewohnern einbezogen, mit den wenigen Menschen ihres Standes leben sie oft in Spannungen. Die berufliche Lage und der persönliche Stolz drängen in diesem Milieu zu einer besonderen Isolierung.

Diese *Trias von sensitiver Anlage, beschämendem Schlüsselerlebnis und kleinstädtischem Milieu* wurde in dem klassischen Werk „Der sensitive Beziehungswahn" von Ernst Kretschmer 1918 meisterhaft beschrieben.

Häufigkeit. Sensitiv-paranoide Reaktionen und Entwicklungen machten in der Psychiatrischen Klinik 1% der Gesamtaufnahmen und 4,5% der konfliktverarbeitenden Störungen aus.

Ursachen, Psychodynamik und Abwehrinformationen. Die charakterliche Disposition läßt sich auch hier aus einer Erbanlage mit einer kühlen, distanzierten, familiären Empfangswelt und einer „schizoiden" Lebensentswicklung verstehen.

◖ Die erwähnte Biologielehrerin ist Tochter eines Lehrers und Schuldirektors, der früher Offizier, bei Kriegsende noch Führer des Volkssturms war. Sie wuchs in der Kleinstadt auf, wurde sehr autoritär erzogen, – „streng und konsequent". Die Mutter ist sehr kühl, „Verstandesmensch, manchmal direkt brutal und tyrannisch". Die Mutter hat besonders nach dem Krieg in der Familie den Ton angegeben, als der Vater wegen seiner politischen Vergangenheit vorübergehend aus dem Beruf ausschied. Aufgeklärt wurde sie nie, das Sexuelle war nie Thema zu Hause. Der Vater habe das von ihnen ferngehalten. Mit 13 Jahren habe sie die Mutter, als sie Hühner im Hof beobachteten, nach der Fortpflanzung bei Hühnern gefragt. Sie wisse nicht mehr, was die Mutter darauf geantwortet habe, wahrscheinlich nichts. Das Sexuelle blieb auch weiter eine angstbesetzte Unbekannte für sie, von magischen Vorstellungen beherrscht: Mit 14 glitt sie einmal auf dem Weg zur Schule auf der schneeglatten Straße aus und stürzte zu Boden. Ein gerade vorübergehender Mann half ihr beim Aufstehen. Sie lief gleich danach nach Hause zurück und fragte die Mutter entsetzt, ob sie jetzt von diesem Mann ein Kind bekomme. Während ihres Studiums war sie immer sehr männerfeindlich gewesen. Ein junger Mann, der mit allen möglichen Frauen angebändelt habe, habe sich ihr einmal genähert. Darauf seien „starke Fehlreaktionen" und „Hormonausschüttungen" bei ihr aufgetreten. Sie habe im Praktikum alles falsch gemacht, so daß der Dozent ihr Spaziergänge empfahl. Sie habe sich dann mit philosophischen Problemen befaßt und sei so damit fertig geworden. ◗

Die früh festgelegten Strukturen und von den Eltern übernommenen Maßstäbe mit den weit zurückverfolgbaren *Einschränkungen in den elementaren Lebensbereichen* sind für diese neurotischen Entwicklungen charakteristisch. Die innere Ausgangslage ist auch als dynamische Ich-Schwäche zu beschreiben. Die Menschen sind unfähig, einander widersprechende Tendenzen und Wertungen bei sich zu ertragen. Die wichtigste Abwehrformation ist somit bei dieser dramatischen Inszenierung im Wahn die *Projektion,* in der die abgewehrten eigenen Tendenzen auf die anderen geworfen werden. Damit ist der Mensch selbst von seinem inneren Zwiespalt und Konflikt entlastet: Nicht der Patient hat sexuelle Wünsche im Liebeswahn, der andere verfolgt und begehrt ihn. Nicht der Bankbeamte hat Diebstahlphantasien, die anderen haben den Verdacht der Veruntreuung.

Im weiteren Verlauf kann es wahnhafte Ausweitungen geben, wobei andere Personen einbezogen, das alte Thema gesteigert und variiert wird. Alle wahnhaften Ausweitungen bleiben jedoch um das *Schlüsselerlebnis* und seine Bearbeitung zentriert, im Gegensatz zu den für paranoide Schizophrenien typischen Ausweitungen der Wahnthematik.

◖ Die Biologielehrerin berichtete z. B. in der 3. Stunde, daß im Lehrerkollegium über Psychotherapie gesprochen worden sei. Sie müsse annehmen, daß dort schon bekannt sei, daß sie hierher zum Psychotherapeuten gehe, obwohl ihr Wohnort durch mehr als 80 km von der Universitätsstadt entfernt sei. In der letzten Zeit habe sie den jungen Lehrer häufig mit anderen Frauen gesehen. Sie merke jetzt, daß er sie prüfen oder auch eifersüchtig machen wolle. Sie weise aber diese Anspielungen zurück. ◗

Die typischen Anlässe liegen in Versuchssituationen. Die bisherige Einengung und Distanz werden durch fremde oder eigene Schritte der Annäherung in Frage gestellt.

Bei den Konfliktsituationen handelt es sich um rein innere, in ihren wesentlichen Determinanten unbewußte Motivationen. Ein starres Über-Ich steht unkonziliant den eigenen Triebregungen gegenüber, sie werden weder in der Realität noch als Phantasie bei sich selbst anerkannt.

Häufig sind solche isolierten und chronischen Wahnbildungen mit mehr feindlicher Tönung bei *älteren, allein lebenden Menschen* heute auch in Großstädten zu beobachten. Sie können neben einer nach außen gänzlich unauffälligen, vielleicht nur etwas verschroben wirkenden Lebensweise auftreten. Gegen einzelne, meist in räumlicher Nähe lebende Menschen, Nachbarn zum Beispiel, richten sich dann heftige wahnhaft gesteigerte Anschuldigungen der Belästigung und Verfolgung.

Synonyma. Kretschmer bezeichnet diese Störungen als sensitiven Beziehungswahn. Andere Autoren sprechen auch von *Beziehungsneurose* oder *Beziehungspsychose*.

Differentialdiagnose. Zur Frage der Abgrenzung von *schizophrenen Verläufen* hat sich Kretschmer selbst geäußert: „Zwischen paranoischen und paraphrenen (bzw. schizophrenen), zwischen psychisch-reaktiven und endogen-prozeß-bedingten Wahnkrankheiten gibt es alle Übergangsstufen, alle möglichen Grade des Ineinandergreifens von psychologischen und prozeßhaften Kausalkomponenten." Sicher ist bei vielen sensitiv-paranoiden Entwicklungen am Anfang, vor allem bei Jugendlichen, nicht mit Gewißheit zu sagen, ob es zu einem Übergang in eine Paraphrenie, d. h. in eine chronische Wahnkrankheit, kommt. Doch gibt es nicht wenige Verläufe, in denen das erste wahnhafte Thema in unveränderter Form über Jahre und Jahrzehnte bei sonst völlig intakter Persönlichkeit beibehalten wird. Die meisten sind autistisch eingeengt, mißtrauisch, dabei aber intellektuell leistungsfähig und bieten keinen Anhalt für eine schizophrene Persönlichkeitswandlung.

Prognose. Aus dem Gesagten geht hervor, daß die Prognose für die sensitiv-paranoiden Entwicklungen im engeren Sinne nicht *ungünstig* sind. Bei den meisten bleibt es bei der monothematischen Wahnbildung. Auch diese ist bei der Mehrzahl flüchtig, wird später wieder beiseite geschoben, häufig jedoch nicht voll korrigiert.

Behandlung. Obwohl die meisten dieser Patienten kein seelisches Krankheitsbewußtsein und vor allem keine Einsicht in das wahnhaft Übersteigerte ihrer Vorstellungen haben, ist eine supportive psychotherapeutische Begleitung doch möglich und nützlich.

◀ Die bereits erwähnte Biologielehrerin war eigentlich zum Arzt gekommen, um sich ein nervenstärkendes Mittel verschreiben zu lassen, sie fühle sich durch die Aufregungen mit dem sie bedrängenden Chemielehrer am Ende ihrer Kraft. In den psychotherapeutischen Beratungen wurde nicht versucht, ihr die Erlebnisse auszureden. Sie wurde im Zuhören mit ihrer Sicht zunächst einfach „angenommen", jedoch nicht ausdrücklich in ihren wahnhaften Inhalten bestätigt. „Ich kann gut verstehen, daß Sie das erschöpft, was Sie da erlebt haben." Es tat ihr offensichtlich gut, einen sicheren, neutralen Mitwisser bei all ihren Nöten in der Kleinstadt zu haben.– Der situativen Einbettung und dem lebensgeschichtlichen Hintergrund der Wahnbildung wurde die meiste Aufmerksamkeit geschenkt. Dabei kam es im Laufe der Behandlung von einigen Monaten doch zu bemerkenswerten Einsichten. „Vielleicht bin ich übersensibel: Wenn ein Mann auf mich zukommt, dann denke ich gleich, er will was von mir." Die Patientin, die sich schon vom Dienst hatte beurlauben lassen und im Begriff war, aus dem Schuldienst ganz auszuscheiden, blieb bei 8 ambulanten Beratungen in einem Jahr bisher arbeitsfähig. Sie konnte sogar in der gleichen Schule mit dem jüngeren Chemielehrer weiterhin Dienst tun. ❱

Lebensgeschichtliche Rückblenden und vorsichtige Konfliktbearbeitungen sind auf dem Boden einer Ich-stützenden Psychotherapie möglich. Medikamentöse Gaben bei gleichzeitiger intensiver Führung können die meisten dieser Entwicklungen im akuten Stadium auffangen. Um die gesteigerten wahnhaften Phantasien und Produktionen zurückzudrängen, empfehlen sich Butyrophenon-Derivate (Haldol). Eine stationäre Behandlung in einer psychiatrischen Klinik wird gerade für die sensitiven Patienten später oft zu einer Belastung, sie fürchten, daß am Arbeitsplatz, in der Familie oder in der ganzen Stadt diese Behandlung bekannt wird. Große psychoanalytische Kuren sind bei der geringen Plastizität der Persönlichkeit und den kaum zu überwindenden charakterlichen Gegebenheiten sowie bei der Gefahr wahnhafter und schizophrener Ausweitungen bei Regression in der Analyse nicht angezeigt.

Hypochondrische neurotische Entwicklungen
(ICD-10 F45.2 hypochondrische Störung)

Symptomatik und Auslösung. Die Hypochondrie ist charakterisiert durch *ängstliche Selbstbeobachtung* und *Krankheitsfurcht* bei meist *phantastischen Körpervorstellungen*. Bevorzugtes Objekt der ängstlichen Befürchtungen war *der Bauch* (Regio hypochondrica, früher der gesamte obere Bereich des Leibes unterhalb der Rippenknorpel). Hypochondrische Befürchtungen knüpfen sich dabei an die *Verdauung*, das *Herz* und seine Funktion, die *Leber*, den

Harnapparat, die *Geschlechtsorgane* und nicht zuletzt an das *Gehirn.* Es handelt sich also durchweg um verborgene, der unmittelbaren Wahrnehmung nicht zugängliche Bereiche, auf die die ängstlichen Phantasien sich richten. Vorherrschend sind Vorstellungen einer Organdestruktion, es wird von *Auflösung, Schwindsucht, Leere* und *Hohlräumen* gesprochen, seltener sind Vorstellungen von *Verhärtung.* Häufig besteht die Vorstellung, daß die Organe nicht richtig arbeiten. Viele Ängste werden schließlich in die Richtung der jeweils im Blickpunkt der Öffentlichkeit stehenden Erkrankungen geleitet, wobei Krebs, Herzinfarkt oder Tuberkulose und heute AIDS auftauchen können.

Die *Organwahl* kann in selteneren Fällen an reale Erkrankungen, an Unfälle oder Operationen anknüpfen. Aber auch in diesen Fällen reichen das Ausmaß der Angstreaktion und die Dauer der fixierten Selbstbeobachtung über die Reaktion eines sensiblen Menschen hinaus.

Der Hypochonder sucht den Arzt auf, um seinen Vorstellungen Gehör zu verschaffen. Kein Untersuchungsergebnis, keine noch so gut gemeinte Aufklärung kann ihn erreichen und überzeugen. Er zieht von Arzt zu Arzt und wird nicht müde, seine Befürchtungen immer wieder neu zu erzählen. Die Aufmerksamkeit wird dabei regressiv von der konflikthaften Lebenssituation abgezogen und in der Selbstbeobachtung investiert. Die Stufen der hypochondrischen Vorstellung reichen graduell von der leichten Beunruhigung bis zur wahnhaften Gewißheit, tödlich erkrankt zu sein. Die meisten hypochondrischen Äußerungen haben aber den Charakter von zumindest übertriebenen Ängsten, die bis zu nicht einfühlbaren bizarren Phantasien gehen können.

Die äußeren *Anlässe* können banal sein: Medizinstudenten der ersten Semester zeigen nicht selten Befürchtungen, daß sie an der Krankheit leiden, mit der sie in der Vorlesung gerade erstmals konfrontiert wurden. Sie unterliegen einer *psychischen Infektion.* Eine Frau, die ihren Mann eben an Magenkrebs verloren hat, kann eine hypochondrische Angst und schließlich Gewißheit, selbst krebskrank zu sein, entwickeln. Erkrankungen bei nahestehenden Personen in der Umgebung gehören zu den häufigsten Anlässen. Hypochondrien bei Jugendlichen knüpfen häufig an Konflikte um die Masturbation an, bei erwachsenen Männern nicht selten an durchgemachte Geschlechtskrankheiten, z. B. an banale gonorrhoische Infektionen. Hier kann man von hypochondrischen Reaktionen sprechen, wenn es nicht zu neurotischen Fixierungen kommt, die u. U. wahnhafte Qualitäten erlangen. Hypochondrische Überlagerungen und Ausweitungen körperlicher Grunderkrankungen sind bei älteren Menschen häufig zu beobachten.

Neurotisch hypochondrische Entwicklungen zeigen kaum solche äußeren Anlässe, sie treten an den Krisenpunkten seelischer Reifeprozesse auf und sind in ihrer Symptomwahl durch psychodynamische Faktoren bestimmt. Meist sind es das Dunkel der *großen Körperhöhlen* , die Verdauungsorgane und das Herz sowie der Geschlechtsapparat, die die hypochondrischen Befürchtungen auf sich ziehen.

◀ Ein 60jähriger Mann, dem vor 3 Wochen die Gallenblase entfernt wurde, erholt sich nicht: *Es gehe kein Wasser ab, es brenne alles* in der *Harnröhre* , die *Nieren arbeiten nicht*. Er habe Druck über dem Herzen, der Leib sei geschwollen, sicher habe er *Krebs*. Nichts arbeite, der Magen arbeite nicht, der Darm nicht. Er schwitze nicht mehr wie früher, selbst wenn er sich beim Rasieren schneide, blute er nicht mehr richtig. Nachts könne er kein Auge zumachen.
Er sei *noch nie so krank* gewesen wie jetzt, es sei *zu spät* , er werde sicher sterben.
Bei einer weiteren Exploration, beim Versuch, den Hintergrund aufzudecken, erweist er sich als unfähig, von etwas anderem zu reden als von seinen leiblichen Beschwerden. Seelisches, ja, das habe früher eine Rolle gespielt, jetzt nicht mehr. Er sei noch nie so krank gewesen wie jetzt.
Erst durch eine Fremdanamnese wird deutlich: Er hat schon zweimal früher in seinem Leben ähnliche hypochondrische Reaktionen gezeigt, zum erstenmal, als sein Vater, zu dem er ein sehr spannungsvolles Verhältnis hatte, an Magenkrebs starb. Er entwickelte selbst kurz danach Durchfälle und war bald von dem Gedanken besessen, selbst Krebs zu haben. Diese Reaktion dauerte damals 1 Jahr. Vor 20 Jahren, als sein einziges Kind – er wollte keine Kinder haben, empfand sie immer als Belastung – an einer leichten fieberhaften Erkrankung litt, wurde er plötzlich von dem Gedanken besessen, es werde sterben, habe gelbe Hände, die Augen seien gelb. Er entwickelte eine „Fremdhypochondrie". Auch diese Reaktion ging im Laufe von einigen Monaten zurück. Die jetzige hypochondrische Reaktion geht nicht wie die erste auf einen *Ambivalenzkonflikt* zurück und auf eine *introjizierende Selbstbestrafung* durch Übernahme der Erkrankung eines anderen, sondern auf die Verunsicherung, die die Operation selbst mit sich gebracht hat. Sie knüpft aber bezeichnenderweise nicht an die Leber und an die Gallenblase an, sondern weitet sich in den Vorstellungen im Bereich der ganzen Bauchhöhle aus. ▶

Häufigkeit. Hypochondrische Entwicklungen und Reaktionen sind in der psychiatrischen Klinik bei etwa 2% der Gesamtaufnahmen und bei 8% der konfliktbedingten Störungen anzutreffen. Sie werden bei Männern und Frauen gleich häufig beobachtet. Sie überwiegen deutlich in den *Altersgruppen der zweiten Lebenshälfte* .

Ursachen und Psychodynamik. Die hypochondrischen Entwicklungen knüpfen wie im obigen Fall an konkrete Krankheiten und bestimmte Befunde an, die sie in eigener Weise bewerten. Vereinzelt scheinen *aufgestaute aggressive oder sexuelle* Phantasien in hypochondrische Ängste zurückzuschlagen. Sie erscheinen als Strafe für schuldhaft erlebte Vorstellungen (s. oben bei Trauerreaktionen, S. 114). Entscheidend ist der Persönlichkeitsfaktor meist mit depressiven Strukturanteilen. ·

Differentialdiagnose. Wenn hypochondrische Inhalte auftreten, die bizarr anmuten und nicht einfühlbar sind, muß an *psychotische Entwicklungen* gedacht werden. Es gibt *zirkumskripte Hypochondrien*, die mit *wahnhafter Gewißheit* festgehalten werden, als einziges Symptom bestehen und nicht nur durch die absolute Gewißheit, sondern auch durch die abnorme Schilderung aus dem Rahmen fallen: Im Kopf sei es, als ob eine viereckige Eisenplatte darin liege; die Leber sei von Würmern ganz zerfressen; die Nase sei zu kurz und verstümmelt; die Geschlechtsorgane seien geschrumpft und nach innen eingezogen usw. Mit wahnhafter Sicherheit von diesen Vorstellungen besessen, setzen diese Patienten kosmetische Operationen und Korrekturen durch, die objektiv ganz unbegründet sind. Oft verbergen sich *schizophrene Entwicklungen* hinter solchen bizarren hypochondrischen Inhalten. An *phasische Depressionen* muß gedacht werden, wenn hypochondrische Befürchtungen periodisch im Lebensgang auftreten und im Intervall eine völlig angstfreie, unhypochondrische Einstellung besteht. Die Diagnose ist bei monosymptomatischer Hypochondrie oft schwer zu stellen.

Prognose. Die ohnehin in der zweiten Lebenshälfte häufiger und stärker hervortretenden hypochondrischen Entwicklungen neigen mehr als alle anderen neurotischen Symptome zur *Chronifizierung*. Sie gehören so zu den *altersgemäßen* Erscheinungsformen neurotischer Störungen (Müller). Besser ist die Prognose der phasischen Hypochondrien und der im Zusammenhang mit situativen Belastungen auftretenden hypochondrischen Reaktionen und neurotischen Entwicklungen.

Behandlung. Es ist in der Mehrzahl der Fälle nicht möglich, mit hypochondrisch Fixierten eine psychotherapeutische Behandlung zu beginnen. Sie verdrängen nicht nur ihre Konflikte, sie sind mit ihren hypochondrischen Ängsten so beschäftigt, daß es nicht möglich ist, sie in eine umfassende psychoanalytische Reflexion zu führen. Auch Übungsbehandlungen wie autogenes Training steigern eher die hypochondrische Selbstbeobachtung.

Am ehesten ist noch von einer geduldigen ärztlichen Führung und supportiven Psychotherapie eine Hilfe zu erhoffen. In schweren Fällen ist auch eine vorübergehende Besserung durch Tranquilizer oder u. U. auch Kuren mit hoch dosierten Psychopharmaka, z. B. Butyrophenonen (Haldol) zu erwarten, die die Phantasien und hypochondrischen Produktionen dämpfen können.

Neurotische Strukturen

Allgemeines zu den neurotischen Strukturen

Die Geschichte der Charakterologie bis zu den neurotischen Strukturen beeindruckt durch bestimmte Kontinuitäten.

Gesunde und krankhafte Formen des seelischen Erlebens und Verhaltens werden in der Persönlichkeitsforschung nicht entschieden voneinander getrennt. Das reicht von den Temperamentenlehren des Hippokrates und der des Galen (s. oben S. 34) bis zur Psychoanalyse. Es gibt nicht nur fließende Übergänge vom Normalen zu den neurotischen Strukturen, das, was normal zu bezeichnen ist, stellt eine breite Straße dar, auf er sich Menschen mit sehr unterschiedlichen Varianten des Erlebens und Verhaltens, von naturgegebenen Begabungen, Interessen und auch Verletzbarkeiten bewegen. Das bestimmt auch die tiefenpsychologische Beschreibung und Ableitung von neurotischen Strukturen der Persönlichkeit.

Daß Beobachtungen an Kranken Einblicke in die Zusammenhänge der normalen Entwicklung und menschlicher Daseinsstruktur überhaupt geben, hat der medizinischen Anthropologie Viktor von Weizsäckers ihren Anstoß gegeben. „Die Neurosenpsychologie ist die Psychologie des Menschen unserer Zeit", hat er dazu einmal bemerkt. In psychoanalytischer Sicht erscheint Reife und Normalität als *Integration* oder Ich-Synthese elementarer, perverser Partialtriebe des Menschen oder als *Sublimierung*, d. h. Umsetzung sexueller Antriebe in kulturelle Leistungen.

Es werden so fließende Übergänge vom Normalen zu den neurotischen Strukturen und dann wieder zu den abnormen Persönlichkeiten angenommen. In der letzten Auflage seiner psychopathischen Persönlichkeiten von Kurt Schneider findet sich der Satz: „Die Psychopathen sind das Salz der Erde."

Bezeichnungen für typische Charakterneurosen nach Freud sind:

Oraler Charakter: Gier nach Speisen und Menschen; Abhängigkeit von anderen, Tendenz zu symbiotischen Bezügen und Identifikation.

Sublimierung: Feinschmecker; Redner.

Reaktionsbildungen: Askese, Ungeselligkeit.

Analer Charakter: Neigung zu Wutausbrüchen; sadistische Impulse, Ärger, Haß, Rachsucht.

Reaktionsbildung: (analer Charakter im gebräuchlichen Sinne): Ordnungsliebe (Pedanterie); Sparsamkeit (Geiz); Eigensinn (Intoleranz).

Urethraler Charakter: Ehrgeiz, Herrschsucht, Rivalität.

Phallischer Charakter: (bei Frauen) Aggressivität, Neid, Rivalität, Minderwertigkeitsgefühle gegenüber Männern, Unzufriedenheit mit der eigenen Geschlechtsrolle, Wünsche, andere zu dominieren; (bei Männern) zwanghaftes und unersättliches Bedürfnis, die eigene Potenz zu demonstrieren; Bedürfnis nach Bewunderung von anderen; egozentrische Tendenz, die eigenen aggressiven und sexuellen Wünsche gegen andere durchzusetzen.

Narzißtischer Charakter: Selbstliebe, Selbstverherrlichung, Wunsch nach passivem Geliebtwerden, Selbsterhaltung. Kühle Menschen, die sich als unwiderstehlich erleben.

Sublimierung: Schauspieler, Führertypen und Menschen, die andere überzeugen und beeinflussen können.

Genitaler Charakter: Reife, liebevolle, freundliche, kontaktbereite Menschen.

Bei den hier im Rahmen des Triebkonstrukts beschriebenen Charakteren liegt die Akzentuierung der Persönlichkeit also im *Vorherrschen* eines bestimmten Triebes, in seiner *Sublimierung* oder in *Reaktionsbildungen* bzw. in *Hemmungen* des Triebs.

Der Gesichtspunkt der *Triebhemmung* als Ursache der Charakterneurose ist vor allem in der *Neopsychoanalyse* von Schultz-Hencke in den Vordergrund gerückt.

Die Lehre von Schultz-Hencke differenziert die Antriebserlebnisse *intentional, oral-kaptativ, anal-retentiv* (bzw. motorisch-aggressiv), *zärtlich-sexuell.* Die Hemmung dieser Antriebsqualitäten bestimmt die *schizoide, depressive, zwanghafte* und *hysterische* Charakterstruktur. Der Mensch hat Angst vor diesen Erlebnissen, baut Barrieren auf oder eliminiert diese Antriebe im ganzen. Bei unvollständigen Hemmungen bleiben von den Antrieben Spuren zurück, die Schultz-Hencke *Haltungen* nennt. In den neurotischen Symptomen und Charakterstrukturen treten bei ihm mehr oder weniger entstellte *Sprengstücke* des Antriebserlebens hervor.

Wie in die Konfliktlehre der Psychoanalyse gehen psychologische Erfahrungen aus vielen Behandlungen auch in die Beschreibung der Neurosenstrukturen ein. Es sind die hysterische, die zwanghafte, die depressive und die schizoide Neurosenstruktur, die nachfolgend abgehandelt werden.

Diese *Grundformen hysterisch, zwanghaft, depressiv, schizoid* sind nicht nur im Bereich des Krankhaften zu finden. Sie lassen sich auch als grundsätzlich mögliche, sinnvolle *Einstellung* zur Welt überhaupt darstellen, die das unwillkürliche Erleben und Verhalten des einzelnen bestimmt. Von da gibt es Übergänge zu typischen *neurotischen Fehlhaltungen* (v. Gebsattel), in denen sich die Einengung mit subjektiven und objektiven Störungen schon zeigen, ohne daß im klinischen Sinne von Krankheit zu sprechen ist.

Die beschriebenen Einstellungen (Fehlhaltungen, Neurosenstrukturen, Charakterneurosen) korrelieren positiv mit den jeweiligen Symptomneurosen: zwanghafte Fehlhaltungen neigen bei manifest neurotischer Erkrankung zur Zwangssymptomatik. Das muß aber nicht so sein. Menschen mit zwanghafter Fehlhaltung können mit einer depressiven Symptomatik erkranken, hysterisch Strukturierte mit einer schizophrenen episodischen Psychose, wobei die hysterische Persönlichkeitsstruktur das schizophrene Bild färbt. Die Korrelationen zwischen Einstellung bzw. *Struktur der Persönlichkeit* und *Symptomatik* stellen sich (nach Slater) folgendermaßen dar:

Anankastisch	0,8
hysterisch	0,5
paranoid	0,5
ängstlich	0,4
depressiv	0,4
hypochondrisch	0,2

Es zeigt sich also, daß Menschen, die an einer Zwangsneurose erkrankt sind, mit großer Wahrscheinlichkeit auch eine zwanghafte Persönlichkeitsstruktur zeigen. Menschen, die mit einer hypochondrischen Symptomatik krank werden, sind jedoch vorher kaum stärker hypochondrisch gewesen als die Durchschnittsbevölkerung.

Die *Trennschärfe* in der Diagnostik neurotischer Strukturen, die Reliabilität der Diagnose ist sicher *nicht sehr hoch* anzusetzen. Es handelt sich bei diesen Strukturdiagnosen ja nicht nur um die seelische Haltungen der Untersuchten, sondern ebenso um sicher zeitgebundene Einstellungen der Untersucher, die ihre Wahrnehmungen und Interpretationen bestimmen. Die gezeigten Haltungen können erfahrungsgemäß in verschiedenen Lebenssituationen, von denen die der Untersuchungssituation nur eine ist, unterschiedliche Aspekte gewinnen. Die Beurteilungen wechseln auch im Laufe einer Behandlung nicht selten, etwa indem hinter einer hysterischen Struktur schizoide Züge, einer zwanghaften depressive Wesenszüge hervortreten.

Der Nutzen liegt vor allem darin, überpersönlich typische Züge der Persönlichkeit und Konfliktmuster aufzuzeigen, die helfen, die individuellen Bilder zu ordnen. Auf überindividuell typische Zusammenhänge weisen im übrigen schon die Verbindungen mit den neurotischen Symptombildungen.

Bei 1000 ambulanten Patienten der Psychosomatischen Klinik Heidelberg wurden 1979 in der Persönlichkeitsdiagnose 771mal eine neurotische Persönlichkeitsstruktur (meist neben Reaktionen, Symptomneurosen oder Psychosomatosen) festgehalten. Dabei wurden folgende Strukturdiagnosen gestellt:

Schizoide Neurosenstruktur	9%
Depressive Neurosenstruktur	54,5%
Zwanghafte Neurosenstruktur	5,8%
Hysterische Neurosenstruktur	16,8%

Was auffällt, ist einerseits die *große Häufigkeit der depressiven Neurosenstruktur* , die geringe der zwanghaften, auch die relative Häufigkeit der hysterischen Struktur.

Vergleicht man das mit der Diagnosenhäufigkeit neurotischer Strukturen, die Baumeyer in den fünfziger Jahren im Berliner Zentralinstitut für psychogene Erkrankungen festgestellt hat, so ist dort die zwangsneurotische Struktur die häufigste, sie wird mehr als sechsmal häufiger als die schizoide Struktur gefunden. Ob sich hier schulische Gesichtspunkte des diagnostizierenden Teams auswirken, ein Wandel der Gesichtspunkte in der Diagnostik, bei der die sogenannten prägenitalen und schizoiden und depressiven Neurosestrukturen mehr Aufmerksamkeit gewonnen haben, ist schwer zu sagen. (In der Geschichte der Psychiatrie ist festgehalten worden, daß die Aufnahme *eines* Menschen in die Klinik zu dramatischen Veränderungen in der Diagnosehäufigkeit bei den Patienten führte: nämlich die eines neuen Direktors!) Oder handelt es sich um einen geschichtlichen Symptomwandel? Sicher ist, daß in früheren Epochen, denkt man nur an die Zeit vor und nach dem ersten Weltkrieg, kulturelle Einflüsse die zwanghafte Struktur mehr begünstigt haben. Das wird aus einer frühen Aufstellung von Abraham deutlich, der im Berliner Institut der zwanziger Jahre 15% Zwangsneurosen und ebenso häufig zwangsneurotische Strukturen fand. Zu beachten ist dabei, daß das häufige Überwiegen der Frauen in einer solchen Stichprobe regelmäßig zu einem Anstieg der hysterischen Strukturen führt, da diese Struktur in allen Stichproben bei Frauen häufiger diagnostiziert wird.

Auch wenn reine Strukturen nicht die Regel sind und Mischzustände in einem erheblichen Teil der Fälle beschrieben werden, ist es hilfreich, diese typischen Figuren des Erlebens und Verhaltens zu kennen. In ihnen ist eine vorgegebene Varianz menschlicher Lebensformen festgehalten. Sie erleichtern das Verständnis, und ihre Kenntnis differenziert die Beobachtung. Zu beachten bei diesen Beschreibungen ist, daß es sich jeweils um eine Vielzahl von Einzelzügen handelt, die in unterschiedlicher Mischung und bei keinem Beschriebenen vollständig anzutreffen sind.

Bei den folgenden Beschreibungen wurden Beobachtungen von Freud, v. Gebsattel, J. H. Schultz und Schultz-Hencke benutzt. Besonders sind sie aber mit Fritz Riemann und mit seinen zeitlosen „Grundformen der Angst" (1958) verbunden, der in den beschriebenen Strukturen nicht allein die jeweiligen Schwächen sah, sondern ebenso immer nach den damit verbundenen Begabungen gefragt hat.

Hysterische Struktur

Erscheinungsbild. Menschen dieser Art werden als *mittelpunktslos beschrieben*, sie haben keinen Halt und keine feste innere Orientierung in sich, aus der sie erleben und handeln. Sie lassen sich ganz von außen, von *plötzlichen Angeboten* und *neuen Möglichkeiten bestimmen. Ohne Kontinuität* leben sie *punktuell*, auf den Augenblick eingestellt. Ihr Leben ist *voll neuer Anfänge* im Beruf und in den Beziehungen zu den anderen. Sie können sich *nicht festlegen* und sind durch *wunschhaftes Denken* bestimmt. Aus Erfahrungen vermögen sie nicht zu lernen und *probieren immer neu aus*.

Meist findet sich ein ausgesprochenes *Geltungsbedürfnis*. Sie erlangen ihren Wert erst durch Anerkennung von anderen. Die Lebensführung ist *voller Sprünge, chaotisch, planlos*, nach einigen negativen Erfahrungen sich immer mehr einengend auf wenige Menschen, mit denen sie in Beziehung bleiben. Gerne weichen sie in *Tagträumereien* aus. Sie *rivalisieren* mit ihren Geschwistern und mit anderen Menschen. Besonders bei Frauen ist eine „*phallische*", geltungsbedürftige Seite stark ausgeprägt. Andere Frauen, soweit sie sich ihnen nicht als Anbeterinnen unterordnen, sind für sie gefährlich, weil sie selbst Anerkennung und Aufmerksamkeit auf sich ziehen könnten. Es bleibt eine kindliche *Note* in Gebaren, Haltung, Kleidung und Lebensführung und eine *narzißtische Selbstbezogenheit*.

Die besonderen *Begabungen* bei konversionsneurotischen Strukturen liegen gerade in der *Fähigkeit zur Darstellung*. Ein *Schauspieler* muß zumindest einen stark hysterischen Strukturanteil haben. Bei hysterischen Menschen ist es *nie langweilig*, es gibt immer wieder neue Überraschungen. Sie haben die Begabung zur *Selbstdarstellung* und neigen dazu, Situationen *zu dramatisie-*

ren. Eine Gruppentherapie ohne eine hysterisch strukturiertes Mitglied tut sich oft schwer. Und „in jedem Anfang liegt ein Zauber" (Rilke). Eine große Anziehungskraft auf andere kann gerade in der Jugend von ihnen ausgehen.

Auslösende Situationen, in denen ihre Schwierigkeiten deutlich werden, sind solche der *Festlegung durch Beruf und menschliche Beziehungen* und damit müssen andere Möglichkeiten aufgegeben werden. Störungen treten vor allem auch dann auf, wenn durch *biologisches Altern ein Verzicht* erzwungen wird oder wenn die bisherige berufliche Lebenslinie scheitert. Zu Störungen von Krankheitswert kann es kommen, wenn die *Wunschwelt brutal zerstört wird,* etwa durch eine Entlassung oder die Ablehnung eines mit Riesenerwartungen belasteten wissenschaftlichen Manuskriptes, das der Umgebung bereits als Erfolg angekündigt wurde, oder wenn der Rückzug des Ehepartners nicht mehr zu verleugnen ist.

❰ Ein junges Mädchen, das wegen gewisser musikalischer Anlagen von seiner Familie für sehr begabt gehalten wird, beginnt, Musik zu studieren. Die mitgebrachten Anlagen werden von ihr weit überschätzt. Anfangs scheint sie Erfolgsaussichten zu haben, da sie zudem erheblichen weiblichen Charme mit Geschick einsetzt. Sie erzählt bereits überall, wie begabt man sie gefunden habe und welche Karriere ihr bevorstehe.
Mit fortschreitender Steigerung der Anforderungen bleibt der bisher gewohnte und erwartete Erfolg aus, sie enttäuscht, wie sie allerdings nur vage wahrnimmt. Hier fängt sie nun an, vor Belastungen regressiv zurückzuweichen: Sie fühlt sich öfters unwohl, kommt nicht zum Unterricht, findet, daß andere Schülerinnen ihr vorgezogen werden, daß man sie ungerecht behandele. Sie meint, der Lehrer habe etwas gegen sie. Sie zieht sich aus der alltäglichen Arbeit, bleibt in den Übungen zurück, immer mehr wäre aufzuholen. Schließlich ist der Punkt erreicht, wo sie sich eigentlich eingestehen müßte, daß sie versagt hat. An diesem Punkt erkrankt sie, muß ins Sanatorium, viele Ärzte bemühen sich um sie. Nach der Gesundung taucht plötzlich eine neue Idee auf: Angeregt durch eine zufällige Bekanntschaft im Sanatorium hat sie eine neue Begabung bei sich entdeckt. Die Musik war ein Irrtum, sie ist ja eigentlich die geborene Tänzerin. Und nun wiederholt sich mit den entsprechenden Abänderungen das eben Beschriebene (nach Riemann 1952/53). ❱

Bestehende Gehemmtheiten liegen beim hysterisch Strukturierten in bestimmten verpönten Vorstellungen, in der Realität der Sexualität etwa, die angeblich kein Problem für sie ist, die vollkommene und dauernde Erfüllung aber ausbleibt. Die Lücken der

Realitätsprüfung sind bei dem ungenauen und wunschhaften Planen besonders deutlich. In der narzißtischen Struktur liegt die Gefahr, daß immer weniger Realität und statt dessen nur noch die eigenen Wünsche erscheinen, es droht hier bei aller Buntheit die Einengung und Leere.

Der *charakteristische Konflikt* der hysterisch Strukturierten liegt zwischen ihrem Wunsch nach Halt und ihrer Angst vor Festlegung, in ihren meist an die Ursprungsfamilie gebundenen und oft zwischen gut und böse aufgespaltenen Beziehungen.

Genese – Entwicklungsgeschichte – psychodynamische Konflikte. Daß erbgenetische Faktoren in der Struktur der Persönlichkeitsvariante hier wirken, kann nach den erbgenetischen Hinweisen zur hysterischen Struktur und nach Familienuntersuchungen nicht bezweifelt werden. Die Frage ist, worin sie im Seelischen zu finden sind. Janzarik spricht bei hysterischer Wesensart einerseits von Asthenie u. a.mit *„übermäßiger Ansprechbarkeit der emotionalen und aktionalen Bereitschaften"*, aber eben auch einer *Erschöpfbarkeit der Dynamik* und von ihrem speziellen für Hysteriker von ihrem dynamisch nicht hinreichend fundierten *Dominierungsbedürfnis, das im Erlebnisaugenblick* auftauche und wieder in sich zusammenfalle. Dem entspreche andererseits in der Strukturierung u. U.eine besondere *Sensibilität und Differenzierung,* die im Zusammenhang mit *kreativer Intuition* etwa zu dichterischer Leistung befähige. Es wird speziell das lyrische Werk von Rilke als Beispiel genannt, als einem, der bei einer solchen asthenischen Wesensart in geglückter Auseinandersetzung sich selbst gefunden habe. Dabei ist nicht zu vergessen, daß er vor der Frage eines psychotherapeutischen Behandlung bei v. Gebsattel stand, davon Abstand nahm, weil er fürchtete, *mit seiner neurotischen Wesensart* dabei auch den *„Engel"* seiner dichterischen Intuition zu verlieren.

Die Haltung und die Erfahrungen, um die es hier geht, zeigen sich und formen sich meist schon in der Kindheit, aus psychoanalytischer Sicht zwischen dem 4. und 6. Lebensjahr, aus. In dieser Zeit treffen die inneren Wunschvorstellungen mit der begrenzenden Realität des Elternhauses, der Stellung in der Geschwisterreihe usw. zusammen: z. B. wenn durch jüngere Geschwister die eigene Stellung relativiert wird, die Notwendigkeit eintritt, sich auf dem Spielplatz einzuordnen, in der Schule andere Kinder mehr Erfolg haben. Das Kind erfährt, daß der Vater kein Millionär, es selbst kein Prinz ist, daß es Dinge auf der Welt gibt, die es nie besitzen kann. Und es treten ganz elementare Forderungen in bezug auf die Geschlechtsrolle an das Kind heran: „Ein Mädchen darf das nicht..., ein Junge läßt sich nicht so gehen..."

Trifft diese Phase der Realitätserfahrung und Begrenzung nicht auf Elternfiguren, die durch Stetigkeit, Geduld und persönliches Vorbild eine Hilfe geben, sondern die selbst schwanken und eine „Gummiwelt" vertreten, so kann die Leistung der Realitätsprüfung, Realitätsfindung und Realitätsannahme nur schwer zustande kommen. Vor allem bei verwöhnenden Eltern, die dem Kind immer nachgeben, es verherrlichen, ihm „die böse Welt" vom Leibe halten, ihm zu Hause über die Zeit hinaus eine Wunschwelt vorgaukeln, in der man alles haben kann, was man möchte, kommt es zu solchen Entwicklungen. Häufig sind verwöhnende Mütter anzutreffen, die sich mit ihrer einzigen Tochter identifizieren und mit ihr in Phantasien ihr eigenes Kindsein noch einmal ausleben.

In der *Sicht der Libidotheorie* liegt bei hysterischen Persönlichkeiten in der klassischen Beschreibung eine ödipale Fixierung an den gegengeschlechtlichen Elternteil vor, bei Mädchen also an den Vater, der bis ins erwachsene Alter mit den Augen des Kindes gesehen und verherrlicht wird. Alle Tönungen, die diese Beziehung stören könnten, werden verdrängt, abgespalten, auch alle ambivalenten Einstellungen. Die feindlichen Gefühle werden meist ganz auf die Mutter projiziert und auf weibliche Rivalen. Kranksein bedeutet für viele von früher Kindheit an eine Ausweichmöglichkeit vor der unerbittlichen Realität. So bahnt sich ein Weg für spätere Konversionen an, der in regressiver Weise eine Wunsch-und Verwöhnungswelt ermöglicht. Die typischen *Abwehrmanöver* des Konversionsneurotikers sind die der *Verdrängung*, der *Abspaltung*, der *Verleugnung* bei einer bestehenden *Ich-Schwäche* (= u. a. Unfähigkeit, gegensätzliche Regungen gleichzeitig in sich anzunehmen), sowie eine Neigung zur *Projektion*. Verleugnet wurde jedenfalls früher von Kindheit an alles, was mit der Wirklichkeit der reifen Sexualität zu tun hat. In der heutigen Welt ist es sicher schwer, die seit dem 3. oder 4. Lebensjahr zuströmenden Informationen über Geschlechtsdifferenzen und deren Konsequenzen auszuschalten.

Behandlung. Die Behandlungsschwierigkeiten bei der hysterischen Charakterstruktur liegt gerade in dem narzißtischen Krankheitsgewinn und darin, daß mehr die Umgebung, Ehegatten und Kinder unter ihr zu leiden haben als die Träger dieser Charakterneurose selbst. Ob eine Psychotherapie Ansatzpunkte findet, hängt ab von dem Leidensdruck, der Differenziertheit, dem Alter – und von der Haltung der Therapeuten.

Die entscheidende Erfahrung in der Analyse muß die einer kontinuierlichen Konfrontation mit der Realität und mit sich selbst sein, wobei von vornherein das Unechte klar gesehen und die Realität beachtet wird. Eine klare Begrenzung des Kontaktes ist wichtig, da die Mehrzahl der Patienten die Tendenz haben, private Beziehungen zum Arzt herzustellen und dadurch noch Aufmerksamkeit besonderer Art auf sich zu ziehen. Eine Gefahr liegt auch darin, daß sie Zuwendung und Beachtung, die eine analytische Psychotherapie mit sich bringt, als so angenehm erleben, daß ein echtes therapeutisches Gefälle und ein dynamischer Druck zur Beendigung dieser Situation nicht bestehen. Sie versuchen zu *agieren* , alle festen Regeln und äußeren Abmachungen zu sprengen, so die Regelmäßigkeit der Stunden, die Grenzen der Bezahlung usw., meist dadurch, daß sie neue Symptome und Leiden produzieren. Hysterische Persönlichkeiten fordern eine affektive Stellungnahme, Sympathie oder Antipathie, geradezu heraus, bringen damit auch Gefahren der ärztlichen Gegenübertragung mit sich: entweder indem der Arzt es nicht fertigbringt, die äußeren Regeln einzuhalten, sich in ein persönliches Verhältnis einbeziehen läßt – oder indem er nicht mehr sieht, daß es sich bei dem Verhalten des Patienten doch um eine Fehlhaltung handelt und von Antipathien, Zorn, Enttäuschung usw. bestimmt wird. Wichtig ist es also vor allem, viel Realität an den Patienten heranzutragen, ihn mit seiner diskontinuierlichen Lebensweise, seinem wunschhaften Denken, seinem unsystematischen Planen, seiner egozentrischen Einstellung zu konfrontieren. Der Therapeut muß Halt sein, indem er Halt gibt, aber auch Grenzen setzend „Halt!" sagt, wo Wunsch und Wirklichkeit, Schein und Sein von dem Patienten nicht mehr auseinandergehalten werden können.

Die Therapeuten sind in Gefahr, sich von den Patienten positiv oder negativ einnehmen zu lassen. Sie werden von deren Charme verzaubert – oder sie sehen hinter dem als falsch und nur unecht bewerteten Spiel, das die Patienten mit ihnen zu treiben versuchen, nicht deren Nöte und Ängste. Hysterische Menschen verstehen es jedenfalls auch in der Therapie mehr als alle anderen, Affektstürme bei ihren Behandlern zu wecken.

Zwanghafte Neurosenstruktur

Erscheinungsbild. Die zwanghafte Struktur ist in vielem das polare Gegenstück zur hysterischen. Die Menschen sind *schwer beweglich*, in ihren Äußerungen *gehemmt, haftend, zähflüssig.* Das kann sich schon in ihrer *Motorik* ausdrücken. Sie kontrollieren alle Impulse, sind skrupulös, übergewissenhaft, genau. Vorausplanend sichern sie sich gegen Überraschungen und plötzliche

Anforderungen, vor allem auch nach innen *gegen gefährliche Impulse aggressiver oder sexueller Art.* Sie kontrollieren diese Impulse in übergenauer und übergewissenhafter Weise. Alles Neue, Spontane ist ihnen unheimlich, es wird nach Möglichkeit als schon bekannt aufgefaßt und eingeordnet. Die von Freud als *analer Charakter* beschriebenen Züge gehören hierher: *Eigensinn, Ordnungsliebe und Sparsamkeit.* Die zwanghaften Menschen sind *ängstlich gegenüber jeder Hingabe,* haben Angst, von ihren eigenen Trieben und Emotionen davongetragen zu werden. Sie verbergen sich gern formalistisch hinter starren Prinzipien. Etwas zu tun, was in der neu gegebenen Situation richtig, aber gegen die Vorschrift wäre, ist ihnen unmöglich. Ihr Über-Ich ist *starr* und *autoritär.* Abgeschnitten von ihrer Spontaneität wirken sie wenig lebendig und kühl. Sie entdecken auch in einer neuen Sache das ihnen schon Bekannte. Sie können schwer phantasieren und Dinge offen lassen.

Die *Lücken* beim zwanghaft Strukturierten betreffen vor allem die eigenen motorisch-aggressiven, aber auch sexuellen Impulse. Die Möglichkeit in eine neue unüberschaubare Situation hineingezogen zu werden, eines „Handgemenges", jedes Eigentlich-sich-wehren-Müssen ist gefährlich und wird skotomisiert. Die abgewehrten Tendenzen können dann als sinnlose Impulse oder Einfälle auftauchen. Die charakteristisch neurotischen *Konflikte* der Zwanghaften liegen zwischen ihrer Spontaneität mit motorisch-aggressiven Impulsen und der Angst vor Verlust. Deshalb werden nach innen und außen Sicherungstendenzen aufgebaut.

Ein Beispiel für zwanghafte Struktur:

◀ Ein Facharzt ist in seiner Praxis ganz hilflos gegenüber unangemeldet und neuauftauchenden Patienten, kann trotz guter Kenntnisse nichts mit ihnen anfangen. Er hat die Angewohnheit, jeden Patienten, der kommt, für die nächsten Tage noch einmal einzubestellen, bereitet sich dann auf dessen Kommen vor. Er hat Schwierigkeiten, selbst eine Diagnose und einen Behandlungsweg festzulegen, sich bei akuten Fällen zu entscheiden, fällt ihm besonders schwer. Andererseits kann er auch die auftauchenden schwierigen Fälle nicht mit anderen Kollegen besprechen oder sie an andere Fachärzte hergeben. Er klagt über eine Leere und Kälte seines Familienlebens, erlebt sich von seiner Frau überfordert, sie verschwende sein Geld, sei chaotisch, unordentlich, in der Kindererziehung ohne jede Linie. In der Analyse wird deutlich, daß er beinahe jeden Abend mit seiner Frau im Zimmer sitzt und erlebt, daß er mit ihr nichts anfangen kann, er hat dann Angst, sich eine Blöße zu geben und Ansatzpunkte für Kritik von ihrer Seite. In Träumen taucht auf, daß er seine Frau mit dem Auto überfährt. ▶

Wie gefährlich die eigene Spontaneität erlebt wird, wie tief motiviert die eigenen *Hemmungen und Reaktionsbildungen gegenüber der inneren Aggressivität* sind, wird an diesem Patienten deutlich. Mit den aggressiven und motorischen Impulsen werden aber alle aktiven und produktiven Tendenzen mehr und mehr zurückgenommen, er sichert sich gegen mögliche Fehler und Überraschungen. Alles muß vorher gesichtet und geordnet werden, alles eigene Tun erst geplant und überlegt.

Die Begabung des Zwanghaften andererseits liegt gerade in seiner Gewissenhaftigkeit, Systematik und seinem Sinn für Einzelheiten, was ihn zum Beamten und Wissenschaftler befähigt, soweit seine Haltung nicht zu einer zu großen Einengung führt.

Die kritischen *Auslösesituationen,* an denen er versagt und seine Symptome hervortreten, sind die, wo spontanes Mitgehen und Handeln erwartet wird. Situationen des Wechsels und der Unordnung ist er nicht gewachsen. Er erlebt sie als Versuchungssituationen, die seine verdrängten aggressiven Spannungen ansprechen und hervorlocken, sie bedrohen seinen Charakterpanzer.

Genese, Psychodynamik und Abwehrmanöver. Psychoanalytisch wurde diese Charakterneurose mit der *analen Phase* verbunden. Die Zeit zwischen dem zweiten und vierten Lebensjahr ist die Zeit der motorischen Entfaltung, in der das Kind mit der elterlichen Autorität zusammenstößt. Es muß auf eigene Bedürfnisse verzichten, elterliche Gebote übernehmen, ohne daß es ganz das Vertrauen zu sich selbst und seiner Spontaneität verlieren soll. Ein Kristallisationspunkt dieser Auseinandersetzung kann wohl die *Sauberkeitsgewöhnung* sein, an der sich Opposition, Trotz und Eigensinn des Kindes wie auch unnötige und übersteigerte Härte der Eltern und Formalismus ausleben können. Umfassender und bedeutsamer erscheint die motorisch expansive Entfaltung in dieser Phase. Die Spontanität, der Wille und damit das Selbstvertrauen des Kindes können entmutigt, „gebrochen" werden, es wird gehorsam, fügsam, oft schließlich selbst voller Angst gegenüber seinen Impulsen, schon wenn es irgendeine Regel der Eltern übertreten hat bzw. dazu Tendenzen bei sich registriert. Freilich werden diese Impulse nie ganz überwunden, und die charakteristischen Reaktionsbildungen in einer überbetonten Sauberkeit, Ordnungsliebe usw. können von dem noch fortlaufenden Abwehrkampf zeugen.

Charakteristisch für die Psychodynamik der Zwanghaften sind sehr *starke primäre Antriebskräfte* und gewöhnlich ebenso entschiedene *Autoritätseinwirkungen der Eltern.* Ähnlich wie bei der hysterischen Fehlhaltung besteht eine *Ich-Schwäche* in dem Sinne, daß Zwanghafte schwer Schmutziges und Reines, Böses und Gutes, Sündiges und Heiliges nebeneinander in sich bestehen lassen können. Sie müssen die mit ihrer Wertordnung unvereinbaren Tendenzen abwehren in besonderen und charakteristischen Abwehrformationen.

Die typischen *Abwehrmanöver* liegen in charakterlichen Reaktionsbildungen und Gegenbesetzungen: um allen Überschreitungen vorzubeugen, werden die dem Verdrängten entgegenstehenden Einstellungen verstärkt und zu einer Dauerhaltung verfestigt: alles Tun, alles Denken ist der Inbegriff von *Sauberkeit* und *Rechtschaffenheit*. Reicht diese innere Abwehrformation nicht aus, kommt es trotzdem zu Durchbrüchen triebhafter Tendenzen, so müssen durch äußere Handlung, durch Verschiebung, Isolierung, Ungeschehenmachen im Rahmen zwangsneurotischer Symptombildungen stärkere Register gezogen werden.

Behandlung. Nach allem, was über zwanghaft Strukturierte gesagt wurde, kann erwartet werden, daß sie sich auch dem Neuen einer Psychotherapie und der hier beabsichtigten „Umstrukturierung" nicht leicht erschließen. Zwanghafte haben auch gerade *am Anfang der Behandlung* in der neuen Situation, in der sie sich Neues assoziativ einfallen lassen sollen, *große Schwierigkeiten*. Wird genügend Zeit aufgewendet, so bieten jedoch jugendliche Menschen auch mit dieser Struktur durchaus gute Aussichten für analytische Psychotherapie. Der Erfolg, die Lockerung der Einstellung usw., muß an den Hemmungen und Sicherungen der Ausgangspersönlichkeit gemessen werden.

In der Behandlung wird der Zwanghafte erleben müssen, wo seine eigenen Impulse, die er unterdrückt und absichert, überhaupt liegen. Er muß die Situationen erfahren, wo er zögert, wo er seine *Lücken* hat und *vor seinen eigenen Impulsen ausweicht*. Die tieferliegenden *Verlustängste*, die die Hemmungen motivieren, werden in der Behandlung, wenn er zu assoziieren versucht, deutlich in Erscheinung treten. Oft versuchen diese Patienten sich vor gefährlichen Einfällen in der Stunde durch Systematik und Vorbereiten sicherer Themen zu schützen.

Depressive Struktur

Erscheinungsbild. Depressiv strukturierte Menschen sind durch eine Tendenz zu *symbiotischen Bezügen* charakterisiert. Sie suchen Anerkennung, Nähe, Wärme bei anderen, stärkeren Menschen. Dabei tendieren sie selbst zur *Abhängigkeit* und haben *Anklamme-*

rungswünsche. Ihre Beziehungen zu anderen Menschen haben „oralen Charakter", d. h., der andere wird aufgefressen oder sie wollen von ihm aufgefressen, inkorporiert werden: Sie suchen *Identifikation,* möchten allerdings in eigenmächtiger und eigenwilliger Weise den anderen für sich haben, sich des anderen bemächtigen. In Phantasien und Träumen tritt das am stärksten hervor.

Alle äußeren Situationen und alle inneren Regungen, die die Wünsche nach Wärme, Verwöhnung und Geborgenheit im anderen Menschen gefährden, werden vermieden. Vor allem können sie ihre *Aggressionen* gegen diese anderen *nicht anerkennen.* Durch *gefügiges Verhalten* und indem sie *um Anerkennung bemüht* sind, vermeiden sie alles, was zu Vorwürfen oder Aggressionen von seiten der anderen Menschen führen könnte. Alle Situationen der Trennung und Distanzierung stellen schon eine Belastung für sie dar. Ihre Auslieferung an andere ist jedoch nicht einfach eine Form passiver Unterwerfung und gehorsames Dienen, indem sie auf die Wünsche der anderen Menschen hören und ihnen folgen. Ihre Annäherung hat etwas gewaltsam Eigenwilliges, sie wollen durch eigenes Leisten und durch selbstgewählte Handlungen ihr Ziel erreichen. Werden Forderungen an sie gestellt, so *können sie nicht nein sagen,* aber auch schwer durch Äußerung der eigenen Wünsche zu einer echten Zusammenarbeit kommen. Sie können vor allem selbst nicht fordern aus Angst, die Sympathie des anderen zu verlieren. In dem Wunsch, es den anderen recht zu machen, überfordern sie sich gewöhnlich, stellen ihre eigenen übergangenen Ansprüche zurück. Häufig dekompensieren sie dann, wenn sie sich zuviel aufgeladen haben und sich auf einmal einer Welt von Forderungen und Lasten gegenübersehen. Sie meiden das Objekt ihrer Vorwürfe, introjizieren ihre Aggressionen, bringen sie nicht an den Mann.

Die *Lücken* in ihrer Selbstwahrnehmung und in ihrem Verhalten betreffen Situationen, in denen sie sich selbst etwas herausnehmen könnten. Die kritischen Versuchungs-Versagungs-Situationen liegen für die depressiv Strukturierten in Entwicklungen, die zur *Distanzierung, Ferne* und *eigenen Isolierung* führen können. Ebenso liegen sie in dem Aufkommen von Aggressionen, Spannungen, Streit in der Umgebung und solchen Regungen in ihnen selbst, die ihre Abhängigkeit bedrohen. Ihre ganze Einstellung ist eine dauernde Bemühung, die trennenden Impulse – die aber zugleich die zur Selbständigkeit führenden Kräfte sind – gar nicht aufkommen zu lassen. Sie vermeiden so die Ich-Werdung, die Selbständigkeit meist schon, indem sie sich an ihre Eltern oder an ähnliche Ersatzfiguren im Erwachsenenalter in einer kindlichen Weise fixieren. Die symbiotische, im Grunde entwicklungsfeindliche Tendenz in der Beziehung zu anderen Menschen und der

Wunsch, auf dem Wege emsigen Leistens anerkannt zu werden, wird mit großer Hartnäckigkeit, ja meist mit einem charakteristischen *Eigensinn* festgehalten. Aus der kindlichen Überschätzung des anderen und von dessen Selbständigkeit sowie aus der zunehmenden Einengung und dem Entwicklungsdefizit kommt es leicht zu ausgesprochenen *Schuldgefühlen*. Angst und Schuldgefühle bestehen unmittelbar gegenüber dem strengen, archaischen Über-Ich. Angsterregend wirken aber auch die eigenen bedrohlichen sexuellen und aggressiven Impulse.

Genese, Psychodynamik und Abwehr. Durch Anlage Mitgegebenes ist schwer zu trennen von dem, was von den Eltern übernommen wurde. Aus ihrer eigenen depressiven Einstellung neigen die Eltern häufig dazu, sich an ihre Kinder anzuklammern, sie versuchen, sie festzuhalten, weil sie die Nähe der Kinder brauchen. Diese Eltern behandeln ihre Kinder so, wie sie selbst behandelt werden möchten: *verwöhnend, fremde, zur Selbständigkeit des Kindes führenden Reize abschirmend, gefühlswarm und bindend.* So erleben die Kinder ihre eigenen Wünsche nach Selbständigkeit als fremde, ja gefährliche Impulse. Es fehlt ihnen die Übung, sich zu entfalten und durchzusetzen. Sie müssen alles, was sich in ihnen gegen die Mütter und gegen die Autorität auflehnt, verdrängen. Aus der unausweichlichen *Ambivalenz der Bindung* kommt es zu Schuldgefühlen, vor allem, wenn Trennungswünsche als Todes- oder Mordphantasien gegenüber den verwöhnenden und bindenden Müttern ins Bewußtsein drängen (s. oben S. 186).

Der charakteristische *Konflikt* des Depressiven liegt zwischen der großen inneren Erwartung von (oraler) Verwöhnung und deren gleichzeitiger Entwertung durch *Enttäuschungsprophylaxe*. Er versucht, für andere da zu sein, sie zu verwöhnen, weil er selbst verwöhnt werden möchte. Der Depressive nimmt seine eigenen Wünsche ständig zurück, entwertet sie, sammelt dabei aber großen Ärger und Ressentiment an, ohne dies zeigen zu dürfen. Er könnte ja, wäre er unzufrieden, die Sympathie der anderen Menschen verlieren. Die *Lücken* des Depressiven in seiner Selbstwahrnehmung betreffen Situationen, in denen er sich etwas herausnehmen könnte.

Die Abwehr liegt in der Haltung, die jede *Verselbständigung, Unabhängigkeit* und *Isolierung* entwertet und vermeiden muß, vor allem aber auch in der Verdrängung der aggressiven Phantasien und trennenden Impulse.

Beispiel für depressive Struktur:

◀ Eine junge Amerikanerin, Ballettänzerin, wohnte in Untermiete bei einer „Gluckenmutter". Wenn sie vom Training heimkam und in ihr Zimmer schlüpfen wollte, erwischte diese Wirtin sie regelmäßig und zog sie zu einem „kleinen Plausch" in die Küche. Obwohl sie müde war und vor dem abendlichen Auftritt noch ausruhen wollte, konnte sie nicht nein sagen. Weil es den Deutschen nach dem Krieg noch schlecht ging, „mußte" sie nun die ganze Familie – Hausfrau, etwas ältliche Tochter, Sohn und Schwiegertochter, die nicht recht angenommen war in der Familie und sich durch Grande-Dame-Haltung dafür rächte – zum Kaffee einladen. Die Tochter bewunderte mit deutlichem Neid das schöne Kleid der Patientin, bis diese ihr eines schenkte, das sie selbst noch gerne getragen hätte; der Sohn kokettierte mit ihr, und obwohl sie sich aus ihm nichts machte, „mußte" sie hier und da ihm einen Blick zurückgeben, um ihn nicht zu enttäuschen. Schließlich „mußte" sie noch die Schwiegertochter ins Gespräch ziehen, um die spürbaren intrafamiliären Spannungen auszugleichen. Nach fast 2 Stunden vertaner Zeit ging sie völlig erschöpft in ihr Zimmer und begann, geradezu süchtig zu essen. Dieser Freßdrang, der zeitweise bis zum Stehlen ging, hatte sie in die Analyse geführt (nach Riemann 1961). ▶

Deutlich, wie hier jemand aus der Angst nein zu sagen, den anderen weh zu tun, die anderen zu verlieren, eigene Wünsche zurückstellt, selbstlos handelt, bis die eigenen Bedürfnisse nach Verwöhnung, aber auch nach Rache in der oralen Freßsucht auftauchen. Man kann auch einen *depressiven Familientypus* finden, Familien, in denen unerbittlich die Illusion hochgehalten wird, daß durch Friedlichkeit, absolute Harmonie und jegliche Vermeidung von Konflikten das eigene Leben und das der anderen geschützt werden müsse. Mit kollektiver Ich-Einschränkung, d. h. mit gemeinsamem Verzicht auf die wesentlichen Bedürfnisse und Triebe, hält man sich gegenseitig in einem Sanatoriumsklima fest und schützt sich damit, daß nicht Spannungen und Konflikte auftauchen und die Harmonie sprengen. Das Sanatorium der depressiven Familie muß gegenüber der äußeren als gefährlich und feindlich erlebten Umwelt geschützt werden, das gemeinsam durchgestandene Leiden entschädigt für vieles und gibt auch wieder das Gefühl einer Überlegenheit (H. E. Richter).

Behandlung. Depressiv strukturierte Patienten sehen in der analytischen Psychotherapie ihre Abhängigkeitsbedürfnisse erfüllt, sie bejahen die Behandlung und sind zunächst sehr angenehme Patienten. Auch die analytische Situation erleben sie als Geborgenheit und vermeiden dementsprechend vor allem alles, was zu einem Abschluß und zu einer Trennung vom Therapeuten führen könnte. Sie versuchen, die Behandlung zu verlängern und erweisen sich dabei als nur sehr langsam entwicklungsfähig. Therapeuten, die selbst depressiv-neurotische Tendenzen haben, zur symbiotischen Bindung und Aggressionsabwehr neigen, die die Patienten zur Befriedigung eigener Wünsche brauchen, machen diesen die Entwicklung und Ablösung schwer, was zu endlosen Analysen führen kann. Wichtig ist es, ihnen in der Therapie Mut zu ihren eigenen Wünschen und Forderungen, ja auch zu ihren aggressiven Regungen und Trennungswünschen zu machen, ihnen diese Impulse überhaupt aufzuzeigen. Die in kritischen Trennungssituationen auftauchenden Ängste und Schuldgefühle werden so in der Übertragung aktualisiert und können hier durchgearbeitet werden.

Schizoide und narzißtische Struktur

Schizoid bezeichnete ursprünglich eine im familiären Umkreis von Schizophrenen gehäuft zu findende Charakterstruktur, wie sie 1918 von E. Kretschmer beschrieben wurde, hier eine bestimmte Neurosenstruktur.

Narzißmus ist ein seit 1910 von Sigmund Freud benutzter Begriff, der eine Liebeseinstellung in Anlehnung an die Sage vom Jüngling Narcissus beschreibt, der in das Bild von sich selbst verliebt war.

Erscheinungsformen: Der *schizoide Neurotiker* ist durch Kontaktstörungen zum anderen Menschen und zur Welt gekennzeichnet. Er ist empfindlich und labil im Kontakt, die Nähe zum anderen wird als gefährliche, Grenzen auflösende Belastung erlebt. Zugleich besteht ein gewisses Bedürfnis nach Nähe und der Wunsch, aus der eigenen Isolierung herauszukommen. So kommt es zu einer ambivalenten Einstellung zu anderen Menschen. Schizoide sind in den Beziehungen zu anderen mißtrauisch, fühlen sich schnell zurückgewiesen, feindlich oder herabsetzend behandelt.

Die Beziehung zur Realität ist unsicher, die Welt ist unvertraut, fremd, bedrohlich. Sie können mit der Welt und den anderen Menschen nicht sicher umgehen, und das Bild dieser fremd bleibenden Welt wird dann durch eigene Phantasien, Wünsche und Projektionen verzerrt.

Bei der großen Schwäche des Realitätsbezugs besteht zugleich eine *große intuitive Begabung*. Dabei sind sie aber gewöhnlich zu distanziert und auch zu kühl, ja gefühllos, um diese Empathie in Seelenvorgänge bei anderen selbstverständlich im Umgang nutzen zu können. Sie haben auch kein Gespür dafür, wie ihre Äußerungen beim anderen ankommen, ob sie ihm guttun

oder ihn verletzen. Schizoide erleben so gegenüber den anderen
Menschen und gegenüber der Welt immer wieder, wie machtlos
sie sind. Ihre Phantasien sind, trotz ihrer großen intuitiven Gaben, ungeübt, realitätsfern, ichbezogen; sie bereiten das eigene
Handeln nicht vor.

Ein Beispiel für die schizoide Struktur:

◀ Ein junger Patient saß im Konzert neben einem ihm sympa-
thisch erscheinenden Mann; während des Konzertes spürte er
plötzlich, wie von dem Mann farbige Ringe oder Kreise ausgin-
gen, die sich weiteten und auf ihn, den Patienten, auszudehnen
drohten. Bei nächster Gelegenheit verließ er fluchtartig den
Saal aus der Angst, der andere habe magische Fähigkeiten, die
er auf ihn anwenden wolle, vielleicht auch homosexuelle Absichten (nach Riemann 1952/53). ▶

In dieser Fallskizze ist deutlich, wie die eigenen Sympathiegefüh-
le und Hingabetendenzen eine projektive Umdeutung erfahren
in die Angst, von dem anderen überwältigt, vernichtet und abhängig zu werden.-

Die *narzißtische Neurosenstruktur* wird demgegenüber mehr
in einer Störung der Objektbeziehungen mit einem regressiven
Rückzug der Libido auf das eigene Selbst beschrieben. Dem Bild
und der Wirklichkeit des anderen kann kein Raum gegeben werden, es wird durch das eigene Selbstbild in der Wahrnehmung
verzerrt. Eigene Größenvorstellungen und unrealistische Riesenerwartungen herrschen vor, die eine klare Trennung zwischen
Selbstbild und Bild des anderen erschweren. Im Kern der narzißtischen Störungen wird eine Schwäche des eigenen Selbstgefühls
gesehen. Bei Störung des narzißtischen Regulationssystems und
beim Fehlen von internalisierten guten Objekten wird der andere
Mensch zur narzißtischen Zufuhr, d. h. zur Stärkung des eigenen
Selbstgefühls benutzt.

Genese, Psychodynamik und Abwehr. Die entscheidenden Entwicklungseinflüsse wurden psychoanalytisch in der präoralen
sensorischen Entwicklungsphase bzw. auf der narzißtischen Stufe der Entwicklung gesehen. „Störungen des Urvertrauens" im ersten Lebensjahr werden als grundlegend angeshen, wobei neben
äußeren Beziehungsabbrüchen in diesem Jahr vor allem die fehlende emotionale Zuwendung Bedeutung haben soll (s. dazu
oben S. 40). Zuverlässigkeit innerhalb der Beziehung, Kontinuität
der emotionalen Zuwendung ohne Ambivalenz, atmosphärische
Geborgenheit sind allgemein für lange Strecken der Kindheitsentwicklung und bei unsicheren und empfindsamen Kindern besonders wichtig.

Die Mütter von Schizoiden werden häufig selbst als ambivalent beschrieben, schnelle Annäherungsversuche sollen bei ihnen mit absolutem Rückzug wechseln.

Auch hier ist eine kontinuierliche Lernerfahrung an solchen Müttern schwer von erblichen Übertragungen gleicher Strukturen zu trennen: im Erbkreis von Schizoiden finden sich mehr Schizoide. Aber gerade Mütter, die selbst so strukturiert sind, werden die vielleicht gesteigerten Bedürfnisse ihrer Kinder nach Nähe und Geborgenheit in den Entwicklungsjahren schwer erfüllen können. Man hat auch eine charakteristische Familienstruktur der Schizoiden beschrieben, in der einer den anderen ansteckt und steigert. Zu dieser Familie gehört die Isolierung von der Umwelt in einer *paranoiden Festung*. Die Mitglieder schließen sich gegenüber einer fremd und feindlich erlebten Umwelt ein und leben in der Illusion der eigenen Überlegenheit.

Die wichtigste *Abwehr* ist die der *Projektion*, wobei eigene ambivalente und nicht akzeptierte Gefühlsregungen auf andere übertragen werden, vor allem das eigene Mißtrauen und die eigene Aggression.

Behandlung. Auch in der analytischen Psychotherapie droht die *Gefahr*, daß der Patient sich von der Nähe und völligen Offenlegung seines Inneren *überwältigt* fühlt oder auch, daß er, von den eigenen Phantasien überwältigt, die *Grenzen der Realität* nicht mehr festhalten kann. Bei vielen Patienten muß man sich fragen, ob ihnen das analytische Zeremoniell (Liegen auf der Couch mit dem Analytiker im Rücken, sehr schnelle Stundenfolge mit 4–5 Wochenstunden) wirklich angemessen ist. Eine Position *gegenüber dem Therapeuten im Sitzen*, die Gelegenheit zu Blickkontakt gibt, wenige Wochenstunden, was ihnen Zeit läßt, sich selbst zu finden und in der Distanz vom Therapeuten wieder aufzubauen, sind günstiger wie für im Kontakt empfindsame Menschen überhaupt. In der Stunde selbst kann zu frühes Fordern und Deuten als bedrohlich erlebt werden. Der Patient muß selbst Gelegenheit haben, sich zu entfalten, seinen eigenen, oft sprunghaften und locker geknüpften Gedankenfäden nachzugehen, Kontaktbedürfnisse nach eigenen Möglichkeiten aufzubauen. Andererseits ist eine unpersönliche Haltung und zu kühle Distanz von seiten des Analytikers unangebracht, vor allem, wenn der Patient einmal in der analytischen Situation versucht, ein Stück Realität des Partners zu fassen. Es wäre falsch, das auf jeden Fall gleich als Übertragung und Widerstand abzuwerten. Bei lockerer Stundenfolge, aber genügend langer Behandlung kann auch beim Schizoiden, gemessen an der Ausgangssituation des Patienten, eine Persönlichkeitsentwicklung erreicht werden.

Abnorme Persönlichkeiten

Allgemeines

Es gibt *Varianten des seelischen Erlebens und Verhaltens,* die nicht als Reaktion auf äußere Ereignisse auftreten, nicht durch neurotische Symptome charakterisiert sind und auch nicht als neurosenstrukturelle Haltungen oder Ausprägungen einer Charakterneurose zu fassen sind. Sie bieten zunächst einmal keine Ich-fremden Symptome. Die Störungen erwachsen *aus der Einstellung des Menschen zur äußeren Welt und zu sich selbst in dieser Welt.* Ihr Verhalten und Erleben in der Realität vor allem gegenüber anderen Menschen und gegenüber der Gesellschaft fällt aus dem Rahmen des Normalen. Die Tatsache, daß keine Ich-fremden Symptome im Vordergrund stehen, sondern die Einstellung gegenüber der Umwelt, macht es *problematisch,* diese Menschen ohne weiteres als *abnorm* oder *krankhaft* zu etikettieren. Es ist aber ebenso problematisch, es nicht zu tun, etwa einfach an ihren Willen zu appellieren, ihnen oder ihrer Erziehung Schuld und Verantwortung zuzuschreiben. Diese Verhaltensweisen bringen für die Gesellschaft und für die Menschen häufig erhebliche Belastungen mit sich und, wenn Ärzte und Psychotherapeuten nicht ihre Stimme erheben, nimmt die Gesellschaft häufig selbst dann gewöhnlich unterdrückend oder strafend Stellung.

Wir sprechen von abnormen Persönlichkeiten, die gegenwärtige Psychiatrie von *Persönlichkeitsstörungen,* wobei als Persönlichkeit die gewachsene Gesamtheit der geistig-seelischen Eigenschaften der Person und ihrer Haltungen gemeint ist. Ideal ist der Begriff Störung mit seiner Konnotation etwa eines Apparates, der vorher ungestört lief, sicher nicht. Janzarik erinnert an den wertfreien Begriff von Leonhard, der hier von *akzentuierten Persönlichkeiten* sprach. Die Abnormität bezieht sich vor allem auf Varianten des Verhaltens, auf die diese Menschen erfahrungsgemäß festgelegt sind und nur eine begrenzte Formbarkeit aufweisen. Anders als die neurotischen Entwicklungen, auch als die neurotischen Persönlichkeitsstrukturen sind sie in ihrer Genese, in den starren Formen ihres Reagierens und auch im Hinblick auf ihre therapeutische Formbarkeit verschieden von den neurotischen Entwicklungen.

Historisch tauchen die abnormen Persönlichkeiten zunächst unter dem Begriff der *Psychopathie* auf, der davon ausgeht, daß es *anlagemäßige Varianten der Persönlichkeitsstruktur* bestimmter Art gibt, die für das spätere Verhalten verantwortlich zu machen sind. Ursächlich ist an der Wirkung körperlicher, die Ausgangperösönlichkeit formender Faktoren nicht zu zweifeln, seien sie vorläufig nicht faßbarer erbgenetischer Art und / oder in Form unspezifischer cerebraler Schäden bzw. Anomalien. Untersucht man Blutsverwandte etwa von Schizophrenen, so findet man nicht allein eine gewisse Häufung dieser Krankheit, sondern auch mehr abnorme Persönlichkeiten. Es ließ sich aber nicht die Erblichkeit eines bestimmten Typs wie bei den Neurosen sichern. Es gab andererseits eine Zeit, wo jede Form abnormen seelischen Erlebens und Reagierens ohne weiteres auf eine biologische Konstitutionsvariante zurückgeführt wurde. Die Erblichkeit ist aber hier weder konstitutionell noch etwa in bestimmten Zwillingskonkordanzen bisher festgemacht. Abnormen Persönlichkeitshaltungen gegenüber einer Umwelt tangieren immer auch die Normen dieser Umwelt, ihre Toleranz gegenüber Abweichungen, ihre Rechtssysteme, die einem historischen und kulturellen Wandel unterliegen. Abnorme Persönlichkeiten der hier beschrieben Art waren im Deutschland des „Dritten Reichs" der Tötung als *lebensunwertes Leben* ausgesetzt.

Es ist denkbar, daß bei mehr Wissen um diese Persönlichkeiten und um die Bedingung ihrer Manifestation in der Jugend eine solche Entwicklung zu mildern oder später soziotherapeutisch aufzufangen ist. Eine moderne Form der psychoanalytischen Beschreibung abnormer Persönlichkeiten geschieht z. B. mit den Borderline-Patienten, den sogenannten Grenzfällen. Ursprünglich als Grenzfälle zwischen Psychose und Neurose bzw. Psychose und Gesundheit aufgefaßt, werden unter diesem Begriff heute relativ konstante abnorme Persönlichkeitshaltungen beschrieben, die in ihrem Stör- und Krankheitswert über die Charakterneurose hinausreichen.

Die Struktur der Störung, ihr auf die soziale Umwelt gerichteter Störcharakter trennt diese früher als Psychopathen beschriebenen, abnormen Persönlichkeiten von den neurotischen Charakterstrukturen bzw. Charakterneurosen. Dazu hat S. O. Hoffmann zwei Störungsdimensionen in der psychoanalytischen Charakterologie aufgezeigt: den der *neurotischen Abwehr* (Verdrängung, Verschiebung, Isolierung, Projektion usw.), den er als *spezielle Ich-Funktionsstörungen* bezeichnet; und die durch die *eingeschränkten Ich-Leistungen* charakterisierte Dimension (Realitätsprüfung, Wahrnehmung, Impulskontrolle, Selbstwertgefühl usw.), die er als Störungsbereich der *generellen Ich-Funktionen* bezeichnet. Letzteres entspricht der Erfahrung, daß abnorme Persönlichkeiten an der Außenweltorientierung mit ihren „basalen Ich-Deformationen" scheitern, anders als die klassischen Symptom- und auch die Charakterneurosen, die „mit ihrer Fähigkeit zur Ich-Spaltung Abstand gegenüber der äußeren Welt haben." Und sie bedürfen deshalb auch einer unterschiedlichen Behandlung (P. Fürstenau).

Historisches zum Psychopathiebegriff

Die Ursprünge des Begriffes gehen ins vorige Jahrhundert zurück, wo diese Persönlichkeitsvarianten unter der Bezeichnung der „psychopathischen Minderwertigkeiten" von Koch 1891 beschrieben wurden. Verbunden damit war die Vorstellung degenerativer Veränderungen des zentralen Nervensystems. Die klassische Definition stammt von Kurt Schneider: „Psychopathische Persönlichkeiten sind solche abnorme Persönlichkeiten, die unter ihrer Abnormität leiden oder unter deren Abnormität die Gesellschaft leidet." In den Typologien überwogen entschieden negative Charakterisierungen, wenn auch bei Kurt Schneider am Rande einmal der Satz auftaucht: *„Die Psychopathen sind das Salz der Erde"*, auf bedeutende historische Persönlichkeiten dabei hinweisend. Bemerkenswert ist, daß sich der Psychopathiebegriff, der deutschen Ursprungs ist, in anderen Ländern und Erdteilen nicht einbürgerte, daß aber etwa in Nordamerika unter dem Begriff der Soziopathie die gleichen abnormen Persönlichkeitsentwicklungen beschrieben wurden.

Beachtenswert sind weiterhin die von der Psychopathologie unter dem Psychopathiebegriff herausgearbeiteten *deskriptiven Merkmale* abnormer Persönlichkeitsentwicklungen:

1. Sie sind *starr, uneinsichtig, wenig plastisch, situationsunangepaßt* . Unbeeindruckt von allen realen Gegebenheiten und von den Folgen ihres Handelns, setzen sie ihre eigenen Bedürfnisse durch.
2. Psychopathen sind häufig *extravertiert*. Sie projizieren ihre Schwierigkeiten in die Umwelt; die anderen Menschen, die Umstände sind verantwortlich für ihr Erleben und Verhalten. Sie reagieren ihre Spannungen an den anderen ab. Auch bei den eher unter ihrer Schwäche still Leidenden ist die Blickrichtung nach außen gerichtet.

Einige Formen abnormer Persönlichkeiten

In die Beschreibung der Einzelformen abnormer Persönlichkeiten sind als Typologie von Psychopathien die oft lebensbegleitenden Beobachtungen von Psychiatern eingeflossen, die als Untersucher und Gutachter mit ihnen konfrontiert waren und zur Stellungnahme aufgerufen wurden. Diese Deskriptionen geben aber auch Zeugnis von dem Bedürfnis nach Distanz von seiten der Ärzte und von ihrer hier meist gegebenen therapeutischen Ohnmacht. Die Deskription der Einzelformen abnormer Persönlichkeiten wäre jeweils zu ergänzen durch Kasuistik und einen lebensgeschichtlichen Nachvollzug des Einzelschicksals, was hier räumlich nicht möglich ist und nur angedeutet werden kann.

◖ Ein 60jähriger Mann, promovierter Jurist, körperlich sehr ungepflegt, muß in die Klinik aufgenommen werden, da er seinen seit mehreren Jahren bestehenden Diabetes mellitus durch *unregelmäßige Lebensführung* kompliziert. Als der Untersucher ins Zimmer tritt, bricht er in *Dankbarkeit* und *Tränen* aus. Er erzählt sehr umständlich, sich in Einzelheiten verlierend, immer wieder in Tränenausbrüche geratend seine Lebensgeschichte. Er legt dar, daß er *immer Pech* hatte, daß *Unglück* gerade immer *ihn* traf, daß das *feindliche Schicksal*, das Leben ihm *alles schuldig* geblieben sei. Er hat gerade eine seit 14 Jahren innegehabte Stellung als Übersetzer, die weit unter seinem akademischen Ausbildungsniveau lag, verloren. Er war eines Morgens zu einer wichtigen dienstlichen Besprechung in betrunkenem Zustand erschienen. Darauf wurde ihm mit einem kleinen Ruhegehalt gekündigt. Seither läßt er sich ganz gehen, liegt bis 10 oder 11 Uhr im Bett, plant immer wieder, in das Büro zu gehen, um seine Dienste anzubieten, rechnet fest damit, wieder angenommen zu werden. Er lebt von den Resten seiner Ersparnisse. Er ißt alles, was ihm gerade in den Sinn kommt. Wenn er im Café sitzt und die anderen essen Torte, will er sie auch haben. Wenn er andere Menschen ein Glas Bier trinken sieht, bestellt er sich auch eines. Wenn er durch die Straßen läuft und eine Bank sieht, setzt er sich darauf, schläft oder döst für eine Zeit.
Zur Lebensgeschichte berichtet er, daß die Ehe der Eltern geschieden wurde, als er 2 Jahre alt war. Er wuchs als einziges Kind bei seinem Vater und der späteren Stiefmutter auf. Diese weit zurückliegenden Umstände werden in *vorwurfsvollem Ton* dargelegt, – obwohl er später berichtet, daß er es bei der neuen Mutter gar nicht schlecht hatte. Ebenso anklagend wird dann dargelegt, daß sein Vater vor 20 Jahren, seine Stiefmutter jetzt vor 10 Jahren gestorben sei. Eine eigene Ehe wurde nach einjäh-

rigem Bestehen im letzten Weltkrieg geschieden. „Stellen Sie sich vor, mitten im Krieg hat meine Frau mich verlassen." Es ist nicht möglich, mit ihm zu erarbeiten, weswegen seine Frau ihn verlassen hat, worin die Schwierigkeiten zwischen ihnen bestanden.

Immer wieder wiederholt er: „Herr Doktor, helfen Sie mir! *Ich brauche ein großes freudiges Erlebnis.* Haben Sie nicht so etwas für mich? Nur das kann mir helfen. Haben Sie nicht einen Platz bei sich in Ihrer Praxis?" ▶

Es wird hier eine abnorme Persönlichkeitsentwicklung mit *asthenischen* und dependenten Zügen angenommen. Außerdem zeigen sich bei differenzierter psychopathologischer Untersuchung und im EEG diskrete Zeichen einer *Zerebralsklerose*, die eine gewisse *Zuspitzung der Persönlichkeitsentwicklung* erklären. Charakteristisch die *Willensschwäche*, der *Mangel an Kontinuität*, die *Projektion der eigenen Fehler und Schwächen auf die Umwelt*. Die Umwelt soll ihm etwas bieten, *sie* soll sich ändern. Auch in vielen Gesprächen kommt man zu keinem Ergebnis, es ist, als ob man in jeder Besprechung wieder neu mit ihm anfängt. Er nimmt dankbar alle Deutungen an. Aber er kann die Einsichten und Erkenntnisse nicht durchhalten. Da im Laufe der Zeit immer mehr soziale Schwierigkeiten in den Vordergrund treten, Geldfragen, Wohnungsprobleme, wird eine weitere Führung durch eine Sozialarbeiterin eingeleitet. Es zeigt sich, daß er mit ihrer Hilfe gewisse Probleme in der Realität besser zu bearbeiten vermag und dabei auch eher zu Einsichten kommt, aus denen er sein passives und haltloses Verhalten korrigieren kann. Es ist jedoch nicht möglich, ihn wieder in ein stetiges Arbeitsverhältnis zu bringen.

Schon die meist schlichte Deskription dieser Persönlichkeiten macht deutlich, daß eine gemeinsame Grundlage in Psychologie und Psychopathologie fehlt, die das Verhalten und Erleben dieser Menschen (und etwa noch deren Entwicklung, körperliche Bedingungen etc.) in eine umfassende Ordnung zu bringen vermag. Es überwiegen jedenfalls weiterhin typologische Charakterisierungen.

Unter den in klinischen Beschreibungen und Diagnosenmanualen aufgeführten *abnormen Persönlichkeiten kann man mit dem Psychiater Kurt Schneider die zwei Hauptgruppen unterscheiden:* 1. die, *die u*nter sich leiden, und 2. die, *unter denen die Gesellschaft leidet*. Wir folgen hier dieser treffenden Unterscheidung in ihrer knappen Form. Sie weist einmal auf eine gegebene *Dynamik* hin, mit einem adynamischen In sich-verfangen-Sein in Aufmerksamkeit, Sorge und Lebensbewegung und eine auf die anderen gerichtete Tendenz des Verhaltens. Unter den vielen weiteren unterschiedlich akzentuierten Grundgegebenheiten wäre hier noch die zu geringe oder zu starre *Festigkeit der Struktur* und Gestaltung des seelischen Feldes zu nennen, die es erlaubt, sich in der Außenwelt zu assimilieren und sich in ihr einzurichten. Das bezieht sich auf die „Strukturdynamische Psychiatrie" von Janzarik (1988), die sich in der Klinik und in der Forensik bei diesen Persönlichkeiten erhellend und nützlich erweist.

Asthenische Persönlichkeiten

(ICD 10 F60.7 abhängige [asthenische] Persönlichkeiten; DSM III R 301.60 dependente Persönlichkeitsstörung)

Hier werden Menschen mit einem Zug der *Schwäche in der antriebshaft- dynamischen Ausstattung* beschrieben. Sie verfügen oft über sehr differenzierte Bestände an Wahrnehmungen und Eindrücken, sind auch gefühlsmäßig schwingungsfähig. In den Beständen an Vorstellungen und Erinnerungen sind sie offen und beeindruckbar, jedoch ist ihnen oft das selbstverständliche Fortschreiten zum Nächsten nicht gegeben. Es besteht eben nicht selten eine Tilgungsschwäche ihrer strukturellen Bestände im Sinne der strukturdynamischen Betrachtungsweise von Janzarik. Häufig wird der asthenische Mensch mit einer allgemeinen Schwäche und Leistungsunfähigkeit charakterisiert. Doch sind sie, wie Janzarik beobachtet hat, bei Verzicht auf kräfteverzehrende Betriebsamkeit zu geistigen Höchstleistungen durchaus fähig. Klagen, sie seien erschöpfbar, konzentrationsschwach, es fehle Ausdauer und die alltägliche und vielseitige Leistungsfähigkeit, sind häufig. Meist sind sie *unsicher in der Selbsteinschätzung* und *ohne Durchsetzungsvermögen*, sie können aber in bezug auf ihre eigenen Begabungsfelder durchaus auch ein angemessenes Selbstbewußtsein zeigen.

Diese Züge findet man als Grundlage sicher bei vielen neurotischen Menschen und auch bei künstlerisch Hochbegabten. Die Einschränkungen der allgemeinen und auch ihrer besonderen Leistungsfähigkeit hängen von einem doch ausreichenden dynamischen Fundament ab, das es noch möglich macht, Fixierungen des Bewußtseins und der Aufmerksamkeitszuwendung zu überwinden, sie zu desaktualisieren. Die Rückwendung auf bestimmte negative und bedrohliche Inhalte liegen der neurotischen Tendenz nahe, eine neue positive Erfahrung kann auch hier diese Fixierungen überwinden, indem sie unwichtig werden.

Psychasthenische Züge kann man in vielen der heute in den verschiedenen Diagnosenschemata beschriebenen Persönlichkeiten finden.

Dysthyme oder depressive Persönlichkeiten
(ICD 10 F34.1 depressive Persönlichkeiten)

Dysthyme leiden unter andauernder gedrückter Stimmungslage, vermitteln ein pessimistisches oder doch skeptisches Weltbild, strahlen keine Freude aus. Sie neigen zu hypochondrischer Selbstbeobachtung. Es werden weiche und zaghafte Formen wie auch mißmutig-reizbare und nörgelnde Menschen darunter beschrieben. Es bestehen keine direkten oder familiären Beziehungen zu endogenen, neurotischen oder reaktiven Depressionen. Es lassen sich diese Züge oft weit bis in die Pubertät zurückverfolgen. Sie werden relativ häufig gefunden, mildern sich meist im Alter.

Selbstunsichere (oder sensitive) Persönlichkeiten
(DSM III 301.82 Selbstunsichere Persönlichkeitsstörung)

Jeder normale Mensch erlebt Situationen, wo er seiner selbst nicht sicher ist. Beschrieben wird hier ein *durchgehender Zug von differenzierter kritischer Selbstwahrnehmung* und auch Asthenie, bei einer fehlenden Fähigkeit, sich fest und dauerhaft bei anderen einzubringen. Sie haben nur einen schwachen „sthenischen Stachel" (Kretschmer, s. oben S. 210). Ihre kritische Zeit ist die Pubertät und Adoleszenz. Der Psychiater sieht sie selten, und sie können im weiteren Lebenslauf mit geglückter Partner- und Berufswahl bei einer ansteigenden Lebenslinie durchaus, wenn auch mit Schwierigkeiten, ein oft schmales Leben meistern. Sie sollen beim Militär und im Krieg, die sie von der persönlichen Lebensgestaltung offenbar entlastet und in eine äußere feste Form einfügt, eine relativ gute Zeit haben! (Tölle). Männer werden deutlich häufiger mit dieser Einstellung gefunden.

Es gibt noch eine weite Skala von Persönlichkeitsformen, die hier aufzuführen wären und die eine mehr oder weniger große Nähe auch zu schon beschriebenen Störungen haben. So handelt die psychiatrische Literatur von ängstlichen, den dependenten, den willenlosen abnormen Persönlichkeiten etc. Gemeinsam ist ihnen bei unterschiedlicher struktureller Ausstattung ein Zuwenig an „Lebensmut" als Antrieb und tragender Emotionalität.

Antisoziale Persönlichkeiten
(ICD 10: F60.2 dissoziale Persönlichkeitsstörung;
F60.3 emotional instabile Persönlichkeitsstörung.
Haltlose Persönlichkeiten, Willenlose Persönlichkeiten
DSM III R 301.70 Antisoziale Persönlichkeiten)

In ganz andere Richtungen gehen Akzentuierungen von Persönlichkeiten, bei denen ein *Überschuß an Kraft, Antrieb und Aktivität* besteht, Menschen, die ihre wechselnden *Stimmungen ohne Rücksicht auf die Umwelt und die sozialen Maßstäbe ausagieren.* Sie sind ohne Einfühlung in andere Menschen, kaum in der Lage, für ihre Partner oder auch für ihre Kinder Verantwortung zu übernehmen, geben meist schon in der Kindheit Hinweise durch *Schulschwänzen,* sind in *Schlägereien* verwickelt, verlassen früh das Elternhaus, haben *früh und häufig wechselnde sexuelle Beziehungen,* kommen durch Eigentumsdelikte mit dem Gesetz in Konflikt. Sie sind zumeist unfähig, sich dauerhaft in andere Menschen empathisch zu versetzen, können ihr Verhalten kaum mit dem der anderen abstimmen und unvermittelt bei Belastungen oder Frustrationen in aggressives und auch selbstzerstörerisches Verhalten auszubrechen. Sie begründen ihr eigenes Verhalten mit dem anderer Menschen oder den jeweiligen äußeren Umständen. Ihren eigenen Impulsen in den verschiedenen Situationen sind sie hilflos ausgeliefert. Komplizierend ist der häufige Alkohol- und Drogenmißbrauch.

Meist besteht ein Übermaß an Antrieb bei fehlendem inneren Halt durch positive und haltgebende Erfahrungen. Bei dabei *noch fanatisch akzentuierten Persönlichkeiten* findet sich ein gewisses Maß an Strukturierung ihrer Vorstellungen und Inhalte. Sicher sind solche Lebensläufe auch von den gesellschaftlich gegebenen Inhalten, Wertmaßstäben und den halt- und richtunggebenden Kräften provoziert oder gemildert Die eigene Thematik bleibt dabei jedoch bestimmend.

Wenn man früher einer erblichen Anlage hier allein Bedeutung gab, ohne sie gerade in dieser speziellen Form und Richtung nachweisen zu können, war man in der zweiten Hälfte dieses Jahrhunderts ebenso sicher von Umwelteinflüssen überzeugt. Trennungen von der Mutter im ersten Jahr (Bowlby), fehlende emotionale Bindungen an die Mutter und Vernachlässigung in unvollständigen Familien etc. werden beschrieben. Adoptionsstudien, die die genetischen Eltern und Umwelt in der neuen Familie über lange Zeit erfassen, geben hier offenbar andere Antworten. – Ein *Bedürfnis nach Behandlung besteht nicht.* Einfluß auf sie hat am ehesten die *Gruppe der Gleichaltrigen und Gleichgesinnten,* was, meist im Rahmen des Srafvollzugs mit therapeutischen

Gemeinschaften und Übergangseinrichtungen in den USA und den Niederlanden genutzt wird.

Hysterische Persönlichkeiten
(ICD 10 F60.4 Hysterische Persönlichkeiten; DSM III R 301.50 Histrionische Persönlichkeitsstörung)

Es kann überraschen, daß hier, allerdings wie in praktisch allen Diagnosenregistern, noch einmal das Wort Hysterie auftaucht, wenn auch teilweise dort jetzt in der griechisch abgemilderten Form „histrionisch". In Klinik und Katamnesen nach 20 Jahren zusammenfassenden Studien (Tölle 1966) ist es sogar der häufigste Typus, noch vor den dann folgenden asthenischen, sensitiven und anderen Persönlichkeiten.

Im Vordergrund steht hier nicht eine Symtpomatik und auch keine diskrete neurotische Struktur sondern eine in der Persönlichkeit selbst liegende lebenslange *Diskrepanz* zwischen *heftigem Erlebnishunger und fehlender tieferer Erlebnisfähigkeit*, Verlangen nach Aufmerksamkeit und Geltung bei anderen und kindlicher Unsicherheit, Anspruch, im Mittelpunkt bei anderen zu stehen, und eigener Mittelpunktslosigkeit. Ihr Leben ist impulsiv, nach außen gerichtet, mit vielen, aber nur kurzdauerenden Beziehungen, meist scheiternden Ehen. Sie kommen häufig in jungen Jahren mit Symptomen, später oft mit körperlichen vegetativen Beschwerden in die Klinik, wobei es sich meist um Krisen-und Versagenszustände bei Partnerkonflikten handelt. Frauen sind 4–5mal häufiger hier zu finden. Nur wenigen gelingt es, sich in einem Beruf fest zu strukturieren.

Während viele dynamisch getragene abnorme Persönlicheiten sich im Alter zumindest mildern und stabilisieren können, ist das hier nicht der Fall. Bei 25 von 32 nachuntersuchten Frauen und Männern war das Persönlichkeitsbild unverändert (Tölle), sie wirken immer noch unreif, anklagend, haben eine Vielzahl meist körperlicher Beschwerden, keine Behandlung hat ihnen geholfen, ihre Beziehungen waren gescheitert, sie lebten isoliert, verbittert.

In den neuen Diagnoseklassifikationen findet man *weitere Beschreibungen von abnormen Persönlichkeiten,* die als Vorstufen oder Hintergrund psychotischer bzw. neurotischer Krankheitsbilder beschrieben aufzufassen sind. Sie finden sich auch mehr oder weniger häufig im erblichen familiären Umfeld dieser Krankheiten: so etwa die *paranoide Persönlichkeitstörung,* die *schizoide Persönlich-*

keitsstörung , oder schizotypische Persönlichkeitsstörung. Im letzten DSM III R und im ICD 10 erscheinen auch die *anankastische* (zwanghafte) Persönlichkeitsstörung, die *ängstliche* Persönlichkeitsstörung sowie die *abhängige* Persönlichkeitsstörung, die Züge der depressiv neurotischen Struktur beschreibt (s. oben).

Unter den Blutsverwandten von Kranken mit depressiven und schizophrenen Psychosen findet man vereinzelt *akzentuierte Persönlichkeiten mit hohen Begabungen,* was oft übersehen wird. Allerdings tauchen auch statistisch signifikant häufiger die gleichen Erkrankungen auf, dann Menschen mit einer bestimmten Vulnerablilität (s. unten S. 256) und schließlich auch in andere Richtungen gehende abnorme Persönlichkeiten.

◀ G.M. stammt aus einer mit schizophrenen und depressiven Erkrankungen stark belasteten Landwirtsfamilie, ist das 6. von 9 Kindern. Eine Schwester ist wegen der Schizophrenie in einem psychiatrischen Krankenhaus in Behandlung, eine Tante väterlicherseits litt an einer depressiven Psychose. Seine Kindheit war durch eine prüde, kühle und ängstliche Mutter bestimmt. Der Vater, ein verschlossener Sonderling, der neben seiner bäuerlichen Arbeit religiöse Dramen schrieb, trat gänzlich zurück. G. war ein überaus sensibles, schüchternes Kind. Da seine intellektuellen Leistungen in der Volksschule und später im Gymnasium gut waren, trat er auf Wunsch der Eltern als Novize in ein Priesterseminar ein. Die Pubertät begann spät bei ihm, es kam hier zu einem *Konflikt mit der eigenen Sexualität,* die er im ganzen absolut *ablehnte.* In einer asketischen und leibfeindlichen Einstellung, auch um das Sexuelle zu unterdrücken, verweigerte er bewußt die Nahrung, und es entwickelte sich für ein Jahr eine *typische Magersucht* . Die sich später herausbildenden *sexuellen Phantasien* waren eindeutig auf *unreife Knaben* und *sadistische Praktiken* gerichtet. Nach 3 Jahren trat er aus dem Priesterseminar aus. Seither nahm er selten und nur für kurze Zeit Gelegenheitsarbeiten auf, war wiederholt in psychotherapeutischer und mehrere Jahre in psychiatrisch-klinischer Behandlung. Mit jetzt 28 Jahren ist er ständig *moros verstimmt, gequält, gehemmt, scheu, ängstlich* und *zurückgezogen.* Von sadistischen homosexuell-pädophilen Phantasien geplagt, klagt er sich dieser Neigung an. Er entwertet die Ärzte, die Behandlungen, sich selbst. Die Eltern und ihre leibfeindliche Erziehung klagt er als verantwortlich für seine Fehlentwicklung an, ist dabei eigensinnig, unzugänglich. Er spricht ständig mit *leiser, tonloser Stimme* von seinen *Suizidversuchen.* Nur Alkoholgenuß kann ihn vorübergehend etwas lockern. Medikamentöse Kuren, Elektroschock und Insulinkomabehandlung in mehreren psychiatrischen Kliniken haben keine Veränderung bewirkt. Eine reguläre analytische Behandlung scheitert nach wenigen Wochen. Jetzt wird bei einer mehrjährigen psychotherapeutischen Führung im Rahmen einer therapeutischen Gemeinschaft, später in einer Nachtklinik, eine gewisse Auflockerung erreicht, auch wenn es nicht gelingt, bei ihm ein Bewußtsein seiner seelischen Selbstverfügbarkeit und einen psychotherapeutischen Prozeß in Gang zu bringen. Er schließt sich endlich einem Mitpatienten an, lebt mit ihm in einer Wohngemeinschaft außerhalb des Krankenhauses, ohne sexuelle Beziehungen mit ihm zu haben. Immerhin hält er es jetzt zum ersten Mal an einer Arbeitsstätte längere Zeit aus, und es gelingt ihm, gewisse Befriedigungen aus diesem Leben zu ziehen. ▶

Die **Häufigkeit** abnormer Persönlichkeitsentwicklungen von Krankheitswert ist kaum einzuschätzen, da hier nicht nur die Frage der Offenheit und Durchlässigkeit einer Gesellschaft für solche von der Durchschnittsnorm abweichenden Persönlichkeiten bedeutsam ist, sondern auch die Grenzen typologischer Beschreibungen sehr deutlich werden. Bei **epidemiologischen Untersuchungen** fanden sich in den USA bei Männern 3% und bei Frauen nur 0,6%, bei Dilling 0,7% schwerere und 2,8% leichtere Persönlichkeitsstörungen in der untersuchten bayerischen Bevölkerung (Alkoholismus und Drogenabhängigkeit werden hier getrennt geführt). Die Diagnose Psychopathie wurde in den Jahren zwischen 1920 und 1930 in den Psychiatrischen Kliniken Heidelberg und Freiburg bei 12% der Aufnahmen gestellt, zwischen 1950 und 1960 nur noch bei 6%. Diese fallende Tendenz hat seither weiter angehalten, was wohl auf den Einfluß der sich psychodynamisch ausrichtenden jungen Psychiater zurückgeht, die mehr Reaktionen und Neurosen fanden.

Was die **Ursachen** betrifft, ist an dem Gewicht eines Anlagefaktors und einer vorgegebenen Variante der Ausgangspersönlichkeit hier kaum zu zweifeln. Es gibt jedoch keine Beobachtungen, die die Erbfolge eines bestimmten abnormen Persönlichkeitstypus beschreiben. In der Familie von abnormen Persönlichkeiten gibt es die verschiedensten Varianten, ohne daß sich zeigen läßt, daß eine typenspezifische Form regelmäßig wiederkehrt. Daß Umwelteinflüsse zumindest verstärkend ebenfalls eine Bedeutung haben, ist absehbar, man findet in der Vorgeschichte häufig Heimunterbringungen, unvollständige und sich ganz auflösende Familien, gehäuft also Abbrüche der Beziehung zu den Eltern. Es werden auch Familienstrukturen beschrieben, die selbst eine soziale Extremsituation darstellen und die Integration und den Aufbau von kritischen und hemmenden Überich-Funktio-

nen erschweren, also Leben im Lager, in Ghettos und Armuts-
quartieren unter Extrembelastungen.

Zum **Verlauf** ist zu vermerken, daß sich abnorme Persönlichkeitszüge wie normale im höheren Alter, etwa unter Vitalitätsver-
lust und auch zerebralsklerotischen Einflüssen mildern können,
in einzelnen Fällen aber auch gleichsinnig verstärken, sich aber erfahrungsgemäß in der nun einmal ausgeprägten Form nicht verändern (C. Müller).

Differentialdiagnostisch abzugrenzen sind vor allem abnorme
Persönlichkeitsentwicklungen mit leichten oder schweren hirnorganischen Befunden. Auch wenn sich damit besondere Therapie-
möglichkeiten nicht eröffnen, ist mit Feststellungen hirnorganischer Schäden doch ein Wissen um Grenzen der Belastbarkeit zu
gewinnen (s. dazu S. 257).

Behandlung. Am ehesten ergeben sich hier Möglichkeiten für
eine *supportive* und über längere Strecken des Lebensweges *begleitende psychotherapeutische Führung.* Die selbstunsicheren und sensitiven Persönlichkeitsvarianten bieten gewöhnlich noch am ehesten einen Zugang.

◀ Ilse R. war ein von Kindheit an *ängstliches Kind*, einzige Tochter eines Fabrikarbeiters in einem Dorf. Da der Vater in Krieg
und Gefangenschaft war, wuchs sie zunächst *allein* mit der Mutter auf. Die Rückkehr des Vaters empfand sie als einen Einbruch
in die bisherige Lebenssituation. Der Vater stach in einer gro-
ben, teilnahmslosen Art von der überbesorgten und verwöhnenden Mutter auch deutlich ab. Sie hatte von Kindheit an
Angst vor dem Dunkel, ging nie in den Keller, kaum auf die Straße. Vor der Schule hatte sie große Ängste, lange bevor sie das erste Mal hingehen mußte. Wurde sie dort gefragt, sollte sie ein
Gedicht aufsagen oder ein Lied vorsingen, blieb sie nach wenigen Worten stecken und *brachte kein Wort mehr heraus*. Sie
konnte nicht an die Tafel treten, begann *am ganzen Körper zu
zittern*. Ihre intellektuellen Leistungen in der Schule waren gut.
Sie meinte aber, daß der Lehrer sie bewußt ärgern und quälen
wolle und daß er sie absichtlich dem Gelächter der anderen aus-
setzte, wenn er sie aufrief. Einen Berufswunsch hatte sie nicht,
sie blieb nach der Schule zunächst einfach zu Hause. Dabei fühlte sie sich auch hier unausgefüllt und entwertet. Sie wagte
nichts zu unternehmen, bis die Eltern sie in die Fabrik zur Arbeit
brachten. Sie konnte nicht allein mit der Eisenbahn von ihrem
Dorf in die nächste Stadt fahren. Sollte sie zum Arzt oder auf
eine Behörde, mußten Mutter oder Verwandte sie bis weit über
ihr 20. Lebensjahr begleiten. Tanzveranstaltungen besuchte sie

zunächst nicht. Mit 23 Jahren nahm eine Freundin sie auf eine Urlaubsreise nach Italien mit. Nach dem Urlaub fühlte sie sich „ganz erledigt", weil sie sich *dauernd zusammenreißen* mußte. Nur wenn sie Alkohol genossen hatte, war sie mutiger. Ganz vereinzelt kam es zu oberflächlichen Kontakten mit Männern, die sie aber regelmäßig nach dem ersten Zusammenkommen abbrach. Sie erlebte sich von den Männern *bedroht, erniedrigt, zerstört.* In ihren Träumen waren aggressive und blutige Themen vorherrschend.

In der psychotherapeutischen Führung, die wegen ihrer Unsicherheit und ihres Zitterns begonnen wurde, besuchte sie die Stunden nur unregelmäßig. Sie agierte viel, war unfähig, über sich zu reflektieren. Wenn sie auf Konflikte oder auf ihr Verhalten angesprochen wurde, wobei sie sich meist durch einfache Hinweise schon brüskiert fühlte, blieb sie die nächste Stunde einfach fort. Ihr Verhalten und ihr Denken folgten einem Alles-oder-nichts-Gesetz. Ganz blind für die Realität beschuldigte sie den Therapeuten, er lehne sie ja doch ab, mache sich nur über sie lustig. Dabei suchte sie im Grunde Schutz bei ihm, konstellierte eine *intensive Beziehung mit großer Ambivalenz,* ohne sie aber verbalisieren zu können. Zugleich fühlte sie sich abgelehnt wie bei ihren Eltern, beklagte sich oft, man wolle sie *abschieben.* Im Laufe einer vierjährigen lockeren Führung trat eine erhebliche *soziale Besserung* ein. Die im Anfang der Führung in ihrer Bedeutung zunächst nicht erkannte Abhängigkeit von *Alkohol* und *Betäubungsmitteln* konnte überwunden werden. Sie begann und beendete eine Berufsausbildung als Arzthelferin und konnte den Beruf, wenn auch mit relativ häufigem Wechsel der Stellen, erfolgreich ausüben. Auch in ihren Beziehungen zu Männern kam es erstmals zu längeren und tiefergehenderen Kontakten. ▶

Jeder Behandlungserfolg ist hier *an den Möglichkeiten der Ausgangspersönlichkeit zu messen.* Wenn die Menschen weniger stören und sich in die Gemeinschaft besser einfügen können, ohne auf ihre eigenen Entfaltungsmöglichkeiten ganz verzichten zu müssen, ist schon viel erreicht. Eine analytische Psychotherapie ist, wie bei allen stärker extravertierten Patienten, nicht durchführbar. Versteht man es aber, eine tiefere Beziehung herzustellen und Einfluß auf den Menschen und auch auf seine Umgebung zu gewinnen, so ist durch eine stützende Psychotherapie mitunter durchaus Besserung zu erzielen. Entscheidend erweist sich das Kriterium der *Bindungsfähigkeit* oder *-unfähigkeit,* über das aber erst nach intensiver Bemühung entschieden werden kann. Bei der Behandlung von abnormen Persönlichkeitsentwicklungen muß man immer mit *Rückfällen* rechnen. Sie sind von vornherein einzukalkulieren. Ihr Fehlen ist eher beunruhigend. Nicht in der Introspektion, sondern im *Handeln und Agieren in der Realität* vermögen diese Menschen Erfahrungen zu machen, wenn überhaupt. Aufgabe der hier angezeigten psychotherapeutischen Führung muß es sein, das Verhalten in der Realität durchzuarbeiten. Rückfälle sind nie Veranlassung, einen Patienten aufzugeben oder ihn zu verurteilen. Vielmehr liegt gerade in diesen Rückfällen, im Scheitern an der Realität, die Möglichkeit neuer Erfahrungen, gerade sie müssen so intensiv wie möglich bearbeitet werden. An der Wurzel vieler abnormer Persönlichkeitsentwicklungen findet man dann eine Isolierung, das Gefühl, von anderen Menschen ausgeschlossen zu sein, mißachtet zu werden. Dieser Ohnmacht und Hilflosigkeit entspricht dann häufig ein *aggressives Ressentiment*. Viele sexuell abnorme und sozial störende Handlungen erweisen sich in der Behandlung weniger stark motiviert durch einen spezifisch gerichteten abnormen Trieb als in der Erfahrung *isoliert, ausgeschlossen* und *unterdrückt* zu sein.

Borderline-Patienten – Grenzfälle

(ICD 10 F60.30 emotional instabile Persönlichkeiten, impulsiver Typ; F60.31 emotional instabile Persönlichkeiten, Borderline-Typ DSM III R 301.83 Borderline-Persönlichkeitsstörungen)

Mit „Grenzfällen" zwischen abnormen Persönlichkeiten und Schizophrenie wurden zunächst von Psychiatern pseudoneurotische oder pseudopsychopathische Verlaufsformen Bilder im Vorfeld schizophrener Psychosen bezeichnet. Der Begriff Borderline kam dann aus der amerikanischen, damals psychoanalytisch orientierten Psychiatrie (A. Stern 1938; M. Schmiedeberg 1947). Diesen Psychoanalytikern war aufgefallen, daß es Persönlichkeitsstörungen gibt, die für Neurosen ungewöhnliche Behandlungstechniken notwendig machen. In den letzten Jahren hat dieser Borderline-Begriff breite Anwendung gefunden: in der Menninger-Klinik in Topeka/USA wurden zwei Drittel aller abnormen Persönlichkeitsstörungen unter dem Borderline-Begriff gefaßt, was schon seine Unschärfe anzeigt. *Die Reliabilität der Borderline-Diagnose* ist in vielen Arbeitsgruppen und Einrichtungen *gering*. So war bei uns zu beobachten, daß der Begriff bei vielen längeren, therapieresistenten Psychoanalysen auftauchte und diskutiert wurde. Für viele steht er für schwere Persönlichkeitsstörungen überhaupt, meist für Patienten, die wenig introspektionsfä-

hig sind und ihre Probleme ausagieren, dabei zu Affektausbrüchen gegen oder zu selbstdestruktiven Verhaltensweisen neigen.
Er steht damit in der Nähe des klassischen deutschen Psychopa-
thiebegriffes.

In der zweiten Hälfte dieses Jahrhunderts wurden große Anstrengungen gemacht, den Begriff als Krankheitsform fester zu
fassen, Unterformen zu differenzieren und die Frage der Therapie zu klären. Von psychoanalytischer und psychiatrischer Seite
richteten sich weitere Fragestellungen auf den Ursprung dieser
Störung und auf angemessene Therapieformen.

Symptomatik. Als charakteristisch wird etwa festgestellt, daß
diese Menschen *„stabil in der Instabilität"* sind. Dabei wird die
Grenze zur Psychose aber meist nicht überschritten, und auch unter extremen Belastungen kommt es eher zu heftigen affektiven
Reaktionen und auch selbstdestruktiven Verhaltensweisen, jedoch nur selten zu psychotischen Episoden. Psychoanalytiker
verbinden mit diesem Begriff den einer schweren und tiefgreifen-
den, „frühen Störung". Eng verbunden mit dem Borderline-Begriff ist für viele psychoanalytische Autoren der einer narzißtischen Besetzung des eigenen Selbst und einer entsprechenden
Störung der Objektbeziehung.

Mit Hilfe von faktorenanalytischen Untersuchungen kam
Grinker zu bestimmten Merkmalen:

1. Es *fehlt eine dauerhafte Selbstidentität und Kontinuität der Persönlichkeit.* Die emotionale Grundeinstellung ist fragmentiert,
   d. h., es gibt keine stabile und über Krisen hinweg dauerhafte
   affektive Einstellung zur sozialen Wirklichkeit, zu den anderen Menschen und zu sich selbst.
2. Es überwiegen Neigungen zu depressiven Verstimmungen
   und das Gefühl der Isolierung von den anderen Menschen bei
   erhalten gebliebenen intellektuellen und kognitiven Fähigkeiten. Der Borderline-Patient erlebt sich als *einsam und leer.*
3. Es wird eine Tendenz zu *selbstdestruktivem und destruktivem Verhalten* gefunden mit enormen Wuteinstellungen und Agres-
   sionsdurchbrüchen. Jedes Ansprechen des eigenen Verhaltens
   wird als Kränkung erlebt.
4. Charakteristisch für den Borderline-Patienten soll eine *Tendenz zur Aufspaltung* in gute und böse Objekte, das „splitting",
   sein und eine entsprechende defekte Selbstidentität.

Unter Psychiatern zeichnet sich eine Übereinstimmung ab, daß
symptomatisch und im Verlauf *zwei Formen* zu differenzieren
sind: eine Form, die in der Erscheinung, im Verlauf und auch in
der Ursachenkonstellation in *die Nähe schizophrener Psychosen* zu

stellen ist; eine andere, die Borderline-Störung im engeren Sinne, die durch bestimmte Verhaltensweisen, eben „stabil in der Instabilität", Verlaufscharakteristika und therapeutische Zugänge zu den schweren *Persönlichkeitsstörungen* zu stellen ist. Die erste, als schizotypische Form wird zu dem „schizophrenen Spektrum" gerechnet (Saß u. Koehler). Es finden sich neben Denkstörungen und Störungen der Affektivität vor allem in den zwischenmenschlichen Beziehungen stark schwankende Verhaltensweisen, daneben neurotische Symptome. Ein Übergang in eine Schizophrenie ist eher selten, doch kommen kurze psychotische Episoden vereinzelt vor mit Depersonalisationen, Derealisationen, stärkeren Denkstörungen und vereinzelten Beziehungserlebnissen. Charakteristisch ist hier u. a. eine Tendenz zu selbstdestruktiven Verletzungen, u. a.mit Artefakten.

Bei der *zweiten Form,* der *Borderline-Persönlichkeitsstörung im engeren Sinne,* werden von psychiatrischer Seite *Impulsivität, Aggressivität, starke Kontaktbedürftigkeit* bei sehr *gestörten zwischenmenschlichen Beziehungen und im Lebenslauf ein häufiges Scheitern im beruflichen Bereich* beschrieben. Bei *Artefaktpatienten* fanden wir am ehesten ein solches Persönlichkeitsbild. Von psychoanalytischer Seite wird dabei vor allem auf Tendenzen der Spaltung hingewiesen, wobei in den Beziehungen und Bewertungen eine Schwarzweißwahrnehmung und -denkweise vorherrscht. Diese Spaltung wird von Kernberg als *Folge einer frühinfantilen Schädigung* und Abwehr einer psychotischen Entwicklung interpretiert, die sich dann auch in der Übertragung als Schwierigkeit zeigen soll, da hier die Spaltung, das sogenannte Splitting, sich am deutlichsten manifestiere.

◀ Die Schwierigkeiten, die nicht nur Psychiater und Psychoanalytiker, sondern Ärzte überhaupt mit diesen Patienten haben können, wird vielleicht aus einer *Selbstschilderung einer Patientin* aus den USA deutlich, die in einer Ärztezeitschrift abgedruckt wurde. Sie ist offenbar selbst eine gute Kennerin des Krankheitsbildes, weiß, daß bei ihr die Diagnose Borderline-Persönlichkeitsstörung gestellt wurde. Sie war wegen selbstschädigenden Verhaltensweisen, flüchtigen psychotischen Episoden und Affektausbrüchen mehrfach in Behandlung. Sie kam nachts einmal als Notfall in eine Klinik und fühlte sich dort völlig unverstanden und schreibt dann allgemein über die Schwierigkeiten des enttäuschten Borderline-Patienten: „Der (wütende) Patient, könnte dem Arzt vorwerfen, er habe überhaupt keine Ahnung von den Gefühlszuständen des Patienten oder auch von der Psychiatrie überhaupt. Die Botschaft hinter solchen Vorwürfen ist, daß der Patient sich schlicht unverstanden fühlt. Viele Borderline-Patienten fühlen sich einfach unverstanden. Ich selbst halte es für unmöglich einem Arzt oder irgend jemandem sonst zu erklären, wie es sich anfühlt, leer zu sein. Einmal habe ich die Notfallaufnahme aufgesucht, weil ich mich innerlich leer fühlte. Es erwies sich als fast unmöglich, mich mit dem diensthabenden Psychiater über die Art meiner Gefühle zu verständigen. Ich litt unter derart schlimmen Leeregefühlen, daß ich mir den Satz ,Ich bin verloren' mit einer Rasierklinge in mein Bein ritzte. Weil der Arzt meine innere Leere überhaupt nicht verstand..., war die Fahrt zur Notfallaufnahme für mich so enttäuschend gewesen. Leeregefühle sind furchtbare Gefühle. Sie können zur Selbstverstümmelung leiten, wenn nicht gewissenhaft Hilfe geleistet wird. Wer sich innerlich leer fühlt, fühlt sich wie tot. Die Ärzte sollten sorgfältig hinhören und sie sollten versuchen zu verstehen, was in dem Patienten vorgeht" (zitiert nach W. Machleidt 1992). ▶

Man kann solche Krankengeschichten unter verschiedenen Aspekten sehen. Eine Möglichkeit ist die, dieser Klage des Leeregefühls, eine Klage die in der Borderline-Literatur tatsächlich häufig auftaucht, nachzugehen und sie in ihren psychopathologischen, psychodynamischen und interpersonalen Dimensionen zu verfolgen. Ist sie von Depersonalisation und Derealisation weit entfernt etc.? – Die Form in der hier dieses Symptom als Anklage verwendet wird von einer Frau, die offenbar eine lange Patientenkarriere hinter sich hat und auch im Hinblick auf die Literatur eine gelernte Patientin ist, wirft die Frage der Echtheit dieser Klage sowie nach der Empfangswelt, die die moderne Psychiatrie und Psychoanalyse solchen Patienten bereitet. Fördert die soziale Umwelt und auch die ärztliche Rezeption, wie bei Charcot die Hysterie, mit ihrem nosologischen Interesse die Ausbreitung und Entfaltung dieser Persönlichkeitsstörung? Wenn das so wäre, müßten in der Therapie wie bei der Hysterie (s. oben S. 169) vor allem Wege der Begrenzung gegangen und eher die Realität vertreten werden, nicht retropektiv verstehend interpretiert.

Ursachen. Für die schizotypischen Verlaufsformen ist offenbar durch Familienuntersuchungen deutlich geworden, daß im Umkreis von Schizophrenen diese Borderline-Schizophrenie gehäuft auftritt, eine erbgenetische Komponente wahrscheinlich zu machen ist. – Für Borderline-Persönlichkeitsstörungen liegen erbgenetische Untersuchung nicht vor, die Reliabilität der Diagnose ist vielleicht zu gering. Dagegen wird von psychoanalytischer Seite eine sehr frühe Störung des Ich bzw. des Selbst beschrieben, wobei offenbar äußere Einwirkungen (Kernberg 1975), aber auch anlagemäßige Faktoren, teilursächlich (Benedetti), hier diskutiert werden. Kernberg zieht Verbindungen zu narzißtischen, paranoiden und dissozialen Persönlichkeitsstörungen im Hinblick auf die frühe Störung im ersten Lebensjahr. Psychiatrische und erbgenetische Untersuchungen verweisen bei der affektiven Instabilität auf eine Nähe zu affektiven Erkrankungungen mit dynamischen Entgleisungstendenzen.

Behandlung. In vielen Berichten von Psychoanalytikern wird über Differenzierungen der klassischen psychoanalytischen Behandlungstechnik berichtet, wobei schon im Hinblick auf den Störwert der Persönlichkeiten u. U. von *langen stationären Behandlungen* ausgegangen wird. Die therapeutische Gemeinschaft einer Krankenstation soll benutzt werden, um gerade die Aufspaltungstendenzen im Team sichtbar zu machen und dem Patienten dieses Beziehungsmuster als ein inneres Bild zur Verfügung zu stellen. Systematische Untersuchungen liegen dazu nicht vor. Erfahrene Therapeuten betonen die Notwendigkeit in strengen Regeln und im Festhalten am Setting die Realität zu vertreten, so wie es bei hysterischen Patienten sich als notwendig herausgestellt hat. Die Arbeit ist dann auf die gegenwärtige Situation ausgerichet, benutzt eher Konfrontationen als Interpretationen und die realistische Beziehung zum Patienten als Übertragungsbearbeitung. Es ist bei den beschriebenen eindrucksvollen Einzelbehandlungen schwer, einen Spontanverlauf von der Wirkung von Behandlungen abzugrenzen. Es gibt Hinweise, daß auch hier im Alter langsam eher eine Besserung im Spontanverlauf zu verzeichnen ist.

Nach dem gegenwärtigen Stand kann nur Flexibilität und Offenheit für die individuellen Bedürfnisse der Patienten einerseits und eine auf lange *eher niederfrequente Kontakte* angelegte, *begleitende Psychotherapie* empfohlen werden, bei der der Therapeut sich selbst und damit aber auch den Patienten durch eine grenzensetzende Haltung schützt. Wie hysterische Persönlichkeiten üben die „frühgestörten" schwierigen Borderline-Patienten eine Anziehungskraft auf manche Therapeuten aus.Über Hilfen durch Medikamente wird vereinzelt berichtet. Sie machen allerdings deutlich, daß im Laufe des letztlich doch vielgestaltigen Bildes und langer Verläufe Aussagen über der Wirksamkeit eines bestimmten Medikaments kaum zu machen ist.

Vulnerabilitätsforschung und Persönlichkeitstypologie

Größere Bedeutung für die klinische Praxis als die meisten beschriebenen abnormen Persönlichkeiten haben bestimmte Einstellungen der Persönlichkeit, die im Vorfeld psychotischer Prozesse beschrieben wurden, z. B. bei der endogenen Depression und den schizophrenen Krankheitsformen.

Typus melancholicus – die hypernome Persönlichkeit

Aus klinischer Anschauung, die später durch Testuntersuchungen fundiert wurde, hat H. Tellenbach 1961 Persönlichkeitszüge beschrieben, die sich im Vorfeld und nach Abklingen der Erkrankungen bei *monopolar depressiven Psychosen* zeigt: der melancholische Typus zeichnet sich durch Gewissenhaftigkeit und hohes Pflichtbewußtsein aus, durch Ordentlichkeit in den zwischenmenschlichen Beziehungen und in der Arbeitswelt. Er ist loyal gegenüber Vorgesetzten und vermeidet Streitigkeiten, streng und anspruchsvoll sind die Maßstäbe, die er an sich selbst anlegt. Diese Menschen sind also in besonderer Weise leistungsbezogen, und wenn diese Beziehungen in Frage gestellt werden, die geordnete Welt nicht zu erhalten ist, zeigt sich ihre Verletztbarkeit, ihre Vulnerabilität. Sie geraten in eine Krise, die zu einer Depression führen kann.

Diese aus klinischer Beobachtung erschlossene präpsychotische Persönlichkeit bei der „*Melancholie*" (Tellenbach 1965) war durch Testuntersuchungen mit Fragebögen sowohl bei den psychotischen Patienten selbst im Intervall, wie bei einer relativ großen Zahl ihrer Blutsverwandten zu finden (v. Zerssen). Es ist keine Abnormität, die sich hier abzeichnet, eher „eine pathologische Normalität." – Es gibt neue psychotherapeutische Ansätze, an dieser hypernomischen „Identitätssklerose" zu arbeiten, ihre „Ambiguitätsintoleranz" aufzulockern, dabei aber auch ihre gefährdete Identitätsstruktur zu beachten. Es geschieht im Intervall in kognitiv-verhaltensorientierter, sozialpsychiatrische Möglichkeiten nutzender Therapie, die sowohl „morbusorientiert wie personalistisch"ist (A. Kraus 1994).

In die gleiche Richtung geht die psychologische Behandlung von Basisstörungen der Persönlichkeit bei *schizophren Erkrankten*, die mit den Patienten nach einer ersten Erkrankungsphase das bestehende „Funktionsniveau" mit den gegebenen Einschränkungen und der weitereren Vulnerablität zum Ausgangpunkt einer individuumzentrierten kognitiven Gesprächstherapie machen

(Süllwold und Herrlich 1990). Es wird mit dem Patienten ein Krankheitsverständnis erarbeitet, er soll die gegebenen Einschränkungen akzeptieren, wird zu einer Selbstkontrolle angeleitet, und es werden die bestehenden „Verzerrungen" der Wahrnehmung verhaltenstherapeutisch bearbeitet. Ein Erfolg in der Behandlungsgruppe zeichnete sich z. B. in den psychosozialen Leistungen und der geringeren Quote von Wiederaufnahmen ab.

Abnorme Persönlichkeiten bei kindlicher Hirnschädigung

Unter den abnormen Persönlichkeitsentwicklungen hat sich in den letzten Jahrzehnten bei verfeinerten Untersuchungsmöglichkeiten eine immer größere Gruppe gefunden, bei der Hirnschädigungen nachweisbar sind. Diese Hirnschädigungen treten zum großen Teil schon in der frühen Kindheit ein, etwa als perinatale Schädigung bei der Geburt oder durch Gewalteinwirkungen in den ersten Lebensjahren. MBC – minimal brain damage ist in den letzten Jahrzehnten intensiv untersucht und im Verlauf verfolgt worden.

Die meisten Patienten zeigen dann in der Kindheit Verhaltensstörungen durch Verzögerung der motorischen Entwicklung, der Sprachentwicklung, der Sauberkeitsgewöhnung oder durch Lernstörungen in der Schule. Die Intelligenz ist bei vielen aber durchschnittlich oder nur relativ wenig beeinträchtigt, während das *soziale Verhalten* gewöhnlich unter dem Entwicklungsschub *der Pubertät* und den sozialen Anforderungen der Adoleszenz entgleist.

Diese Entgleisungen der hirngeschädigten abnormen Persönlichkeiten liegen vor allem in den *zwischenmenschlichen Beziehungen*, in denen sie distanzlos, oberflächlich im Kontakt, meist ohne Einfühlung in den Partner und in andere Menschen sind und Zeichen der Gefühlskälte bieten. In der *sozialen Einordnung* haben sie Schwierigkeiten, sie sind egoistisch, ungehemmt, können u. U. schwere asoziale Entgleisungen bis hin zur Kriminalität zeigen. Vor allem sind sie nicht in der Lage, ihre *Antriebe* zu steuern, sie sind egozentrisch, unangepaßt und neigen zu Durchbruchshandlungen. Dabei sind sie meist auch leicht verstimmbar und reizbar, meist affektinkontinent und können Versagungen kaum ertragen. Die normale Signalangst vor gefährlichen Situationen fehlt bei vielen, wodurch sie nicht nur die anderen, sondern auch sich selbst gefährden. Sehr häufig ist die *psychosexuelle*

Entwicklung beeinträchtigt, und es besteht eine Fixierung an abnorme, oft infantile sexuelle Triebziele mit homosexuellen, pädophilen, sexuell perversen Verhaltensweisen.

◀ Kurt X. war schon in seiner Kindheit und Jugend ein *Einzel-
gänger* und hatte *wenig Kontakt* mit den anderen. Von den
Großeltern etwas verwöhnt, wurde er von seinem Vater, jedenfalls nach seiner eigenen Meinung, viel zu hart angefaßt. Wenn
der Vater ihn durch Schläge demütigte, habe auch die Mutter
kein echtes Mitleid mit ihm gehabt. Eine jüngere Schwester sei
vorgezogen worden. Vom 16. Lebensjahr an kam es vereinzelt
zu kurzdauernden Beziehungen zu Mädchen ohne tiefere Bindung. Er war schnell eifersüchtig, hatte wegen seiner abstehen-
den Ohren und seiner Sommersprossen einen Minderwertig-
keitskomplex. 1955 mit 17 Jahren, flüchtete er aus der DDR
nach dem Westen, ohne je Heimweh zu spüren. Er fand sich
hier aber „als armer Schlucker" verstoßen und allein, kein Mädchen habe ihn gewollt. Er begann, 16jährige Mädchen, später
auch 12- und 9jährige auf der Straße anzusprechen und sexuell
zu berühren. Obwohl er später sexuelle Beziehungen mit erwachsenen Frauen aufnahm, allerdings nur kurzfristig, blieb
eine *Triebrichtung auf kleine Mädchen* fixiert. In den sexuellen
Beziehungen mit Frauen ist er leicht erregbar und explosibel.
Wenn die Frauen zögern, seinem sexuellen Drängen Widerstand entgegensetzen oder wenn er in ihrer Wäsche Unsauber-
keit feststellt, kann er sie heftig schlagen. Er hat kein Gefühl dafür, daß er die Frauen und die von ihm auf der Straße angespro-
chenen kleinen Mädchen bei seinen Angriffen verletzt. „Das ist
nicht so schlimm, was die andern alles den Kindern antun, ist
viel schlimmer." Oder: „Die Frauen sollen sich eben sauber halten, die sind so dumm, so richtige Schweine!" Wegen der hete-
rosexuellen, pädophilen Delikte war er bis jetzt zweimal je 2 Jahre im Zuchthaus. Er beklagt sich bitter, daß bei seinen Gerichtsverfahren mehrere Zeugen Unwahrheiten gesagt hätten, sie
hätten jedenfalls Dinge von ihm berichtet, die sie selbst gar
nicht, sondern höchstens andere beobachtet haben könnten.
Er werde es einem dieser Zeugen bei nächster Gelegenheit heim-
zahlen und beklagt sich ausführlich über die Härten und Unge-
rechtigkeiten des Strafvollzugs. Seiner Mutter macht er Vorwürfe, sie sei an allem schuld, sie habe ihn nicht geliebt, habe zum
Vater gehalten. „Stellen Sie sich vor, die hat noch gearbeitet, als
sie mit mir schwanger war. Das tut man doch nicht! Einmal soll
sie sogar die Treppe mit mir heruntergefallen sein! Als ich sie
jetzt in der DDR besucht habe und einmal richtig ‚abstauben'
wollte, sonst bekommen meine Geschwister ja alles, da hat sie

mir für 10 Tage dort, zum Ausgehen an den Abenden, lumpige 450 DM gegeben. Und dann verlangte sie noch, ich solle ihr aus dem Keller Holz holen und es sägen! Sie hat nie ein Gefühl für mich gehabt. Als ich abends einmal dort ausging, hat sie mir nicht einmal ,Auf Wiedersehen' gesagt. Die Eltern haben mich nie verstanden..."

Wie bei gefühlskalten und explosiblen Persönlichkeiten nicht selten, findet sich auch hier ein *abnormer EEG-Befund:* Hochgespannte, steile Zwischenwellen und langsame Alphawellen, vereinzelt auch Deltagruppen, jedoch keine auf Epilepsie verdächtigen Potentiale. Im *Luftenzephalogramm* ist das Ventrikelsystem im Bereich der Taillen etwas verplumpt und verstrichen, was als Anomalie, aber auch als Ausdruck einer frühkindlichen Hirnschädigung gewertet werden kann. Angaben über den Geburtsverlauf waren nicht zu gewinnen. Der Verdacht einer *frühkindlichen Hirnschädigung* und einer „pseudopsychopathischen Entwicklung", wie man das früher bezeichnete, lagen aber nahe.

In der *Behandlung* durch psychotherapeutische Führung und zeitweise auch medikamentöse Therapie mit Antiandrogenen zeigt sich *die Manifestationsabhängigkeit der abnormen sexuellen Neigungen* von dem sozialen Rang und der zwischenmenschlichen Isolierung. Ist er in seinem Beruf als selbständiger Verkäufer in seinem kleinen Bereich erfolgreich, erlebt er sich unter den anderen respektiert und angenommen, findet er ohne weiteres mit gleichaltrigen Frauen Kontakt und seine pädophilen Bedürfnisse treten völlig zurück. Wird er gedemütigt und isoliert, kann innerhalb von Minuten der pädophile Drang wieder durchbrechen. Er hat erstmals über mehr als ein Jahr gehende sexuelle Beziehungen mit einer gleichaltrigen Frau, mit der er zusammenlebt. Er genießt zum ersten Mal das Gefühl, ein Zuhause zu haben, er zeigt sich hier im Finanziellen großzügig und im ganzen beinahe selbstlos. Obwohl nur gelernter Schlosser, geht es beruflich so gut, daß er auf großem Fuße leben kann. – *20 Jahre später meldet er sich wieder*, es ging die ganze Zeit gut, er sei sogar verheiratet, hat aber einen schweren Unfall gehabt, ist körperlich dadurch behindert bei der weiteren Berufsausübung. Die Versicherung habe aber seine Leiden jetzt nicht voll anerkannt, er bekomme zu wenig Rente und das kränke ihn und wolle er sich nicht gefallen lassen. Nur wenn er weiter arbeiten könne, sei er etwas wert. Jetzt tauchen sogar die Gedanken mit den kleinen Mädchen wieder auf, er fürchtet auch, daß Menschen, die von seinen früheren Strafverfahren wissen, ihn auf der Straße wiedererkennen etc. ▶

Die Persönlichkeitsstörung zusammen mit Vorgeschichte und neurologischem Befund erlaubten die Diagnose Pseudopsychopathie zu stellen, wobei psycholgische *Testuntersuchungen* eine Hilfe waren (z. B. Benton-Testverfahren zur Prüfung der *visuellen Merkfähigkeit*).

Häufigkeit. Die relative Häufigkeit dieser Verhaltensstörungen auf hirnorganischer Basis sind erst in den letzten Jahrzehnten ganz deutlich geworden, nachdem verfeinerte Untersuchungsmöglichkeiten vorliegen und katamnestische Studien bei Hirngeschädigten angestellt wurden. Je nach diagnostischen Kriterien wird unter den gerade in der Pubertät auffälligen und meist als neurotisch bezeichneten Jugendlichen relativ häufig ein hirnorganischer Untersuchungsbefund gewonnen.

Ursachen. Die Ursachen können in pränatalen, perinatalen oder postnatalen Schädigungen liegen. *Pränatal* ist vor allem an Hirnschädigungen bei Abtreibungsversuchen, Rötelnenzephalitis, Toxoplasmose oder durch sonstige Komplikationen charakterisierte pathologische Schwangerschaften zu denken; *perinatale* Schädigungen können im Rahmen einer Frühgeburt, einer Zangengeburt, einer Geburtsasphyxie, eines Kernikterus oder bei Rh-Schäden eintreten; *postnatale* Schäden liegen vor allem in Hirntraumen durch Unfälle im Kindes- oder Jugendalter, aber auch bei Masernenzephalitis, Encephalitis epidemica, Meningitis. Den Hirnschädigungen entspricht eine Reifungsstörung des Gehirns mit Entwicklungsabweichungen, die sich im Laufe der Sozialisation manifestieren. Es kommt nicht nur zu einer Empathiestörung, es fehlt die selbstverständliche Bejahung und Übernahme der Gesichtspunkte, die rechte Distanz zum anderen (Lempp), damit auch das Taktgefühl im Umgang. Das erweist sich einmal im alltäglichen Kontakt, dann vor allem aber im erotisch-sexuellen Verhalten und in allen differenzierten sozialen Leistungen.

Umwelteinflüsse während der Entwicklung und in der späteren Lebenssituation haben ein schwer absehbares Gewicht. Die häufige motorische Unruhe ist heute medikamentös zu dämpfen, ebenso sind antriebsarme Zustände zu beobachten. Günstig sind frühe heilpädagogische Behandlungen, wenn schon in der Kindheit und Jugend Auffälligkeiten auftreten, was bei den häufigen leichten Fällen nicht sein muß.

Differentialdiagnose. Fällt die seelische Entwicklung und die geistige Leistung eines jungen Menschen oder Erwachsenen ganz aus dem Stil seiner Vorfahren und Verwandten, so muß diagnostisch nach hirnorganischen Befunden gefahndet werden. Oft sehr schwierig ist die differentialdiagnostische Abgrenzung von beginnenden *hebephrenen Formen der Schizophrenie*. Sie ist aus dem psychopathologischen Bilde kaum zu stellen, wenn nicht organische Befunde zu sichern sind. Im Verlauf münden Hebephrene gewöhnlich nach dem Aufflackern in der Entwicklungszeit in antriebsarme und stumpfe Verhaltensweisen aus.

Behandlung. Die *therapeutische Führung* hirnorganisch geschädigter abnormer Persönlichkeiten mit einer *stützenden* Psychotherapie gehört zu den schwierigsten Aufgaben. Auch hier ist jeder Erfolg an der Ausgangssituation und an den begrenzten Möglichkeiten zu messen. Gerade eine Hirnschädigung verweist häufig auf Grenzen der emotionalen Bildungsfähigkeit der Persönlichkeit. Diese Menschen können aber, wie einfache Menschen überhaupt, in einzelnen Fällen doch in eine vertrauensvolle und über lange Zeit stabile ärztliche Führung eintreten, wenn es gelingt, den Patienten in einer ärztlichen oder pädagogischen Beziehung zu binden. Dann ist in Einzelfällen immerhin eine bessere gesellschaftliche Einordnung zu erreichen. Soziale Hilfen durch Berufsberatung und berufliche Rehabilitation, Wohnhilfen, die die Isolierung innerhalb der Gesellschaft vermeiden, stehen hier im Mittelpunkt. Die *Pubertät ist die Zeit der schwersten Krisen und Anpassungsschwierigkeiten*; ist sie überstanden und eine berufliche und soziale Position gewonnen, so ist die Prognose für die späteren Jahrzehnte nicht ungünstig.

Persönlichkeit und Alkoholismus

Es gibt zwei Zugänge zur Alkoholfrage: die gesellschaftlich-kulturellen Bedingungen und die Persönlichkeit des Alkoholikers. Dem entsprechen nach äußeren Ursachen, Persönlichkeit und Verlauf zwei große Formenkreise: *Gewohnheitsalkoholismus* und *Alkoholkranke mit Abhängigkeit*.

Gewohnheitsalkoholismus
(ICD 10 F10 schädlicher Gebrauch von Alkohol, DSM III R 305.00 Mißbrauch von Alkohol)

Bedingungen, Auslösung, Symptomatik. Werden größere Mengen alkoholhaltiger Getränke über längere Zeit genommen, so führt das zu körperlichen und seelischen Schädigungen.

Die positiven Wirkungen des Alkohols – Genuß und Anregung, Anhebug der Stimmung und Förderung von Kontakt und

Geselligkeit usw. – verführen zu gewohnheitsmäßigem Trinken, ohne daß dabei schon Abhängigkeit mit Entzugserscheinungen, Zwang zur Beibehaltung oder Steigerung der Alkoholeinnahme verbunden sein muß. Die Grenzwerte, bei denen aber zumindest körperliche Schäden zu erwarten sind, werden bei Männern mit 60 g Alkohol, bei Frauen mit 20 g am Tag angegeben. Absolute Alkoholabstinenz ist bei Frauen in der Schwangerschaft notwendig wegen der Gefahr teratogener Schäden des Kindes (Mißbildungen, allgemeiner Entwicklungsrückstand). Werden jedoch über 10–15 Jahre 80–100 g Alkohol pro Tag (das sind etwa eine Flasche Wein oder vier Flaschen Bier oder 1/4 Flasche Branntwein) genommen, so sind sicher körperliche Schädigungen zu erwarten. Bei regelmäßigem Genuß dieser Mengen ist nach durchschnittlich 15 Jahren bei Leberpunktionen eine Leberverfettung leichten bis mittleren Grades als Zeichen der Leberschädigung festzustellen. Diese Toleranzgrenze kann aber individuell und durch Vorschädigungen der Leber, Stoffwechselkrankheiten (z. B. Diabetes mellitus) oder bei schlechtem allgemeinen Ernährungszustand *herabgesetzt* sein. Wird die doppelte Menge, 160–200 g Alkohol pro Tag, eingenommen, so muß nach 5 Jahren mit leichten und nach 12 Jahren mit einer schweren Leberschädigung neben anderen Folgen gerechnet werden.

Der Konsum von Alkohol spielt in der modernen Wohlstands- und daneben Armutsgesellschaft eine große Rolle. Das Angebot, die Verführung durch Reklame und der in Trinksitten nahegelegte Genuß von Alkohol sind groß, er wird bei Streß jeder Form eingesetzt, um Anspannung und Verstimmung, Leere und Frustration zu kompensieren. In der Bundesrepublik Deutschland hat sich der Alkoholverbrauch zwischen 1950 und 1978 *vervierfacht* und hält sich *seither konstant auf diesem hohen Niveau.*

Ein hoher durchschnittlicher Verbrauch von Alkohol in einem Wein produzierenden Land, in dem mäßige Trinkgewohnheiten zu den Mahlzeiten alltäglich und weit verbreitet sind, wie es in Italien, Spanien und in Frankreich der Fall ist, bedeuten nicht unbedingt eine große Zahl von Alkoholkranken und eine Spitzenstellung in der Statistik der Gewohnheitsalkoholiker und der Suchtgeschädigten. In skandinavischen Ländern und in Rußland, die seit langem gegen den Alkoholismus kämpfen müssen, ist der Genuß von Branntwein und anderen hochprozentigen Getränken üblich. Bemerkenswert ist der Anstieg in der Bundesrepublik in der Nachkriegszeit mit einem Alkoholkonsum 1950 von 3,27 Liter und 1978 12,28 Liter pro Einwohner. In der DDR lag der Verbrauch 1981 bei 10,3 Liter Alkohol pro Kopf der Bevölkerung und zeigte noch ansteigende Tendenzen in den nächsten Jahren. Das sind Werte, die noch über der Zeit des legendären Armutsalkoholismus des Jahres 1910 liegen, wo Schnaps von den Armen als billiges Nahrungsmittel benutzt wurde. Der Staat hat aus Branntwein- und Alkoholsteuern 1982 5,3 Milliarden eingenommen. Nur 5–6% der Bevölkerung ist alkoholabstinent (s. auch unten S. 266).

Die Alkoholfrage ist so wichtig, daß die politischen Instanzen und Religionen sich zu einer Stellungnahme herausgefordert sehen. Es gibt ausgesprochene Abstinenzkulturen (Mohammedaner, Hindus, protestantisch-anglikanische Temperenzbewegung), rituelle Einbeziehung des Alkoholgenusses in den Kult (Christentum) und alkoholfördernde Kulturen. In Irland gehört der Alkoholgenuß zur Geselligkeit und zur Solidarität der Menschen untereinander. Im gemeinsamen Trinken dokumentiert sich die Gleichberechtigung unter Verwandten, zwischen Stadt und Land, unter Gastgeber und Gast, Verkäufer und Käufer, Politiker und Wähler. Gemeinsames Trinken, ein guter Zecher zu sein, der ewas verträgt, hebt in Europa das Ansehen des Mannes unter Männern. Es gibt 4–5mal mehr männliche Alkoholiker als weibliche.

Innerhalb von gewissen Berufen bestehen Trinksubkulturen: vor allem bei Seeleuten, Bauarbeitern, Anstreichern, Straßenarbeitern, Holzarbeitern sowie Arbeitern in der chemischen Industrie.

Persönliche oder gesellschaftliche Krisen (Scheidung, Alleinsein im Alter bzw. Arbeitslosigkeit, Verlust der traditionellen Lebensformen usw.) begünstigen Alkoholmißbrauch und Alkoholsucht.

Motivierend für den Übergang von Gewohnheitsgenuß zum Mißbrauch von Alkohol von seiten der Persönlichkeit ist eine Schwäche gegenüber dem äußeren Angebot bei Verstimmungen jeder Art, innere Haltlosigkeit und Schwäche und eine allgemeine Neigung, sich bei Schwierigkeiten und Spannungen durch Alkohol zu betäuben. Alkohol löst aber Schwierigkeiten nicht, sondern schafft gewöhnlich neue Probleme: Entscheidungen, Prüfungen, Terminarbeiten werden aufgeschoben; es kommt zu einem zunehmenden Verlust an Energie und Konzentrationsfähigkeit; die wirtschaftlichen Voraussetzungen verschlechtern sich; ein sozialer Abstieg ist nicht mehr aufzuhalten. Allgemein muß dann Alkohol immer häufiger und in größeren Mengen als Mittel zur Entspannung und vor allem als Schlafmittel eingesetzt werden. Dabei wird der Schlaf selbst zur Betäubung und ist unter Alkohol unphysiologisch verändert.

Epidemiologie. Die *Häufigkeit* der Fälle, bei denen Gewohnheit und Abhängigkeit zu körperlichen und psychosozialen Schäden mit beruflichen und sozialen Auswirkungen führen, ist bei einer großen Dunkelziffer schwer zu fassen. Sie wird bei 2–4% der Bevölkerung, das Verhältnis Männer:Frauen bei 4:1 geschätzt.

Nach Untersuchungen in der Schweiz sollen dort gegenwärtig mehr Menschen an den Folgen des Alkoholismus sterben als an allen Infektionskrankheiten zusammen. Zu bedenken sind die schädlichen Auswirkungen des Alkoholismus auf anderen Gebieten, z. B. im Straßenverkehr. Bei Straßenverkehrsunfällen mit Todesfolge war 1983 in 23% aller Unfälle Alkohol die Ursache, bei Unfällen nur mit Personenschäden in 14%. Der Alkoholunfall ist also besonders gefahrenträchtig. Es zeigt sich noch eine steigende Tendenz, wobei bemerkenswerterweise nicht Länder wie Italien, Spanien und Frankreich hier an der Spitze liegen, sondern nach den USA die skandinavischen Länder und die Bundesrepublik.

Die Macht der Gewohnheit liegt in den psychischen Wirkungen und auch in einer körperlichen Abhängigkeit. Aus dem gewohnheitsmäßigen Gebrauch und Mißbrauch führt nicht selten der Weg zur Sucht:

1. Man trinkt gewohnheitsmäßig, unachtsam, einmal und auch *häufiger über den Durst*.
2. Es kommt zu einer Gewohnheitsbildung; die angenehme seelische Gestimmtheit unter Alkoholeinwirkung wird selbstverständlich, ebenso der *gesteigerte Flüssigkeitsbedarf*.
3. Es kommt zur Neigung, den *Stoff zu steigern,* und zu vereinzelten Vergiftungen.
4. Ein *zwanghaftes Verlangen* nach Alkohol tritt ein; man ist unfähig zu verzichten und kann *nicht ohne weiteres aufhören;* um den Kater, den Nachdurst, zu bekämpfen, wird *morgens* schon Alkohol eingenommen.
5. Es entwickelt sich eine vollständige seelische und körperliche *Abhängigkeit, die Sucht*. Bei dem Versuch, den Alkohol abzusetzen, kommt es zu gefährlichen *Entziehungserscheinungen*.

Behandlung. Dem gewohnheitsmäßigen Mißbrauch von alkoholhaltigen Getränken ist zunächst durch Aufklärung zu begegnen.Die in der Bagatellisierung, alkoholischen Euphorie und in vielen Formen der Verleugnung liegende Abwehr ist zu bearbeiten. Das ganze Gewicht der ärztlichen Autorität muß hinter dem Gebot der Einschränkung oder der vollen Abstinenz stehen. Erfahrungsgemäß ist die zunächst auf eine bestimmte Zeitspanne begrenzte Abstinenz leichter einzuhalten als eine bloße Reduktion. Zu bedenken ist auch, daß die Toleranz bei bereits eingetretenen Schädigungen absinkt. Dem Erfolg der ärztlichen Aufklärung und Führung stehen gewöhnlich große Hindernisse entgegen. Die lockernde und euphorisierende Einwirkung des Alkohols, die beruflichen und gesellschaftlich-kollektiven Trinksitten und die Macht der Gewohnheit erweisen sich häufig als stärker. Diesen zum Alkoholgenuß führenden Motivationen ist durch Aufklärung und u. U. durch Eingriffe (Berufswechsel für Gastwirte, Kellner, Straßenarbeiter, Chemiearbeiter; Austritt aus Vereinen usw.) entgegenzutreten.

Es gibt alle Übergänge vom gewohnheitsmäßigen Gebrauch zur Alkoholkrankheit, vom gesellschaftlich nahegelegten Konsum zum Problem des einzelnen Alkoholkranken. Nicht jedes Land hat seine konstante Gruppe von alkoholkranken Personen, wie es seine Krebskranken hat. Hoher Alkoholverbrauch eines Volkes führt im allgemeinen zu vielen Alkoholkranken, wenn auch Italien mit dem höchsten Pro-Kopf-Verbrauch weniger Alkoholkranke zu haben scheint als Frankreich. Abstinente Kulturen (z. B. mohammedanische Länder) oder Völker, für die zwar Alkoholgenuß erlaubt ist, der Betrunkene aber ein absolut negatives Leitbild darstellt (Indonesien), zeigen eine bemerkenswerte Resistenz gegenüber den westlichen Alkoholeinflüssen und deren Trinkerleitbildern.

Zur sozialen Therapie des Alkoholismus gehört es, dem gegenwärtig durchaus nicht negativen Leitbild (Trinker sind starke Männer, die sich nicht fürchten; wer nicht trinkt und noch keinen Rausch gehabt hat, ist kein rechter Mann) positive Leitbilder des Abstinenten (Sportler, naturgemäß lebender Mensch, Vorbild sein für die Kinder und die anderen etc.) entgegenzustellen.

Alkoholabhängigkeit – Alkoholkranke (Alkoholsucht)
(ICD 10 F1x.2 Abhängigkeitssyndrom, DSM III R 303.90 Abhängigkeit)

Abhängige Alkoholiker bzw. Alkoholkranke sind Menschen, *die von innen her zur Abhängigkeit neigen* und von sich aus *nicht kontrolliert trinken können*. Der früher gebrauchte und umgangssprachlich noch verbreitete Begriff der Alkoholsucht wird verlassen, da Sucht eine allgemeine Tendenz des modernen Menschen sei, die das Besondere hier nicht mehr deutlich mache.

Persönlichkeit und Lebenssituation: Meistens sind es Problemtrinker, die sich im Rausch von dem Gefühl der Schwäche, Ohnmacht und Isolierung entlasten. In konflikthaft belasteten Situationen, in Verstimmungen depressiver oder ängstlicher Art suchen sie die *Betäubung*, die Flucht aus dieser Misere. Im Rausch wird außerdem ein *gehobenes Selbstbewußtsein* gesucht, sie trinken sich Mut an und versuchen, Hemmungen damit zu überspielen.

Ein Alkoholkranker schildert die Bedürfnisspannung, aus der er immer wieder zum Trinken kam, folgendermaßen: „Es ist so eine unerträgliche Spannung und zugleich Leere in mir. Ich habe das Gefühl, mein eigenes Leben nicht leben zu können, Außenseiter zu sein. Es hat alles doch keinen Sinn."

Bei einer Befragung von süchtigen Alkoholkranken wurden als Gründe des Trinkens angegeben (in abfallender Häufigkeit):

1. Gefühl der Unsicherheit;
2. Einsamkeit;
3. Spannungszustände;
4. Schlaflosigkeit;
5. Unzufriedenheit mit der äußeren Erscheinung und Leistung;
6. Allgemeine Minderwertigkeitsgefühle;
7. Anwachsen der Verantwortung.

Gewöhnlich werden die von außen kommenden Belastungen bei der Verursachung des Alkoholismus überschätzt. Der Alkoholiker findet immer einen Grund zum Trinken: wenn der Fußballverein verloren hat, um sich zu trösten, hat er gewonnen, muß er das sowieso feiern.

Ärzte und Juristen bekommen den Alkoholkranken häufig erst zu Gesicht, wenn er dekompensiert ist. Dann sind meist schon viele Entscheidungen gefallen: Persönlichkeitsveränderungen mit Abbau und Entmutigung, körperliche Schädigungen mit Einschränkungen der Leistungsfähigkeit, Isolierung und Entfremdung von Freunden und Bekannten, Ehescheidung, Kinder, die unauslöschliche Eindrücke empfangen haben, abgebrochene berufliche Laufbahn, Verkehrsdelikte, kriminelle Delikte.

Epidemiologie. In einer neuen Untersuchung zur Lebenszeit- und zu 6-Monate-Prävalenz wurden 1981 der Mißbrauch und die Abhängigkeit von Alkohol einer repräsentativen deutschen Bevölkerungsstichprobe von 25–66jährigen Männern und Frauen der BRD im Rahmen der MFS (s. oben S. 185, 194) erfaßt. Nach einem in München entwickelten Untersuchungs- und Testverfahren fand sich bei 13% der Untersuchten eine Alkoholdiagnose (Mißbrauch 2%, Abhängigkeit 7,4%, beides 3,7%), wobei die Männer mehrfach stärker und vor allem in den älteren Jahrgängen von Sucht, in den jüngeren von Mißbrauch betroffen waren. Die 6-Monate-Prävalenz lag nur bei 1,3% für Alkoholdiagnosen, bei Männern nur wenig höher als bei Frauen, was im Problem der Offenheit wohl im wesentlichen begründet ist: besonders Männer sprechen eher über vergangene als über gegenwärtige alkoholische Probleme und Nöte. Unter Alkoholkranken findet man gehäuft alleinstehende Männer, verwitwete und geschiedene sowie Personen der mittleren Einkommensklassen, die offenbar besonders gefährdet sind. Alkoholmißbrauchende haben höhere Testwerte auf den Paranoid- und Depressivitätsskalen, was auf ihre Isolierung und Verstimmung hinweist. Sie haben mehr körperliche Beschwerden als die Kontrollgruppen (Feuerlein 1977).

Die Untersuchungen in Mannheim (Schepank 1986) fanden in Punktprävalenz, d. h. z.Zt. der Untersuchung Alkoholismus bei 2,82%, davon 1,33% als *Alkoholfälle* einzuordnen. Nun ist Alkoholismus offenbar in Industriestädten wie Mannheim eher niedrig anzusetzen. Prävalenzuntersuchungen in Bayern (Dilling s. oben, S. 49) fanden bei ländlicher und kleinstädtischer Bevölkerung in 1,8% schweren Alkoholismus oder Drogenabhängigkeit, in 1,9% der Bevölkerung noch leichtere Formen, wobei *Landgemeinden* gegenüber Kleinstädten drei- bis viermal mehr Krankheitsfälle mit Alkoholkrankheit hatten!

Die wenigsten suchen wegen Alkoholismus einen Arzt auf. Sie erscheinen aber mit den verschiedensten anderen Beschwerden in der ärztlichen Praxis (s. S. 106 ff). Der Anteil von Alkoholkranken in den psychiatrischen Kliniken und Landeskrankenhäusern liegt zwischen 10 und 30%. Darunter sind passagere akute Intoxikationen, Delirien, chronische zerebrale Alkoholschäden und alkoholische Endzustände.

Ursachen. Unter Familienangehörigen von Alkoholikern kann man vermehrt neurotische und psychopathische Persönlichkeiten, vor allem auch Alkoholiker, jedoch keine Häufung von Psychosen beobachten. Vergleicht man eine Gruppe von Kindern aus einem Erziehungsheim, deren biologische Eltern Alkoholiker sind, mit einer von Nicht-Alkoholikereltern, Kindern also, die im frühen Lebensalter von ihren leiblichen Eltern getrennt wurden, so zeigen die Alkoholikerkinder in ihrer Lebensentwicklung signifikant mehr schweren Alkoholismus, auch häufigere diesbezügliche psychiatrische Behandlungen und eine dreimal höhere Scheidungsrate. Es fanden sich aber andere psychiatrische Störungen *nicht* vermehrt. Auch Zwillingsuntersuchungen an eineiigen und zweieiigen Zwillingspaaren zeigen eine deutlich höhere Signifikanz bei eineiigen Zwillingen. Finnische Studien fanden eine Differenz EZ:ZZ von 54:28%, in einer anderen sogar 71:32% für süchtiges Trinkverhalten. Das weist darauf hin, daß zumindest für die Frage der Progredienz des Alkoholismus zur Abhängigkeit *Anlagefaktoren* eine Bedeutung haben (Goodwin). Ein bestimmtes Gen als Marker war nicht festzumachen. Ob hier eine körperliche Affinität vererbt wird (wovon die AA-Mitglieder überzeugt sind) oder ob bestimmte zur Abhängigkeit tendierende Persönlichkeitsmerkmale und psychische Einstellungen weitergegeben werden, ist noch offen. Auch bei den Ehegatten der Trinker tritt Alkoholismus häufiger auf als in der Durchschnittsbevölkerung!

Charakterzüge, die allen Alkoholikern gemeinsam sind, gibt es nicht, doch kehren mit gewisser Regelmäßigkeit bestimmte typische Bilder wieder, wobei immer schon nach Beginn der Gewohnheit zu fragen und damit sekundäre Persönlichkeitsveränderungen abzugrenzen sind. Am häufigsten findet man gerade unter den aktiven bis zur Selbstzerstörung trinkenden Alkoholikern *extrovertierte, kontaktfreudige* Menschen, für die der *Wunsch nach Stärke* und *persönlicher Macht* charakteristisch sein soll, meist wohl in Abwehr einer depressiven Abhängigkeit. Wenn Unsicherheit und Schwäche vorhanden sind, so werden diese in einer *euphorischen Gestimmtheit, großspurigem Auftreten* und *Prahlerei* überspielt. Andererseits gibt es die ausgesprochen selbstunsicheren Alkoholiker, die sich nicht durchsetzen können, ohne Widerstandskraft sind, unfähig, Spannungen, Angst und Enttäuschungen zu ertragen (Frustrationsintoleranz). Dazwischen gibt es zunächst ganz unauffällig wirkende Menschen, Hausfrauen, Ärzte, Handwerker, bei denen man die Neigung zum Alkohol nie vermuten würde.

Psychodynamisch werden Züge von Depressivität mit Tendenzen zur Regression auf *Abhängigkeitsstufen, aber auch Riesenerwartungen, Phantasien der Omnipotenz beschrieben sowie* Tendenzen zur Regression auf orale, in der Kindheit gebahnte Verwöhnung.

◀ Fallbeispiel von Alkoholismus und Arzneimittelmißbrauch: Eine 22jährige Frau von kleiner rundlicher Figur, weich, *passiv* und *gutmütig* wirkend, kommt auf Wunsch und in Begleitung des Ehemannes und der Schwiegermutter in die Klinik zur Entziehung vom Alkohol. Sie hat in den letzten Wochen, wenn sie allein zu Hause war, im Laufe des Tages *eine Flasche Kognak* getrunken. Wie sie selbst sagt, trinkt sie, weil sie sich *allein, leer, überflüssig* fühlt und dabei schreckliche *Angst* hat. Sie möchte am liebsten verschwinden, einfach nicht mehr da sein. Wenn sie getrunken hat, ist sie mutiger, streitbar, begehrt auf, sie wird dann launisch, wie die Familie es nennt.

Sie ist das 4. Kind ihrer Eltern, ein Nachkömmling, von den Eltern *sehr verwöhnt*, d. h., sie bekam von Kindheit an viele *Süßigkeiten* und *viel Geld zugesteckt, sie durfte alles, was sie wollte*. Ein eigentliches Familienleben bestand nicht, die Eltern, Besitzer eines Gemüsegeschäftes, standen beide beim Morgengrauen auf, um in die Markthalle zu fahren, waren dann bis spät am Abend in ihrem Laden beschäftigt. Die Patientin war *sich allein überlassen*, wurde als junges Mädchen sehr dick, die Ärzte sollen gemeint haben, „die Drüsen arbeiten nicht", und es wurde ihr ein Weckamin (Preludin) verordnet. Sie merkte, daß es ihr auch gegen *ihre Verstimmungen und ihre Angst half*, und sie nahm nach kurzer Zeit bis zu 20 Tabletten am Tag. Als sie vor einem Jahr heiratete, gab sie auf Wunsch des Mannes dieses Mittel auf, was zu schweren Angstzuständen führte, sie sah Gestalten und hörte Stimmen vor dem Haus (offenbar ein Entziehungsdelir). Danach kam sie aber bald an den Alkohol, da ihr Mann und seine Eltern ebenfalls ganz durch ihr Geschäft in Anspruch genommen waren und sie meistens allein in der Wohnung saß. Als sie einmal mit ihrem Mann 3 Wochen auf Urlaub war, den ganzen Tag in seiner Nähe, nahm sie keine Tabletten und trank nichts. Wieder zu Hause, kam sie erneut an den Alkohol. Sie ist in der Ehe in der gleichen Situation wie in ihrem Elternhaus, dabei zu weich, um sich gegen diese Lebensführung zu wehren, sie muß sich ihre Angst und ihre Unzufriedenheit betäuben. Sie fühlt sich am Rande der schwiegerelterlichen Familie, wagt aber nichts, gegen die dominierende Schwiegermutter zu sagen. Ihre versteckten aggressiven Phantasien vermag sie nicht zu äußern. Wenn aber das Telefon geht, wird sie von der panischen Angst ergriffen, es sei ihrem Mann ein Unfall zugestoßen und es komme die Nachricht von seinem Tod, sie sei jetzt ganz allein! Anlaß zur Vorstellung war jetzt, daß sie schließlich, um sich Geld für Kognak zu beschaffen, aus der Geschäftskasse ihres Mannes und ihrer Schwiegereltern wiederholt Geld entwendete. Als das mit Hilfe der Kriminalpolizei, die Geld präpariert hatte, entdeckt wurde, unternahm sie einen *Selbstmordversuch*, der allerdings nicht sehr ernsthaft war.

Behandlung: Zusammen mit der Entziehung sowie der Einstellung und nachfolgenden Kontrolle absoluter Alkoholabstinenz wurde eine fokale Kurzpsychotherapie durchgeführt: Durch Aussprachen mit dem Ehemann wird Einfluß auf die häusliche Situation genommen, seine Abhängigkeit von den Eltern und vom Geschäft etc. Zugleich wurde im psychotherapeutischen Gespräch die kindliche Bindung an die Eltern, die sie auf die Schwiegereltern übertragen hatte, bearbeitet. Sie wurde *selbstbewußter, wagte erstmals ihre Ansprüche anzumelden* , ihre Stellung erfuhr eine Aufwertung.

Die *Tendenz zur Sucht* ist hier sehr ausgeprägt, aber auch die oralen Züge der passiven und ohnmächtig aggressiven Abhängigkeit von der Ursprungsfamilie. ▶

Schwer belastete Menschen, die mit ihren Kindern unter den vorher nicht erkannten Neigungen ihre Mannes leiden, findet man unter den Ehefrauen. Es gibt aber auch beherrschende Mutterfiguren, *aggressiv dominierende* Frauen, die ihren Mann wie ein Kind dirigieren und ihn schon in dem Bewußtsein geheiratet haben, nur einen Alkoholiker als Mann zu haben. Daneben gibt es den *masochistischen Typus* von Ehefrauen, die ihren trinkenden Mann als lebenslange Aufgabe angenommen haben und ihn durch ihre selbstlose Hilfe bessern wollen.

Die wichtigsten *Abwehrformationen* des Alkoholikers sind in bezug auf die alkoholischen Exzesse selbst die der *Verleugnung*, der *Bagatellisierung* und der *Verschiebung*. Es ist kaum möglich, von einem Alkoholiker, der noch trinkt, wirklich genau zu erfahren, wieviel er trinkt. Gewöhnlich gibt er an, auch nicht mehr als die anderen zu trinken, die staubige Arbeit, die durstige Leber werden entschuldigend angeführt. Entlastend sind auch Projektionen und Hinweise auf die anderen, die ihn animiert haben. Der Rausch selbst ist oft von Omnipotenzphantasien begleitet.

Diagnose. Alkoholkranke gehen mit den verschiedensten Beschwerden zum Arzt. Sie erscheinen vor allem mit *Appetitverlust, Gewichtsabnahme, Erbrechen* und *Magenbeschwerden* (Symptome der Leberzirrhose und der alkoholischen Gastritis), kardialbedingter Atemnot und Herzrhythmußtörungen (alkoholische Kardiomyopathie) mit *Mißempfindungen, Schmerzen, Taubheit in den Beinen* (alkoholische Polyneuritis).

Wichtig ist, daß der Arzt überhaupt an Alkoholschäden denkt und danach fragt. Eine wirklichkeitsgerechte Orientierung über den Alkoholkonsum ist u. U. erst durch eine Fremdanamnese zu erwarten. Es wurden Fragebogen entwickelt, die *für den Arzt wie den Patienten hilfreich* sind: in 20 Items kann er selbst, in 7 Items können Arzt und Angehörige ermitteln, ob es sich bei dem Befragten um einen Alkoholiker, einen Nichtalkoholiker oder um Alkoholismusverdacht handelt (Feuerlein 1977).

Behandlung. Für die therapeutische Strategie und ihre Grundprinzipien wurden einige Leitsätze zusammengefaßt (S. Wieser):

Das *Totalitätsprinzip* besagt, daß es zunächst darauf ankommt, alle körperlichen, seelischen und sozial gestörten Bereiche einzubeziehen, um den Kranken zur vollkommenen *Abstinenz* zu bewegen. Ziel ist es, die seelischen und körperlichen Beschwerden zu beseitigen und unter Einbeziehung von Familie und Berufsfeld eine Eingliederung zu erreichen.

Das *Pluralitätsprinzip* weist auf den *multidisziplinären Ansatz* jeglicher Alkoholikertherapie hin, nach dem das gesamte vorhandene ambulante und stationäre therapeutische *Instrumentarium* zu nutzen ist.

Das *Permanenzprinzip* besagt, daß die therapeutische Ausrichtung *ständig fortwirken* muß, weil weiterhin für dauernd eine Gefährdung besteht. Dabei ist auch das Gewicht einer personalen Bindung an einen Therapeuten und Berater für dauernd zu nutzen.

Allgemeines: Steht fest, daß es sich nicht um einen unachtsamen oder gewohnheitsmäßigen Mißbrauch von Alkohol, sondern um einen zur Sucht tendierenden Fall von Betäubungsalkoholismus handelt, so ist eine *feste* und *konsequente ärztliche Haltung* und *Führung* angezeigt. Die vollständige Abstinenz ist das unmittelbare Ziel der ärztlichen Einwirkungen, auch wenn der Arzt damit rechnen muß, daß der Patient wiederholt rückfällig werden kann. Ganz falsch ist es, bei diesen Trinkern Ratschläge zu geben, wie: „Sie müssen mäßig trinken, 1 oder 2 Flaschen Bier täglich." Oder: „Sie müssen die scharfen Sachen, Schnaps usw. meiden, müssen sich an schwach alkoholische Getränke halten!" Erreicht der Patient nicht in kurzer Zeit die Alkoholabstinenz oder ist er überhaupt schon zu fest im Teufelskreis der Sucht verfangen, so ist eine klinische Aufnahme zur *Entgiftung* unbedingt notwendig. Der Arzt muß Einfluß und Autorität über den Patienten gewinnen, ihn an sich binden, dabei auch seine reale Situation mitkontrollieren. Gewöhnlich kommt es nach kurzer Zeit zu Rückfällen, sie sind von vornherein einzuplanen. Gefährlich ist ein Narzißmus des Arztes, der meint, ihm zuliebe habe der Patient seinen Alkoholkonsum schon ganz aufgegeben. Ebensowenig hilft eine moralisierende und verurteilende Haltung, vor allem bei Rückfällen. Alkoholiker haben ohnehin ein schlechtes Gewissen, um es zu betäuben, trinken sie.

Unzutreffend ist die immer wieder auftauchende Vorstellung, Alkoholsuchtkranke könnten es erreichen, *kontrolliert* zu trinken. Viele Suchtkranke täuschen sich darüber und versuchen, etwa im Anschluß an eine mehrmonatige Entziehungskur, wieder mäßig zu trinken. Ein Drittel von ihnen kann dann schon nach dem ersten Glas die Alkoholaufnahme nicht mehr steuern, es tritt sofort ein Kontrollverlust ein. Bei einem weiteren Drittel tritt dieser Kontrollverlust nach 4–8 Wochen ein, ein letztes Drittel kann diesen Kontrollverlust etwa ein Jahr oder zwei Jahre hinausschieben. Der Zeitpunkt des Rückfalls ist von der psychischen Stabilität abhängig, die wiederum eng mit der Stabilisierung der sozialen Situation zusammenhängt.

Psychotherapie. Es besteht praktisch Übereinkunft, daß analytische oder tiefenpsychologische Psychotherapie nicht indiziert ist und keine Aussicht auf Erfolg bietet. Alle Einsichten verhelfen gewöhnlich nicht zu dem, worauf es allein ankommt: *aufzuhören zu trinken. Gruppentherapie* hat nur dann Aussicht auf Erfolg, wenn es sich um homogene *Alkoholikergruppen* handelt, also Gruppen von Menschen, die dieses zentrale Lebensproblem gemeinsam haben. Schon vor einem nichtalkoholischen Arzt oder Psychologen als Patient zu sitzen, ist für viele eine schwer übersteigbare Demütigung. Angebotene und in Anspruch genommene

Kontakte mit Selbsthilfegruppen im Anschluß an die Entwöhnung führt zu einer deutlich längeren Abstinenz in den nächsten Jahren als der gewöhnliche Entzug. – Es gibt allerdings auch alkoholisch Kranke, die nach einer Entwöhnung und im Rahmen der Reababilitationsphase voll auf ihre seelischen Schwächen und Selbstwertprobleme stoßen. Sie können von einer situations- und konfliktzentrierten Kurzzeitpsychotherapie tiefenpsychologischer oder verhaltentherapeutischer Prägung Halt und Sicherheit für die weitere Zeit gewinnen.

Vereinigung der Anonymen Alkoholiker (AA) – Abstinenzverbände. Eine sich auch in Europa rasch verbreitende Selbsthilfeorganisation ist die Vereinigung der Anonymen Alkoholiker. Sie rekrutiert sich ausschließlich aus früheren Trinkern, sie arbeitet ohne staatliche oder sonstige private Unterstützung. Die Psychologie des Trinkers und die Klippen auf dem Weg zum Nüchternwerden sind hier aus souveräner Kenntnis der Lage des Alkoholkranken angesprochen. In 12 Stufen wird der Heilungsweg durchschritten, er geht vom süchtigen Trinker zum nichtaktiven Trinker. Am Anfang steht die Einsicht, daß man Alkoholiker ist, daß der Alkohol stärker ist, daß man allein und aus eigener Kraft nicht freikommt, daß man die Macht über sich verloren hat und daß eine Macht, die größer ist, helfen muß. Die Entwicklung geht über die Einsicht, daß kein Alkoholiker allein mit seinem Problem fertig werden kann, daß Nüchternheit für den Alkoholiker nur in der Gruppe zu finden ist. Nur der Alkoholiker versteht den Alkoholiker, nur der Alkoholiker kann dem Alkoholiker helfen; schließlich die Erkenntnis: der Alkoholkranke ist nie geheilt, er ist immer in Gefahr, das erste Glas wirft ihn wieder voll in seine Krankheit zurück. Er kann höchstens nichtaktiver Trinker werden, und er ist entweder abstinent oder aktiver Trinker, er kann nie mäßig trinken.

In der Bundesrepublik Deutschland gibt es in allen kleinen und großen Städten meist mehrere Gruppen mit vielen aktiven Mitgliedern. Der Arzt kann seinen Patienten eine wichtige Hilfe leisten, indem er sie mit dieser Gruppe zusammenbringt und seine Patienten bei dem schwierigen ersten Schritt der Annäherung kräftig motiviert. Die Anschrift der verschiedenen Gruppen der AA ist erhältlich durch das zentrale Dienstbüro: Postfach 46 02 27, 8000 München 46. – Es gibt in Deutschland weiter eine große Zahl konfessioneller und nichtkonfessioneller Fürsorgeeinrichtungen, Abstinenzverbände, Hilfsorganisationen. Entscheidend, ob die Patienten dort heimisch werden und eine Hilfe erfahren können, ist die Motivation, die der Patient durch den Arzt bei der Überweisung dahin erfährt. Der überweisende Arzt muß mit seiner ganzen persönlichen Autorität vertreten, daß der Patient und seine

Angehörigen die Beratungsstelle aufsuchen, Ort und Termin selbst für den Patienten festmachen und die Verbindung auch über die häufigen Rückfälle hinweg mit ihnen halten.

Die Anschrift von Beratungsstellen und Trägergruppen sowie von Fachkrankenhäusern für Suchtkranke(Alkoholiker und Drogenabhängige!) ist erhältlich durch die Geschäftsführung der Deutschen Hauptstelle gegen die Suchtgefahren (DHS), 59003 Hamm, Posfach 13 69.

Behandlungsergebnisse. Die Behandlungsergebnisse der verschiedenen Einrichtungen und Therapieformen zu vergleichen ist kaum möglich, da klinische und ambulante Einrichtungen, praktische Ärzte und Nervenärzte, Psychotherapeuten und Mitarbeiter einer Beratungsstelle Alkoholiker von unterschiedlicher Ausprägung der Krankheit und Prognose haben. Bemerkenswert sind Beobachtungen, daß es offenbar eine Gruppe von abstinenzreifen Patienten gibt, die nach einem Gesprächskontakt von einigen Tagen mit einem Arzt im Rahmen einer intensiven therapeutischen Beziehung im Trinkverhalten nach 2–5 Jahren in beinahe 50% gebessert gefunden wurden. Es wird auch berichtet, daß in vereinzelten Fällen schon eine Begegnung mit dem Arzt und die Teilnahme an wenigen Gruppensitzungen ausreichen könne, um eine Erschütterung und Wandlung im Kranken, auf die es letztlich allein ankommt, herbeizuführen. Solche zu schön klingenden Besserungen sind allerdings immer durch Fremdanamnesen zu stützen! Alkoholkranke, die zu den Anonymen Alkoholikern stoßen, sich hier festbeißen und gute Behandlungsergebnisse haben, stellen sicher auch schon eine Auslese an Motivierbarkeit dar.

Alkoholiker-Fachkliniken berichten über 40% „gebesserte", wobei allerdings darauf zu bestehen ist, daß die entscheidende Besserung bei Abhängigen nur über die vollkommene Abstinenz zu erreichen ist. Die Behandlungsergebnisse von Alkoholiker-Heilstätten mit zwangsweise eingewiesenen, meist chronifizierten und uneinsichtigen Krankheitsfällen sind naturgemäß die schlechtesten, die Abstinenzquoten nach einigen Jahren liegen zwischen 10 und 20%. Schon bei freiwillig dort behandelten Patienten ist die Erfolgsziffer höher.

Gerade die Kerngruppe der exzessiven, süchtigen, aber für extravertierte Gruppenaktivität motivierbaren Betäubungstrinker scheint auf die Anonymen Alkoholiker noch gut anzusprechen. Die *Behandlungserfolge* nach dem American Board of Alcoholism: 5 Jahre, nachdem sie zu den AA gestoßen waren, waren von 450 Alkoholikern *32% ganz ohne Rückfälle, 32% hatten Rückfälle noch im ersten Jahr,* 17% später noch gelegentlich Rückfälle, 19% häufige Rückfälle.

Drogenabhängigkeit und Medikamentenmißbrauch

(ICD 10 F1x.1 Schädlicher Gebrauch – F1x2 Abhängigkeit von Drogen
DSM III R 304 Mißbrauch – 305 Abhängigkeit von Arzneimitteln und Drogen)

Unter *Drogenabhängigkeit* (auch Toxikomanie usw.) wird ein Zustand *seelischer und/oder körperlicher Abhängigkeit* von Substanzen verstanden, die über das Nervensystem gezielt eingesetzt auf das seelische Befinde einwirken. Unter *Medikamentenmißbrauch* werden die Fälle gefaßt, die solche Substanzen über längere Zeit nehmen und sich gesundheitliche Schädigungen zuziehen, ohne daß ein solcher Zwang vom körperlichen Zustand (noch) besteht. Benutzt werden vor allem Substanzen, durch die über das zentrale Nervensystem eine *euphorisierende, entspannende* oder *dämpfende Wirkung* und ein *rauschähnlicher, schwebender Zustand* eintritt. Gewöhnlich hat die Einnahme auch die Funktion, von den Anforderungen und Konflikten der Realität zu entlasten. Medikamente werden dem ursprünglichen therapeutischen Zweck der Schmerzbekämpfung, Schlaferleichterung und Anregung entfremdet, wobei die euphorisierenden und betäubenden Wirkungen die weitere Einnahme motivieren. Wenn bei manchen Weckmitteln zunächst eine anregende, leistungssteigernde und extravertierende Wirkung dieser Mittel gesucht wird, so ist diese doch nicht von Dauer. Der gewohnheitsmäßige Gebrauch und vor allem die Steigerung der Dosen lassen diese günstigen Wirkungen bald in den Hintergrund treten. Dämpfung, körperliche und psychische Erschöpfung und der über die Realität hinweghebende Rausch bestimmen auch hier das Bild. Vor allem bei längerem Gebrauch kann es zu einem Nachlassen der seelischen und körperlichen Spannkraft, der Konzentration und unter dem Druck schwerer Abhängigkeit zu einem *Abbau der ethischen Maßstäbe* kommen: Neigung zu Betrügereien, um Suchtmittel zu erlangen, Diebstählen, Gewalttaten usw.

In den letzten 10 Jahren ist bei den Drogenabhängigen von Morphinderivaten, die sich ihre Substanz injizieren, eine *dramatische Verschlimmerung ihrer Lage* durch die unter ihnen weit verbreitete und bei Mehrfachgebrauch der Spritzen weitergegebene *HIV-Infektion eingetreten.*

Es gibt eine große Zahl von Mitteln, die zudem ständig einem modischen Wechsel unterworfen sind, Gruppenbewegungen und die jeweilige verführende äußere und innere Situation sind individuell einführend. Meskalin, von dem seit 60 Jahren durch Selbstversuche von Psychiatern bekannt war, daß es neben einem Rauschzustand eine Modellpsychose mit reichen optischen Halluzinationen und Ich-Entgrenzungen der Persönlichkeit provozieren kann, erfährt gegenwärtig als LSD (Lysergsäurediäthylamid) ein Wiederaufleben. Neu auftauchende Medikamente sind meist schon weit verbreitet, bis ihre Suchtwirkung bekannt wird und sie unter strenge Arzneimittelpflicht gestellt werden können. Gesetzliche Eingriffe und Modeströmungen führen zu einem immer neuen und wechselnden Angebot. Die früher im Vordergrund stehenden Morphine und Morphinderivate waren durch die Gesetzgebung in den meisten Ländern zurückgegangen, haben in den letzten Jahren vor allem in den USA wieder weite Verbreitung gefunden. An ihre Stelle traten *Hypnotika, Analgetika und vor allem Tranquilizer* (Benzodiazepine). Unter immer neuen Namen kommen Stimulantien auf den Markt, und einige Jahrzehnte standen die sog. *Weckamine* an der Spitze. Sie erscheinen in Präparaten, die zur Abmagerung, zur Überwindung von Examensmüdigkeit oder bei Sexualstörungen angeboten werden.

Drogenmißbrauch und -abhängigkeit

Seit 20 Jahren ist es zur Mode geworden, vor allem unter den Jugendlichen der Großstädte in den westlichen Industrieländern, Erfahrungen mit Rauschmitteln wie *Haschisch* zu machen. Es führt zu einer euphorisierenden Stimmungslage und Erfahrungen, die bereits Beaudelaire gekannt und beschrieben hat. Für Jugendliche ist mit dem Haschischgenuß, der die reale Umwelt für eine Zeit zurücktreten läßt, heute gewöhnlich die Zielvorstellung verbunden, *aus der Welt des Normalen auszusteigen* und in ganz neue Erfahrungen und Erlebnisse einzutreten, eine „Bewußtseinserweiterung" zu erfahren. Seine Wirkung ist dabei am ehesten mit der des Alkohols zu vergleichen, sie läßt aber meist bald nach, läßt sich dann auch durch Steigerung nicht mehr erzielen, beinahe alle steigen dann aus. Unter den 12- bis 29jährigen gaben 1990 13,5% der Männer und 7,3% der Frauen Haschischgenuß an (R. Simon). Die Gefahr des Haschischgenusses liegt weniger in seinem vorübergehenden oder auch chronischen Gebrauch, obwohl vereinzelt Intoxikationen mit Kreislauferscheinungen und halluzinatorisch-paranoide Zustandsbilder mit Angst und Depersonalisation eintreten können. Die größere Gefahr ist, daß Haschisch zur *Einstiegsdroge* zur *Polytoxikomanie* wird, was etwa bei einem Drittel der Konsumenten der Fall ist (Alkohol, LSD etc.). Es fällt auch auf, daß unter den jungen Männern, die wegen einer schizophrenen Erkrankung in klinische Behandlung kommen, sehr häufig Haschischgebrauch in der Vorgeschichte auftaucht. Ob hier nur strukturschwache, schon gefährdete Menschen im Vorfeld dieser Entlastung den Rückzug von einer unzugänglichen Welt suchen oder ob die Drogenerfahrung selbst in dieser biologischen Umbruchphase der Pubertät und Adoleszenz destrukturierend wirkt, ist noch eine offene Frage. Nach dem Haschisch werden gewöhnlich dann LSD und Kokain, schließlich Morphium und Heroin sowie Stimulantien genommen.

Ursächlich sind, was den Gebrauch von Drogen überhaupt betrifft, Umwelteinflüsse bestimmend, eben die jeweils modisch hochbewerteten Mittel und Verhaltensweisen der peer group. Ob es dann zu einem chronischen und zwanghaften Gebrauch bis zur Selbstschädigung kommt, scheint mehr von biologischen und psychologischen Faktoren der Ausgangpersönlichkeit abzuhängen, d. h., ob die jungen Menschen in den Krisen ihrer Entwicklungszeit gegenüber dem Drogenangebot empfänglich sind oder ihm widerstehen können.

Opiate und deren Abkömmlinge werden heute therapeutisch noch zur Schmerzbekämpfung bei schweren Körperkrankheiten eingesetzt. Sie sind in der westlichen Welt zu den *gefährlichsten Rauschmitteln* geworden. Heroin etwa wirkt euphorisierend und dabei sexuell erregend, löst Angst- und Spannungszustände, die Umwelt erscheint in schöner Färbung. Die Fixer applizieren sich gewöhnlich selbst Heroin und Stimulantien mit Injektionen, was früher schon häufig zu Leberschädigungen führt und heute eben auch bei dem häufigen „multiplen" Spritzengebrauch, zu HIV-Infektionen. Bei schlechten Präparaten und Überdosis kommt es nicht selten direkt zu Vergiftungen mit Todesfolge. Die Zahl der Drogentodesfälle in der Bundesrepublik Deutschland und Westberlin ist von 29 Fällen im Jahr 1970 auf 623 Fälle 1979 angestiegen, sie lag 1990 bei 1480, blieb in den letzten Jahren etwa auf diesem Stand. Sie liegt wie der Heroingebrauch in seiner Prävalenz noch weit hinter den USA zurück, ist aber von der entstehenden Gefahr und den Kosten immer noch hoch anzusetzen. Für die letzten Jahre wird wieder ein *verstärkter Haschischmißbrauch*, eine Konstanz der Zahl Heroinabhängiger und ein deutlicher Anstieg von Kokainabhängigkeit registriert (Keup) (s. dazu S. 270).

Die *Behandlung* der meist noch jungen *Drogensüchtigen* liegt nicht allein in der Entgiftung und in Durchsetzung der Abstinenz. Gerade wenn man bei diesen jungen Menschen ihre Krankheit als einen Teil einer Lebensgeschichte und mißglückten Sozialisation in einer selbst von Krisen geschüttelten Gesellschaft sieht, ist sie auch nicht hoffnungslos (Ladewig 1987). Es werden von diesem erfahrenen Kenner eine in mehreren Schritten erfolgenden, umfassendsen Lern-und Umstimmungsprozeß beschrieben, dessen Voraussetzung beim Betroffenen auch nicht bloß Willen zur Drogenfreiheit, sondern Veränderungsbereitschaft ist. Es werden in einem längeren Gang einmal verschiedene verhaltenstherapeutische Techniken eingesetzt, aber offenbar auch gleichzeitig berufliche Aufgaben gestellt. Psychotherapie ist hier Hilfe zu Selbsthilfe, gerade in dem dringlich werdenden Bereich von bisheriger und zukünftiger Arbeit und zu findender Selbstakzeptanz. Von Therapeut und Patient ist ein wichtiges Therapieziel dabei, wie Ladewig betont, für die gesunden Seiten offen zu sein.

Seit nun 30 Jahren werden Erfahrungen mit dem Opiatabkömmling Methadon als Substitutusprogramm gesammelt. Es bindet die Anhängigen an ein ärztlich kontrolliertes System von Injektionen mit diesem Mittel, das die Empfänglichkeit für Heroin und damit die Abhängigkeit für eine Zeit aufhebt oder zumindest mildert. Es wird nur eingesetzt bei Abhängigen, die ein völliges Entzugsprogramm verweigern, scheint zumindest bei den regelmäßig Teilnehmenden den weiteren Abstieg in die Kriminalität und das HIV-Risiko zu mindern.

Erfahrungen mit analytischer Psychotherapie liegen nicht vor, deren Krankheitstheorien und Behandlungsziele bieten hier wenig Ansatzpunkte. Auch von Gruppentherapie in nicht homogenen Gruppen ist bei Drogensüchtigen kaum etwas zu erwarten, ihre Schwierigkeiten sind zu speziell, als daß sie in einer allgemeinen Gruppentherapie profitieren könnten. In den Vereinigten Staaten gibt es *Selbsthilfeorganisationen,* ähnlich den Anonymen Alkoholikern, die ganz auf Toxikomane ausgerichtet sind: Narcotics Anonymous, in Deutschland Synanon mit bemerkenswerten Erfolgen.

Medikamentenmißbrauch

Menschen, die zum Gebrauch von Arzneimitteln im Rahmen einer Krankheit kommen oder auch in angespannten beruflichen Situationen zu Weckmitteln oder Betäubungsmitteln tendieren, verbinden gewöhnlich differenzierte Zielsetzungen damit. Doch sind nicht nur Hypnotika, Analgetika und Stimulantien untereinander *austauschbar*, es gibt auch Übergänge von nichtalkoholischem Suchtmittelgebrauch zum Alkoholismus. Umgekehrt greifen nicht wenige geheilte Alkoholiker zu nichtalkoholischen Suchtmitteln.

Von *Abhängigkeit* spricht man auch hier, wenn die körperlichen Erscheinungen dazu zwingen, steigende Dosen zu nehmen, um den gleichen Effekt zu erreichen, und wenn bei Absetzen des Mittels gefährliche Entziehungserscheinungen auftreten.

Gesundheitspolitisch ebenso wichtig wie die Erkennung der großen Suchtformen, die ein sehr spezielles Problem darstellen, ist die Früherfassung der versteckten Formen von *Arzneimittelmißbrauch*, die in der Stille unheilvolle Wirkungen entfalten. Es sind die Schädigungen, mit denen alle behandelnden Ärzte in Verbindung stehen und für die sie nicht selten selbst durch ihre Verordnungen verantwortlich sind.

Der Mißbrauch der hier in Frage kommenden Medikamente ist in den letzten Jahrzehnten sprunghaft gestiegen, wobei neben Betäubungsmitteln und Schlafmitteln eine Welle von Mißbrauch mit *Diazepinpräparaten* zu verzeichnen war. Für die letzten Jahre soll dagegen bei letzteren eine weniger häufige Verordnung zu verzeichnen sein. Vor 30 Jahren praktisch noch unbekannt, war *jeder 4. Patient in bestimmten Altersgruppen mit zumindest psychischer Abhängigkeit von Benzodiazepinpräparaten* bedroht. Die höchste Abhängigkeitsfrequenz haben Medikamente, deren Abbau im Organismus am längsten Zeit benötigen. Die Verantwortung für diese Entwicklung liegt eindeutig bei den diese Medikamente zu leicht verschreibenden Ärzten, die in Versuchung stehen, sich damit die Patienten auch zu erhalten. Der Umsatz der öffentlichen Apotheken an Benzodiazepinpräparaten lag 1980 bei 400 Millionen im Jahr und nähert sich jetzt über einer Milliarde. Dabei soll die positive Wirkung vieler Diazepinverordnungen bei Angstkrankheiten, Schlafstörungen gerade älterer Menschen und auch bei manchen weiteren seelischen Störungen nicht vergessen werden. Die körperlichen Nebenwirkungen auf Herz- und Kreislauf sind gering, die Gewöhnung tritt relativ langsam ein. Negativ bei alten Menschen, daß die Vigilanz und damit die körperlichen Bewegungen reduziert werden, es droht ein Dämmern unter einer „Glasglocke".

Auslösend für den ärztlich veranlaßten und zunächst kontrollierten Gebrauch von Psychopharmaka sind durchweg körperliche Erkrankungen meist schwerer Art, Operationen mit Behinderungen und oft zu lange verordneter Bettlägerigkeit. Auch psychologisch motivierte Verstimmungen und Erschöpfungszustände, Kopfdruck, Kopfschmerzen und Schlaflosigkeit stehen am Anfang des Mißbrauchs von Schmerz- und Schlafmitteln. Der anfängliche Nebeneffekt, eine schwebende konfliktdämpfende Gestimmtheit, wird bald das Hauptziel der Einnahme. Berufliche Belastungssituationen, Prüfungen. Verführung und schließlich Gewöhnung spielen bei all diesen Mitteln eine Rolle.

Häufigkeit. Eine neue Repräsentativerhebung 1990/1 in den alten und neuen Bundesländern der BRD erfaßte über 20 000 Männern und Frauen zwischen 12 und 33 Jahren und befragte sie zum früheren und gegenwärtigen Drogenkonsum (Simon u. Wiblishauser 1993). In den neuen Bundesländern waren die Drogenerfahrungen sehr gering und betrafen ausschließlich Haschisch. In Westdeutschland war zwischen 1986 und 1990 die Gruppe mit Drogenerfahrung von 12,1% auf 16,1% angestiegen! In den letzten 12 Monaten hatten nur 4,8% Drogen genommen, als „härteste" Haschisch, 0,3% Kokain, 0,2% Opiate. Zahlenmäßig ist das nicht viel, wenn man es mit den USA vergleicht, die 7,3% Prävalenz bei Kokainkonsum haben. Es sind dopppelt soviel Männer als Frauen beteiligt, die jüngeren Altersgruppe von 12–24jährigen ist doppelt so häufig aktiv als die älteren. Wenn im Einzelfall die Gefährdung auch groß und die Prognose nicht günstig ist, so stellt die Toxikomanie zahlenmäßig in der BRD noch kein dem Alkoholismus vergleichbares Problem dar. 1982 machten die aus stationären Einrichtungen der BRD entlassenen suchtkranken Alkoholiker 92,4%, die Medikamentenabhängigen aber nur 2,9% aus. Die *HIV-Infektionsverbreitung* unter Drogenabhängigen wirft auf diese Zahlen noch ein anderes Licht.

Ursachen. Nur ein kleiner Teil der großen Zahl von Menschen, die heute mit Schmerzmitteln, Schlafmitteln, Weckmitteln usw. in Berührung kommen, ist suchtgefährdet. Die Suche nach einem körperlichen Faktor, der diese Suchttendenz begründet, ist hier aber ebensowenig erfolgreich gewesen wie beim Alkoholismus. Der Faktor scheint in der Gesamtstruktur der Persönlichkeit zu liegen. Das Persönlichkeitsbild der Toxikomanen ist bunter, im einzelnen auch differenzierter als das der Alkoholiker. Es handelt sich durchweg um sensitive, stimmungslabile, meist ängstlich-selbstunsichere Menschen. Sie sind gewöhnlich wenig durchsetzungsfähig, übersensibel, sie leiden stark unter allen nur möglichen Spannungen und Konflikten, unter ihrem eigenen Unvermögen wie auch unter Schicksalsschlägen. Sie sind Stimmungen wie auch der äußeren Lebenssituation mehr ausgeliefert als andere.

Diagnose und Differentialdiagnose. Die Diagnose der ausgebildeten Suchtformen ist relativ leicht, wenn man daran denkt und sich durch persönliche Sympathien oder Mitleid nicht von seinem Verdacht und einer Untersuchung abbringen läßt. Eine klinische Untersuchung und Entziehung ist kaum zu umgehen. Weniger leicht ist die Grenze zwischen harmlosem gewohnheitsmäßigem Gebrauch und gefährlichem Mißbrauch zu ziehen. Fremdanamnesen sind wichtig, Urin- und EEG-Untersuchung kann weiterhelfen..

Behandlung. Bei *Medikamentenabhängigkeit* ist zunächst abzuwägen, welche positiven, für die Lebensqualität vielleicht noch wesentlichen Effekte mit dem Medikament verbunden sind, bevor man mit dem Patienten den weiteren Behandlungsplan für Minderung oder völligen Entzug des Arzneistoffes bespricht und dann als gemeinsame Aufgabe unternimmt. Dabei sind auch die zu erwartenden Entziehungserscheinungen bei langsamen Ausschleichen und bei schnellem Entzug zu besprechen, bei Diazepinen die Schlafstörungen und die möglichen und notwendigen körperlichen Übungs- und Trainingsprogramme zu planen. Die Veränderung stellt hohe Anforderungen an eine gute und belastungsfähige Beziehung von Arzt und Patient. Vorübergehendes Herausnehmen aus Beruf und familiären Belastungen, Nutzen von Urlaubstagen, Ferien und eine fremde Umgebung können auch hilfreich sein.

Literatur

Ainswort, M. (1978): Patterns of Attachment. Hilsdale N.Y

Anonyme Alkoholiker: Ein Bericht, wie viele Tausend Männer und Frauen vom Alkoholismus genesen sind. Alcoholic Anonymous Publishers, New York 1955

Anonyme Alkoholiker: Informationen für die Öffentlichkeit, München 1989

v. Baeyer, W. (1961): Erschöpfung und Erschöpftsein. Nervenarzt 32, 193–199

v. Baeyer, W., H. Häfner, K.P. Kisker (1964): Psychiatrie der Verfolgten. Springer, Heidelberg

v. Baeyer, W.: Zur Statistik und Form der abnormen Erlebnisreaktion in der Gegenwart. Nervenarzt 119 (1948) 402

Balint, M.: Der Arzt, sein Patient und die Krankheit. Klett, Stuttgart 1965

Beck, A.T. (1981): Kognitive Therapie der Depression. Urban & Schwarzenberg, München

Becker, H., W. Senf (1988): Praxis der stionären Psychotherapie. Thieme, Stuttgart

Benedetti, G. (1977): Das Borderline-Syndrom. Nervenarzt 48, 641–650

Beutel, M. (1988): Bewältigungsprozesse bei chronischen Erkrankugen.Edition Medizin VCH, Weinhem

Binder, H. (1962): Der psychopathologische Begriff der Neurose. Schweiz. Arch. Neurol. Psychiat. 89, 185

Bischof, N. (1985): Das Rätsel Ödipus. Piper, München

Bischof-Köhler, D. (1989): Spiegelbild und Empathie. Huber, Bern

Blankenburg, W. (1974): Hysterie in anthropologischer Sicht. Prax. Psychother. 29, 262–273

Blankenburg, W. (1974): Ein Beitrag zum Normproblem. In W. Bräutigam (Hrsg.): Medizinisch-psychologische Anthropologie. Wiss.Buchges., Darmstadt 1980

Bochnik, J. (1961): Faktoren nichtpsychotischer Erschöpfungs- und Versagenszustände. Forum der Psychiatrie 2

Bommert, H. (1986): Gesprächspsychotherapie, psychiatrische Aspekte. In: Psychiatrie d. Gegenwart 1,307–3029, Springer, Heidelberg

Bouchard, T. et al. (1990) Sources of human psychological differences: the Minnesota study of twins reared apart. Science 250, 223–250

Bouchard, T., N. McGue (1990): Genetic and rearing environmental influences on adult personality: an analysis of adopted twins reared apart. J. Personality 58, 263–292

Bowlby, J. (1969): Attachment and Loss. Hogarth, London (dt. Bindung, 1975 Kindler, München)

Bowlby, J. (1973): Separation, Anxiety and Anger. Hogarth, London (dt. Trennung, 1976, Kindler, München)

Bräutigam, W. (1980): Zur Dokumentation psychosomatischer und neurotischer Krankheiten. Z. psychosom. Med. 26, 301–315

Bräutigam, W. (1983): Beziehung und Übertragung in Freuds Behandlungen und Schriften. Psyche 37, 116–127

Bräutigam, W. (1990): Ursachenfragen bei neurotischen Erkrankungen. Zsch. psychosom. Med. 36, 195–209

Bräutigam, W. (1991): Bindung und Sexualität in psychoanalytischen Theorien und in der Praxis. Psychother. Psychosom. med Psychol. 41, 295–305

Bräutigam, W, W. Knauss, H.H. Wolff (Hrsg.) (1983): Erste Schritte in der Psychotherapie. Springer, Heidelberg

Bräutigam, W, W. Senf, H. Kordy (1990): Wirkfaktoren psychoanalytischer Therapien aus der Sicht des Heidelberger Katamneseprojektes. In H.Lang: Wirkfaktoren der Psychotherapie

Bräutigam, W., P. Christian, M. von Rad (1992): Psychosomatische Medizin. Thieme, Stuttgart

Bronisch, Th. (1992): Die depressive Reaktion. Springer, Heidelberg

Ciompi, L. (1982): Affektlogik. Klett, Stuttgart

Cooper, B., U. Sosna: Psychische Erkrankungen in der Altenbevölkerung: Eine epidemiologische Feldstudie in Mannheim. Nervenarzt 54, 239–249

Degkwitz, R. (1986): Der Begriff Reaktion in der Psychiatrie und seine Bedeutung für das Menschenbild des Psychiaters. Nervenarzt 57, 96–99

Dilling, H. (1977): Niedergelassene Nervenärzte in der Versorgung. Nervenarzt 48, 586–602

Dilling, H., S. Weyerer, R. Castell (1984): Psychische Erkrankungen in der Bevölkerung. Enke, Stuttgart

DSM III R (1989): Diagnostisches und Statistisches Manual Psychischer Störungen. Beltz Weinheim

Dührssen, A. (1962): Katamnestische Ergebnisse bei 1004 Patienten nach analytischer Psychotherapie. Z. Psychosom. Med. 8, 94

Dührssen, A.: Analytische Psychotherapie in Theorie, Praxis und Ergebnissen. Vandenhoeck & Ruprecht, Göttingen 1972

Erikson, E.H. (1971): Kindheit und Gesellschaft. Klett, Stuttgart

Ernst, C. (1990): Revision der Traumatheorie. Prax. Psychother. Psychosom. 35, 177–189

Ernst, C. (1993): Frühe Lebensbedingungen und spätere Störungen. Nervenarzt 64, 53–561

Ernst, C., N. von Luckner (1985): Stellt die Frühkindheit die Weichen? Enke, Stuttgart

Ernst, K. (1959): Die Prognose der Neurosen. Springer, Heidelberg

Ernst, K.H., H. Kind, M. Rotach-Fuchs (1968): Ergebnisse der Verlaufsforschung bei Neurosen. Springer, Berlin

Eysenck, H. J. (1960): The effects of psychotherapy: an evaluation. In Handbook of Abnormal Psychology, Hrsg. von H. J. Eysenck. Pitman, London

Eysenck, H. J., G. Claridge (1962): The position of hysterics and dysthymics in a two dimensional framework of personality description. J. abnorm. soc. psychol. 69, 46–55

Eysenck, H.J. (1978): Neurose ist heilbar. München, List

Fenichel, O.: Statistischer Bericht über die therapeutische Tätigkeit 1920–1930. In: Zehn Jahre Berliner Psychoanalytisches Institut, Hrsg. von der Deutschen Psychoanalytischen Gesellschaft. Internationaler Psychoanalytischer Verlag, Wien 1930

Feuerlein, W., H. Küfner (1977): Alkoholkonsum, Alkoholmißbrauch und subjektives Befinden: Eine Repräsentativerhebung in der Bundesrepublik Deutschland. Arch. Psychiat. Nervenkr. 224, 89–106

Feuerlein, W. (1977): Diagnose des Alkoholismus. Münch. med. Wschr. 119, 1275–1282

Feuerlein, W. (1987): Therapie des Alkoholismus. In Psychiatrie der Gegenwart 3. Springer, Heidelberg

Fiegenbaum, W. (1986): Longterm efficency of exposure in vivo for cardiac phobias. In I. Hand u. W. Wittchen: Panic and Phobias.

Förster, K. (1992): Zur Persönlichkeit sog. neurotischer „Rentenbewerber". In Maneros et al. Springer, Heidelberg

Freud, S. (1895): Studien über Hysterie. Gesammelte Werke I. Imago, London

Freud, S. (1905): Drei Abhandlungen zur Sexualtheorie. Gesammelte Werke V. Imago, London

Freud, S. (1909): Bemerkungen über einen Fall von Zwangsneurose. Gesammelte Werke VII. Imago, London

Freud, S. (1909): Analyse der Phobie eines fünfjährigen Knaben. Gesammelte Werke VII. Imago, London

Fürstenau, P. (1977): Die beiden Dimensionen des psychoanalytischen Umgangs mit strukturell ichgestörten Patienten. Psyche 31, 197–207

v. Gebsattel, V. E. (1937): Zur Frage der Depersonalisation. Nervenarzt 10, 248–257

v. Gebsattel, V. E. (1959): Die anankastische Fehlhaltung. In Handbuch der Neurosenlehre und Psychotherapie II, Hrsg. von E. Viktor. Urban & Schwarzenberg, München, 143–156

v. Gebsattel, V. E.: Die phobischen Fehlhaltungen. In Handbuch der Neurosenlehre und Psychotherapie II. Urban & Schwarzenberg, München 1959 (102–124)

Goodwin, D. W., F. F. Schulsinger, L. Hermansen, S. B. Guze, G. Winokur: Alcohol problems in adoptees raised apart from alcoholic biological parents. Arch. gen. Psychiat. 28 (1973) 238–243

Grawe, K. (1992): Psychotherapieforschung zu Beginn der neunziger Jahre. Psycholog. Rundschau 43, 132–162

Grinker, R. R., D. Werble, R.C Drye (1968): The Borderline Syndrome. Basic Books, New York

Haag, G., U. Bayen (1990): Verhaltenstherapie mit Älteren. In R. Hirsch: Psychotherapie im Alter. Huber, Bern

Haddenbrock, S. (1986): Bemerkungen zur Arbeit von R. Degkwitz. Nervenarzt 57, 550–551

Häfner, H. (1986): Psychische Gesundheit im Alter. Fischer, Stuttgart

Hallen, O. (1960): Über isolierte Phobien nach Verkehrsunfällen. Nervenarzt 31, 454

Hand, I. (1986): Verhaltenstherapie und kognitive Therapie in der Psychiatrie. Psychiatrie der Gegenwart I. Springer, Heidelberg

Hand, I. et al (1992): Zwangsstörungen. Springer, Heidelberg

Hand, I., H.O. Wittchen (1986): Panic and Phobias. Springer, Heidelberg

Heimann, P. (1978): Über die Notwendigkeit für den Psychoanalytiker mit seinen Patienten natürlich zu sein. In S.Drews et al.: Provokation und Toleranz, Suhrkamp, Frankfurt

ICD 10 (1991): Internationale Klassifikation psychischer Störungen. Hrsg. H.Dilling et al. Huber, Bern

Janzarik, W. (1982): Skatophile Phantasien in der Vorpubertät und die Lehre von den Stadien der sexuellen Entwicklung. Nervenarzt 53, 25–32

Janzarik, W. (1988): Strukturdynamische Grundlagen der Psychiatrie. Enke, Stuttgart

Kagan, J. (1987): Die Natur des Kindes. Piper, München

Kallinke, D. et al. (1979): Die Behandlung von Zwängen. Urban & Schwarzenberg, München

Kanowski, S. (1984): Pharmakotherapie und - mißbrauch. In Psychiatrie der Gegenwart 8. Springer, Heidelberg

Kernberg, O. (1977): Borderline Conditions and Pathological Narcism. Basic Books, New York

Kline, P. (1972): Facts and Fantasy in Freudian Theory, Methuen, London

Kohut, H. (1966): Formungen und Umformungen des Narzissmus. Psyche 20, 561–587

Kordy, H., D. Scheibler (1984): Individuumsorientierte Erfolgsforschung. Z. klin. Psychopathol. Psychoth. 32, 218–233, 309–318

Kraiker, C. (1974): Handbuch der Verhaltenstherapie. Kindler, München

Kraus, A. (1993): Identitätstherapie Melancholischer. Manuskript, Vortrag Nizza 1993

Kreitman, N. (1986): Die Epidemiologie des Suizids und Parasuizids. Psychiatrie der Gegenwart 2, Springer, Heidelberg

Kretschmer, E. (1966): Der sensitive Beziehungswahn, 4. Aufl. Springer, Berlin

Lacan, J. (1949): Le stade du miroir. Rev. Franc. Psychoanal. 13, 449–455

Ladewig, D. (1987): Die Behandlung Drogenabhängiger. In Psychiatrie der Gegenwart 3, 359–397

Lang, H. (Hrsg.) (1990): Wirkfaktoren der Psychotherapie. Springer, Heidelberg

Lempp, R. (1964): Die frühkindliche Hirnschädigung. Huber, Bern

Lichtenberg, J.D. (1991): Psychoanalyse und Säuglingsforschung. Springer, Heidelberg

Lindemann, E. (1953): Die Bedeutung emotionaler Zustände für das Verständnis mancher innerer Krankheiten und ihre Behandlung. Medizinische 513, 603

Linden, M., M. Hautzinger (1981): Psychotherapie Manual. Sammlung psychotherapeutischer Techniken in Einzelverfahren. Springer, Heidelberg

Linden, M., H. Gothe (1993): Benzodiazepine Substitution in Medical Practice. Pharmacopsychiatry 26, 107–143

Luborsky, L. (1988): Einführung in die analytische Psychotherapie. Springer, Heidelberg

Machleidt, W. (1992): Therapie bei Borderline-Persönlichkeitsstörungen. In Maneros et al.: Persönlichkeit und psychische Erkrankung. Springer, Heidelberg (S. 162–176)

Mahler, M. (1975): Symbiose und Individuation. Psyche 29, 609–625

Mahler, M.S., F. Pine, A. Bergmann (1978): Die psychische Geburt des Menschen. Fischer, Frankfurt

Malan, D. (1965): Psychoanalytische Kurztherapie. Huber, Bern

Maneros, A., M. Philipp (1992): Persönlichkeit und psychische Erkrankung. Springer, Heidelberg

Marks, I. (1975): Bewältigung der Angst. Springer, Heidelberg

Meyer, A.E. et al. (1991): Forschungsgutachten zu Fragen eines Psychotherapeutengesetzes. Hamburg-Eppendorf

Müller, Chr.: Alterspsychiatrie. Thieme, Stuttgart 1967

Nissen, G.: Psychogene Störungen mit vorwiegend psychischer Symptomatik. In Lehrbuch der speziellen Kinder- und Jugendpsychiatrie, Hrsg. von H. Harbauer, R. Lempp, G. Nissen, P. Strunk. Springer, Berlin 1974

Nunberg, H. : Allgemeine Neurosenlehre auf psychoanalytischer Grundlage, 2. Aufl. Huber, Bern 1959

Panse, F. : Angst und Schrecken in klinisch-psychologischer und sozialmedizinischer Sicht. Arbeit und Gesundheit, H. 47. Thieme, Stuttgart 1952

Papousek, H., M. Papousek (1982): Die Rolle der sozialen Interaktion in der psychischen Entwicklung. In G.Nissen: Psychiatrie des Säuglings- und frühen Kleinkindalters. Huber, Bern

Papousek, M. (1983): Wurzeln der kindlichen Bindung an Personen und Dinge. In Ch. Eggers: Bindungen und Besitzdenken beim Kleinkind. Urban & Schwarzenberg, München

Papousek, M. (1987): Die Rolle des Vaters in der frühen Kindheit. Kind und Umwelt: Beitr. analyt. Kind. Jugendl. Psychoth. 54, 29–49

Philippe, A.: Nur ein Seufzer lang. Rowohlt, Reinbek 1962

Piaget, J. (1971): Das affektive und das kognitiv Unbewußte. In I. Piaget (1976): Probleme der Entwicklungspsychologie. Syndikat, Frankfurt

Piaget, J. (1974): Biologie und Erkenntnis. Fischer, Frankfurt

Plomin, R., D.C. Rowe (1979): Genetic and environmental ediology of social behaviour. Develop- Biolog. 15, 62–72

Poser, W. (1987): Klinik der Medikamentensucht. Psychiatrie der Gegenwart 3, 401–424

Propping, P. (1989): Psychiatrische Genetik. Springer, Heidelberg

Rabin, A.I. (1958): Infants and children under condition of intermittent mothering in the Kibbutz. Amer. J. Orthopsychiat. 28, 577–584

Rapaport, D. (1958): Die Kibbutzerziehung und ihre Bedeutung für die Entwicklungspsychologie. In Psyche 12, 353–366

Rapaport, D. (1960): Die Struktur der psychoanalytischen Theorie, Klett, Stuttgart

Reiner, A.: Ich sehe keinen Ausweg mehr. Kaiser, Grünwald 1974

Richter, H. E.: Patient – Familie. Entstehung, Struktur und Therapie von Konflikten in Ehe und Familie. Rowohlt, Reinbek 1970

Rogers, C.R. (1972): Die nicht-direktive Beratung. Kindler, München

Rogers, C. R. (1973): Die klient-bezogene Gesprächstherapie. Kindler, München

Richter, H. E. (1970): Patient – Familie. Entstehung, Struktur und Therapie von Konflikten in Ehe und Familie. Rowohlt, Reinbek

Richter, H.E., D. Beckmann (1986): Herzneurose. Thieme, Stuttgart

Ringel, E. (1953:) Der Selbstmord. Maudrich, Wien

Riemann, F.: Die neurosenspezifische Anwendung der psychoanalytischen Technik. Psyche 6 (1952/53) 336

Riemann, F.: Grundformen der Angst und die Antinomien des Lebens, 2. Aufl. Reinhardt, München 1965

Robinson, Sh. et al. (1991): Spätfolgen alternder Überlebender des Holocaust: eine empirisch-statistische Untersuchung. In: H. Stoffels (Hrsg.): Schicksale der Verfolgten, Sronger Berlin

Rogers, C. R.: Die klient-bezogene Gesprächstherapie. Kindler, München 1973

Rowe, D.C. (1991): Environmental and genetic influences on dimensions of perceived parenting: a twin study. Child Develop. 17, 203–208

Rudolf, G.(1991): Die therapeutische Arbeitsbeziehung, Springer, Heidelberg

Rutter, M. (1985): Resilience in the face of adversity – protective factes and resistance to psychiatric disorder. Brit. J. Psychiat 147, 596–611

Sandler, J. (1961): Sicherheitsgefühl und Wahrnehmungsvorgang. Psyche 15, 124–132

Saß, H. (1987): Psychopathie, Soziopathie. Springer, Heidelberg

Saß H., K. Koehler (1983): Borderline - Syndrome: Grenzgebiet oder Niemandsland. Nervenarzt 54, 221–231

Scarr, S., K. McCartney (1983): How people make their own environment: a theory genotype → environment effects. Child Develop. 54 424–435

Scarr, S. (1992): Developmental theories for the 1990s: Development and individual differences, Child Develop. 63, 1–19

Schaffer, R. (1977): Mütterliche Fürsorge in den ersten Lebensjahren. Klett-Cotta, Stuttgart

Schepank, H.: Erb- und Umweltfaktoren bei Neurosen (Tiefenpsychologische Untersuchungen an 50 Zwillingspaaren). Springer, Berlin 1974

Schepank, H. (1987): Psychogene Erkrankungen der Stadtbevölkerung. Eine epidemiologisch-tiefenpsychologische Feldstudie in Mannheim. Springer, Heidelberg

Schepank, H. (1990): Verläufe. Springer, Heidelberg

Schneider, K.: Der „Psychopath" in heutiger Sicht. Fortschr. Neurol. Psychiat. 26 (1958)

Schulte, D. (1976): Diagnostik in der Verhaltenstherapie Urban & Schwarzenberg, München

Schultz, J.H. (1977): Das Autogene Training, 17.Aufl. Thieme, Stuttgart

Schultz-Hencke, H.: Lehrbuch der analytischen Psychotherapie, 3. Aufl. Thieme, Stuttgart, 1981

Schwidder, W.: Klinik der Neurosen. In Psychiatrie der Gegenwart, Bd. II/I, Hrsg. von K. P. Kisker, J.-E. Meyer, M. Müller, M. Strömgren. Springer, Berlin 1967

Seligman, M.E.P. (1979): Erlernte Hilflosigkeit. Urban & Schwarzenberg, München

Senf, W. (1994): Psychoanalytische Psychotherapie in der Krankenversorgung. Ergebnisse des Heidelberger Katamneseprojektes. (im Druck)

Simon, R., P. Wiblishauser (1993): Ergebnisse der Repräsentativerhebung 1990 zum Konsum und Mißbrauch von illegalen Drogen. Sucht 39, 177–189

Smith, M. L., G. V. Glass, T. I. Miller: The Benefits of Psychotherapy. John Hopkins University, Baltimore 1980

Specht, F, A. Schmidtke (1986): Selbstmordhandlungen bei Kindern und Jugendlichen. Roderer, Regensburg

Spiro, M.E. (1958): Children of the Kibbutz. Harvard Univ. Press, Cambridge

Spiro, M.E. (1955): Education in a communal village in Israel Amer. J. Orthopsychiat. 25, 283–292

Spitz, R. (1957): Die Entstehung der ersten Objektbeziehungen, Klett, Stuttgart

Stern, D. (1992): Die Lebenserfahrung des Säuglings. Springer, Heidelberg

Stayton, D.C. et al. (1971): Infant obedience and maternal behaviour: The origin of social behaviour reconsidered. Child Develop. 42, 1057–1069

Stierlin, H. (1980): Von der Psychoanalyse zur Familientherapie, Klett, Stuttgart

Stierlin, H. et al (1980): Das erste Familiengespräch, 2. Aufl. Klett, Stuttgart

Stierlin, H., F. Simon (1986):Familientherapie. Psychiatrie d. Gegenwart III/1

Straus, E. (1930): Geschehnis und Erlebnis. Springer, Berlin

Straus, E. (1960): Psychologie der menschlichen Welt. Springer, Berlin

Straus, E. (1963): Philosophische Grundfragen der Psychiatrie II. In Psychiatrie der Gegenwart I/2,926–964, Springer, Heidelberg

Strupp, H. (1973): Psychotherapy: Clinical Research and Theoretical Issues. Jason, Aronson

Süllwold, L., J. Herrlich (1990): Psychologische Behandlung schizophren Erkrankter. Kohlhammer, München

Szasz, T.S. (1972): Geisteskrankheit ein moderner Mythos. Walter, Olten

Täschner, K. (1987): Klinik der Rauschdrogen. Psychiatrie der Gegenwart 3. Springer Heidelberg

Tellenbach, H. (1961): Melancholie. Springer, Heidelberg

Thomä, H., H. Kächele (1985): Lehrbuch der psychoanalytischen Therapie 1. Springer, Heidelberg

Tölle, R. (1966): Katamnestische Untersuchungen und Biographien abnormer Persönlichkeiten. Springer, Heidelberg

Tölle, R. (1986): Persönlichkeitsstörungen. In Psychiatrie der Gegenwart 1. Springer, Heidelberg

Tölle, R., A. Ladas (1982): Funktionelle Beschwerden – gesund oder krank? Dtsch. med. Wschr 107,1510–1514

v. Weizsäcker, V. (1947): Der Gestaltkreis, 2. Aufl., Thieme, Stuttgart

v. Weizsäcker, V. (1951): Stücke einer medizinischen Anthropologie. In V. von Weizsäcker: Arzt und Kranker. Koehler & Amelang, Leipzig

Winnicott, D.W. (1960): Primäre Mütterlichkeit. Psyche 14, 393–399

Winter, E. (1958): Über die Häufigkeit neurotischer Symptome bei „Gesunden". Z. psychosom. Med. 5, 153–167

Wittchen, H.-U., D. v. Zerssen (1988): Verläufe behandelter und unbehandelter Depressionen und Angststörungen. Springer Heidelberg

Wolpe, J., S.Rachman (1960): Psychoanalytic evidence: a critique based on Freuds case of Little Hans. Oxford Pergamon Press

Yalom, I.D. (1947): Gruppenpsychotherapie: Grundlagen und Methoden,.Kindler, München

v. Zerssen, D. (1976): Der „Typus melancholius" in psychometrischer Sicht. Z. klin. Psychol. Psychother. 24, 200–220

Zahn-Waxler, C. et al. (1979): Child rearing and childrens prosocial initiations towards victims of distress. Child Develop. 50, 319–330

Zintl-Wiegand, A., B. Cooper: Psychische Erkrankungen in der Allgemeinpraxis: Eine Untersuchung in Mannheim. Nervenarzt 50 (1979) 352–359

Sachverzeichnis